時刻人文

以知为力　识见乃远

奥斯曼的树下

奥斯曼帝国、埃及与环境史

［美］阿兰·米哈伊尔　著
白贤达　译

中国出版集团　东方出版中心

图书在版编目（CIP）数据

奥斯曼的树下：奥斯曼帝国、埃及与环境史 /（美）阿兰·米哈伊尔著；白贤达译．—上海：东方出版中心，2023.10

ISBN 978-7-5473-2263-5

Ⅰ．①奥… Ⅱ．①阿… ②白… Ⅲ．①奥斯曼帝国－历史 Ⅳ．①K374.3

中国国家版本馆CIP数据核字(2023)第204183号

上海市版权局著作权合同登记：图字09-2023-0524号
UNDER OSMAN'S TREE: The Ottoman Empire, Egypt, and Environmental History
By Alan Mikhail
Licensed by The University of Chicago Press, Chicago, Illinois, U.S.A.

审图号：GS（2023）3180号
本书地图系原书插附地图

奥斯曼的树下：奥斯曼帝国、埃及与环境史

著　　者　[美] 阿兰·米哈伊尔（Alan Mikhail）
译　　者　白贤达
本书策划　戴浴宇
责任编辑　戴浴宇
封扉设计　甘信宇

出 版 人　陈义望
出版发行　东方出版中心
地　　址　上海市仙霞路345号
邮政编码　200336
电　　话　021-62417400
印 刷 者　上海雅昌艺术印刷有限公司

开　　本　890mm×1240mm　1/32
印　　张　14.75
插　　页　2
字　　数　340千字
版　　次　2023年12月第1版
印　　次　2023年12月第1次印刷
定　　价　98.00元

目　录

第一部分　水

第二部分　劳　作

第三部分　动　物

第六章　动物资产　*121*

第七章　野蛮力量　*149*

第四部分　自然元素

第八章　食物和木材　*177*

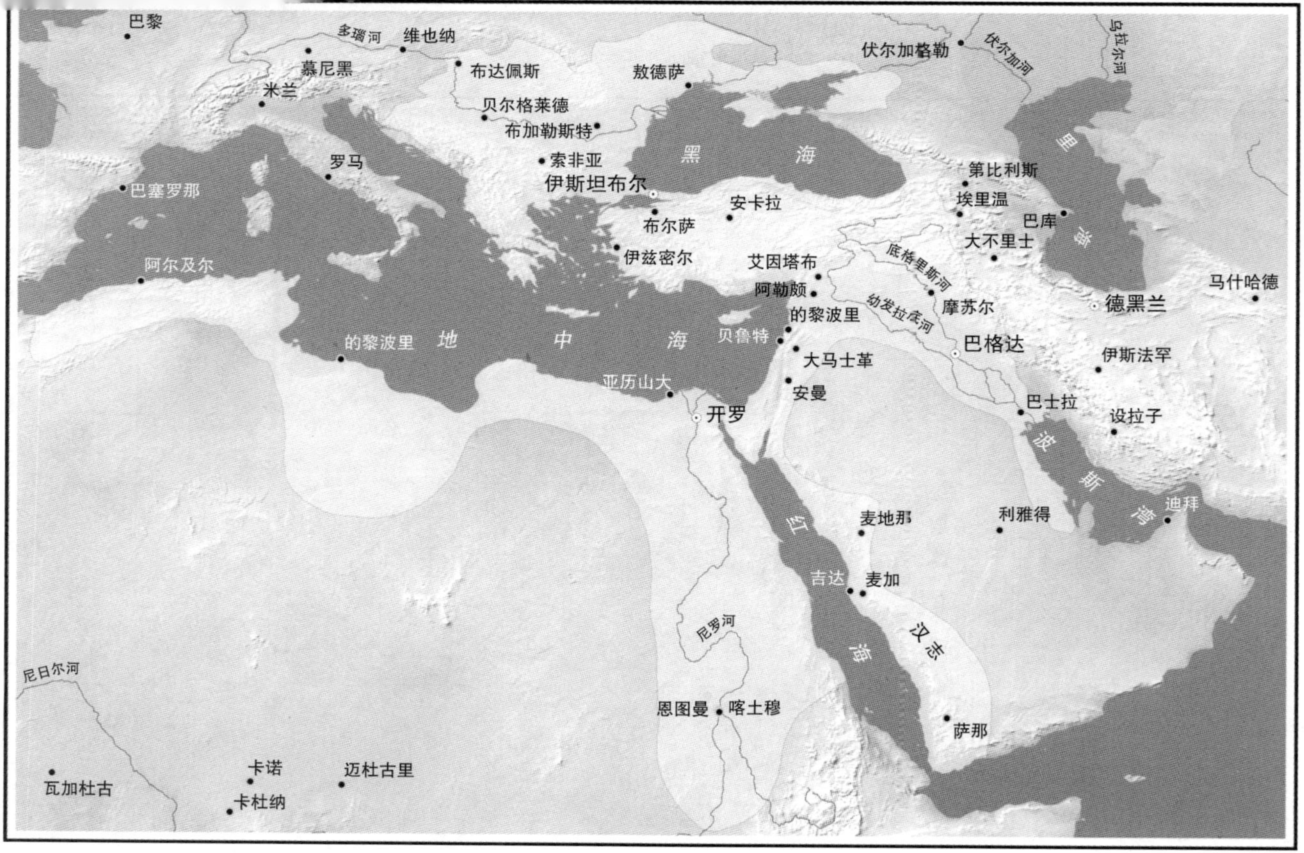

图1. 1650年左右的奥斯曼帝国

图片来源：Stacey Maples，2014。

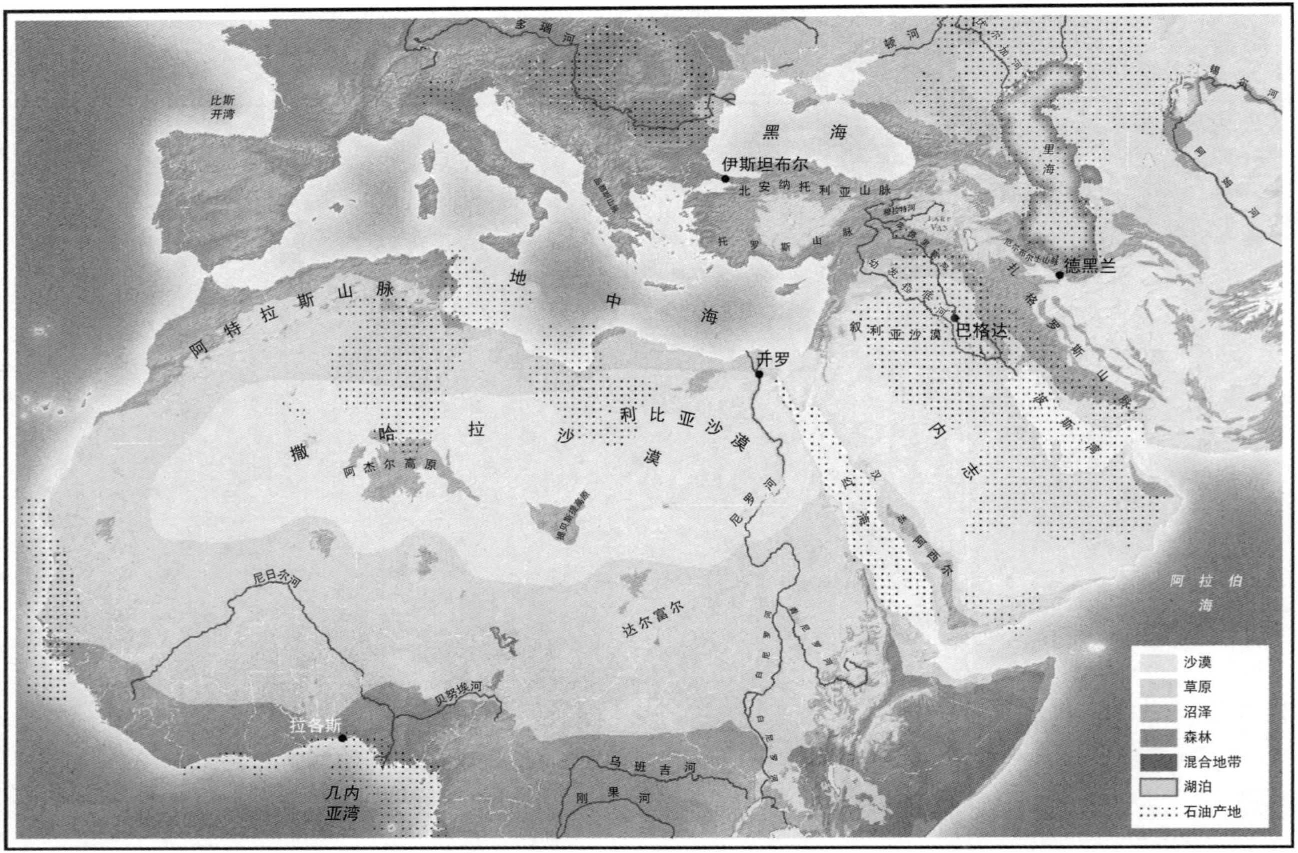

图2.　中东与北非的自然资源分布

图片来源：Stacey Maples，2012。

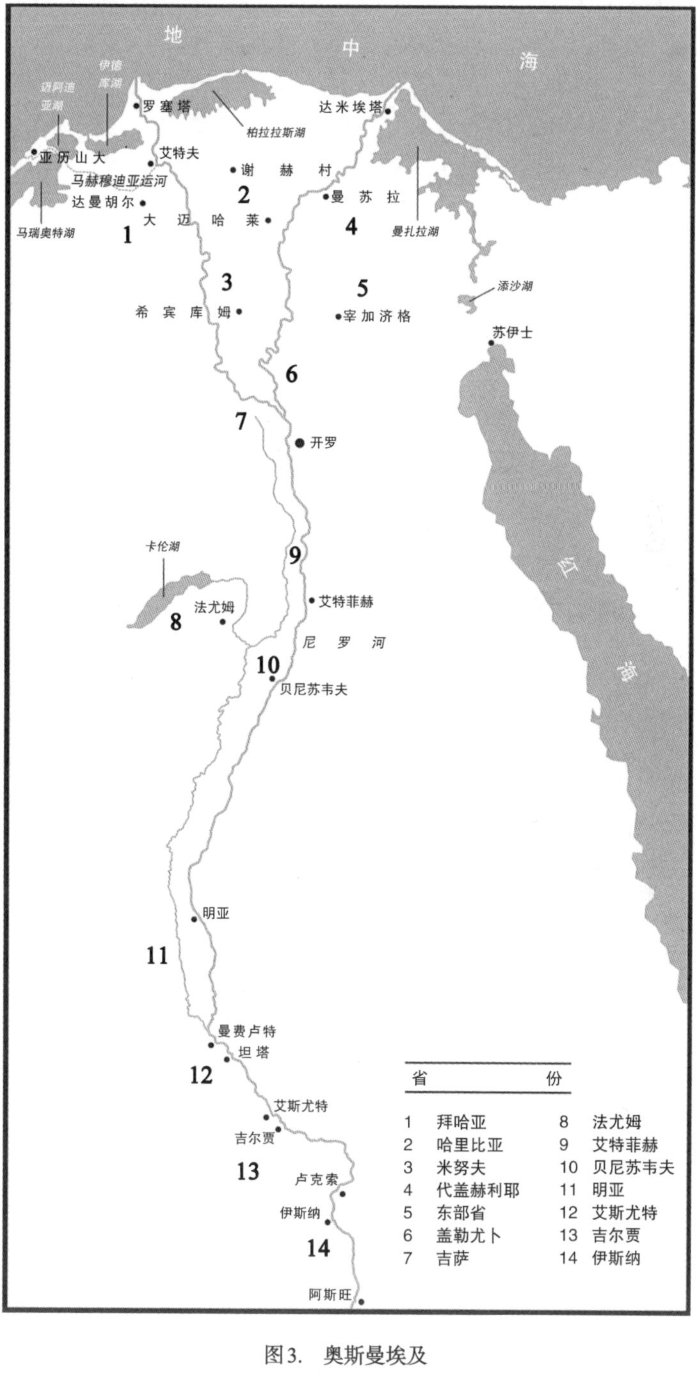

图3. 奥斯曼埃及

图片来源：Kevin Quach，2016。

前　言

奥斯曼之树

奥斯曼帝国的历史始于一棵树下。过去一千年内，奥斯曼帝国是中东区域延续时间最长、最为重要的政治势力，而根据该帝国广为流传的建国神话，传说帝国最初的创建者奥斯曼（Osman）曾做过一个梦。梦境里一轮明月进入他的胸腔，随后一棵参天大树从他的肚脐中涌现出来，并将整个世界置于其阴影之下。[1] 树荫下群山连绵，山脚处河水川流不息，滋养生灵。人们或在河流边饮水，或利用河水灌溉花园，甚至还有人引流建造喷泉。从梦中苏醒后，奥斯曼将梦境讲述给当时为他提供居所的托钵僧，因为奥斯曼梦里的明月正是诞生自此僧的胸腔内。听完奥斯曼的叙述，圣僧立刻明白眼前之人必将成为一个伟大国家的君主，于是决定把女儿玛尔可敦（Malhun）许配给这位未来的领袖。

直到15世纪末，奥斯曼的梦境发生近两个世纪后，这个帝国起源故事才以书面文字形式被记录下来，而此时君士坦丁堡已被纳入帝国版图，奥斯曼帝国已然成为地中海世界不容忽视的政治军事力量。历史上的人们曾从各种不同的角度解读奥斯曼之梦，比如将其理解为宗教与世俗权力联姻的写照，或看作奥斯曼王朝婚姻政治的开端，或视其为宣扬领土扩张野心的政治表态。然而这个梦却从未按照字面意义被理解，即对自然资源的利用与把握如何形塑了政治权威。奥斯曼之梦的叙事意涵首先呈现在生态学层面上。树木、水源、与月球相关的能量变化、高山、花园——这些自然现象构成了帝国政治力量的来源。

本书致力于探讨奥斯曼帝国历史上自然与权力之间的关联。在此过程中本书将借鉴环境史的研究方法，我们将会看到，分析人类与环境之间的多重关系，能够为中东史研究带来整体性的创新视野。本书聚焦于奥斯曼帝国近五百年来的历史，以及中东地区人口最多、经济实力最为雄厚的埃及。奥斯曼人于1517年征服埃及后，后者便成为帝国最重要的省份，居于奥斯曼统治系统和经济结构的中心。埃及为帝国带来了最多的经济收益，同时也是整个国家唯一的大型粮仓。埃及对于奥斯曼帝国在地中海、红海和印度洋的掌控权至为关键；很多伊斯坦布尔的奥斯曼官员与埃及有着密切的经济往来，正如叙利亚、威尼斯和法国等地的商人那样；并且在18世纪末和19世纪初，持久与稳定的帝国统治面临的最大军事威胁就来自埃及。

除了作为奥斯曼帝国统治体系中至关重要的一环，埃及也为我们理解生态和政治之间的相互作用提供了绝佳的案例研究。埃及对于尼罗河的依赖，其丰富的农业发展史，以及位处两海与两陆之间的独特地理位置……任何统治者若想行之有效地对埃及进行管理，就不得不考虑自然资源这一关键因素。此外，即便我们认可这一显而易见的观点，即埃及的繁荣归功于尼罗河，我们也必须承认其中还存在着许多疑问尚未得到解答，比如埃及人与尼罗河漫长的交互过程中所包含着的社会、政治和经济层面的历史，以及随之发生的环境变迁。本书把环境史作为解释手段与方法论工具，并将在之后的篇幅中展开讨论人类与环境，埃及与奥斯曼帝国之间的复杂的互动关系，以试图理解在帝国境内，在土地之上，以及在河流两岸，人们真实的生活境况。林木稀少的埃及被置身于远方奥斯曼的树荫下，在那片土地上，人类、动物、尼罗河、植物、淤泥、风流与病菌以相互依赖、冲突和彼此成就的关系纠葛在一起。本书讲述的就是这部分历史。

《奥斯曼的树下》既是一项关于中东环境史的综合性研究，也是对于该研究路径之价值的阐明与辩护。过去十年间，我和另外一些中东史学者尝试把生态学的研究视野带入中东史研究当中，同时努力向聚焦于其他地区的生态历史学家展示中东研究的意义（下面的简介部分将会详细讨论历史研究的方法论相关问题）。《奥斯曼的树下》汇集了我对中东环境史研究的思考脉络，并以易于理解和尽量全面的方式将其系统化地表述出来。我希望这本书能够成为读者了解中东环境史的启蒙读物。

简　介

全球环境史视野下的中东

在全球环境史的故事里，中东史一直是被忽略的一章。而在中东研究当中，环境史亦是一块尚未被填补的空白。这对于我们无论是理解世界环境史还是探讨中东史都造成了极大的阻碍。至少从古典时期开始，中东就是连通世界的关键枢纽，这里一面连接着欧洲、地中海和非洲，另一面则通往东亚、中亚、南亚以及东南亚。[1] 来自欧洲和南亚的商人旅客汇集于此，进行贸易往来；西至马里（Mali），东至马来西亚的朝圣者们每年除了朝觐圣地麦加（Mecca）和麦地那（Medina）外，也流连于遍布中东的大小巴扎，里面琳琅满目的商品让人应接不暇。来自印度北部和中亚的游牧民族途经伊朗（Iran）迁徙至安纳托利亚高原（Anatolia）。[2] 络绎不绝的船只携带着货物、旅人、寄生虫和新奇的思想从印度、中国和东南亚出发，驶入位于红海和波斯湾（Persian Gulf）的港口。中世纪晚期与近代早期以降，以地中海西部与中国东海岸为界，其中的广袤区域上一直不乏高速的社会流动、密切的人际交往，以

及大规模的人口迁移。[3] 所有这些人类活动如针线一般，交织在中
2 东的土地上，并对自然环境产生了深远的影响。[4]

正如全球贸易趋势与中东历史发展紧密相连一般，大规模的气候波动、疾病流行和农作物传播同样塑造着中东自然环境的演变历程，并反过来被其塑造。比如，伊斯兰教在公元7世纪与8世纪的迅速崛起，促成了新品种农作物和农业技术跨欧亚大陆的传播。在这场被某学者称作“伊斯兰绿色革命”的历史事件中，新的宗教为社会注入新的文化，而世界上原本毫无关联的各个地区在二者的共同作用下，以前所未有的方式结合到一起，形成一个完整统一和相互连接的生态系统。[5] 在中世纪时期，瘟疫很有可能经由中东向西传播至地中海盆地。[6] 另一个来自中世纪时期的例子亦能表明环境交换的普遍性，那就是灌溉技术与供水系统的相关知识实际上是从穆斯林世界传至西班牙和意大利。[7] 在15和16世纪，也门（Yemen）借助源自东非的咖啡种植技术占领了全球咖啡市场，让这款饮品得以风靡伊斯坦布尔（Istanbul）、维也纳和伊斯法罕（Isfahan）。[8] 撒哈拉商道上长期流通着动物、盐、纸张、病毒和奴隶，并打通了中东、北非和西非之间的贸易网络。[9] 玉米等所谓新世界的作物极有可能也是通过奥斯曼帝国才得以传入东方。[10] 到了20世纪，中东石油资源的开采、提炼和出口对全球生态环境和地缘政治产生的巨大影响更是无须赘言。[11]

全球气候变化同样是中东各区域历史发展过程中的关键动因。无论是近代早期导致奥斯曼帝国粮食产量锐减的小冰期，还是18世纪末使得尼罗河洪水水位下降的冰岛火山喷发，抑或是19世纪

末的厄尔尼诺现象[①]在安纳托利亚和伊朗境内引发的饥荒，又或是今日的全球变暖，这些气候活动成了我们管窥中东史的珍贵窗口，而针对这些地区的区域研究也能丰富我们对全球气候变迁的理解。[12]

换句话说，中东地区承载着连接、交换与传播的功能，正是由于其特殊地位，这片土地上的农业产品、环境控制技术与知识、气候事件及其影响，以及层出不穷的疫病传播才能够对广袤的欧亚大陆，乃至全世界范围内的人类历史走向产生影响。因此，想要明白农作物、疾病、商品、气候和技术知识的全球发展历程，我们首先需要思考它们在中东的历史舞台上各自扮演了怎样的角色。[13]这一道理看似不言自明，但实际上需要我们为此付出大量的研究 3
努力，因为其中还隐藏着许多不为人所知、亟须探索的空白之处。

本书力图证明中东环境史的研究价值，并介绍和分析该学科领域的历史发展、现状，以及未来可能的研究方向。在简介及之后的章节中，我将聚焦中东近五百年的历史，并围绕环境史研究的几个核心议题展开我的论述：自然资源管理、气候变化、人力与畜力劳动、水利工程、疾病，以及环境政治。本书将重点考察中东近代史上最长盛和最重要的政权——奥斯曼帝国，以及中东人口最多同时也是最富有的地区——埃及。奥斯曼帝国是中东最核心的政体之一，而埃及又是帝国境内地位最显赫的省份，将此二者作为考察重点可以让我们采取一种具有针对性的实证主义研究方法，

---

① 译者注：厄尔尼诺现象主要是指南美洲西海岸冷洋流区的海水表层温度在圣诞节前后异常升高的现象。

进而探究奥斯曼帝国与埃及之间、人类与环境之间的多重联系。埃及从16世纪上半叶被并入奥斯曼帝国版图开始，到1882年被英国占领结束，为帝国创造了巨量的财富，同时也是整个国家唯一的大型粮仓。对于奥斯曼帝国巩固在地中海区域、汉志（Hijaz）[14]、红海和印度洋的统治地位，埃及起到了不可忽视的作用。在18世纪晚期和19世纪早期，帝国所面临的最大军事威胁很大程度上来自埃及。正如威尼斯和其他国家的商人一样，很多身处伊斯坦布尔的奥斯曼政府官僚都与埃及保持着密切的经济往来。除此以外，在19世纪奥斯曼帝国计划向非洲实施武力扩张的时期，埃及更成了军队驻地。正是由于埃及在奥斯曼统治体系内（甚至体系外）的核心地位，这个地方的一举一动对于整个帝国的影响也是其他省份所无法比拟的。

尽管奥斯曼帝国统治下的埃及是本书的重点考察区域，我们的讨论并不会受制于地理边界的限定，而是将其历史放置于全球化语境中进行考量。正如上文所说，本书的核心论点之一便是环境史的研究视野能让我们更充分地理解奥斯曼帝国史在全球史中的地位。为了切身体会埃及对于奥斯曼帝国的战略意义，我们将穿越帝国全境——飞越安纳托利亚的森林，前往首都伊斯坦布尔，驻足于南非和萨洛尼卡（Salonica）的粮食市场，停留在阿拉伯半岛上红海之滨的港口。我们也将跨过帝国的边境，沿着尼罗河逆流而上，去往苏丹（Sudan）和埃塞俄比亚（Ethiopia），甚至深入
4 到印度与冰岛这些遥远的国度。

本书将借鉴环境史提供的解释框架与方法论工具，为中东史研究提出一种全新的全球性视角；与此同时，本书也希望为中东及其

他区域的环境史书写提供模板与参照。在本章余下的部分，我将首先对相关史料资源进行整理和评估，并分析中东环境史存在着哪些可能的书写方式。[15] 之后我将介绍在该研究领域内三个颇受中东环境史学家关注的话题：气候、能源与疾病。本章将对这些议题相关的研究成果作简要的述评，同时为接下来的章节作好铺垫。

中东环境史：丰收之季或荒歉之时？

历史资料的匮乏常被认为是中东环境史研究进展缓慢的最主要原因之一。然而许多新近研究表明，我们并非没有足够的史料来支撑起对中东和北非的环境史表述。恰恰相反的是，中东就像中国和南亚一样蕴藏着自古典时期以来异常丰富的文献资料。[16] 比如人们曾在尼罗河谷（Nile Valley）发掘出一份保存完好的文献，里面记载了自公元前3000年至今埃及人与尼罗河的互动历史。[17] 我们也能从其他的考古学发现和文字资料中得知自古典时期以来的人们如何进行环境管理，安纳托利亚、伊朗平原、伊拉克境内的美索不达米亚平原等很多地方都不乏相关史料资源。因此，这些已经发表或尚未发表的档案史料，都让环境史学家能够以前所未有的深度与广度，去追溯中东环境史跨越千年的发展历程，去追寻自然环境的变迁、土地资源的利用与控制，以及人与环境之间的深刻互动。如此丰富的史料文献不仅让长时段历史研究成为可能，而且能同时兼顾微观视角，这是聚焦于全球其他地区的历史研究者很难享受到的特权。

诚然，很少会有编年史、史书或档案文献专门讨论中东环境史。但几乎所有中东历史资料都绕不开人类在自然中的生存与发展这一话题。因此，中东研究必须建立在细致的史料研读和多源资料的充分利用之基础上。例如，以阿拉伯语、土耳其语和波斯语，以及这些语言出现之前的希腊语、阿卡德语、古埃及语、古波
5 斯语和中古波斯语编写的地方志，记载了人们从事农业生产时使用的农耕技术与遭遇到的阻碍、极端气候事件以及自然灾害。正如本书试图表明的那样，奥斯曼帝国的政府档案作为我们了解公元1500年后的中东历史最重要的信息渠道，里面提供了全方位了解中东环境史所需的各项材料——土地勘测报告、基建工程档案、农村土地纠纷记录，以及瘟疫记载，而这些仅仅是其中最常见的几个例子。[18] 在诸多类似的话题上，殖民与后殖民时期的其他国家档案同样贡献了丰富的信息来源。[19] 和世界上其他地方一样，中东在千百年来所历经的政治、经济和社会权力无不脱胎于对自然资源、农业生产和乡村人口的控制，正因如此，我们才会在不同时代和不同地方的历史记录者的笔下找到如此庞大的史料库，使之成为研究中东环境史的绝佳入口。

因此，当我们探讨人类活动对自然界产生了何种长期效应时，中东地区为我们提供了时间跨度最长，也最为完备的文献史料，这在世界范围内都是罕见的。这些文献不仅涵盖了传统的政治史和经济史，更涉及地理学、孢粉学、生物学和地质考古学等领域，这让我们可以同时从历史学和文化地理学的角度了解中东生态系统的运作方式。[20] 按照环境史表述方式不同，这些文献大致可分为两种：第一种讲述了人类社群和所处环境之间如何维持

着微妙的平衡关系，第二种则围绕生态系统的内部矛盾如何让人类社群不可避免地走向分崩离析。这两种表述的共同点在于注重描述和展现生态系统自身的力量与作用，而忽略了作为自然环境内在组成部分的人类，以及人与自然的关系如何应势而生、因势而动。

第一类历史叙事的核心是人与自然关系的连续性，即人类社群如何通过不断的努力与斗争来应对生态环境的严峻挑战，最后与后者保持一种动态的平衡。在这样的表述中，人类社会存在的目的不过是努力将自己维系在一个与自然相对的适当位置，所以此类叙事通常不会对人的主观能动性，或人类对生态系统造成的影响予以太多关注。与之类似，第二类叙事围绕人类社会无法避免的衰落命运而展开，它凸显了生态环境中对人类生活的限制性因素，却忽略了特定和具体的历史语境。如果真如其所言，人类社群必然由于其所处自然环境内部的某种力量或制约而走向衰败，那么历史学家除了记录下社会消亡的过程，又有什么可以做的呢？

卡尔·巴策（Karl Butzer）对埃及环境的探讨和皮特·克里
斯滕森（Peter Christensen）有关伊朗的研究成果提供了两个地理 6
学领域的例子。[21] 此二者都探讨了人类社会如何在生态环境的制约下生存与劳作。巴策关于埃及的著作采取了第一种关注人与自然关系连续性的叙事模式，而克里斯滕森的著作则是关于伊朗平原上的人类社群如何衰败和灭亡的案例研究。这两项研究都以长时段视角描述了生态系统如何跨越了数个世代却依旧保持着整体的稳定性，尽管实际上这些生态系统每一年都经历着惊人的变化。

有趣的是，两本著作的考察区域——埃及和伊朗平原——内的人类活动都高度依赖河流的定期泛滥，而这并非巧合。虽然洪水泛滥的情形每年不尽相同，但就大体而言，人类社会可以通过发展环境改造技术（这里主要指灌溉和农业技术），进而控制自然界的不稳定性因素，实现某种程度的生态平衡。这种平衡或持续千年，例如埃及；又或最终崩溃，例如伊朗。其他对公元1500年前的中东生态系统持类似观点的研究成果还包括：J. M. 瓦格斯塔夫（J. M. Wagstaff）的综合研究、卡洛斯·科多瓦（Carlos Cordova）的约旦地貌学研究、拉塞尔· 梅格斯（Russell Meiggs）和J. V. 瑟古德（J. V. Thirgood）对于地中海区域木材供应问题的探讨，以及罗伯特·McC. 亚当斯（Robert McC. Adams）关于南部伊拉克的研究著作。[22]

这些历史学家以及其他学者在现存的丰富史料的基础之上，成功论证了那些生活在脆弱生态环境中的人们，以何种方式与技术让种群延续了千年之久，又是怎样的环境波动让此前的生存手段不再行之有效。[23] 沿着这一思路，克里斯滕森向我们展示了伊朗草原上形形色色的人类社群如何灵活而审慎地运用灌溉农业技术与游牧生产活动，有效维持了所处生态系统的摇摇欲坠的稳定性。另一项类似的研究来自J. R. 麦克尼尔（J. R. McNeill），他阐释了摩洛哥与地中海交界处，以及土耳其的山地环境何以让其脆弱的生态平衡长年保持稳定。[24] 基于一份翔实的文献史料，麦克尼尔论述道：任何自然环境在每一年内都有可能发生巨大的变化，但如果我们将时间尺度扩大至数个世纪，那么这些自然环境实际上呈现出了足够的韧性来消化这些剧烈波动带来的影响。因此，正是由于这份涵盖了各个历史时段的文献，我们才能够在更高的时间维度上理解环境的变迁，否则我们可能错把某一年偶然发生的粮食歉收的悲惨景象当作山地居民的生活常态。

这类文献资料从较大的时间尺度上记录了中东地区人与自然的互动历史，同时也为环境史学家提供了新的研究机遇，让他们 7
得以就领域内一些富有争议的话题提供新的解决思路。比如本书接下来将会谈及的，中东环境史对于我们理解全球气候变迁具有的启示意义。[25] 如何从环境史角度撰写中东历史？其中最常见和最具影响力的一种叙事范式是魏特夫（Karl Wittfogel）的东方专制主义理论。[26] 他所罗列的东方专制政府相关案例都来自中东的美索不达米亚平原和尼罗河谷。然而如果我们对这些案例加以细致的考察，就会发现最终结论的谬误所在。有一份未能引起魏特夫注意的文献揭示出与他的结论相反的事实：那些他认为被苏丹、沙阿（Shah）和皇帝当作剥削对象的底层人民，实际上主导了大规模灌溉系统的日常使用和维护，而这恰恰反驳了魏特夫的核心论点。[27] 本书第一部分将深入探讨灌溉政治学这一主题。

如果有环境史学家希望了解自然灾害史及其对人类社会产生的影响，他们也能在中东找到丰富的史料来验证其假设的合理性。例如有的文献记载了古典时期至今所发生的地震等重大自然灾害。[28] 此外，一个国家的公共工程建设史也能通过相关工程文件呈现出来。和世界上的其他地方一样（例如印度和美国东南部），中东也从20世纪中期开始密集建设大型水坝——比如在阿斯旺（Aswan）、伊朗和土耳其。[29] 这些大规模基建项目与此前的环境控制工程［比如苏伊士运河、奥斯曼帝国时期建设的伏尔加河-

顿河运河计划（Don-Volga canal-building project），或是萨法维王朝（Safavid）时期为了将卡鲁恩河（Karun River）引流到新首都伊斯法罕而计划修建的大坝项目]，以及如今仍处于建设过程中的工程（比如红海-死海引水管道工程，或是土耳其东南部的水坝工程）之间有何承接关系？[30] 值得重申的是，正是由于这些工程项目的记录文件，加上社会各界（经济、文学、政治等）的相关论述构建起了一个庞大的数据库，所以我们在梳理公共建设与环境史的整体脉络的同时，亦能从区域研究的角度获得细致的观察。

除了中东环境史的长时段研究，近来的学者也尝试聚焦于某些特定的历史时期，利用该区域内丰富的文献资料进行微观层面的个案分析，从而构建起环境史的另一种叙事方式。[31] 这类研究大多依赖海量的史料细节，如果配合实验方法或模型的审慎使用，将
8 能有效地阐释历史上的人们如何理解与应对自然环境的种种变动。相比于传统模式，此类新兴的研究方法更直接地探讨了人类作为行动主体如何参与至自然活动之中，重现了仅仅依靠实验手段无法还原的具体的历史语境。这是中东环境史学家在处理档案史料时所采取的两种时段研究模式之间最重要的区别。在一些早期的地理学研究者看来，人与自然的关系是持续的、永恒的抗争，而人的主观能动性无力阻挡环境的种种变迁——换句话说，这是一种环境决定论观点。[32] 近来的环境史研究则持以相反的态度，人与自然来回牵扯，彼此制衡。

这些新近的学术成果代表了一种新型中东环境史研究范式，那就是以动态的、辩证的视角去理解人和环境的关系，并将此作为考察重点。借用威廉·克罗农（William Cronon）的著名表述："也

许在某个特定的历史阶段，人们的行动与选择会受到自然的约束，但文明总会在其作出回应的过程中予以自然相同的反作用力。被重塑后的自然又会给予人们新的选项，从而开启新一轮的文明再生产进程，周而复始。”[33] 因此，克罗农接着说道，环境史的目的是“将自然重新置于历史长河之中而非游离于历史之外，因为只有这样做我们才能看清人类社会植根于自然这一基本事实”。[34] 本书和中东环境史的其他著作一样，希望在中东鲜活的历史中书写属于自然的故事。

气候

气候变化研究是目前中东环境史研究成果最为丰富的领域之一。[35] 本书从多个角度对全球气候变化研究领域的数个主流观点提出了质疑[36]。其中一种观点认为中世纪时期发生了全球范围内的气候变暖，而证明这一观点的证据主要来自欧洲和中国。但理查德·W.布利特（Richard W. Bulliet）基于自中世纪伊朗的阿拉伯语和波斯语文献，证实了中世纪温暖期并无法用来描述当时伊朗的气候变化趋势。[37] 事实上，伊朗在11世纪和12世纪早期进入了一个极端寒冷的阶段——布利特称之为“大冰期”——而棉花产量也因此下滑。大冰期迫使突厥人向西迁徙进入伊朗，并最终到
达安纳托利亚平原，而这甚至可能促成了什叶派的崛起，使之成 9
为伊朗的主要宗教派别之一。气温的下降破坏了大量的农耕土地，并削弱了伊朗的社会经济基础，从而部分解释了为何当时蒙古人

和其他族群能够长驱直入侵占伊朗平原。长期的寒冷过后，中东以及中亚部分地区享受了几个世纪的温和气候，也是在这段时间里诞生了早期近代世界最庞大的几个帝国——奥斯曼帝国、萨法维王朝、莫卧儿帝国、乌兹别克汗国和马穆鲁克王朝。

然而在16和17世纪，中东及其他地区又一次进入了寒冷期，史称小冰期。这段更广为人知的寒冷时期给奥斯曼帝国造成了诸多经济和政治困境，迫使帝国进行了新一轮的资源与权力分配，并在一定程度上酝酿了帝国在17世纪所面临的全面危机。[38] 对于此次气候事件的考察可以让我们用全新的视野看待一个争论不休的史学话题，即奥斯曼帝国在17与18世纪的权力衰落、分散和重组。不同于以政治、军事和精英为中心的传统民族国家叙事，环境史叙事将生态环境视为形塑早期现代世界的关键性力量，予以同等重要的地位进行考量。奥斯曼帝国这段历史背后的诸多成因中，最重要也最常被提及的便是发生在16与17世纪之交的杰拉里农民叛乱（Celali peasant revolts）。[39] 山姆·怀特（Sam White）在其著作中提到，有足够的证据表明此次农民叛乱和小冰期带来的生态危机直接相关。[40] 气候的突变使得安纳托利亚中部地区的农业经济遭受重创——干旱、饥荒、瘟疫，以及人口的大量死去，暴力和匪患得以滋生，并最终演变为反抗奥斯曼政府的叛乱。因此，杰拉里叛乱的爆发之所以发生并不仅限于经济和政治层面的原因，还有（甚至可以说最重要的是）全球环境事件的推波助澜。很多历史学家将这段历史视为奥斯曼帝国的过渡时期，此前是帝国早期的崛起和16世纪的如日中天，此后则是19世纪帝国末年的改革尝试。但如果我们采取环境史的视角，这段历史的意义便不仅仅在于过渡和连接，而且揭示了帝国如何遭受并面对一系列前所未有的现实挑战，其中就包括剧烈的气候变化及其对农业生产、人口和动物数量，以及尼罗河泛洪产生的影响。

18世纪的最后20年同样发生了重大的气候事件，尽管程度不及以往，但对人类社会的冲击亦不容忽略。1783年和1784年，冰岛拉基火山裂缝（the Laki fissure in Iceland）喷发并造成了全球范围内的气候突变。[41] 我们将在第十章看到，其后果包括印度洋的 10
季风降水量减少，地中海地区气温骤降，中东众多河流系统的泛洪规模急剧减小，以及长达20年的饥荒、干旱和瘟疫横生的艰难时世。剧烈的气候活动无疑引发了一系列连锁反应，比如18世纪晚期奥斯曼帝国的政治动荡，紧随其后的欧洲各国入侵中东，还有帝国推行的坦齐马特改革。[42] 在19世纪下半叶，帝国再次遭受了由气候变化导致的饥荒和食物短缺危机，这引起了社会各界有权有势之人的不满，并使得他们要求在全国范围内进行政治改革。[43]

总而言之，相较于以政治国家和军事冲突为中心的叙事模式，以气候变迁为线索来梳理奥斯曼帝国过去五百年的历史也有其独特的价值。事实上，对中东广大农村人口而言，寒冷期或者由拉基火山喷发等自然活动引发的气候变动带给他们的感受，时常比统治权力来得更为直观和真切。强调这一点并不是为了宣称人类社会的经济和政治发展趋势全然由气候因素决定。[44] 事实显然并非如此。相反，我想指出的是历史的变化发展背后有无数的动因发挥着作用，它们相互交织结成一张复杂的网络，其中当然少不了政治、经济和社会活动，但也同样包含气候变迁等环境事件。

能源

中东对于世界能源史的研究意义也不容小觑。如果我们接受这样的假设，即人类历史上只发生过一次重大的能源转型——从太阳能转换为化石能源——那么坐拥最多石油储量的中东无疑在世界能源史的故事里占据着主角地位。[45] 对于任何社会而言，如何开发和利用所拥有的能源储备都是首要任务。[46] 一方面，从19世纪下半叶开始，全球消耗的绝大部分能源都来自中东，所以这个地区也就决定了此后人类的能源利用历史；但另一方面，早在石油被大规模使用之前，中东就在全球能源的故事中扮演了重要的角色。在19世纪之前的前工业时代，包括中东在内的世界上绝大部分地区都高度依赖人力与畜力劳动。[47] 无论是在摩洛哥还是伊朗，水
11 力和风能都从未成为当地的主要能源模式。这并非由于这些区域缺少流动水源，而是畜力的广泛使用足够满足人们的需求，且成本低廉。水车靠牛驱动，货物由毛驴运输而非水运，犁田依靠的也是畜力。因此，中东对人力和畜力的使用历史对于我们了解其他地区的劳动力模式具有借鉴意义，也是我们认识前工业时代能源历史的重要一环，这些话题我将在本书第二部分和第三部分中讨论。

因而放置在中东的语境中，近代史上发生的全球能源结构向化石能源转型可以被解读为：石油取代畜力成为中东最丰富和最便宜的能量来源。[48] 全球能源转型将石油问题上升为中东地缘政治博弈

的焦点之一。但如果我们将原油的使用消耗与畜力的历史联系起来，我们会发现石油和如今中东寻找能源替代品的紧迫需求，不过是漫长人类历史上不断上演的寻找廉价能源这一故事的最新演绎。[49] 在过去，畜力的高效和低成本使得人们没有动力去开发和使用其他类型的能源（某些地方至今仍然如此），例如水能和风能。当欧洲人已经开始尝试使用水力驱动磨坊时，畜力仍然是中东和中亚地区最主要的运输手段和能量来源。因而石油与畜力类似，代表了中东新一轮能量结构的出现，而只要石油保持其储量丰富和价格低廉的属性，中东的石油国家们就不会有动力去寻找新的能源。[50] 通过把能源输出方式（不管指的是卡路里形式还是有机碳形式）作为分析单位，中东的石油政治将不再是当今工业经济所特有的问题，而是能源和社会这一古老命题的现代变体。

疾病

关于瘟疫的流行病学研究和病原学研究是最能体现中东环境史之全球意义的学科领域之一。不管是鼠疫、霍乱还是其他疫病，数不胜数的流行病曾肆虐在中东的土地上，不仅深刻改变了所到之处的人口数量，而且往往不受地理边界的限制，因此历史上留存下许多有关疫病暴发的文献记载，在此基础上历史学家取得了引人注目的学术成果。[51] 有的学者已经开始从更广泛的生态学角度出发，将疫病视作众多环境因素中的一种。[52] 这种研究模式的出现部分源于学者逐渐意识到疫病在中东生态环境中的历史地位，以 12

及当时的人们如何切身感知和理解疫病。换言之，在经历过疫病流行的中东居民们看来，瘟疫属于一系列环境伟力中的一员，是和饥荒、雨水、干旱、洪灾与风流具有同等地位的存在。

例如在埃及，瘟疫常被视为自然环境中正常的构成世界生物物理循环的内在力量。[53] 我们将在第九章中看到，疾病的来去和饥荒、洪水、干旱、物价上涨、风暴以及叛乱等事件一样，都是自然周期中的一环。气候因素、尼罗河泛洪规模、老鼠、跳蚤和人类的相对数量分布都会影响埃及在特定时期内所暴发瘟疫的致死率和严重程度。因此，如同每年的尼罗河泛洪、粮食价格上浮、饥荒以及其他困苦，瘟疫在人们心中成为既定自然规律的显现，其暴发并非什么出乎意料的事。简而言之，埃及人把瘟疫理解为埃及自然环境的基本参数。这一看似逆来顺受的接受态度部分源自瘟疫暴发的周期性和高发病率。1347年至1894年之间，埃及每隔9年便会遭逢瘟疫侵袭[54]。换句话说，在长达547年的时间里，埃及有193年都出现了瘟疫。[55] 埃及瘟疫暴发如此频繁归结于其贸易中心地位，埃及一年四季不断接纳着来自四面八方的人群——以及随之而来的老鼠和跳蚤。[56] 埃及的主要商业区——地中海的港口城市和苏丹通往埃及的南部商道——也就成了疾病入侵的首要入口。[57] 因此，尽管瘟疫并不源自埃及本土，它却在埃及历史上留下了不可磨灭的印记，与其他的自然元素一起塑造着当地社会。瘟疫的反复发生意味着瘟疫暴发对于大多数埃及人而言是一件合乎常规且意料之中的事情，这也是为何历史学家们应当更慎重地看待疫病在埃及与中东历史上扮演的角色。

另外一个例子也能说明中东研究对于全球环境史视野下的疫

病研究具有的重要意义，那就是一年一度的朝觐。作为近代早期和现代世界每年规模最大的人群聚集性活动，历史上多次瘟疫的暴发都与朝觐有关，这对流行病学研究有着不可忽视的启示作用。每年特定的日子里，为数众多的船只、成千上万的人群、随商队而来的大量动物，以及来自世界各地不计其数的病菌，都涌向阿拉伯半岛西海岸，人和动物摩肩接踵，熙来攘往。随即发生的是许多人在返回家乡后就发现他们患上了某种流行疾病。在19世纪，
这通常指的是霍乱。在世界范围内，尤其是在南亚，北美和欧洲， 13
许多大型城市都在18世纪30年代后的数十年内历经了大规模的霍乱流行，并开始系统性地制定传染病防控措施。[58]

朝觐是霍乱在南亚和地中海，欧洲与中东之间得以跨区域传播的途径之一。[59] 早在苏伊士运河于1869年修成之前，埃及就是人群（以及随行的病原体）朝觐途中的主要中转站之一，人们从这里可以去往或离开地中海世界。想要阻隔朝觐时期的霍乱传播，切断埃及和汉志之间的人口往来，埃及的港口便是关键所在。比如在1833年，两千名来自奥斯曼帝国各地的朝圣者和数百名来自黑海地区的俄罗斯鞑靼人在经由亚历山大（Alexandria）前往麦加时，被当地检疫站要求就地隔离。[60] 只有当确认他们没有感染霍乱和鼠疫等流行病后，这些人才被允许加入前往汉志的商队。亚历山大检疫站最多可容纳2 500人；奥斯曼埃及政府还会为隔离者提供食物、干净的住所和其他类型的补给。英国总领事曾于1833年参观这所检疫站时赞赏了该设施的干净、便利与舒适。

但尽管存在着诸如此类的防疫措施，霍乱在19世纪仍屡见不鲜，这是因为一年一度的朝圣活动规模实在太大，最终让那些负

责疾病防控的检疫站不堪重负。[61] 例如在1881年，汉志爆发了一场极为严重的霍乱。[62] 亚历山大的防疫委员会采取了响应措施，命令所有从汉志返回埃及的朝觐者至少隔离二十八天，隔离地点是城内的三所防疫站。然而，朝觐者的巨大数量很快超过了三处设施能够容纳的人数极限。过度拥挤、食物和水资源短缺，以及防疫委员会强制决定延长隔离时间，都让本就严峻的局面更加雪上加霜。原本处于可控范围内的霍乱以不可遏制之势演变为一场肆虐的大规模流行病。被拘留在防疫站的人群很快爆发了叛乱，并在烧毁了一所防疫站之后集体逃离了埃及。类似的经历使得当权者们开始重视朝圣活动对于流行病预防的重要性，并促使他们在19世纪末制定了一系列针对参加每年朝觐的朝圣者的健康规定。[63] 采
14 取这些措施的主要原因便是朝觐活动对全球生态和流行病传播的影响。

结论

鉴于中东丰富、悠久和多元的文化传统，它在全球贸易网络、政治和生态中的关键地位，以及中东各个地区和各个时期留存下来的海量历史资料，我们有充分的理由相信中东研究能让全球环境史这门学科焕发新的生机，而环境史同样可以为中东史提供新的研究视角。《奥斯曼的树下》试图搭建这两个研究领域之间的桥梁，并为我们深化探讨中东近五百年的历史开辟出新的空间。

本书第一部分围绕水资源管理的政治意义，批判了传统的东方

专制理论，并指出奥斯曼埃及采取的灌溉管理模式实际上赋予了当地社群相当程度的自治和自主权。第二部分阐释了对于奥斯曼帝国这样的庞大政体，其权力中心伊斯坦布尔和埃及相隔千里之远，当权者如何利用埃及农民的劳动、地方知识和专业技能管理埃及。正如帝国利用着农民的劳动，农民也同时将帝国的力量为己所用。第三部分考察了动物如何影响了近代早期奥斯曼帝国的发展，以及在整个中东历史上发挥的作用。第四部分分析了其他的非人类因素——谷物、木材、病菌和二氧化硫——如何塑造了中东及其自然环境的历史变迁。略显遗憾的是，由于《奥斯曼的树下》将关注点放在奥斯曼帝国统治下的埃及，本书只能触及中东环境史的冰山一角。作为这一新兴研究领域发展过程中的一个路标，我希望本书能指导我们挖掘出更多的学术生长点，并为日后的深入探索铺垫道路。

中东环境史未来可能的研究方向包括战争对环境的影响、性别与环境、环境污染、科学与自然、殖民主义与环境、非石油类资源开发、文学与环境，还有环境保护主义及其他环境思想在中东扮演的角色。[64] 此外，尽管一些当代学者正在重新思考自然环境在伊斯兰教中的历史地位（这属于伊斯兰教环境伦理学的一个分支），伊斯兰教和自然的话题依然存在许多值得深入讨论的空间。[65] 不管是伊斯兰教文本中涉及自然、环境控制和非人类生命体的直接讲述，还是穆斯林在现实生活中的教义实践所传导的自然观念，这 15
些议题都能够激发学者们的探索热情。[66] 中东极端的人口异质性和丰富的文化地理特征也为环境史学家提供了契机，让他们得以思考不同的文化群体如何共享同一片物理空间。例如在土耳其东南部、叙利亚北部、伊拉克和伊朗等地，土耳其人、库尔德人、阿拉伯人、亚美尼亚人、伊朗人以及其他族群在同样的河流、高山和平原之上一同耕作与生活。[67] 不同的群体是否拥有相同的自然资源的支配权和使用权，是否行使着同样的环境控制手段？他们如何感知和理解所共处的自然环境并与之互动，每个族群的思想和行为有何特别或相似之处？更概括地说：不同的文化宗教团体与自然的相处方式在人类历史上经历了怎样的演变，各自有着怎样的特点？

中东拥有世界上最长的河流和众多流域，并素有“三洲五海之地”之称；这片土地上蕴藏着足以撼动世界格局的石油资源，遍布着苏伊士运河等诸多从古延续至今的伟大工程；拥有着世界发展进程中具有举足轻重地位的棉花、咖啡等农产品，丰富多元的地貌、文化、宗教和生态环境；以及其他数不胜数的理由，都让自然环境成为中东研究中不可或缺的一部分，也使得任何有关全球环境的
16 探讨都无法绕开对中东的考量。

第一部分

水

第一章

灌溉工程

想要理解埃及的政治、社会和经济历史，就首先得明白埃及的水资源管理模式。奥斯曼帝国统治时期的埃及（1517—1882）——这是埃及史上统治时间最长的政权之一——主要依靠乡村地方社群进行水资源管理。[1] 农民、地方权贵，以及乡村世界的其他人士，与奥斯曼政府共同构建起一种由集体参与的公共事务合作治理模式，以求用最为有效，持续和公平的方式让人们能够最大限度地利用尼罗河水资源。[2] 这里的使用主体不仅包括埃及的农耕人员，全帝国境内的粮食消费者（从突尼斯到萨洛尼卡，到伊斯坦布尔，再到阿勒颇），还有整个帝国的官僚体制，因为国家税收高度依赖埃及的灌溉农田。[3] 埃及农民借助帝国提供的行政管理手段和资金支持，而帝国同样需要依靠农业耕作者们的知识、劳动与经验，二者互相成就，共同服务于奥斯曼埃及的灌溉事业。[4] 和奥斯曼帝国的大多数区域一样，埃及若想合理有效地灌溉好农田，只能通过帝国政府协同、乡村社群自治的管理机制，即帝国

将权力下放给行省内数以千计的地方社群。本章从多个角度对这
20 段治水史进行了剖析，认为无论是在政治还是经济层面，农民都是奥斯曼埃及灌溉事业中的核心角色，而这一现象的出现与帝国当局的认可和鼓励有着莫大的联系。相较于站在伊斯坦布尔的苏丹王座上俯瞰埃及，在本章中我希望能够立于埃及运河的淤泥中向外望去，看奥斯曼帝国的统治如何在这里生根发芽。

灌溉调研

为了尽可能地厘清和了解埃及乡村的灌溉情况，奥斯曼帝国在1517年占领埃及之后开展了一项颇为重要（也许是最重要的）的调研行动。这项由政府主导的大型调研工程从行政与法律层面上确立了埃及农民对于乡村水务治理的话语权。而即使是政府调研这样的依靠强大中央集权政府才有能力进行的国家行为，也离不开地方农民群体的知识、技能与劳动，因为除此以外别无他法。每个地方的灌溉情况各不相同。哪怕某人对自家村庄的用水情况再了如指掌，也不能保证他对隔壁村子的情形同样了解。具体的经验和丰富的实践在埃及水资源管理中必不可少。因此，为了更充分地收集信息并了解现状，奥斯曼政府派遣代表前往乡间，向当地人咨询各自村子里运河、水闸、堤岸及其他水利设施的使用情况。这些农业劳动者提供的信息为奥斯曼政府在埃及——帝国内最富有的省份——制定水管理措施提供了依据。灌溉情况调研为接下来的行政举措与治理体系奠定了基础，后者则将在日后决

定农村用水引发的法律纠纷该如何解决，或乡村社群之间、农民与帝国公职人员之间该如何合作共处。最后的结果是，农民借帝国政府之手掌控了埃及乡村的灌溉事业管理权，而非反过来。

这份埃及灌溉情况调研报告被归档至一份名为“帝国水利工程”（*al-Jusūr al-Sulṭāniyya*）的档案中，根据对文献内容的内部考证以及古文字学证据，该报告的成文时间为1539年或1540年。[5] 调研旨在描绘和标识出与河流灌溉活动关系密切的埃及乡村社群。确定了村落与运河之间的使用关系，帝国就能知道水流如何在不同社群间建立起纽带，此外更重要的是这将解决灌溉工程维护的 21
责任归属问题，因为按照“谁使用，谁负责”的原则，水资源的使用主体往往需要承担起相应灌溉系统的管理职责。[6] 依靠收集到的这些信息，帝国政府便可绘制出一幅乡间的水流地图，从而进一步实现埃及水务治理的终极目标：让行省内的所有村庄和农田都成为丰饶之地，让整个埃及的土地都能得到充分的滋润（ḥuṣūl al-riyy al-kāmil al-shāmil）。[7]

为了能顺利绘制出埃及乡村的灌溉网络地图，划分灌溉工程的责任归属，并最终提升埃及的农业生产力，调研报告致力于回答如下问题：每一条运河的服务对象是谁？是农民群体的共同利益和日常需求，还是他们所在的土地，抑或运河应当属于瓦克夫（waqf，指伊斯兰宗教公产，通常服务于某一特定人群或特殊目的）的一部分？或者恰好相反，这条运河的用途是用来保障少数利益群体的私利？河道维修是否会有利于促进农民地位的平等，提升公共利益（al-maṣlaḥa al-ʿāmma）？[8] 这份灌溉情况汇报还有另外的功能，那就是标识出被人遗弃和疏于维护的运河。这些河道或因淤泥阻塞已然干涸，或是河水已变得污浊不堪。调研人员需要查明它们从何时被废弃以及个中缘由。除此之外，在对这些河道的使用历史和年久失修的现状进行考察后，报告需要回答它们是否值得人们投入精力重新修缮？河道出现的问题是由于周围的土地、水源、地理或地形条件而产生，还是说由河道里的水流本身所致？总而言之，是应该让这些失修河道继续顺其自然，保持其破落的现状，还是应该努力重新赋予它们生机？如果是后者的话，谁又是重修运河的责任主体？是奥斯曼帝国的迪万（divan，国务会议）、瓦克夫的管理者，还是利用运河灌溉农田的农民？灌溉工程的具体维修成本是多少？最重要的是，人们所掌握的技术经验是否足以让他们在不同地域环境的限制下，成功地修复运河并维持其正常运行？帝国的总体目标是将耕作土地的需求与可供使用的水资源以及人力相匹配——让农耕土地与水源相连接，并找到二者的管理人员。因此，调研人员须得确认诸多事实，其中之一就是确定哪些村庄依靠运河获取水资源，哪些村庄又是利用湖泊等其他水体进行灌溉。此外调研还需了解哪些河道仍处于正常使用状态，而哪些已被淤堵，对于后者采取怎样的措施最为有
22 利，人工疏通还是顺其自然？

如何解答这些高度复杂的技术问题？奥斯曼帝国的调研人员想到了依河道而居的埃及乡村群落，希望依靠当地人的专业知识找到答案。这些帝国的公职人员探访了埃及的每一条河道，与当地的居民共同漫步在河流的两岸。他们一起测量了河道的长度、宽度和深度，并探讨哪些运河有必要进行疏通、清理和日常维护（al-jarāfa）；此外，他们还将河道作为土地资产边界和划分农村用

地的评判标准。奥斯曼行政人员向当地人了解得越深，收集了越多埃及农村灌溉情况的相关信息——调研报告里对每个村落和每条河流都进行了介绍（baladan baladan wa jisran jisran）——帝国就越能有效地掌控埃及的水资源，从而最大化该行省的农业生产力与赋税能力。[9] 为了绘制出这样一幅行政管理地图，以便将成千上万靠水而居的乡村社群汇集起来，前述的种种努力都是必要且值得的。再者，实现这项任务必须依托帝国内农村人口的高度参与——他们掌握的地方灌溉情况，他们的劳动，以及奥斯曼帝国赋予乡土人才的权力、价值和自主权。埃及农民深知与奥斯曼当局合作所能带来的好处，利用政府提供的物料和资金将灌溉设施修复完好，农民便可改善自身的生活条件。与此类似，奥斯曼当局也明白国家若想实现民康物阜也离不开埃及农民的付出。这是一种互利共赢的合作关系。

这份“帝国水利工程”档案中涉及三角洲西北部的米努夫（al-Minūfiyya）副省（subprovince）的记述清晰地印证了地方社群在水资源管理中的政治地位。[10] 来自米努夫副省的一位名叫穆罕默德·伊本·巴格达（Muḥammad ibn Baghdād）的行政长官受命负责收集辖区内的河道与灌溉情况。穆罕默德作为通过帝国行政阶梯不断爬升的埃及本地人士，他利用地方人脉关系很好地执行了这项任务。穆罕默德和他的助手们在当地农民的带领下，穿行于行政区内的各条运河之间，对所有河流进行逐一察看（jisran jisran），并对每条河道都加以勘察和测量，竭力回答帝国政府提出的问题。在他递交的报告里，当地人的言论作为专业意见被不断援引，这种情况在当时十分常见。某位老者如此谈到当地某条运

23 河，另一群人又说道某处堤岸经常在每年泛洪时决堤。这份来自米努夫副省的汇报中，当地长者（mashāʾikh al-nawāḥī）的意见通常会作为权威观点单独出现。而且，文件还提到这些年长者已被任命为各自区域内灌溉工程和水资源管理的负责人。在这份调查报告成文并被归档后，他们将负责把制定的措施合理有效地推行下去。

此类经验丰富的年长人士——在奥斯曼土耳其被称为mashāʾikh al-nawāḥī，在阿拉伯语中被称为ahl al-wuqūf或者ahl al-khibra——大多是在米努夫省生活了大半辈子的本地人；他们对家乡的运河、水坝、每年泛洪情形都了如指掌；他们知晓村中农田的土壤情况和地势特征。[11] 只有依靠深入的实践和不断的积累，人们才有可能掌握乡村的灌溉情况和环境特点，正因如此，埃及农民成了奥斯曼埃及统治者管理乡村灌溉系统的代理人。农民们的地方经验、知识和技能决定了帝国面对埃及灌溉工程时将采取的管理措施。借助“帝国水利工程”档案这样的统治工具，现场的调研情况以及当地人的经验知识都能被编纂归类并为奥斯曼帝国政府所用，进而影响和维系其统治。

这份十分详尽的米努夫副省调研报告完成后，政府马上制作了两份副本——一份递交开罗迪万，即行省行政会议，帝国政府在埃及设立的最高权力机构；另一份则送至米努夫地方法庭。[12] 后一份副本将被用作处置省内灌溉相关事务的参考依据。在奥斯曼帝国统治初期，这份报告有助于新上任的统治者了解基本情况，并指导他们如何管理埃及的灌设系统。因为调研报告很大程度上是将当地人在水资源管理事宜上的经验与实践加以体系化整理，所以这份文件实际上确立了地方知识在处理水务问题时所具有的法律效力。更重要的是，如若此后行省内的灌溉农业发生了改变，导致调研文件及其法律地位需要被重新评估，那么报告负责人重新修正时也依然会咨询这群掌握地方知识与技能之人。这再次说明了就乡村灌溉设施和水资源的管理利用而言，埃及农民享有高度的本地自治权。 24

灌溉与谈判艺术

“帝国水利工程”档案如同一张历史快照，它捕捉了奥斯曼埃及的灌溉事业正式开启时的特定历史时刻。然而河水时涨时落，河床会被堵塞，河流亦会决堤改道。人不能两次踏入同一条运河。埃及水系网络和乡村自然环境总是处于不断的变化之中，所以这项调研报告总是存在着很多需要完善修正的地方。但不管埃及的环境多么变幻莫测，人们总需要对其进行人力干预并加以控制，因为这与人们的日常生活息息相关，其中包括财产、农业、税收、生计，乃至生命安全。因此，如果我们把视线从“帝国水利工程”档案所呈现的静止历史图景上移开，站在泥土里细观奥斯曼埃及的乡村社会，看这变化万千的自然舞台上上演的故事，我们就会看见围绕水管理发生的种种协商、冲突与挑战，并对当地农民如何自主管理灌溉工程获得更深的理解。

农民是帝国政府管理乡村水资源的耳目。他们及时告知当局需要修缮的灌溉设施，承担起实施维修的职责，并监管设施的正常运作。例如在1771年，居住在代盖赫利耶副省（al-Daqahliyya）东南部的一群农民开始对某河道进行修缮。[13] 来自曼扎拉村（al-Manzala）的农民、长者和穷人一同来到了曼苏拉（al-Manṣūra）法庭，抱怨道巴哈尔哈吉尔运河（al-Baḥr al-Ṣaghīr）的部分区域已经被淤泥、沙石和垃圾堵塞，导致水流量减少、灌溉水无法流进他们的村子。[14] 而且，由于河道周围布满了沟渠，主河道的水被分流后严重降低了下游的总体水量。[15] 向法院陈情的埃及农民们因此申请疏浚巴哈尔哈吉尔运河，并封闭沿途的沟渠或筑坝，以恢复主河道的水流量。[16] 此外他们还提出建议，按照“谁靠近，谁负责”的原则，河道旁的村落都应负责清理和疏通离其最近的河道区域，并对这些地方的堤岸进行加固。这一系列举措将使得沿岸所有村庄以及其他从河中引水的村子都能获益，让水资源的使用更加便利。法院人员记录下了农民提出的大部分建议及其好处，并以书面形式将这项请求递交给埃及迪万，因为对大型行省运河实施修
25 复必须经由迪万审核，这是获取许可的标准行政流程。迪万对曼苏拉法院的请求予以回复，并在敕令中准许了农民的维修计划。

这个案例涉及的行政流程显示出埃及农民的指导作用，在埃及乡村高度复杂又不断变化的自然环境中，奥斯曼官僚开展灌溉设施管理工作少不了农民的协助。当农民和村民向曼苏拉的奥斯
26 曼法庭提出诉求后，由法院初步审核前者的提议并将其传达给埃及迪万，最后在会议上征求许可。[17] 在行政层面上，这是一个极其顺畅的过程，因为所有相关人员都认为农民们的请求既实际又迫切。埃及迪万的职能仅仅体现为批准其请求并将之记录在帝国档案中。[18] 我们在这里（以及成千上万的例子中）看到，面对埃及乡

图4. 埃及境内常见的运河，从中我们可以窥见奥斯曼帝国时期运河的历史样貌

图片由作者拍摄，2007年。

村的灌溉管理与环境控制难题，奥斯曼帝国的解决方法之一便是尊重并听从埃及农民的经验和意见，由他们掌握主导权。农民知晓管理和维护巴哈尔哈吉尔运河最有效便利的方法是什么。[19] 他们与这条河流朝夕相处，并清楚地明白如果沿岸每个村落都能料理好各自负责的河道区域，那么整条运河就能保持良好的状态，服务于那居住在自埃及省内外，日常生活与帝国水利设施紧密相连的人们。[20]

17世纪末，在埃及南部的艾斯尤特（Asyūṭ），另一群农民为了改善生活境况，通过当地法庭向奥斯曼政府施压，督促后者履行维修运河的职能。[21] 考虑到每年的泛洪时节即将开始，而当地河道当时无法将河水顺利引流至农田，艾斯尤特省的农民们前往法庭，请求政府出面疏通村落附近淤堵的运河。农民们在法庭上动之以情晓之以理，让法官明白缺乏灌溉不仅会减少村子的粮食产量，更会降低税收从而损害政府的利益。这些农耕者们很清楚灌溉农业对于整个帝国的战略地位，并利用这一点营造对自己有利的局面。对于帝国政府来说，埃及乡村灌溉工程的重要性来源于它与粮食以及税收的直接相关性；因此，如果艾斯尤特的农田未能得到合理灌溉的话，不单是埃及本土，整个帝国的利益都会受到牵连。农民知晓这一事实，并以此作为谈判的筹码。埃及迪万同意了农民们的请求，并命令当地所有相关公职人员——副省长官、艾斯尤特法庭法官，以及驻扎省内的七大军团长官——勘查和疏通区域内所有运河。[22] 随后他们接到进一步指示，那就是尽量防患于未然，避免日后再次出现农田灌溉不当的问题。利用灌溉水源短缺带来的潜在风险，及其对粮食产量的冲击，艾斯尤特的农民

得以借奥斯曼政府之手修缮和维护了社群赖以发展的水利设施。 27

埃及农民们不只能向埃及省内的最高国家行政机关——迪万——施加影响，有时甚至还能左右远在伊斯坦布尔的苏丹的决定。我们可以用一个形象的比喻来类比这一过程：由埃及偏远山村的农民提出的修复工程申请，就如同水泡一般，沿着帝国庞大的行政体系由下而上，一路浮向位于顶端的苏丹宫殿。例如在1713年，苏丹艾哈迈德三世（Ahmet III）就收到了来自曼费卢特（Manfalūṭ）南部一群农民提交的请愿。[23] 农民们提到村中河道上的堰坝在常年的水流冲击下已变得摇摇欲坠。如若堰坝完全被冲垮，人们将无法拦截水流，附近的村落将失去赖以生存的水源，焦干的农田得不到灌溉，粮食和税收也将遭殃。事态紧急，面对眼前的情形奥斯曼苏丹和他的幕僚们也十分担忧。他们明白对于曼费卢特这样的农业发达地区而言，农田遭受破坏意味着农业产量和财政收入的大幅缩减。实际上，这项请愿不是由曼费卢特法庭或埃及迪万来处理的，而是由伊斯坦布尔的皇室亲自出面处置，这一姿态本身就足以显示出事态的严重性。

为了避免税收、土地和民生可能遭受的损失，苏丹颁布敕令，命令埃及行省长官像之前一样，雇佣一队来自当地的专业人士（土耳其语称之为ehl-i hibre和erbab-i vukuf）进行全方位实地考察。[24] 因此，面对一群农民提出的修复堰坝的提议，政府选择授权另一群拥有地方知识和技能的农民来主导此次考察与修缮工作。在对受损设施进行勘测后，行省长官将专家们的结果汇报给苏丹，设施受损区域约为9 110平方齐拉（zirā‘），预计修复费用为18 130帕拉（para）。[25] 仔细权衡后，帝国批准拨付这笔资金，并要求加固堰坝以便更好地应对未来的灾害。在关于资金的批复中，地方专家的权威观点不断被提及和引用，以证实修复工程的急迫性和所需资金的必要性。在这个例子中，我们清晰地看到由农民主导帝国政府协同的自治模式如何发挥作用。来自曼费卢特这一埃及南部
28 小城的农民决定了这次事件的走向。他们督促奥斯曼苏丹亲自下令修复堰坝，以便能够继续灌溉农田。尽管曼费卢特和伊斯坦布尔在地理上相隔数千公里，高效的行政系统使得两地瓜藤相连。在曼费卢特的农民看来，奥斯曼政府是获取帮助的有力途径。

另外一些例子也能够说明埃及乡村人口和奥斯曼政府的密切联系，那就是发生在农民和包税人（multazims）或乡绅贵族之间的各种龃龉。[26] 这些故事刻画出奥斯曼帝国统治下的埃及农村社会图景，并再次印证了这一论断——农民，而非来自其他乡村阶层的人士，才是埃及乡村灌溉事业最具有话语权的使用者与管理者。其中一个例子来自1703年的曼苏拉法庭档案，当时一群农民与两名包税人——易卜拉欣·阿迦（Ibrahim Ağa）和别克塔斯·切莱比（Bektaş Çelebi）——陷入了分歧。[27] 他们争论的焦点是这些农民日常水源所依赖的四条失修河道。河流穿过两名包税人名下的土地，每年泛洪时河水便会越过堤岸，冲毁二人的农田并造成巨大的破坏和损失。因此包税人来到法庭，请求奥斯曼政府出面对河道进行修缮，防止洪水再次淹没土地。他们提议修筑更大型的堤岸抑制水流，或者直接将河流全部阻截。提出这项提议的人并不靠这四条运河获取水源，因此并不关心此举会对下游那些依河而居的农民产生怎样的影响。显而易见，下游居民对包税人的倡议感到十分担忧。因此，他们也来到法庭，希望阻止后者切断自

己的水源供给。

和以往的情形一样，法院在听完双方的陈述后，首先下令对相关灌溉设施进行勘察，并走访了河道沿岸和受影响区域的居民们。[28] 考察报告的结论如下：第一条河道最靠近下游，受损严重；靠近上游的第二条河道已完全无法使用；第三条河道靠近前两者，曾在一年前被修复过，目前运行良好；最后一条河道位于前三者的上游，规模最大，并于近期内重修过。第四条也就是最后一条运河最重要，因为其余三条河均发源于此，并且它是该区域内灌溉 29
饮用水的主要来源。

掌握了这手信息后，法庭就有了作出裁决的依据，由此判断哪方的提议更为合理，是应该保障水资源供给以保护农民的利益，还是维护包税人的利益，让他们的土地免受洪水侵害。法庭最终选择站在了农民一方。法庭的裁决说明了在这个案例中，农民才是决定河道何去何从的最终仲裁者，因为他们的命运与河流休戚相关，任何对河道的改变都会对农民产生极大的影响。作为调研程序的一部分，法庭向农耕者们了解了运河系统的使用情况，并随着事态的推进，在关键时刻引用当地人的观点作为评判依据。不出意料的是，受访的农民都期望河道能够修复如初，这样就能保证自己的农田能被充分灌溉。受制于法庭的裁决，作为败诉方的包税人只能接受修缮四条运河的决定，以及未来洪水仍将定期破坏自家农田的事实。奥斯曼统治者当然明白自己与那些生活在下游的农民属于利益共同体，因为对灌溉水资源的保障也终将转化为埃及乡村的农业与经济产出。作为乡村经济主引擎，埃及农民理所应当地被赋予了灌溉系统的管理权，尽管这会不可避免地牺牲掉其他人群的利益需求。

在一些情形中，农民们为了实现自己的目的，有时不得不采取相当激烈或极端的手段来对抗包税人或当地其他势力的压迫，比如集体搬离村庄。[29] 失去了农民这一劳动力，哪怕有再充足的水源和运行完好的河道，乡村的生产活动也会停滞不前。农民为乡村发展提供了必需的驱动力，并利用这一优势来为自己谋取利益。发生在1688年5月的一个故事展示了一群农民如何以集体搬离村庄相威胁，逆转了原本不利的局势。那一年的早些时候，他们所生活的法姆扎非尔村（Famm Ẓāfir）被转移到一位名叫艾哈迈德·贾拉比·伊本·阿迈尔胡姆·阿埃米尔·穆斯法塔·贝伊（Aḥmad Jalabī ibn al-Marḥūm al-Amīr Muṣṭafā Bey）的乡绅名下，成了他的包税地（iltizām）。[30] 法姆扎非尔村坐落在巴哈尔哈吉尔运河旁边，自古时起（min qadīm al-zamān），这个村子就归属卡叙非亚村（al-Kashūfiyya）管辖，一直以来经济繁荣，灌溉充足，农业发达。当其管辖权被移交给艾哈迈德·贾拉比之后，村子的
30 境况便急转直下。艾哈迈德·贾拉比在私利驱使下，对村民施以各种暴力和恶毒的手段（shurūr），希望从他们身上榨取更多的钱财，这让当地的社会、经济、家庭生活和公共设施都蒙受了巨大的损失。灌溉、播种和种植等生产活动被中断，同样按下暂停键的还有村子的赋税。当地农民和艾哈迈德·贾拉比及其手下争执不断，某次双方爆发大规模冲突之后，事情演变到了不得不依法解决的地步，被交由法官处理。这场冲突使得村子里的许多农田遭到破坏再无法用于耕作。由于担心情况会一直恶化下去，许多农民选择离开，移居他乡。

动荡的局势下，村民们刻意停止了日常的河道疏通工作，本应由他们负责清理的一条叫作吉舒尔扎法尔（Jisr al-Ẓafar）的帝国运河因此陷入淤堵。[31] 这一带有明显政治意图的举动导致众多下游村庄无法获取水资源。此外，由于河道未能被及时疏浚，水流在被堵塞的区域不断汇集，最终漫过堤岸淹没了曼扎拉村的部分区域。由此可见，在面对法姆扎非尔村的行政管辖权问题时，村民有策略地拒绝参与劳动，这导致自己和附近的村庄都陷入灌溉水短缺的局面。对于奥斯曼帝国来说，村庄所遭受的破坏及其对周遭社群产生的影响意味着政府财政的巨大损失。法姆扎非尔村对灌溉工程的刻意疏忽对帝国经济构成威胁，从而迫使政府立即对事态作出回应。

曼苏拉法庭很快采取行动，着手处理眼前的局面。法庭派遣隔壁塔哈坎村的包税人前去查探情况。[32] 调查者询问了尚未搬离法姆扎非尔村的居民们，村子何以遭到毁坏，为何大家都选择离开了故土。这些人告诉他自古时起，他们的村子就由卡叙非亚村管辖，没有任何个人——不管是行省长官，有权势的包税人，还是七大兵团的首领——能够为了一己私利篡改这一事实。这些农民接着说道，艾哈迈德·贾拉比接管村子的同时也带来了暴力和冲突，内部纷争接二连三。最后他们扬言道尽管他们尚未离开，但只要艾哈迈德·贾拉比一日不走，他们就绝不会疏通河道或耕作农田，甚至会让这里彻底荒芜。就好像担心威胁的力度不够，村民们还发誓绝不让其他农民——那些忠于艾哈迈德·贾拉比或者来自周 31
围村子的农民——来开垦法姆扎非尔村的农田。换句话说，只要法姆扎非尔村一日不恢复传统回到卡叙非亚村的怀抱，这个地方就将一直陷于遗弃和荒废之中。

但如果生活回到以往的样子，法姆扎非尔村的农民们承诺将回到村庄，恢复农业生产，修复损毁的建筑设施，并按照法律规定继续维系和保护（ḥifẓ waḥarāsa）运河。[33] 法庭深知其中的利害关系，而除了满足农民的要求别无他法，因此勉强同意将法姆扎非尔村的管理权交还给卡叙非亚村。至此，法姆扎非尔村的农民们成功地利用其农耕者和纳税人的身份，赶走了一名不公且腐败的地方豪绅，并让村庄恢复以往的地位。通过搬离村子让农业生产活动被迫中止（就好比工业时代时，工人们破坏生产机器让工厂停产的行为），这些农民迫使乡村精英和奥斯曼埃及政府同意他们的要求，成功摆脱了艾哈迈德·贾拉比的控制。

和埃及乡村其他地方的农民一样，法姆扎非尔村的农民在奥斯曼埃及的灌溉事业中承担了极为重要的功能。此处上演的故事某种程度上是一个极端的例子，显示出农民惊人的政治影响力。有人通过离开以示抗议和不满。[34] 留下来的人则有意让村子里的河道无法正常使用，让日常生活受到影响的其他村民也同法姆扎非尔村的受害者一起，加入反对艾哈迈德·贾拉比的行列。法姆扎非尔村的居民们最终取得了胜利。奥斯曼政府又一次站在了农民一方，将他们的要求和期望置于其他群体的权力与利益之上，宣告农民才是埃及乡村灌溉事业最具合法性的仲裁者。

结论

奥斯曼帝国将灌溉管理权下放给埃及乡村的地方社群，这一决策并不必然由国家的庞大规模和由此导致的统治者的力不从心所致，而是政府清楚地意识到，若想妥善地经营如此复杂的灌溉系统，农民自主管理是最为便利和高效的途径。不管在帝国的任何角落，当地农民总是最熟悉其所在区域内运河、堤岸和农田情况的专业人士。所以让他们决定该如何维护这些基础设施顺理成 32
章。作为一个对农业和灌溉业高度依赖的近代早期政体，当时的奥斯曼帝国必须最大限度地利用各类自然资源，同时设法应对境内自然活动带来的影响。[35] 这就是为什么奥斯曼埃及的乡村居民在水资源和灌溉管理中承担着如此核心的角色。[36] 当然，帝国不可能完全掌控自然力量——其行政系统的响应速度永远跟不上埃及运河里的河水流速——但埃及农民能够在现场时刻监管着灌溉系统的运行情况并及时上报，这让奥斯曼当局得以更加高效和便捷地管治埃及灌溉生态体系。[37] 与此同时，缺少了奥斯曼政府提供的资源，埃及农民也无法独力修缮并维护那些大型设施——尽管归根结底，这些资源都源于农民自身的劳动。总而言之，不管是农民还是奥斯曼帝国政府，都必须相互协助才能完成灌溉工程的修复工作——只有合作才能带来双赢。

我们可以从两方面对这一点进行解释，一则多变的自然环境既决定了当地社群所能获取的资源种类与数量，又时常引发一些他们无法解决的困境；二则奥斯曼政府并未强行要求各地臣民的政治同质性，或拘泥于文化与社会结构的统一性，而是选择尊重地方知识和现实的多样性。政治、经济和基础建设的共同利益让首都伊斯坦布尔的统治者与埃及乡村农民走到了一起。奥斯曼帝国政府从埃及农民的劳动中获得经济收益，并将其中一部分投资于行省灌溉事业。[38] 作为回报，农民会确保灌溉系统的正常使用，促进农业生产的高效发展。从农民的角度看，他们利用政府资源解决了当地灌溉设施遇到的棘手问题，其代价便是贡献出粮食和劳动力。此为奥斯曼帝国解决埃及灌溉问题之道。

本章证明了与奥斯曼政府对埃及乡村实施铁腕统治的刻板印象不同，实际上面朝黄土背朝天的埃及农民拥有巨大的影响力，左右着统治者的决策——而不是反过来——以期让灌溉系统能够如
33 双方所愿，服务于共同的生产目的。[39] 埃及乡村的灌溉管理模式体现了地方主导、政府配合的协同自治方式，当地农民作为行动主体被赋予必要的自由与资金，决定着奥斯曼埃及灌溉系统的发展方向，并从始至终保持控制权。农民是管理帝国灌溉事业的不二人选。

第二章 34

泥土之下的历史

自从尼罗河第一次裹挟着泥沙注入地中海，此后一千万年间，尼罗河三角洲和地中海就一直处于你争我夺，相互拉扯的状态。[1]不过在过去的7 500年里的大部分时候，三角洲一直占据着上风，不断在泥沙的沉积作用下扩大着自己的面积。生活在公元前5世纪的希腊旅行家和历史学家希罗多德（Herodotus），就曾在乘船驶往印度北部的途中经过此处，并写道："当你驶向海岸线，离岸还有一天的航程时，若此时将测深绳放入海中，便会在收回后发现上面沾满了淤泥，尽管绳子只抵达了距离海面11英寻（Fathom，1英寻约合1.828 8米）的深度。"[2] 对希罗多德而言，在离岸如此遥远的海域发现泥土的踪迹，这足以证明三角洲是由尼罗河携来的泥沙在数千年的时间内不断堆积而形成的。[3] 用他的话说："正如埃及人自己所言（而我也深信不疑），三角洲由河水冲积而成，这个现象应该是不久之前才出现的。"[4] 之所以认为三角洲是"不久之前才出现的"，是因为希罗多德注意到这片地区缺少古代遗迹，这也是埃及当时鲜有游客到访的原因。

另一位叫作约翰·安特斯（John Antes）的美国旅行家也曾抵达过这里，并用文字记述了千年来尼罗河三角洲的演变历程。他曾于18世纪在埃及生活了一段时间，而这段历史时期也将是本章关注的重点。关于三角洲他写道：“距离开罗不远处有许多地方埋
35 藏着大量贻贝、牡蛎以及其他海洋生物，这不禁让我猜测，整个三角洲原本不过是一处被海洋覆盖的高低不平的浅湾……人们在罗塞塔（Rosseta）附近还发现了惊人的证据，证明这个国家的面积依旧在河流沉积物的堆积作用下不断扩大；所有迹象都表明罗塞塔曾与大海毗邻。”[5] 除了海里的化石残骸，安特斯还注意到每年泛洪带来的巨量泥土使得三角洲的面积继续扩大。“当我观察到大块的土地每年被洪水冲走，随着河流移至海边，同时猜想这一情形自尼罗河存在伊始就已经出现了，我认为这非常有力地说明了……三角洲诞生的起源，即使不是全部区域，三角洲的大部分区域也该是如此，而且这片土地如今依旧保持着向大海延伸的趋势”。[6] 如同多年前的希罗多德，安特斯也留意到“除了少数高处地带，低地区域并未发现历史十分悠久的遗迹，而所有这些地方与这个国家的尼罗河上游地域相比都显得年轻”。[7] 因此，从2 500年前希罗多德拜访埃及到18世纪末安特斯作出他的观察，这段时间内三角洲逐步将边界延伸至地中海深处。但在这场海洋和陆地的拉锯战中，埃及北部海岸不断扩张的日子即将在安特斯写下文字后的数十年内宣告结束。

事实上，当代研究发现的证据明确表明，到了1800年左右，数千年来尼罗河三角洲不断扩张的局面就渐渐消失了。[8] 如同世界

上的其他三角洲一样，埃及三角洲也同样面临着海岸线回退的问题。海岸线上的某些区域在海水的侵蚀作用下，其回退速度已经达到了每年125米至170米。[9] 这是由于过去200年内密集进行的大型工程建设对环境产生的恶劣影响，尽管它们的本意是为了更好地控制尼罗河的水资源，以解决当时政治经济上的燃眉之急。早在19世纪初期，奥斯曼的行省总督穆罕默德·阿里（Mehmet ʿAli）就设法通过水利工程建设来灌溉三角洲的更多区域，到了20世纪中叶，埃及总统贾迈勒·阿卜杜·纳赛尔（Gamal ʿAbd al-Nasser）启动了阿斯旺大坝水利工程（Aswan High Dam hydroelectric project），这些都使得尼罗河下游的生态环境在这200年间经历了前所未有的改变。河流改造引发的后果之一便是三角洲和尼罗河之间的联系被切断，导致河流每年携带的超过1.25亿吨的沉积物再也无法抵达三角洲。[10] 尼罗河的赠礼如今被堆积在阿 36
斯旺大坝的后方。所以如果有人今天乘船驶向尼罗河三角洲，即使离岸很近，他大概也不会像希罗多德一样发现那么多淤泥。公共设施建设造成的恶劣环境影响还包括土地盐碱化、海岸侵蚀、化肥使用量激增，以及阿斯旺高坝建成后形成的纳赛尔湖每年巨量的水分蒸发，其中每一项都意味着人类必然要承担的巨大损失。尼罗河三角洲的诞生历史及其被不断侵蚀的现状，在任何对埃及感兴趣的人看来都是再清楚不过的事实，而地理学家、历史学家、环境保护人士和水文研究者等也都给予了这个话题相当高的学术关注度。

相比于这些广为人知、已经上演千年之久的、讲述创造和破坏的故事，本章将从微观角度切入17世纪和18世纪的历史，去探寻埃及人如何与尼罗河三角洲的泥土打交道，尤其是在19世纪和20世纪的大型河流控制工程出现前的几十年时间内。[11] 这段奥斯曼埃及人与水流及泥土互动的历史是了解其社会变迁的关键所在——这不仅适用于其他地方，实际情况也是如此——并同时能让我们看到水流如何塑造和改变了土地的面貌。每年的泛洪和水里的大量沉积物确保了奥斯曼帝国时期的埃及地貌处于不断的演变之中。水涨水落，溃堤决坝，河道疏浚，泥沙沉积，水分蒸发，大坝崩溃。诸如此类有关自然环境和水利建设的事实，对于奥斯曼埃及农民和帝国政府来说，意味着他们需要采取一种灵活的应对方式以适应持续波动的物质环境。农民和奥斯曼政府不断调整自然环境与自身的关系，这一过程向我们揭示了他们如何，以及为何以其特定的方式来看待、调和、利用泥土的力量。

河流和泥土每年的运动从根本上塑造了埃及农民和奥斯曼政府感知与理解乡村自然环境的方式。如同一部17世纪的阿拉伯讽刺作品对乡村描述的那样，尼罗河的远近距离与洪水漫延的轨迹，造就了乡村空间的高低等级秩序。[12] 位于最低等级的是尼罗河流域的沼泽地带（bilād al-malaq），这些区域的水资源不足以用来灌溉农田和生长作物。其次是靠近河流的村庄，它们通常拥有高度发
37 达的灌溉网络，能将水引至肥沃多产的农田里。处于顶端位置的则是埃及的大型城镇和城市。灌溉在农民和帝国统治者心中被赋予了相当高的社会、政治和文化影响力，这显然说明人们在构建对乡村社会和自然环境的理解方式时，水资源发挥着核心的作用。

与此同时，上一章讲述的乡村水资源管理中所体现的协作理念，深深植根于当地社群和奥斯曼政府的环境观念中。对水的控

制、分享和使用使得多方配合与协商成为必然，并在实践活动中不断加强这样的观念。我们接下来将看到，水资源管理背后的诸多理念都是建立在合作共赢的设想上，帝国政府和埃及农民共同坚持和维护这一共识。水资源利用是一项需要协作的事业，这一点将帮助我们理解帝国政府和地方人口所践行的环境理念中具有的诸多相似之处。然而，这并不意味着农民和帝国的利益与行动总能保持步调一致。不管是齐力合作还是艰难妥协，如果我们对这些围绕自然资源管理发生的人类活动进行整体性考察，诸如社群、责任、习俗和资源分配等环境理念与原则便逐渐浮出尼罗河的水面，映照出一幅近代早期奥斯曼埃及乡村的历史图卷。

帝国政府和农民如何与水流还有泥土打交道？这个疑问可以通过埃及乡村生活的两个方面得到解答——河道疏浚问题，以及尼罗河流域中不断形成和消失的冲积岛归属问题。遍布埃及的河道网络需要定期疏通才能保持灌溉水源的畅通，此外，尼罗河的四季变化形成了大大小小的冲积岛，它们不断扩张或消失，其样貌形态变幻莫测，与周围的河道堤岸时而连接，时而断裂。这两个现象和其他人类活动，改变了埃及的物理空间，以及农民社群内部、农民与奥斯曼政府之间的政治社会关系，塑造了农村的劳动实践模式，考验着伊斯兰法庭对于复杂争端的处理能力，并持续重构着乡村社会的经济利益关系。[13] 用更具体的话说，本章试图阐释人们如何遵循先例原则，进行河道疏浚等灌溉管理职责的划分，以及冲积岛问题如何影响了人们对于土地使用权和耕作权的理解方式。社群、法律先例、资源共享和责任划分，这些理念将帮助我们从不同侧面揭示出帝国政府和乡村人口的自然环境观。 38

泥土中的环境理念

在埃及异常复杂的水系网络中，河水永远在奔流不息。永恒的水之运动让土地不停地显现和消失，变换其面貌。而这也意味着奥斯曼政府须得通过各种行政手段和法律机制来应对持续变化的地形导致的难题。为了实现这一目标，政府的首要任务便是在法庭体系内树立起一套关于水资源共享与使用的指导行为准则。

河床上的淤泥数量与特性很大程度上决定了河流本身的性质，以及河水将以何种方式影响河道堤岸与土地边界。例如一条河道如果积满了淤泥，那么水流通常会更为湍急，其方向将变得复杂多变。不受控制的河水甚至会侵蚀和漫过堤岸。另外一种可能的结果是河道堵塞导致河流断流。为了对河流引发的不稳定因素加以控制，近代早期的奥斯曼政府管理者将疏浚河道作为乡村空间的主要治理手段之一。由于河道清淤会极大地改变其所处的生态环境，从而影响所有共享这条河流的社群，负责疏浚工作的官僚机构期望通过树立生态社群和责任划分等观念，从而使人们建立、维系和利用埃及灌溉网络时能够有意识地实践这些理念。

在奥斯曼埃及的灌溉工程档案资料中，疏浚是最为常见的议题之一。[14] 某些河道极易被淤泥堵塞，因此需要持续的关注与干预。这些河道中有一条属于巴哈尔哈吉尔运河的支流，其主航道坐落于三角洲北部曼苏拉副省内的曼扎拉村。[15] 从1684至1704年之间的20年内，这条支流河道每年都需要清淤，移除那些沉积物在河床上形成的无数小型的“岛屿和台阶”（cezireler ü atebeler）。[16] 由于堰坝频繁地开启和闭合，河道网络内的小型支流更容易在河床上积累泥沙和残渣，从而陷入常年的淤积状态。

这条河道的淤堵问题给生活在周围的四十个村子里的农民造成了极大不便。为了能够更长远地解决问题，避免每年疏通河道带来的不必要麻烦，运河周围的村民们（阿拉伯语中被称为ahali，ahālī）在1704年来到曼苏拉法庭，同行的还有地方乡绅和工程师，大家共同探讨该采取怎样的解决措施。用档案里的话说，所有人都一致同意应当尽最大的力量与决心解决好河道淤积问题，以避免将资金和人力继续浪费在不必要的疏浚和维护工作上。法庭派遣了调研人员跟随农民们一同进行实地考察，并核算维修成本。他们向法庭汇报道这项工程成本约为50 000帕拉。[17] 靠近支流与巴哈尔哈吉尔运河交汇处的23个上游村落每村需要支出1 000帕拉，而17个下游村庄每村需要支出600帕拉（剩余的16 800帕拉由奥斯曼政府财政支出）。[18] 39

法庭关于维修费用分摊的决定体现了奥斯曼行政阶层和埃及农民如何理解河道疏浚与社群责任，那就是与河流空间距离的远近关系决定了河道对不同社群的影响程度，以及后者应承担怎样的责任。因为下游的淤堵程度通常取决于上游河道的开合和上游村庄的用水，所以上游村庄理应分担更多的清理成本。法庭的裁决以及其他类似的例子体现出一种共识，那就是对河道的集体利用与消耗将周围社群凝聚为某种生态共同体。这当中蕴含着某种整体性的环境资源管理观念，即灌溉生态系统中任何一方的举措，都有可能影响或牵涉生态系统内的**所有**成员。这是奥斯曼埃及乡村共享生态的基本准则，并被用于决断乡村发生的几乎所有涉及水资源的争端或纠纷。[19] 但显而易见的是，生态系统中各个成员的行为并不是以同等力度影响着彼此。上游村庄使用水的方式很大程度上决定了下游的水量、水质以及泥沙的性质。而下游所发生的事却不会反过来影响上游。因此，在河流沉积物的处理工作中，水流方向是非常重要的考量因素。

一个体现这一原则如何应用于埃及灌溉事业的绝佳案例是埃斯拉菲亚运河（Ashrafiyya Canal）治理工程，这条运河穿过三角洲西北部的拜哈亚副省（al-Baḥayra），将埃及的第二大城市亚历山
40 大和尼罗河的罗塞塔支流相连通。由于河流与亚历山大的交界处地形坡度不够，加上农民们抽取水源对堤岸结构造成的持续破坏，埃斯拉菲亚运河的水流变得异常微弱。[20] 但不同于上一案例中河道社群太多造成的责任归属不明，埃斯拉菲亚运河的服务对象（至少从奥斯曼政府与亚历山大居民的角度而言）十分明确，那就是河道终点处的亚历山大城内的居民们。因此奥斯曼政府投入了很多精力试图阻止运河沿岸的农民私自引水，因为河水分流只会让淤积变得更加严重。[21] 河道水位浅，水流弱，周围的土质疏松，水分流失严重。所有这些因素，加上亚历山大居民对新鲜饮用水的巨大需求，使得人们只能通过持续疏浚河道以缓解燃眉之急。

例如在18世纪中叶，人们为了改善河道环境组织实施了好几次大型疏浚和清理工程。在1751年的夏天，来自明亚希提亚村（Minyyat Ḥiṭṭiyya）的农民被奥斯曼政府派去清理河床，并加固堤岸以防泥土和废弃物掉入河中。[22] 大约一年之后（也就是1752年），埃斯拉菲亚运河沿岸的其他村子也被指派了类似的任务。[23] 为了更

有序和有效地执行疏浚和清理工作，河道被划分为三段，每段区域都指派了村庄负责监督工事。也是在这一时期，人们在拉赫曼尼耶村（al-Raḥmāniyya）内的河流入水口建造了一个大型水车，以便加速河水的流动。[24]

尽管作出了诸如此类的尝试，垃圾、石头和沙子造成的河道淤堵依然屡见不鲜，长期困扰着17和18世纪的人们。比如在1738年2月，伊斯坦布尔向一名帝国瓦利①（vali），即当时总管埃及的穆斯塔法帕夏②（Mustafa Paşa）颁布了一道敕令，提醒他在过去的几年内该运河已然完全被忽视和废弃，如今泥沙堵塞严重，导致水流几乎到不了亚历山大。[25] 在正常使用情况下，16腕尺③高的河流水位足以装满亚历山大城内210个蓄水池，可供约6万到7万名市民使用。[26] 然而长期的疏于维护使得那一年的河道状况堪忧，即使 41
在洪水水位高达22腕尺的时候，亚历山大也未能收集到足量水源。因此，帝国迪万下令立即疏通和清理埃斯拉菲亚运河。遗憾的是几十年过去了，住在运河附近的亚历山大居民们在1763年的春天再次向奥斯曼政府提交了请愿书，抱怨河水因淤泥、树枝和垃圾淤堵而断流。[27] 请愿者们接着说道流动水源的短缺让他们的生活变得异常艰辛，因此恳请政府能够尽快清理和疏通河道。帝国首都方面意识到了问题的严重性，于是颁布敕令，命令在开罗的瓦利

① 编辑注：奥斯曼帝国的一种官职，是一个区域的长官，即省长或总督。

② 编辑注：奥斯曼帝国军政高官的头衔，也是敬语，类似Lord或Sir，奥斯曼埃及的瓦利经常被授予这一头衔。

③ 编辑注：古埃及长度单位，以人的胳膊肘到指尖的距离为1腕尺，约合46.38厘米。

立即着手这项工作。

在埃斯拉菲亚运河疏浚工程及其他案例中，奥斯曼政府和埃及农民的目标一致，那就是保持河道畅通，好让尽可能多的居民顺利使用水资源。为了兼顾上游和下游居民各自的需求和意愿，一项微妙的平衡机制发挥着作用，而若想让生态社群内各个成员以集体的方式妥善地使用和管理水资源，这是不可或缺的部分。集体的福祉总是优于个体的利益，这是奥斯曼埃及进行水资源和泥土管理的基本原则之一。在确立河道疏通方式和相应责任主体时，其他的环境管理观念也同时发挥着作用。其中最为突出的便是空间远近关系和共同使用原则，这涉及如何确定灌溉管理与河道疏浚的责任划分。离灌溉设施最近的居民作为直接受益方，理应负责设施的维护保养；同样的道理，其他使用者也需要分担相应疏通和维护河道的责任。在某些情况下，居住在同一条运河两岸的不同社群需要共同承担河道清理工作，了解其中责任被如何分配的过程将有助于我们进一步了解类似理念如何在埃及乡村被实践运用。

在1724年6月，有三个村子——其中两个村子，卡夫拉甘纳姆村（Kafr Ghannām）和贾吉拉巴希尔村（al-Jazīra Bākhir），位于代盖赫利耶副省（al Daqahliyya），另一个村子哈杰尔萨村（al-Hajārsa）位于东部副省（al-Sharqiyya）——的村民们一同来到曼苏拉法庭（这也是代盖赫利耶副省的省级法庭），汇报他们已经完成某条运河的疏通工作，该运河位于两个副省交界处，同时为几个村庄提供水源。[28] 两个副省的哈基姆（hakim，即副省行政长官）共同负责该河道的清理工作，各自的责任区域为副省边界到河道
42 中点之间的地带。[29] 在1724年，代盖赫利耶副省法庭派人走访河道

附近的村子，询问当地年长之人（mashā’ikh）区域内的河道是否已被妥善清理。这些在地方上颇有声望的老人向调查人员回复道，代盖赫利耶副省的哈基姆确实有效且稳妥地履行了他的职责。他的人手（rijāl）连续工作了13天，不仅清理了河道还加固了堤岸，目前水流通畅，水势急速。法官接着提醒村子的长者们，保持河道正常运行的职责现在将被移交给他们。换句话说，在帝国政府完成主要的疏浚操作之后，河道的命运被交付给作为使用者的村民手中。法官补充道，如若这些长者没能起到监管作用，保障河道的正常使用，他们将付出生命的代价。[30]

由此可见，水和泥土真真切切地关乎着人们的生死。奥斯曼政府为了确保命令的执行而使用如此极端但毫不含糊的威胁手段，此举释放出一个明确的信号，那就是灌溉和疏浚是帝国在埃及乡村最重要的两种统治工具。另外，这次案例及其他相似例子也有力宣告了政府的立场，那就是相对于少数群体的利益，政府更重视如何为遍布乡村的村庄和数以千计的农民提供稳定的灌溉水源。这一资源管理和使用模式，无疑只能让**某些**埃及农民从中获益，使他们认可并心甘情愿地执行这种理念。因此，与前述的例子不同，此处的地方社群与奥斯曼政府持有不同的环境观念。观念的不同和优先考虑事项的不一致进一步证明了奥斯曼帝国坚持以乡村人口的整体利益为先，而非个别群体的私利。

再者，这些河道共享的例子也展示出奥斯曼埃及各界人士如何理解、组织和下放疏浚和灌溉管理权限。在帝国的环境治理体系中，空间远近关系再次成为关键决策因素。如同上述例子中村中长老受到威胁表明的那样，一条河道的直接受益者通常也被认定为保证水流通畅的负责人。将灌溉管理权限交到当地人手中，旨在规避基建设施可能受到的大规模破坏和相应的高额维修费用。由那些日常生活和河道息息相关的居民对其进行定期维护，这将
43 保证埃及灌溉网络的顺畅运行。在奥斯曼政府的设想中，如果所有农民都能对生活区域内的自然环境施以控制和改造，那么整个埃及的灌溉体系就能连接为一个互相配合的整体。从奥斯曼政府到帝国法律机构，到副省哈基姆，到法庭派遣的调研人员，再到当地长者，最后到现场负责落地实施的农民，行政链条的环环相扣有力地证明了这一点。此类案例在很多维度上都折射出帝国灌溉管理理念的理想实践和有效执行。

在某些时候，诸如空间邻近关系、权责共享、集体为先等理念在被推崇的同时也会遭到一部分农民的挑战，他们希望通过将河道的命运控制在自己手里，由此获得比其他人更多的特权。和前述情形一样，这类由水资源和疏浚管理引发的争端最常出现在上游与下游村庄之间，并且能给予我们相当多的启示。在1682年2月，两个相邻村庄的村民们来到曼苏拉法庭，他们共享着一条运河并居住在河道同一侧。[31] 位于下游位置的努步塔里夫村（Nūb Ṭarīf）的头领向法庭抱怨道，上游的图玛伊村（Ṭummāy）未能及时疏浚和清理他们所负责的河道区域。[32] 结果导致堤岸塌陷，淤泥搅得河水浑浊不堪。因此，流入努步塔里夫村的河水流量严重不足，致使本村和隔壁村庄的农田干涸。最后努步塔里夫村的代表请求法官派遣调研人员前往实地考察，以便亲自确认图玛伊村是否履行了“从古时起”（min qadīm al-zamān）——这是当时常用的说法——就属于他们的疏浚职责，并希望他们能早日让河道恢

复如初。

在这个故事中，图玛伊村的村民或是有意为之，或是能力不足，又或是单纯的不负责任，但无论如何最终致使河道堵塞，让下游的邻居失去水源。我们并不清楚疏浚工作为何被忽略，为什么事态的发展与帝国基于公平原则建立的自然资源管理模式背道而驰。也许图玛伊村的农民从其他地方获取到了灌溉水源，所以废弃了先前使用的河道。也许村中发生了变故使得农民无暇顾及其他。又或许，两个村子发生了争执，于是图玛伊村利用其位于上游的地理优势作为对付努步塔里夫村的武器。不管真实情况如何，法官听从了努步塔里夫村领导者的建议，在其判决中坚持了 44
基于空间邻近关系进行责任划分的理念。此外，集体利益为先的观念贯穿在法庭的声明中，这意味着尽管运河在地理空间上穿过了图玛伊村，但这并不意味着村民就拥有了决定河道命运的最终话语权。下游的努步塔里夫村作为同一生态社群内的成员也享有相应的权力，而要求隔壁村去清理这条共享的河道便是他们行使权力的方式。

水与沙的运动、河道淤积、堰坝和堤岸塌毁、河道上的人类活动以及兴建又拆毁的灌溉设施不断塑造着埃及乡村的面貌，并使得疏浚成为奥斯曼帝国在埃及实行统治的核心手段。作为帝国与农民、农民社群之间合作与对抗的场域，疏浚事业可以用来衡量帝国的环境管理模式在面临挑战时是否应对得当。在各方争论和协商如何处理淤泥、水流及其对乡村生活产生的多方位且时常难以预料的影响时，生态社群、空间邻近原则和责任共享等理念得以形成和确立，推动河道疏浚和清理工作的顺利开展。此外，这一目标的实现还有赖于各类法律机构、基建设施建设和社会习俗，它们输出并强化了这些理念，为乡村农业生产的高效发展提供动能。因此，尼罗河带来的沉积物不仅使得埃及成为帝国境内农业产量最高、经济最活跃的省份，更形塑了奥斯曼帝国在埃及的统治理念，以及埃及乡村自然环境与物质空间所独有的社会、生态与政治意涵。

河中岛屿

通过考察尼罗河水以及泥沙如何造就了埃及乡村地形环境，我们可以清晰地发现奥斯曼政府官员和埃及农民对当地自然环境的理解与感知。在水流与泥沙的冲刷下，尼罗河水系中的诸多岛屿不断变幻着形状、面积及其与河岸的连接关系。尼罗河的涨涨落落使得河中岛屿的大小随之波动，与陆地之间也时断时连。地形空间的变迁使得土地失去明确的边界和范围，而后者正是社群责任、资源共享和共同治理等一系列理念得以建立的基础。哪怕是
45 埃及最出名的岛屿——罗达岛（al-Rauḍa），位于岛屿南部顶端的尼罗河水位计（miqyās al-Nīl）被官方用来监测每年的泛滥情况，以便预测当年农业生产情况和确定赋税标准——也经常由于河流水位下降而与两侧的堤岸相连。[33] 1792年的春天就出现了这样的情形，当时罗达岛与开罗城之间的尼罗河东部区域出现干涸，[34] 大量泥沙在河道中堆积成小山，填满了罗达岛和东部河岸之间的空缺。[35] 罗达岛西面原本和吉萨（Giza）隔着宽阔河面遥遥相望，但

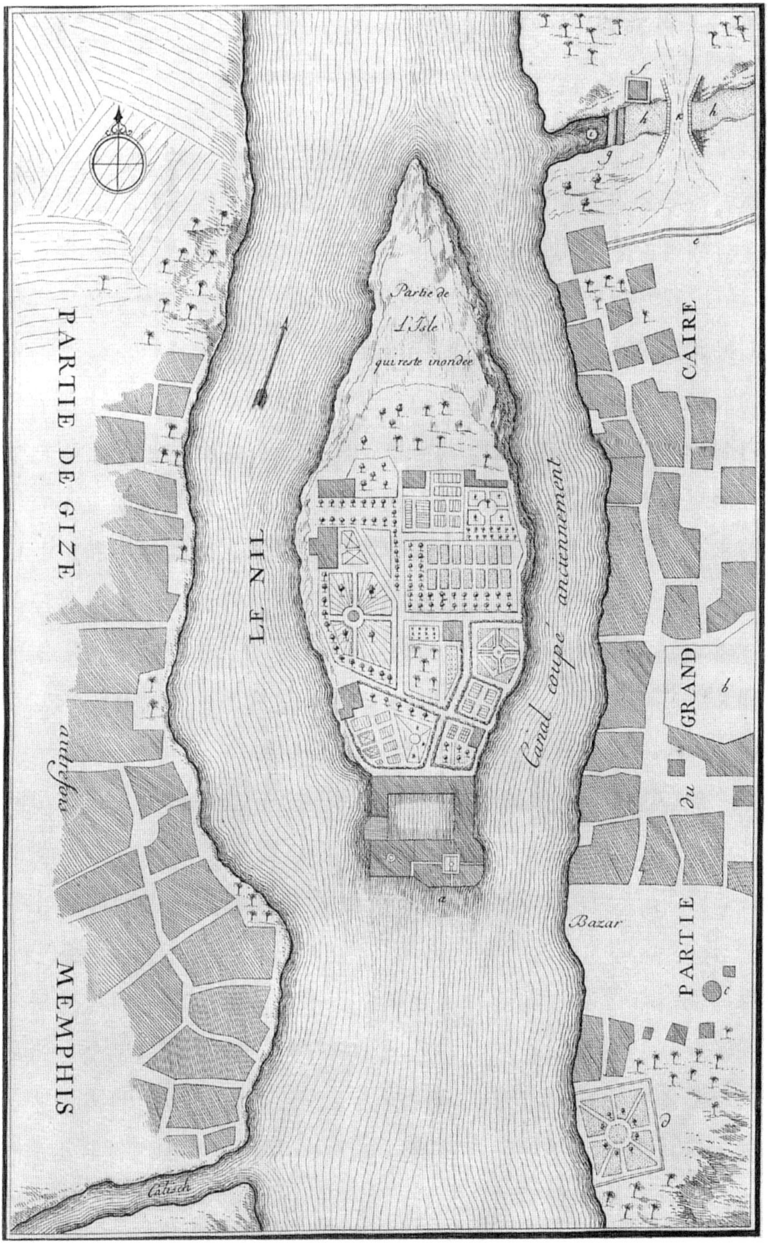

图5.　18世纪的罗达岛鸟瞰图

图片来源：Frederik Ludvig Norden，*Voyage d'é gypte et de Nubie，par Frederic Louis Norden，ouvrage enrichi de cartes & de fi gures dessiné es sur les lieux，par l'auteur même*，2 vols.（Copenhagen：Imprimerie de la Maison Royale，1755），vol. 2，plate 24。

由于这个季节的河流水位变得如此之低，原本位于水面下的河床此时也暴露在人们眼前，大河沦为一条供孩童玩乐和只能由小船穿行的可怜的小溪（salsūl jadwal）。[36]

46 尼罗河的水位忽高忽低，水流时快时慢，结果便是罗达岛和类似岛屿上的农耕土地面积也变得模棱两可，难以界定。由于河水的侵蚀作用和其他的环境活动，尼罗河及其支流沿岸土地在一年内时而暴露在外，时而没入水中。因此，一些原本被河水淹没的土地可能在水流运动轨迹等因素发生变化后，摇身一变成了农民的永久耕地。农耕土地的出现和消失意味着人们需要不断重新确立相应土地的法律、社会与农业地位。如何解决这些不可避免的行政难题？奥斯曼帝国又一次在其行政管理机制中依据约定俗成和法律先例来应对日新月异的乡村环境挑战。另外，环境的变动也为埃及农民提供了为自己争取利益的机会。

在18世纪晚期的一次岛屿所有权纠纷中，一群来自代盖赫利耶副省的包税人（multazims）向曼苏拉法庭上诉，宣称隔壁的古吉蒂玛村（Qūjindīma）近来霸占了本该属于塔克哈加尔比村（Ṭalkhā al-Gharbī）的一块岛屿。[37] 这片岛屿原本处于河流中央，与周围的陆地隔河相望，但近期由于水位下降，岛屿通过陆桥与堤岸相接，而此次陷入争端的两个村庄恰好坐落在河岸上。当岛屿与陆地连通后，古吉蒂玛村的居民们经由新出现的陆桥迅速占领了这块岛屿。尽管古吉蒂玛村坦然承认了抢夺岛屿的事实，但
47 他们拒绝放弃新获得的土地，由此发生了争吵。来到法庭的包税人和当地居民，以及纠纷牵涉的其余人员——当然，古吉蒂玛村的农民没能来到现场——一致认为不管岛屿是否与河岸相连，都

应归属于塔克哈村，因为按照历史惯例他们一直是这片土地的耕作主体。基于他们的证词，法官最后认为塔克哈村的农民才是岛屿的合法使用者。不像其他的岛屿纠纷中，人们可以依据灌溉设施等人造建筑物来判断该土地在过去由谁进行耕种，这次的案例中并不存在类似的人类活动证据，因此对岛屿所有权的判断完全有赖于各方人员的证词。[38]

对古吉蒂玛村的农民来说，夺取岛屿的行为实际上构成了对岛屿归属权的质疑与挑战。岛屿与周围陆地的连接从根本上改变了当地的地理空间结构，所以也需要一种完全不同的行政法律制度与之匹配。以新形成的陆桥为例，岛屿上原本的农耕用地边界如何划定？新生陆桥的耕种权该归谁所有？是否因为陆桥位于塔克哈村的范围内就应当属于后者？还是说作为一块全新的从未被人拥有过的土地，其法律地位待定？对于帝国法庭来说，这些问题可以依照法律先例得到解答——具体到这个案例，塔克哈村的居民们曾在这片岛屿上耕作过，所以如今也应是其合法的使用者。为此，法庭听取了周围其他村庄居民的证词，对问题岛屿的耕作历史进行确认。因此，这个例子折射出一种遵循先例的乡村环境理念，那就是在岛屿和陆地连接后，奥斯曼政府试图恢复和沿用先前的自然资源管理格局以适应新的地形条件。

与此同时，古吉蒂玛村的村民们想趁着岛屿与陆地相连之际，占据主动权创造新的土地耕作传统，从而取代旧的惯例。他们希望将环境的变动为己所用，实现岛屿归属地位的重构并将其据为己有。然而法庭的裁决说明了岛屿与河岸相连并不足以改变岛屿原本的所有权归属。因而，和奥斯曼帝国其他地区一样，即使面

临地理环境的变迁和某些社群对既定秩序的挑战，此地依然遵循
48 着先例原则，赋予其至高的权威。

如果说这个案例还有什么地方不甚明晰的话，那就是原本被水淹没，后来暴露在外的陆地的法律地位。对此，法官并没有作出明确的表态，并再次显示出一种维持原状的保守倾向（即这片土地在法律上的待定状态），而非急于赋予这片土地新的归属身份。也许是考虑到尼罗河及其支流附近的土地随着河水涨落而出现或消失的情况太过频繁，所以规定谁才是这些岛屿的合法耕作者显得无关紧要。毕竟，如果岛屿再次被洪水淹没不过是时间问题，那么确定其归属权如此复杂的行政程序就毫无必要。然而正如我们所看到的，居住在运河两岸的村庄在分担疏浚工作时，通常会沿着河道中心线将其想象性地一分为二，以确保各自负责区域的均等。是否由于这种观念的存在，所以在此次纠纷中判决谁才是新土地的合法拥有者必要性不大，因为按照惯例，受争议土地明显应该属于地理空间上离其最近的一方。从根本上讲，探究这些问题的意义是为了了解奥斯曼埃及乡村的人们如何感知、理解和从法律角度去定义淤泥和泥土。尽管得不到明确的答案，我们也不该想当然地认为奥斯曼埃及历史上没有出现过类似议题的争论或质疑。法庭档案中有数不清的案例都是因埃及不断变迁的地理面貌而发生的，这恰恰证明了实际情况与之相反。

我们将通过另一个例子看到，在河中岛屿面积改变后，先例原则与共同使用的理念如何指导政府对农民的行为进行管控和处置。在1792年的春天，拜哈亚副省法庭处理了一系列由尼罗河某条支流中的岛屿引发的争端，故事的主角分别是尼特玛村（Nitmā）

和卡夫尔哈里布村（Kafr al-Gharīb）。[39] 从古时起（min qadīm al-zamān），两个村子的农民们就以平等的地位在岛上共同劳作。[40] 然而从几年前起，尼特玛村的包税人开始阻止卡夫尔哈里布村的农民们继续耕种岛上的土地。不仅如此，尼罗河汹涌的洪水让岛上原本属于卡夫尔哈里布村的大部分区域都被河流“吞没”（akala）了。因此对于卡夫尔哈里布村来说，眼前的局势可谓是雪上加霜，不仅尼罗河的泛滥让他们失去了原本拥有的岛上的大量农田，而且残余的部分还被尼特玛村强行夺走了。面对棘手的情形，法庭下令两个村庄平均分配岛屿上尚未被洪水淹没的区域，如此一来 49
二者同往常一样，在岛屿形成的天然界限内平等地享有这片土地。实际上，这些案件的裁决都采取旧时的惯例作为判决依据，即岛屿的土地一直以来都由两个村庄共同均等地使用。[41] 出于同样的考虑，政府通常会在争端解决后向双方提出训诫（虽然有时这不过是公事公办），日后不得再违背共同使用的原则，这也是农村土地管理的基本理念之一。

和大多数情况相同，这次案例中的土地纠纷处置方法是参照历史先例。于是在奥斯曼乡村法庭处理公共事务时，惯例实际上承担了“法”的职能。这些故事一次又一次地证明了，无论是法官，当事人还是证人，他们都将“旧时”（min qadīm al-zamān）状态作为事物应该保持原貌的合理化依据，并在此过程中输出并强化了这种环境资源管理理念。因此，面对乡村地形的不断变迁，奥斯曼埃及政府和农民试图基于对乡村空间的历史理解，延续既有的社会秩序。在奥斯曼当局绘就埃及乡村世界的发展蓝图，并努力按照这一图景来统治后者的过程中，法律机构成了意识形态输出和实践的主要媒介。通过诉诸法庭，埃及的不同农民群体试图与历史对话，保留或争取更多的农耕土地和水资源。

换句话说，奥斯曼政府尝试防止环境变化成为撼动帝国统治的不稳定因素。尽管帝国无力减缓或阻止土壤侵蚀、河道淤积或者洪水泛滥等自然活动，但它可以降低自然力量对政府的埃及乡村统治产生的影响。[42] 这个道理或许不言自明——统治者总是希望维持统治现状。从埃及农民的角度而言，作为国家自然资源行政管理体系中的一部分，他们同样与整个系统的运作休戚相关。但无论是奥斯曼的行政力量还是埃及农民的地方知识，都不足以改变岛屿扩大或缩小、与陆地连接或分隔的自然事实。因此，为了在自然环境的等众多变量中维系一个可持续发展的乡村社会结构，政府通过与埃及农民的合作与竞争，建立并维护着先例原则，确立了资源共享和生态社群的理念，并资助了灌溉设施的修缮和维护，这一切的举措都是为了塑造乡村社会，让它与帝国的环境理
50 念和管理准则相互兼容。

结论

当我们从环境史的视角研究奥斯曼帝国这样的政治实体时，很重要的一步便是明确政体所在的疆域和边界。奥斯曼埃及的行政边界和地理空间不断发生着改变，这在奥斯曼帝国统治下的伊拉克等其他区域亦是如此。[43] 当尼罗河携带着泥沙前行或任其沉淀时，一些土地没入河中，而另一些土地则浮出水面。堤岸被水流

侵蚀，岛屿变幻着外形，与河岸相连又若即若离。通过考察灌溉管理的责任分工过程中，历史先例、法律机制和社会原则发挥的作用，本章部分勾勒出奥斯曼政府和埃及农民的环境观，以及这种观念如何体现在人类与乡村多变的地形空间的交互过程中。按照当代人的说法，我们可以将奥斯曼帝国在近代早期管理埃及的泥土与水资源时所施行的“环境政策”总结为：利用疏浚等环境控制手段，保持灌溉设施的良好运行，以及运用先例原则解决土地纠纷，来应对乡村地理环境的不断变化。总而言之，奥斯曼帝国的目标是控制乡村环境中的各项变量，让它既能与当地的历史习俗保持一致，又能在当下最大限度地发挥其价值。

河道疏浚和岛屿纠纷的例子因此突显出奥斯曼当局统治埃及地方社群的两个考量因素——农民维护基建设施的责任，以及农民进行土地耕作的权利。前者作为一种责任被强加给乡村社群，后者却是一项特权。然而归根结底，二者都来源与维系于空间邻近原则、资源共享、生态社群和历史先例等一系列环境理念的构建，并被河道使用者以及河道附近的农耕者所领会并实践。这些环境观念和背后的建构历史——尽管时常隐匿于水面之下，或埋藏在泥土之中——对于我们剖析奥斯曼乡村的历史、奥斯曼帝国的历史，以及沿河而居的人类社群的历史，都是不可或缺的窗口。

第三章 51

淤泥与帝国

本章聚焦于埃及法尤姆（Fayyum）城及周围区域的灌溉历史，进而探讨奥斯曼帝国内诸如法尤姆这样的偏远地区与远在伊斯坦布尔和开罗的权力中心，如何通过自然资源管理体制被捆绑在一起。不同于埃及的大多数城市和区域，法尤姆并未受到研究奥斯曼帝国史学家们过多的关注。[1] 考虑到法尤姆作为人口重镇的重要地位，它在历史上众多叙事作品中的登场，以及其发达的农业生产水平，史学家们对它的疏忽令人出乎意料。例如，据说在公元5世纪末期，法尤姆副省内的**每个**村庄所生产的粮食都足以满足**整个**埃及一天的食物需求。[2] 相关研究不足的最显而易见的解释是学者缺乏伊斯兰法庭关于这片区域的文字记载——不仅是法尤姆，还有贝尼苏韦夫（Beni Suef），至少从马穆鲁克王朝时期开始，前者就时常属于后者的管辖范围。[3] 很长一段时间以来，法庭档案是研究奥斯曼埃及或奥斯曼帝国统治下的其他省份的历史学家的主要文献来源。然而有关法尤姆和贝尼苏韦夫的文献记载或者未能

保存下来，或者至今仍藏匿在埃及国家档案馆（Dār al-Wathāʾiq
52 al-Qawmiyya）的某个角落而未能被研究者们发现。[4] 缺少了这些重要的社会经济历史信息来源，我们只能借助其他的史料来讲述奥斯曼时期的法尤姆历史。

为了借助法庭档案之外的信息渠道来重构奥斯曼法尤姆的历史，本章考察了来自奥斯曼首相府档案馆（Başbakanlık Osmanlı Arşivi）和托普卡帕宫博物馆（Topkapı Sarayı Müzesi Arşivi）的丰富的档案资料，以求揭开18世纪前半叶该区域灌溉环境史的面纱。这一时期目前并非史学家们的研究重点，但对于我们认识埃及和奥斯曼帝国如何由近代早期过渡到现代具有启示意义。[5] 尽管已有大批历史学家利用这些奥斯曼土耳其时期的史料文献来书写埃及——帝国农业最发达和经济最富裕的省份——及其政治经济发展历程，但还未出现专门针对法尤姆地区的历史研究，或者埃及的灌溉史或环境史研究。[6]

我们已经看到，生活在堰坝或河道附近区域的居民在基建设施失效时受到的影响最为直接，而“下游”的居民们同样依赖灌溉设施的合理运行来获取食物与收入，由此灌溉系统在二者之间构建起一种直接的联系。这种围绕灌溉事业诞生的合作关系意味着埃及本土的农民和使用者们，即使不是决定奥斯曼法尤姆水资源资源管理模式的唯一主导者，也扮演着最重要的角色，因为他们在地理空间上离这些设施最近。我们在文献中不断看到当地社群向奥斯曼行政官僚上报设施故障的例子，而作为档案中最常被提及的群体，他们被称为ahālī。这一指代模糊的术语指的是一个村庄中的“居民”或“人民”。在本书中我将其理解为从事农耕活动的当地农民，他们的日常生活与灌溉设施密切相关，所以河道或堰坝一旦出现问题，他们遭受的影响也最明显。本章所援引的文献资料将这群范围含混的农民群体与其他的法尤姆人作了区分。在乡村社会结构中占据上层地位的人群包括包税人（mültezimīn）、工程师、地方行政官员（kāşifler; ṣkāşif），村中有声望的长者，以及下文中我们将提到的地方专家（ehl-i vukūf）。法尤姆的农民群体（即刚才提到的ahālı）通常会与其他乡村成员协商后，或在他们的协助下，将公共设施的异常情况告知奥斯曼政府。[7]

尽管奥斯曼时期的马穆鲁克贵族们在埃及的其他副省普遍拥有 53
着巨大的权力和威望，但本章所使用的史料显示这一论断并不适用于18世纪上半叶的法尤姆。法尤姆的历史因此可以从历史学的角度修正目前奥斯曼埃及研究的基本假设，即在整个奥斯曼帝国时期的埃及，马穆鲁克势力都保持着重要的影响力。[8] 要解释为何这一论断并不适用于法尤姆是一项复杂的任务，比如我们可能首先需要了解在1711年的“内战”以及18世纪40年代的政治动荡中（在这两个历史时期中法尤姆的灌溉系统都得到了修缮），这片地区的水务治理为什么并未受到什么影响。[9]

和帝国内其他区域一样，灌溉史为我们了解奥斯曼法尤姆的历史发展，以及这个地方与其他城市建立的诸多联系提供了有用的切入点，因为与当地环境息息相关的灌溉事业，会由于每个村子特定的地理空间、河道、水闸和堤岸的不同而呈现特殊的样貌。[10] 水资源管理须得掌握在生活于本地的拥有实践经验和地方知识的农民手中。此外，灌溉管理也是一项备受政府关注的重点工程。对于法尤姆这样的农业发达地区——不管它离帝国首都的距离有多远——灌溉水源的重要性不言而喻，因为充足的水源才能生产出满足帝国内全部国民需求的足量粮食。在此过程中，法尤姆的灌溉水流入远在伊斯坦布尔、开罗、杜布罗夫尼克（Dubrovnik）、麦加、麦地那的居民体内，转化为人体所需的卡路里。

除了为研究奥斯曼法尤姆、奥斯曼埃及和奥斯曼环境史的历史学家们指明一种尚未被发掘的潜在史料来源，本章也试图论证以法尤姆为代表的区域历史**只有**与其他区域和帝国行政体系放置在一起被整体性地考察，才能得到合理的解读。因此，针对学界流行的用以解释伊斯坦布尔与其他省份政治关系的“中心—边缘”理论模型，本书希望作出一些修正。[11] 在对其他的近现代帝国的历史研究中，学者们发现简单的“中心—边缘”式描述已经无法提供更多的理论价值，从而出现了对该理论模型的批判。例如，我们在讲述现代英国和近代西班牙的故事时，若未能考虑到帝国内部各个区域之间形成的错综复杂和相互牵制的关系网络，那么这个故事将很难令人信服。[12]

54 简单来说，“中心—边缘”模型认为帝国行政首都汇集了整个国家的财富、军事力量、粮食储备等资源，但却对除首都以外的其他区域的社会文化结构、经济活动或历史发展影响甚微或并无兴趣。照此说法，人力物料资源只是从这些地方以单向度方式输送到首都，而距离首都中心越远的区域存在感就越低，与中心的连接就越薄弱。这一模型并未考虑到奥斯曼帝国的各个所谓“边缘”地区之间（或者实际上是各个“区域中心”之间）的联系，并且这种区域间的互动往往并不涉及首都伊斯坦布尔。在该模型中，奥斯曼帝国的各个省份被看作是孤立零散的个体，每个组成单元自给自足，相互之间互不相关，而伊斯坦布尔则是与这些农业经济生产单元唯一产生联系的地方。凯伦·巴基（Karen Barkey）用“轴辐”的比喻来描述这种国家结构：“我们可以看到在这种政体模型中，大多数构成单元彼此之间都是互不关联的。一个绝佳的比喻可以用来描述这一行政体系，那就是一个缺少边框，只剩下轮轴和辐条的车轮。”[13]

我希望通过对法尤姆的考察，对该历史叙事模式提出疑问，因为像大多数奥斯曼帝国的城市一样，法尤姆并非游离于真空中，与埃及或国内其他地域风马不接。恰恰相反，法尤姆是奥斯曼帝国的自然资源行政管理系统中的有机组成部分。这个地方与伊斯坦布尔的关系不能被简单表述为边缘单向为中心提供资源的关系。法尤姆当地人群，不管是农民还是权贵，都与伊斯坦布尔保持着一种尽管不平等，但仍然相互持续影响的关系。在下面的例子中，我们将看到这些地方人口如何参与到首都对灌溉事业的管理中。简而言之，权力与知识沿着地方与首都之间的关系辐条同时进行着双向流动。

与之类似，如果整个奥斯曼帝国被视作一个车轮的话，这个车轮上无疑缺少不了轮圈。法尤姆的肥沃土壤里——埃塞俄比亚高地的季风降雨带来了灌溉水源，也滋养了土地——种出的粮食被运往地中海与红海，与此同时产自安纳托利亚（Anatolia），大叙利亚（Greater Syria）以及黑海沿岸的木材被送往法尤姆以及埃及的其他地方，用于灌溉工程等基础设施建设。[14] 换句话说，奥斯曼埃及是一个自然资源与商品高度流通的社会。伊斯坦布尔和法尤姆之间的辐条（这一辐条上通常还串联着开罗）上持续发生着资源、知识与权力的交换，由此确保了埃及乡村灌溉系统的正常运行。反过来，充足的灌溉水源又提升了农田的生产力，近代早期的法尤姆进而依靠粮食出口与众多区域建立起“边缘”关系，这
55 些关系最终形成了帝国车轮的边框。保持这一机制持续运作、发展和再生产的行政力量来源于多方势力的不断妥协与融合——拥有地方知识的埃及农民、敏锐迅捷的奥斯曼行政阶层，以及包括雨水、淤积和植物生长在内的自然活动。

因此，法尤姆与帝国首都之间的持续拉扯和牵制，以及围绕这个偏远埃及乡村水资源产生的诸多“边缘”关系，能帮助我们以更有效和准确的方式构建奥斯曼帝国的历史，而不是受限于“中心—边缘”的传统历史叙事。车轴与辐条只能勾勒出一幅粗略的图示，各个区域被简化为孤立的点，不仅每个点与轴心的辐条之间存在着大量留白，而位于辐条末端的各个点之间有着何种关系我们更不得而知。同样存疑的还有各辐条之间的关系，它们是彼此相容还是相互影响？奥斯曼帝国的真实情况远比传统模型复杂。也许根据到轴心的距离不同，车轮上的“边缘”关系发展出不同的表现形式，也许某些辐条与某些边缘区域有关，而与其他边缘区域毫无联系，也许绝大多数的辐条其实并非两点间的直线关系，而是以曲线形式相互交错。又或许我们应该完全抛弃这一比喻，转而借助另外的理论模型，比如网络结构、彭罗斯图（Penrose diagram）或维恩图（Venn diagram）。所有这些假设都是可能的，但我的目标并不是为了推崇某种特定的图像比喻。以任何图示来概括历史终将面临一种风险，那就是丧失奥斯曼帝国历史中的细节和微妙之处、各种偶然因素，以及矛盾与丰富的社会关系。通

过探讨埃及——以及法尤姆这样的边缘区域——在帝国历史中扮演的角色，我希望能够部分把握和理解这段历史呈现出的复杂面貌。

帝国之轮的轮圈

在奥斯曼帝国统治时期，法尤姆与汉志之间保持着最为紧密与频繁的“边缘”关系。这一边缘区域关系的建立很大程度上得益于法尤姆与汉志每年的粮食往来，以满足麦加和麦地那朝圣者的食物需求。食物输送，或者说卡路里形式的能量转移，成了连接起法尤姆与地中海世界及红海沿岸的桥梁，这样的说法也适用于整个埃及省——奥斯曼帝国闻名遐迩的粮食仓库。[15] 埃及产出的粮食不仅填充了汉志居民的胃[16]，而且还被运至突尼斯（Tunis）[17]、也门（Yemen）[18]、阿勒颇（Aleppo）[19]、摩洛哥（Morocco）[20]、伊兹密尔（Izmir）[21]、黎波里东部（Tripoli）[22]、黎波里西部[23]、克里特岛（Crete）[24]、萨洛尼卡（Salonica）[25]、阿尔及利亚（Algeria）[26]和伊斯坦布尔[27]。除了供应给奥斯曼首都的部分，绝大多数粮食在输送 56
过程中并没有奥斯曼政府的监督参与。

庞大的商品流通网络离不开稳定的灌溉水源，以及埃及与分布在地中海和红海的各座城镇、撒哈拉以南的非洲以及南亚地区建立的贸易体系。[28] 事实上，在欧洲进军新世界，重构世界政治版图之前，埃及在中世纪晚期与近代早期是当之无愧的全球贸易支点。[29] 在整个近代早期，印度洋上大多数贸易路线都将埃及红海海岸作为终点站；类似地，将东亚和印度的奢侈品进口欧洲的商船也是在亚历山大、罗塞塔等地中海上的埃及港口城市将货物装载上船的。[30] 埃及将它的触手同时伸向地中海和印度洋。16世纪晚期的开罗商人伊斯玛仪·阿卜·塔基亚（Isma'il Abu Taqiyya）的故事很好地说明近代早期的埃及贸易网络规模之大，正如奈莉·汉纳（Nelly Hanna）展示的那样，此人在从威尼斯到果阿（Goa）、阿勒颇到卡诺（Kano）等众多区域都有商业投资活动。[31]

尽管可能某些研究成果的目的并不是为了挑战“中心—边缘”模型描述近代早期帝国结构的合理性，但它们也注意到了埃及与奥斯曼帝国其他省份的联系，以及埃及与国外地区的联系（这两类关系通常都不属于伊斯坦布尔的行政管辖范围内）。比如，一些历史学家将尼罗河作为分析单元，探讨埃及与埃塞俄比亚、苏丹（Sudan）和非洲等地的互动。[32] 还有学者以特定商品（比如咖啡）的种植史与贸易史为切入点，讨论埃及的发展轨迹如何与跨区域消费体系交织在一起。[33] 类似的研究还包括瘟疫、霍乱和其他疾病在中东奥斯曼的流行病学研究，它们试图阐释埃及流行病的传播过程与行政边界或国家官僚体制的管控之间没有必然联系。[34] 此外，皮特·格兰（Peter Gran）、哈立德·罗瓦埃布（Khaled el-Rouayheb）和其他学者在考察了埃及与大叙利亚、北非等区域之间的学术交流史后发现，这种学术交流行为同样不涉及伊斯坦布尔。[35] 总之，埃及与奥斯曼帝国其他省份以及境外诸多区域之间，孕育和维系了丰富而多样的轮圈边缘关系。

在近代早期的经济全球化进程中，法尤姆与汉志、伊斯坦布尔等地的连接得以建立。在18世纪，汉志最大港口城市——吉达
57

（Jedda）——每年所接收的货物几乎全部来自埃及，由30至50艘重达300至600吨的船只，摇摇晃晃满载而来。[36] 其中大约一半的货物是从欧洲运来的商品，抵达亚历山大后，经由开罗运往苏伊士，最后再抵达吉达；另一半货物则是产自埃及本土的粮食，它们多来自比如法尤姆、尼罗河三角洲，以及专门供应麦加和麦地那的埃及粮食基地。不幸的是，我们如此很难评估18世纪早期埃及运往汉志的粮食中，产自法尤姆的粮食占多少份额。[37] 但我们可以确定的是，法尤姆生产的余粮大部分都经由布拉克（Bulaq）流入了汉志。这种情况持续发生于整个15与16世纪，即使在此期间三角洲逐渐成了埃及农业生产力最高的地区，而苏伊士变为货物运往汉志的主要出口城市。比起古赛尔（Qusayr）、艾达布（Aydab）等上埃及港口城市，苏伊士的地理位置更靠近法尤姆，而在15世纪当这些城市的货物出口量逐渐减少时，[38] 法尤姆凭借靠近苏伊士运河的地理优势，确保了它与汉志的粮食交易不会遭受其他南部港口城市日薄西山的命运。法尤姆能够保持汉志的主要粮食出口地这一地位，还得归功于法尤姆城内和上埃及地区内大量的瓦克夫（awqāf，即宗教公产，此处是waqf的复数形式）[39]，这些专门为服务两圣地而设立的宗教资产（Awqāf al-Ḥaramayn）其主要用途之一便是向朝觐队伍以及麦加和麦地那的居民供应粮食。[40]

在接下来的内容中，我们将通过埃及农民、奥斯曼官僚、淤泥、苏丹、朝圣者以及水流所创造的历史，去探讨在18世纪经济全球化的语境下，法尤姆这样的乡村区域与伊斯坦布尔、汉志以及帝国其他城市如何通过行政管理和生态社群被连接到一起。在

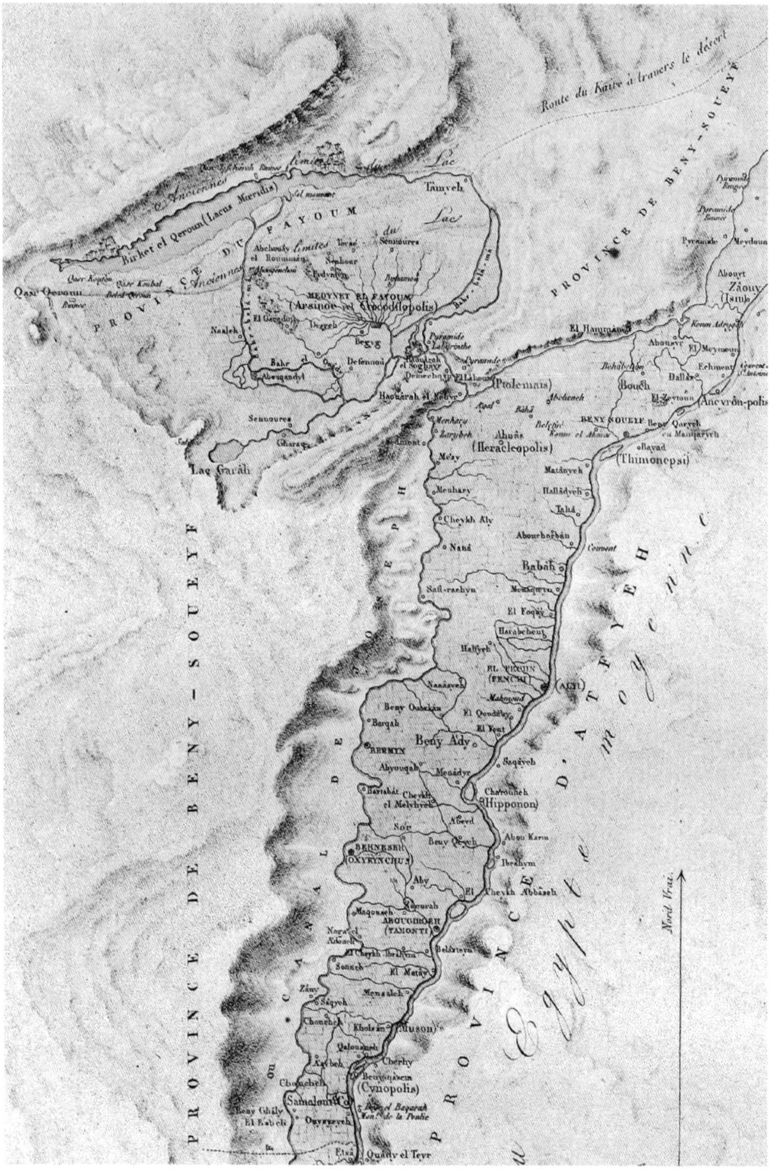

图6. 法尤姆鸟瞰图

图片来源：Commission des sciences et arts d'Égypte，*état moderne*，vol. 1，pt. 2 of *Description de l'Égypte, ou, recueil de observations et des recherches qui ont été faites en Égypte pendant l'expédition de l'armée française, publié par les ordres de Sa Majesté l'empereur Napoléon le Grand*（Paris：Imprimerie impériale，1809 - 28），Égypte moyenne，plate 6。

此过程中，我希望能够指出长期以来学界所惯用的近代早期帝国历史叙事模式中的一些局限之处。在对奥斯曼法尤姆的地理与自然环境作简要的介绍后，我会重点考察法尤姆在18世纪上半叶实施的三次大型灌溉修复工程。借由这些例子，我希望阐明法尤姆如何通过食物与帝国各个地方建立起联系，以及政府官僚们如何通过稳定的灌溉水供给来巩固这些联系。接着我将探究包括农民和精英阶层在内的法尤姆当地人在自然资源行政管理中扮演的角色，以及他们怎样利用地方知识来影响统治者的决策和扩大自 59
己的权益，即使这有时意味着损害国家政府官员自己的利益。本章的主要目标是展示法尤姆乡村居民与奥斯曼政府如何围绕灌溉与粮食种植形成了利益共同体，二者的关系又经历着怎样的演变。

法尤姆的自然环境特征

不同于埃及其他的人口重镇，法尤姆既不坐落在尼罗河谷也不位于三角洲。[41] 它处于开罗西南部的一片大型凹地中，后者被埃及西部的利比亚沙漠包围着。[42] 用一位旅行家的话说："法尤姆如同埃及这株伟大莲花上的花苞，从尼罗河的根茎上长出，盛放在三角洲的下方。"[43] 法尤姆面积约达1 733平方千米（669平方英里），其中绝大部分区域都适宜耕种。[44] 凹地的最北端处于海平面之下，周围被一片名叫加龙湖（Birkat Qārūn）的大型盐湖所环绕，其湖面位于海平面以下45米（147.67英尺）。[45] 盐湖面积达214平方千米（82.63平方英里）。[46] 尽管有着绿洲的美称，法尤姆所依赖的水源完全来自尼罗河。[47] 法尤姆东部与尼罗河谷之间被一条高高的山脊隔开，这条山脊由疏松的石头和泥土组成。[48] 这条山脊曾被河流切开，所形成的河道为法尤姆带来了所需的几乎全部水源（以外还有少量的雨水）。这一条极其重要的水道被称为巴赫尔尤瑟夫（Baḥr Yūsuf），它是尼罗河在贝尼苏韦夫的分支。[49] 河道在一个叫作拉洪（al-Lāhūn）的地方从尼罗河分叉，流淌5 000米后从哈瓦拉（al-Hawara）流入法尤姆。毫不夸张地说，这条河称得上是法尤姆的生命线，因为没有它的话这片区域将完全失去新鲜水源的供给。因此，该区域所有的水资源管控与分配工作都是在河道入口处进行的。[50]

巴赫尔尤瑟夫河上最重要的两处灌溉设施是拉洪的水流调控堰坝以及盖赖格（al-Gharaq）的防波坝[51]。拉洪的堰坝建在一个狭小的河口处，河流从这里流入法尤姆，因此此处对于管理河水流速与流量非常关键。[52] 盖赖格的水坝位于河道远端，相较于堤堰而言
60 规模更大。奥斯曼时期的文字记载将其描述为一个具有惊人体量（bina-i cesīm）的大坝（sedd-i azīm），从古至今屹立于此（kadim ül-eyyamdan）。[53] 这项工程建在法尤姆的低地区域，利用高墙将尼罗河水截流后形成巨大的湖泊（buheyre-i azīme），里面的蓄水量足够法尤姆的居民一整年的使用，一直持续到来年泛洪季节的到来。此外大坝还能够阻止河水泛滥，避免法尤姆周围的村庄和农田被淹没。

因此，法尤姆完全依赖仅有的这几处灌溉设施的妥善运行来实现灌溉、饮水、洗浴等目的。[54] 如果出现意外情况，导致某处设

施故障或者无法使用，法尤姆的居民将会遭受巨大的损失和困难，埃及粮食产量也会整体下降。[55] 这一可怕的图景是18世纪的法尤姆人挥之不去的阴影。[56] 从农民的请愿与政府的批文中，我们一次又一次看到人们对于灌溉设施损坏将导致的灾祸以及粮食产量下滑的担忧与抱怨，相关的文书措辞甚至形成了一种既定的范式。由于法尤姆海拔较低，尼罗河的水流由于地势差在抵达法尤姆时已经积攒了巨大的能量（拉洪海拔23米，即75.46英尺）。因此，像盖赖格水坝这样的水利设施长期面临——“日复一日”（yevmen feyevmen），按照当时一份维修工程档案的措辞——尼罗河的强力水流（hurūş-i telātum-i emvāc）和每年泛洪（tezāhüm-i cereyan）带来的威胁。[57] 所以，拉洪的调节堰、盖赖格水坝以及巴赫尔尤瑟夫运河上其他的水利设施常年需要投入人力进行维护也就不足为奇了。光是在18世纪上半叶，盖赖格水坝就进行了近20次大型维修。

由于法尤姆的地形和地理条件决定了农田的全部灌溉水源只能是单一来源，该区域历史便成了绝佳的研究案例，让我们能够探究当单一灌溉设施受损时，大范围的农耕土地，以及整个埃及乃至奥斯曼帝国的子民会受到何种影响。如果巴赫尔尤瑟夫河道上的一个水坝失效，那么法尤姆整年的农业产出都有可能毁于一旦。[58] 这种局面对于埃及和奥斯曼全帝国的人来说无疑是灾难性的。面对法尤姆的地理环境带来的挑战，埃及农民和奥斯曼当局应对的方式展现出法尤姆农民和政府在共同维护埃及灌溉工程的过程 61
中建立起来的利益共生关系，以及灌溉网络带给法尤姆自然环境的深刻改变。

卡路里帝国

当1517年埃及的大部分区域已被纳入奥斯曼帝国的管辖范围时，法尤姆尚且游离在帝国行政体系的直接管控之外；直到17世纪早期，该区域才正式成为帝国的行政区域，受到副省长官吉尔贾（Jirja）的管辖。[59] 被纳入帝国统治体系之后，法尤姆便成了奥斯曼埃及农业最集中和最多产的区域之一，为全体臣民的身体输送卡路里。尼罗河的河水经由巴赫尔尤瑟夫河流入法尤姆的农田，种植出来的粮食被送往埃及、伊斯坦布尔、麦加和麦地那。于是，巴赫尔尤瑟夫运河上的灌溉设施维护工作自然成了国家事务。在1709年至1711年之间，盖赖格的水坝和拉洪的堤堰由于疏于管理和洪水泛滥出现了设施损坏，奥斯曼政府耗费了巨大的精力进行修缮，由此展现出对这一与帝国命运攸关的灌溉工程的重视程度。[60] 在1709年至1711年之间，从政府颁布的一系列行政指令中，我们不难发现当局清楚地意识到了法尤姆与汉志之间轮圈边缘关系之重要性和自主性。无论是实际操作层面还是经济交易层面，从埃及到汉志的粮食流通路线都是由埃及农民、商人和水手们，也就是生产粮食和参与贸易的人所掌控。但为粮食生产提供不可或缺的水资源却是帝国的责任。正是这一点让奥斯曼政府有权发号施令，确保法尤姆生产的粮食能被送至汉志，成为每年数以千计的朝圣者的食物。[61] 在下文的例子中，我们将看到奥斯曼中央行政机构如何利用自然资源管理手段让两个相距甚远的省份产生连接——帝国的目的当然还包括获取源源不断的税收来充盈国库——然后便不再插手这些地方的事务。

在1709年，奥斯曼苏丹艾哈迈德三世（Ahmet III）领导下的帝国迪万寄给埃及瓦利的公文中提到，法尤姆已出现大片的干涸土地（sharāqī）。[62] 由于巴赫尔尤瑟夫运河上的水利工程失修已久，
这片区域的灌溉水源被断供。公文提到，对帝国而言，灌溉网络 62
受损危害的不仅是法尤姆的利益。奥斯曼当局又一次表达了一个我们至此已经耳熟能详的观点，那就是灌溉设施若不能得到妥善维修而导致农田破坏，遭殃的将是整个埃及的农业产出和帝国财政收入。因此苏丹命令他的瓦利派遣具有良好判断力的工程师（mühendisin-i sahih ül-tahmin）即刻（alavechitta'cil）启程，前去监督大坝的重修工作。[63] 为了资助这项工程，政府从1708—1709年度的埃及财政总收入（irsaliye）中拿出11个埃及钱袋①（kise-i Mısrī）作为工程资金。[64]

阿卜杜·拉赫曼·哲拜尔提（'Abd al-Raḥman al-Jabartī）撰写的埃及编年史是关于这段历史最重要也最著名的阿拉伯史料文献，哲拜尔提在其中对这项敕令作了非常简要的记述。[65] 书中提到一项行政命令被下达给开罗统治者，要求对法尤姆的拉洪堰坝（qanṭara）尽快完成修复。[66] 由于缺少有关法尤姆的伊斯兰法庭档案，哲拜尔提一笔带过的描述是我们仅有的涉及1709年夏天法尤姆灌溉维修工程的阿拉伯语史料。[67] 这一事件在历史中遗留的痕迹

① 译者注：英文为eleven Egyptian purses，17世纪开始使用的一种新记账单位，根据《奥斯曼帝国货币史》（中国金融出版社，2021年），1个埃及钱袋等于2.5万帕拉。

几乎仅限于奥斯曼政府的档案文件中。

1709年的维修工最终的结果并不尽如人意，因为仅仅一年多之后，盖赖格的水坝上一段由宽型砖块和石头组成的墙体就显示出松动的迹象，仿佛下一秒就会在巴赫尔尤瑟夫运河的水流冲击下完全塌毁（münhedim ve harab）。[68] 和前一年一样，政府再次颁布维修敕令，因为如果情况继续恶化，那么法尤姆的居民将会彻底失去水资源（bir katre āb gelmeyūb），而农田又会变得干涸。此外，和之前一样，水资源缺乏和随之而来的粮食短缺不仅会给法尤姆的人们带来极大的磨难（perişanlık），而且——从奥斯曼政府的角度而言也是更重要的一点——会导致帝国财政压力与损失（kasr ve noksan）。[69] 在苏丹正式发布这项敕令前，法尤姆的地方军事首领卡希夫（kāşif）、贝尼苏韦夫的法官，以及区域内的其余行政人员，都已被派往大坝现场进行实地勘察。[70] 他们的调查结果汇总成为一份调研报告（keşf），以此为依据，政府追加了11个埃及钱袋和11 600帕拉作为大坝的维修费用。[71] 与先前的敕令一样，这项命令同样以警告结尾，告诫任何超额花费和工程中出现的懈怠或无能行为都将受到严厉惩罚。

从1709年和1710年下达的这两项敕令中，我们可以看出奥斯
63 曼苏丹及其领导的政府的态度：他们对法尤姆灌溉工程的重视首先源自政府的财政需求，其次来自他们为帝国子民、官僚权贵和每年前往麦加和麦地那的朝圣者提供粮食的职责所在。直到1711年之前，盖赖格水坝和拉洪堰坝都处于破损状态，这让汉志的人们时刻笼罩在失去食物的阴影之下。[72] 那一年的尼罗河洪水水势异常地凶猛，两处水利设施不论是否得到维修都遭受了严重的毁坏。

最后的结果可想而知，整处设施几近瓦解，而法尤姆所有的灌溉水源可能顷刻间荡然无存（reyy ve irtivadan ātıl olmak）。在这三年时间里法尤姆及其周边区域所遭受的水利设施损坏中，1711年的劫难对灌溉与农耕活动的影响最为致命。

河道调研报告显示，在此次洪水中，盖赖格水坝的墙体受损面积高达27 234平方齐拉（10 809.2平方米）。[73] 拉洪堰坝的基底（paye）、墙体（divarlar）和支撑柱（kemer）的受损面积总计9 980平方齐拉（3 961.1平方米）。因此这两处设施需要修复的面积总计为37 214平方齐拉（14 770.2平方米）。据估算（alavechittahmin），每平方齐拉（0.396 9平方米）的维修成本为15帕拉，所以总成本将高达22个埃及钱袋外加8 510帕拉。这笔资金中的大部分将用于购置建筑材料——主要为石灰岩（kireç）、木材支撑物（şecār）和石料（taş）——并由埃及1710—1711年的政府财政收入承担。

尽管存在着费用高昂在内的种种困难，但为了把灌溉设施恢复至以往牢固稳定（kadimden metin ve müstahkem）的状态，投入再多的精力也不为过。奥斯曼帝国的自然资源管理系统是一个各成员高度协同的有机整体，其中任何部位的运行不当都会波及全局，因此河流的涨落以及水流设施的任何故障都牵制着帝国的一举一动。当灌溉系统以建筑物的形式成为乡村世界的固定存在，那么若想对乡村社会的基础设施建设作出改动就需要耗费大量的人力、物力与时间。更重要的是，帝国的决策者们还不得不考虑历史传统的延续，那就是法尤姆与汉志之间的自由来往。毕竟几个世纪以来，法尤姆都是在帝国政府不加干预的前提下直接将粮食运往汉志，来满足朝圣者们和圣城居民的食物需求。这项灌溉修缮工 64

程意味着付出巨额的财富和精力，以及跨时三年的工期，这些事实说明为法尤姆提供稳定的水资源是一项多么艰巨复杂的任务，以及对于汉志和奥斯曼政府而言具有重大意义。由此可见，埃及的农田灌溉将太阳能转化为国民所需的卡路里，而这很大程度上决定了奥斯曼帝国在这个省份为维护统治所采取的统治措施。

地方王国，1727年

埃及发达的农业和奥斯曼帝国的自然资源管理体系孕育并维系着帝国之轮的边缘关系，但这种关系若想实现其价值离不开那些拥有地方知识和丰富经验的本地人。地方和帝国首都之间存在着一种双向的互动，彼此推动也相互制约。法尤姆和其他地方的埃及农民凭借他们多年来累积的知识与技能，为行政官僚的治理工作提供必不可少的本土化指导。在法尤姆的灌溉设施的保养与修复中，我认为是地方上的农民——而非帝国官吏——掌握着大坝、水闸和堤堰等设施的运行和使用。奥斯曼帝国以各种方式将灌溉管理权限下放给埃及农民和其他村民，因为他们才是熟识埃及本土环境、因而有资格主导水利设施修复工作的不二人选。

埃及农民、村中长者和奥斯曼帝国的行政管理人员因此共同参与到自然资源的管理事业中，并组建起一个相互依赖的统一体系。当地农民明白他们所生活的自然环境从来不是田园牧歌式的世外桃源。奥斯曼埃及的自然环境中遍布着人的物质和精神活动，以及政体与社会加诸其上的政治经济需求与欲望。反之亦然，如果不严肃对待地方知识在政府发挥职能的过程中产生的作用，我们亦无法理解奥斯曼埃及和其他区域的历史发展轨迹。总之，我们必须以同样的方式对帝国和地方加以考察。没有埃及农民参与的奥斯曼帝国史不会完整，而脱离了帝国的语境，法尤姆和埃及的故事也将变得空洞匮乏。 65

在1727年7月末，伊斯坦布尔的苏丹皇宫向时任埃及瓦利——穆罕默德帕夏（Mehmed Paşa）传达了一项敕令，表达了对拉洪堤堰和盖赖格水坝目前破损状况的担忧。[74] 这项敕令是为了回应这名瓦利之前呈递的公文，他在埃及农民的反复请愿下不得不将人们的意图向上级汇报，因为当地人多次警告如果法尤姆的两处灌溉设施不能得到及时修缮，它们将彻底坍塌并破坏肥沃的农田，更不用提后续所需的高额修复成本。[75] 法尤姆农民和村子里富有知识和经验（ehl-i vukūf）的长者在递交给瓦利的两份阿拉伯语文书（ḥicce）中提议，大坝需赶在泛洪开始前的几个月内完成修缮。为了验证当地人对于洪水（garīk）警告的真实性，瓦利派遣人手前往法尤姆实地考察，队伍中包括一名建筑师和工程师。根据他们的汇报（keşf），大坝修复成本总计为347 195帕拉。

所有这些情报，连同瓦利收到的两份阿拉伯语请愿书，都被呈递到伊斯坦布尔的宫廷中，苏丹和大臣们在1727年7月末给予了回复。苏丹的敕令抵达埃及时，距离夏末泛洪仅有几周之遥，敕令传达了苏丹对于洪水可能引发的灾祸的极大恐惧与担忧。按照以往的传统，工程费用将从行省当年（也就是1726—1727年）的政府财政收入中支出。然而苏丹明确指示拨给该工程的资金只有30万帕拉（或者12个埃及钱袋），而不是瓦利所要求的347 195帕拉。整项工程的监管与验收职责被指派给一位值得信赖的可靠之人（muʿtemed ve sadākatkār），此外，一名工程师（mühendis）、一名建筑师（miʿmar）和各类专家（ehl-i vukūf）也会在施工期间提供专业意见。和其他的工程情况类似，这些人基本上都是来自法尤姆的本地人（特别是专家，也许还有工程师），他们大多在帝国行政体系中获得了一官半职从而成为国家公职人员。

这一事件说明法尤姆农民（ahālī）才是维修工作能够及时开展的首要推动者。作为奥斯曼帝国的耳目，农民与本地富有经验的专家齐力协作，成功让当局知晓水坝的现状和重建工作的必要
66 性。这些人中的大多数在法尤姆生活了大半辈子；他们熟悉大坝的运行情况以及洪水到来时的情形，他们对村子里的土壤和地形都了然于心。丰富的地方知识背后是多年的细致观察与实践经验，所以这个故事中的奥斯曼当局只能依赖埃及农民才能实现乡村灌溉系统的正常使用。地方知识、经验和专业技能不仅影响了法尤姆的水坝重建工程，也最终塑造了奥斯曼帝国在整个埃及境内的灌溉管理模式。两份阿拉伯语请愿书得以成文并送往伊斯坦布尔，这标志着埃及农民实质上已经进入奥斯曼帝国的行政体系内部，与皇宫里的统治者一同管辖着这片土地。农民们坚称修复灌溉设施不仅能改善当地人的生活，也符合帝国的利益，从而让政府心甘情愿为当地效劳，或者至少可以说，让政府愿意从其财政收入中给予资金支持。

奥斯曼政府对埃及乡村的管理并非脱离实际的统治者而高高在上地发号施令。恰恰相反，这一过程以一种非常接地气的方式进

行着，参与其中的除了政府官吏，还有贡献其劳动和知识的埃及当地人。农民、村庄领导者、公职人员，还有帝国首都，它们都以相应的方式连接着彼此，组成了一张贯穿全国的行政网络，身处其中的每个成员都承担了重要的角色，而他们的共同目标便是维系埃及乡村灌溉系统的正常运行。农民在这张关系网上看似处于边缘位置，实际上凭借对当地环境的了解，影响甚至决定着其他人的行动。总而言之，法尤姆的大坝影响了伊斯坦布尔、开罗、汉志与帝国其他区域的经济往来、食物需求、生态系统和行政活动，而后者同样形塑着前者。

自然灾害与行政危机，1741—1746年

在埃及乡村灌溉事业所缔造的生态社群中，农民与奥斯曼当局之间存在着一种直接沟通机制，而某些怀有私心的帝国行政官员并不乐见于此。像法尤姆这种地方的农民和奥斯曼政府保持紧密联系的一大好处是，农民能够成为中央政府的耳目，以防别有用心的地方官吏以权谋私。这种帝国与地方的连接与互动再一次显示出本地农民的知识和实践对整个帝国的重要性，以及自然资源 67
管理如何将埃及等地的乡村社群与远在伊斯坦布尔和开罗的权力中心结合为共同体。埃及农民向当局检举失职官吏的故事很好地体现了这种合作关系。在这些例子中，政府会认真对待农民提供的情报，并将其作为制定决策的依据，比如开除那些犯下偷盗或挪用公款的官员。

在1744年，法尤姆的农民数次向开罗迪万提出申诉，控诉盖赖格水坝的墙体从未得到妥善维修。[76] 针对这个大坝，政府在1741年和1742年都曾下达指令实施修缮，但1743年的一次特大洪水摧毁了水坝的主体部分，这让之前的努力都付诸东流。[77] 当地人在请愿中使用了此前同样的话术，对迫在眉睫的灾难提出警告。政府对臣民的提议作出回应，命令穆罕默德帕夏迅速采取行动检修设施。[78] 水坝维修事宜很快成为这名瓦利在两年任期内最重要的政务之一。苏丹命令他亲自督察工程实施，而没有按照惯例另外指派监工（bina emîni）。苏丹在敕令中还提到此前已经下达了两次维修指令（hatt-ı hümayuns），但显然这名瓦利并未放在心上。在1744年，穆罕默德帕夏受命召集地方官员、工程师、建筑师和当地经验丰富之人（erbab-ı vukūf）去检查大坝的损毁状况和确定维修成本。他们最后得出的结论是，大坝损坏面积为130 300平方齐拉（51 716.1平方米），修复费用总计81个埃及钱袋外加9 000帕拉。和先前的维修案例一样，这笔必要的资金将从埃及财政收入中支出（也就是1742—1743年）。

穆罕默德帕夏很快向苏丹汇报他已按照要求完成工作。[79] 然而这一说法很快遭到法尤姆当地居民的反驳，他们在与帝国皇宫的通信中抱怨道，穆罕默德帕夏仅仅修复了水坝的一小部分，而且在工程量已然大幅缩水的前提下，被修缮区域最后呈现的结果也不尽如人意。此番漏洞百出的修缮工程让本就脆弱的大坝根本无力抵抗滔天洪水。在1745年晚些时候，也就是这些信件寄出的那一年，尼罗河的洪水彻底冲毁了原本就岌岌可危的设施区域，而且令人忧心的是，原本能够正常使用的部分也被摧毁。大坝的状况前所未有地糟糕，根据法尤姆居民的信件内容，如果大坝不能被彻底修缮的话，那么整处设施将会塌毁。

除了大坝塌毁的旦夕之危，穆罕默德帕夏很快被人检举挪用公款，将工程款项收入自己囊中。人们在核查这位埃及行政长官的账目后发现，大坝修复工程仅花费了80个埃及钱袋。由此可见在帕夏收到的拨款与实际的工程花费之间存在着7个埃及钱袋和9 000帕拉的空缺。无能加上盗用公款的罪名让他很快失势，并于1745年7月中旬被穆罕默德·拉吉布帕夏（Mehmed Raghib Paşa）取缔。[80] 当这名失职官吏被追问丢失公款的去向时，他发誓（edā ederim）将尽快偿还这笔欠款（benim zimmetimdir）。

为了更好地搜集盖赖格水坝的现状信息，拉吉布帕夏派出一队人马前去勘察损毁设施，其中包括政府人员、工程师、建筑师和法尤姆当地人。他们重点关注了大坝墙体上的三个区域：穆罕默德帕夏修缮过但未能完工的区域，帕夏完全没有进行修复的区域，以及帕夏修复后遭受洪水冲毁的区域。第一类受损区域面积为89 610平方齐拉（35 566.2平方米）。第二类理应被修复但却遭到忽视的区域面积为46 362.5平方齐拉（18 401.3平方米）。原本坚固却被近来的洪水破坏的区域面积为20 025平方齐拉（7 947.9平方米）。因此，总共需要修复的墙体面积高达155 997.5平方齐拉（61 915.4平方米）。和先前一样，每平方齐拉（0.396 9平方米）的维修成本为15帕拉，所以修复工程总成本为41个埃及钱袋外加5 812帕拉，其中还包括用来处理工程其他未指明事项（mühimmat-ı lāzime bina）的费用3.5万帕拉。这一数目并不涉及先前政府划拨给工程的87个埃及钱袋以及9 000帕拉。[81]

穆罕默德帕夏的盗窃行为危害了埃及农民的利益，将他们置于大坝失修所导致的危险境地，不仅如此，奥斯曼帝国自身的利益也因失去粮食与税收来源而蒙受损失。法尤姆农民向帝国迪万寄出的信件反映出埃及的水系工程如何创造出了一张遍布全省的
69 行政网络，人们在其中自由流动，奥斯曼行政官员、伊斯坦布尔和开罗的权贵、埃及的农耕者、村庄头领，以及地方专家这样的乡村群体被整合至同一个生态社群中，而其中最为微小的震动都会波及整个体系。盖赖格水坝修缮这一看似简单的工程，其正常运行的实现却凝结了来自奥斯曼帝国无数地方的人力与财力，正因如此，奥斯曼政府不得不费尽心力来应对洪水等自然活动，以及政府官员中饱私囊所导致的人为灾祸。况且，作为穆罕默德帕夏非法行径的直接受害者和知情者，法尤姆的农民与领导者们能够在第一时间将罪行告知当局。包括埃及乡村农民在内的地方人士与开罗和伊斯坦布尔的统治者之间保持着直接有效的沟通机制，这种联系让法尤姆的居民得以检举失职帕夏的不实行为，并最终促成大坝的成功修复。[82]

结论

通过考察奥斯曼法尤姆在18世纪上半叶的灌溉设施工程档案，以及涉及这一时期的其他阿拉伯语档案和史料，本章提出了一种新型奥斯曼帝国行政关系模型，同时希望摒弃——或者至少重新评估——目前学界用以阐释伊斯坦布尔和帝国各省份关系的主流

理论模型，即“中心—边缘”模型。这种模型把奥斯曼帝国比作一个巨大的车轮，其中伊斯坦布尔是车轮的轴心，其余各个省份是从轴心辐射出来的辐条末端的孤点，而每个点与轴心的关系紧密程度与辐条长度成反比。与之相较，奥斯曼法尤姆的灌溉史呈现出的帝国图景更像是一个政治与生态力量相互缠绕、离心力与向心力共同作用的高度复杂的系统。在向心力层面上，帝国要求其各个省份源源不断地向首都输送资源与税收，但这并不意味着这些地方对权力中心没有施加反方向的作用力。法尤姆农民和奥斯曼中央政府之间长期保持着直接有效的沟通，定期更新着埃及乡村灌溉事业的状况，从而参与至政府的决策之中。灌溉系统瘫痪时，他们是负责维修的主力军，同时也指导着政府采取最为合理有效的补救措施。而且，在处理腐败官员时，法尤姆居民被看作最具权威的证人。

法尤姆与奥斯曼帝国首都保持着相互牵制的动态关系的同时，它自己也成为区域中心，与首都之外的其他城市建立了行政、经济与粮食上的往来。在奥斯曼帝国统治时期，以法尤姆为中心辐 70
射出的众多离心关系中，最重要的要数法尤姆与汉志的食物供给关系。值得注意的是，和埃及所形成的诸多离心关系类似，法尤姆与汉志的互动同样游离于奥斯曼当局的行政管辖范围之外，埃及的伊斯兰法庭档案向我们证明了这一点。更为关键的是，这一关系形成的背景是18世纪上半叶埃及已身处其中的全球化浪潮，所以要探讨法尤姆与汉志之间的联系，必然涉及对同一时期埃及如何参与书写全球经济、生态与流行病历史进行考察。总而言之，理解奥斯曼法尤姆的历史——我们可以由此类推至帝国其他乡村区域，从而拼凑出帝国历史的整体面貌——离不开对这个地方与其他边缘区域之间互动历史的探讨，而且值得注意的是，其中不少地区与埃及相隔甚远。在构建奥斯曼埃及的历史叙事的过程中，史料记载的意义便在于此。我们必须保持开放的心态，让真实的历史境况引导我们去合理理解奥斯曼帝国的结构，哪怕得出的结论与我们的惯常思维相悖，这样的矛盾中也许蕴藏着巨大的理论潜能。正如本章所示，我们需以一种全新的视角去想象和建构奥斯曼帝国历史与埃及历史，去质疑主流理论假设中的漏洞，如此便可以重新思考帝国统治的本质与地缘政治条件，农民等地方人口在统治体系中扮演的角色，以及水和泥土等自然力量对帝国的缔造作用。

第二部分

劳　作

第四章 73

乡村劳动力

近500年来，埃及的劳动力与自然环境之间的关系发生了翻天覆地的变化。自1517年奥斯曼帝国征服埃及到18世纪末，埃及的农业耕作者一直在小规模范围内进行基础设施建设和维修，以此维系着地方水利设施等环境控制手段的运行。为了修复运河、水车、水闸和堤岸，以确保当地社群的水资源供应，几个或者十几个工人常常耗费好几日的时间处理故障。施工期间工人们大多住在自己家中，可以依靠劳动获得报酬，并且通常独立完成作业。

在18与19世纪之交，这种以当地劳动力为主的基建管理模式不再适用。农村的过剩劳动力超出了当地所能承载的范围。[1] 大批农民工被迫背井离乡，前往远方寻找机会，比如服务于与自己家乡毫无瓜葛的水利设施建造等基建工程。地方人口与自然环境之间的紧密联结不再是乡村环境治理的核心因素，而讽刺的是在此前的1 000年间，正是这种人与自然的联结让埃及一直都是整个欧亚大陆和非洲最为富饶和发达的农业产区之一。取而代之的是诸

74 如资源开采、商业化和国家构建等抽象管理理念，它们将重新定义农村劳动力与环境之间的关系。本章试图阐释在过去的半个世纪内劳动力和环境管理模式经历的变迁，并讲述强迫劳动、过度环境开发、榨取型经济制度和人口流动等现象何以出现于18世纪末，以及这些历史进程如何决定了埃及乡村的劳动力与环境之间的关系，并将这种影响延续至今。

推动埃及劳动体制发生根本转变的历史力量首先来自政治。从大约1750年开始直到今天，埃及的政治格局一直被一群高度集中的乡村精英（就近年来的情况而言，我们也可称之为乡村和城市精英）左右，他们和埃及统治阶级有着密切的联系。[2] 这一小撮人结党营私，将埃及的经济命脉掌握在自己手里，借机让国家按照他们的设想“发展”下去，好从中谋利。这一局面逐渐形成于18世纪下半叶，随后改变了埃及的绝大多数人口——农民群体——与自然环境的互动方式。

将人类与自然关系历经的种种变迁放置在18世纪的语境中进行考察，既合乎情理，也符合大多数有关埃及现代化之路的历史叙述——学者普遍认为，这一新的历史阶段要么始于法国对埃及的入侵，要么诞生自穆罕默德·阿里（Mehmet ʿAli，奥斯曼帝国驻埃及总督，1805—1847年在位）的英明统治，或是来源于欧洲启蒙主义运动长久以来在埃及土地上播下的星星之火。[3] 尽管这是个充满争议的议题，但目前学界的一大共识是，引发劳动体制以及其他政治、经济和社会变革的政治经济因素都在1800年前后登上了埃及的历史舞台。实际发生的时间可能比这更早。埃及在18世纪中期进行了密集的大型公共设施建设，而本章所关注的这段历史对我们的常识观点予以了修正：19世纪早期穆罕默德·阿里政府实行的中央集权行政体制，实际上早在几十年之前已经出现了雏形。这将有利于我们重新反思对埃及过去五百年历史的时期划分标准。

18世纪后半叶的俄土战争（The Russo-Ottoman Wars）、奥斯曼帝国的军事现代化尝试，以及无力承受的通货膨胀压力，都是促成帝国权力版图在18世纪末重新洗牌的主要原因。[4] 在埃及，政治与经济变动外显为行省长官日益扩张的权力。不同于惯常的奥斯曼政府管理机制，即官员需要在不同省份的不同岗位
上轮岗，以防止他们长期植根 75
某个地方最后大权独揽，18世纪末的埃及见证了一系列奥斯曼长官的独裁统治，脱离了帝国中央政府的管控建立实质上的独立政权，这样的情况持续了数十年之久。[5] 他们将税收和自然资源据为己有，并且拥兵自重。这群人物中最引人注目的要数阿里贝伊①·卡比尔（ʿAlī Bey al-Kabīr）和穆罕

图7.　阿里贝伊·卡比尔

图片来源：J. C. Bentinck，*Aly Bey Roy d'Egypte 1773*. Yale University Art Gallery，1980.14.5. http：//artgallery.yale.edu/collections/
objects/aly-bey-roy-degypte-1773。 76

① 编辑注：奥斯曼帝国的一种头衔，有“老爷”等意，是次于帕夏的头衔。

默德贝伊·阿布·达哈布（Muḥammad Bey Abū al-Dhahab）。[6] 在17世纪的60和70年代，他们占据了大量土地，并用财政收入供养军队和讨好省内外的政治经济同盟。这些地方特权阶级在18世纪70年代达到了权力顶峰，当时他们领军侵入同属于奥斯曼帝国的领土——大叙利亚，并在成功占领几年后才被迫撤军返回埃及。[7] 在埃及逐渐获得独立地位的过程中，埃及省内的几大马穆鲁克家族囤积了大量的财富，其中包括农田、宗教财产和其余固定资产。[8] 埃及在此前的两个半世纪里一直被奥斯曼人视为税收的宝贵来源，如今到了18世纪末，各方人马都企图在乱世之中分得一杯羹。

这场争夺埃及政治和经济资源的权力游戏产生了诸多重大后果，其中包括劳动力资源和自然资源被集中化地掌握在少数富人手中。乡村人口和牲畜数量的锐减加速了资源集中过程，而前者又受到气候和流行疾病的影响。[9] 乡村劳动力转移至城市、大量农田被废弃、特权阶级对民众财富的暴力夺取，这些现象催生出一种新型农业生产模式，规模化、产业化和层级管理代替了小农经济，以满足日益增长的全球市场需求。随着这些大型庄园的生产规模不断扩大，生产效率和生产力也得到迅速提升，它们所需的劳动力的数量和工种也随之改变。增加粮食产量（以及生产出越来越多的非消耗类商品）需要更多的土地和资源，而这同时意味着投入更多的劳动力。因此，作为农业商业化进程中的一部分，封建地主们开始在土地上建设更多也更大型的劳动力密集型基础设施操纵项目。[10] 因此，在19世纪到来前的几十年内，半市场化、半自给自足的农业经济转变为高度商业化的农业经济，而这便是埃及劳动体制转型的核心因素。劳动体制是一个动态发展且充满变数的社会现象，与政治和经济活动密不可分，因此追溯18世纪后半叶的埃及劳动力历史变迁能帮助我们打开视野，而非不加反思地把19世纪初期视为埃及现代化之路唯一的起点。

一方面是政治与经济变革，另一方面是农村劳动力和自然环境的关系，为了更好地理解二者之间的复杂关联，本章将首先简要介绍近代早期乡村的环境控制手段，它们普遍具有规模小、采取地方管理模式，以及对于环境影响相对轻微的特点。接着我将探讨这些工程及其凝聚的劳动力如何在19世纪到来**之前**发生了根本 77
性的改变，并将这种影响延续至19世纪。强迫劳动、对环境的过度开发、榨取型经济制度和人口流动构成了19与20世纪埃及乡村劳动模式与环境发展中的几大要素。我们将进一步看到，这段18世纪后半叶的历史的魅影仍然存在于现代人的生活中。因此，要理解埃及在过去两个世纪内的劳动、政治、经济和环境变迁，我们必须首先将目光投向18和19世纪之交。[11]

我们的劳动

在现代早期的奥斯曼埃及乡村，人们通常以本地化方式、在小规模范围内进行劳动生产。当村内及周围的灌溉系统等基建设施出现问题时，几十个农民会共同承担起维修的职责。在这种情况下，农民的劳动直接服务于家庭和社群。在正式施工之前，通常农民会首先来到奥斯曼帝国在埃及设立的法庭——帝国在省内最直接和普遍的权力代表——抱怨运河或堤岸出现的情况。[12] 政府随即会派人进行实地考察，审核维修申请的合理性，以及确定政府的财政支持力度。如若情况属实，当地农民便会获准开始施工。这种地方主导、政府协同的工作模式确保了乡村的基础设施能够快捷有效地得到修缮。当地社群弥补了帝国行政能力的不足，为水资源在埃及的流通贡献了劳动力与地方知识；反过来，帝国又为劳动者的劳动提供了必要的资金。

尽管在大多数情形下，这些维修工程的规模不大并且由当地人主导，但它们波及的范围却是整个帝国。对后者而言，哪怕是最偏远的埃及乡村，确保其灌溉设施的正常使用也无比重要，其原因我们在法尤姆的故事里已经提到，那就是水利工程事关全体国民的食物来源。这一小群埃及农民（以及为人类效劳的牲畜）看似与外界隔离，却因凝结其劳动的堤岸与河道而与千里之外的人们产生了连接。[13] 换句话说，他们的劳动是奥斯曼帝国经济网络得以构建的质料之一，串联起中东、欧洲东南部和北非等不同区域。在环境资源管理这项只能依靠协作来实现的事业中，帝国和农民
78 二者缺一不可。

奥斯曼埃及乡村的劳动者们需要执行多种类型的工作任务。在近代早期，他们常被统称为“村中之人”（ahālī al-nāḥiya）或者“村中设施（例如灌溉设施或者道路）的受益者”（man yastaʿīnunuhu bihi）。此类话语揭示出1500年至1750年之间的劳动模式最显著的特点，即本地化与小规模。“村中之人”参与修缮的灌溉系统等设施的服务对象通常为劳动者自己，还有他们的家庭和农田。[14] 灌溉设施的正常运行不仅与劳动者生活的方方面面息

相关，还影响他们的切身利益，他们付出劳动的动因与意愿也皆来源于此。

灌溉工程中最为常见的劳动工种莫属挖沟者。[15] 这些人负责清理多余的淤泥、沙土，以及堆积在河床与河堤沿岸的树枝和树叶。他们同时还需疏通堆积在河道低水位区域的淤泥，这类泥土肥沃，可以用来巩固堤岸或增加农田肥力。其他劳动者也会分担清淤、收集淤泥并将其妥善用于巩固河堤的职责。[16] 维修和建造类工程还需要健壮的劳动者来搬运各式各样的物品，比如将建筑原材料搬至工地，或清理多余的泥土和垃圾。[17]

有另外一群人也会固定参与至灌溉工程的实施过程中，他们被称作“审慎之人”或者“拥有知识、技能和经验的人”。[18] 此类角色通常由一些经验老到的年长者承担，他们无须付出体力劳动，而是提供意见与指导。丰富的阅历让他们熟识这些乡间设施所处的地形与地理环境，以及哪些区域需要特殊处理。长年累月的经验让他们对本地的灌溉系统拥有细致的了解，填补了奥斯曼政府地方知识的缺陷。和惯常的维修情形一样，所有劳动者，不管他在此次维修工作的职位或角色如何，都需要“夜以继日”地进行劳作，直到“最大限度地建设好灌溉设施”。[19]

1652年的运河开凿项目中出现了所有这些劳动者类型，这些运河均属于三角洲北部曼苏拉副省的巴哈尔哈吉尔运河的支流体系。[20] 和以往一样，当局明确要求参与本次项目的人员必须是施工运河周围的当地居民。1707年巴哈尔哈吉尔运河的堤岸巩固工程 79
也出台了类似的规定，奥斯曼官员们命令运河周围的村子调来役畜，让当地农民和经验老到之人负责河道的清理和修复工作。[21] 与此后的情形不同，近代早期的地方劳动者们有时获得现金酬劳，但更多的时候是以实物偿付。例如，当哈里比亚（al-Gharbiyya）副省的阿菲亚村（Mīt ʿĀfiyya）修复堤岸时，当局要求村子负责人召集9名劳工，并在劳作期间为每个人提供补给与住所。[22] 尽管此次工期不长——只持续了一个晚上——这9个人还是得到了相应的报酬，而且他们的劳动也改善了社群生活质量。来自哈里比亚副省的另一个例子里，12名劳动者负责疏浚一条1 150卡斯巴[①]（4.6千米）长的河道，在为期一夜的工作中他们也挣得了食物和住宿。[23] 一位备受尊敬的伊玛目穆罕默德·本·萨利姆·哈夫纳维（Muḥammad ibn Sālim al-Ḥifnāwī）在谈及近代早期的劳动报酬之必要性与道德意义时说道："完成工作之人应当获得相应酬劳。"[24]

这一系列例子（这类例子数不胜数）说明，近代早期的乡村基础建设劳动力体制的重要一环便是对地方劳动力资源的充分利用，而且这些劳动者基本都能以某种形式得到偿付。负责挖沟、巩固河堤与搬运重物的劳动者们，以及地方专家形成了当地的劳动力资源池，作为一个集体被当局雇佣，毫无疑问，这是维系与保护埃及灌溉系统最有效和便捷的手段，能够维护整个帝国的生态系统健康运行。因此，早期现代的乡村劳动力体制的一大潜在逻辑就是，灌溉系统周遭的居民作为使用设施的直接受益者，理所应当也是保养和修缮相应设施的责任主体。对奥斯曼政府和乡村子民而言，要维系如此复杂的灌溉网络和保持埃及作为全帝国最富

① 编辑注：卡斯巴（qaṣaba），旧时埃及长度测量单位，1卡斯巴等同于3.99米，详见尾注23。

有省份的地位，这两个目标的达成与将权力下放给地方社群的过程并行不悖，后者是实现前者的有力途径。

诚然，在近代早期并不是所有的劳动都是自愿且有偿的。强迫劳动（corvée）同样是不可忽视的劳动形式。[25] 从16世纪直到18世纪中期，强制劳动只是小规模出现在一些特权人士的土地上——那些地方被称为免税赐地（ūsya）。这些地方原本是为帝国提供赋税的包税地（iltizām），但由于种种原因被废弃后交由包税人（multazim） 80
进行私人管理。[26] 免税地因此无须纳税，实质上成了包税人的私人财产。到了18世纪末期，免税赐地的数量达到了历史最高峰，但即便如此也只占整个埃及农耕用地面积的10%，而且大多集中于三角洲和埃及中部。[27] 因此在近代早期，埃及只有10%的农业用地实行了强迫劳动。而且和之后的情况相比，此时强迫劳动的工作内容通常比较简单——清理河道上堆积的泥土、犁田，或者耕种作物。

尤素福·希尔比尼（Yūsuf al-Shirbīnī）曾对近代早期的强迫劳动情况作过精彩的叙述。这部希尔比尼创作于17世纪的讽刺作品以辛辣甚至过于直白的口吻描述了乡村生活，其中收录了一首据说由一位埃及农民写作的四十七行诗歌，希尔比尼还在其后附上了详尽的评论。关于强制劳动，他写道：

> 当权贵们需要有人来为水车挖洞引水、收集粮食，或挖掘河道时，强迫劳动就会发生。强制劳动基本只出现在拥有免税赐地的包税人所在的村子……包税人将水牛、木材、犁和任何其他所需物资运送至指定地点，并指派一位管事人监管这些物料……他还会委任专人负责管理饲养牲畜的开销，并让他们做

> 好记账……在某些村子，强制劳动的执行方式取决于当地人数，比如依据住户数量决定劳动者人数。他们会遵循以往的惯例给每家每户指派需要的劳动者的数量，例如“这个家庭需要派出一个人，那户人家要派出两个人”等等。[28]

希尔比尼接着解释道，参加强制劳动的工人和我们此前看到的一样，无一例外都是“村中之人”。[29] 此外，作者还花了很大力气追溯强制劳动这个词在近代早期的词源学发展——al-ʿauna。该阿拉伯语词的词根意指“帮助，协助”，这提示我们去关注强制劳动作为一种现代早期劳动体制所包含的合作甚至非暴力的一面。[30] 而到了19世纪，不管是强制劳动的本质，还是用来指称这一现象的词语都将被全然颠覆。在谈论al-ʿauna这个词在近代早期的使用语
81 境时，希尔比尼写道：

> ʿauna（sic）起源于muʿāwana（“互帮互助”），因为它指的是一群人在彼此的协助下共同完成包税人指派的工作。又或许，这个词指的是通过协作实现某个目标的团体，也就解释了为什么有时人们会说“他们这群人［ʿauna（sic）］昨晚一起鸡奸了某人”这样的话，即人们以团体的形式在牛棚或粮仓里共同侵犯了某位男子……又或者这个词源于māʿūn，也就是大型的储存罐。[31]

撇开他对阿拉伯正统语法学家的戏谑不谈，希尔比尼明确地表达了一个观点：强制劳动指的是共同承担风险和利益的合作劳动。

地方居民互帮互助，为提升社群的环境资源管理水平而劳作。

为了不过度美化这种劳动模式——事实上这也实在称不上什么值得美化的事情——希尔巴尼补充道，很多农民都会试图逃离强制劳动。他写下了如下诗行：“村中之人被拉去强制劳动之日/乌姆·瓦提夫（Umm Waṭīf）将我藏于烤炉之中。”[32] 免税地的强制劳动身份甚至可被继承。“受制于强制劳动的农民无法解除劳动关系，而且如果他死去，人们会将这种身份强加给他的子孙。对于深陷其中得不到解脱的农民来说，这真是莫大的苦难。”[33]

在奥斯曼人踏上埃及土地之前的1 000多年里，埃及人当然也经历过强制劳动。但尽管不同历史时期实行的劳动制度之间存在着某些共通之处，我们也不能将它们笼统地归结为同一种社会产物。近代早期的奥斯曼政府创造出一张帝国与地方协同的行政管理网络，包税人、村中长者，以及农民在其中一起进行劳动力管理，确保河道的通畅和农作物的生产。这一系统的确立是基于各方达成的共识，即面对生态的复杂性和各个村子环境的异质性，最好的方式是授权当地人自主管理自己的河道、水闸和农田。只要他们持续缴税、服从政府的要求，并且保证粮食供应到埃及以外的城市，那么在土地、水资源和劳动力的事务上，当地农民就能够享有相当程度的自治权。

给我干活！

上述所有情形都将在18世纪下半叶迎来改变。作为脱离帝国建立独立政权的计划中的一部分，埃及的地方豪绅着手实施一些82 更大型也更为复杂的基础设施建设与维修工程。这些基建项目折射出埃及劳动体制与环境观念在含义与实践上发生的根本性变革，为了说明这一点，我将重点讨论18世纪中期至19世纪初投入实施的三次大规模建设工程。这三次充满冒险意味的巨型项目展示出，埃及的劳动力使用无论是广度还是深度上都呈现出指数型增长趋势。事实上，和早年的al-ʿauna这一概念相对，在19世纪到来之际，强制劳动的指称演化为al-sukhra（或者al-taskhīr），其阿拉伯语词根意为“嘲弄、从属、奴役或剥削”。[34] 随着工程规模的不断扩大，劳动者来自五湖四海，数量也日益增多，而对待他们的方式也变得愈发粗暴和压榨。劳动活动不仅和劳动者相疏远，也和人所处的环境相疏远。18世纪结束前的数十年间，埃及劳动体制经历的变迁说明，早在穆罕默德·阿里施行统治前，中央行政集权和凌驾于个人权利之上的国家机器就已经以某种形式存在了，而这为埃及劳动力与自然环境之间关系在19世纪与20世纪的进一步变革埋下了伏笔。

1747年的罗塞塔粮食仓储设施维修项目可以被看作此次劳动范式转型的绝佳例证，它显示出18世纪中期的维修工程在规模和复杂程度上的变化。[35] 粮食仓储设施是埃及人不可或缺的资源管理工具。本书一再强调埃及作为整个奥斯曼帝国农业最发达和最丰饶省份的地位。[36] 事实上，生态环境的重要性贯穿了整个埃及历史，是其在地缘政治上具有重大战略意义的前提。和其他政权一样，奥斯曼帝国为了方便收集和存放粮食，在地中海和红海沿岸的埃及港口城市建造了一系列仓储设施，如此一来也便于海运粮食。[37] 如果人力与畜力是尼罗河水灌溉农田滋养作物的有力手段，那么粮食仓储设施便是食物运输途中的重要保障，好让北非、中东、安纳托利亚和欧洲东南部的人们能够获取身体所需的热量。[38] 从尼罗河水到远方居民的胃，帝国搭建起一条粮食供应链，其中的各个节点便是这些公共基础设施。有趣的是，埃及所发生的经济政治变革几乎总是伴随着粮食供应与灌溉工程的改变，后者为前者提供动能。简要来说，18世纪末的埃及投入大量人力、财力、行政力量和管理智慧所建造的粮食仓储设施，是埃及权力精英设下的政治经济棋局中的关键一步。

这所位于罗塞塔的粮食储存仓库原本的主人名为易卜拉 83
欣·阿加（Ibrāhīm Aghā,），这是他名下的宗教地产。1747年时该设施早已年久失修。南边的库房拱顶已经塌陷；南部墙体也已部分倒塌；墙面、屋顶以及支撑上方楼层的木质支柱亟须修缮；另外还有一些附属的储存空间、一个咖啡馆和几家酒馆——这些都是用来服务这处地产的赞助者们——也都需要进行修复。

这项修缮工程内容繁复且工作量巨大，需要有数百名工人参与，其间还要耗费各式各样的原材料。不管是人力还是物料，在此次工程期间都被加以细致的核算、组织与分配，各个环节的资源利用情况都被严加监管。在相关的工程档案文件中，除了开头部分对施工内容、工期和监管人员的介绍，文件还十分详尽地以表格的形式（就像一张费用清单）列举了所有使用到的各类原材料、工人工种，以及相应的成本。建材包括石膏、瓦片、石灰、钉子、红砖、石料和14种不同类型的木材。[39]

此次修复工程召集了数百名劳动者，工期长达84天。以正式书面形式记录工程过程——这是这个时期重要的创新举动——突显出行政阶层对于劳动力不同于以往的认知与管理方式。档案文档按照条目记载了84天工期内每天的工作安排。每项条目都标注了日期，在此行下方列出了参与当日工作的工人类别（搬石工、建筑工人、木材搬运工、泥瓦匠等）和每个工种相应的人数。[40] 随后记录的是每一类工人当日花费的人工成本。例如，在1746年12月31日周三的条目下，我们得知1名工程师、7名泥瓦匠、16名不明类别的工人、1名木匠、3名搬水工和3名其他人员参与了当天的施工。[41] 此外，每项条目还记录了当日的咖啡份额。咖啡和水是这些工人能够得到的唯一补给品。[42] 日志条目中提供的最后信息是每日的人力与物料总成本。于是在1746年12月的同一天，我们发现1名工程师的人力成本为17帕拉，7名泥瓦匠的成本为98帕拉，16名工人的成本为113帕拉，1名木匠的成本为14帕拉，3名搬水工的成本为17帕拉，以及3名其他人员的成本为10帕拉。加上咖啡花费的4帕拉，那1天的人力成本总计273帕拉。在84天的工期
84 内，每类工种的人力成本基本维持在这一数字左右。

此次粮仓重修雇佣的大多数工人都是从外地来到工地上的。[43] 有人专门负责物料的长途运输——比如从开罗乘船来到罗塞塔的工人们会随身携带建材，来自埃及外省的伐木工人会将木材带至埃及。但大部分劳工都是从罗塞塔周围的村庄被迫带至工地现场。史料并未明确提及他们工作时的住所，所以很可能无人承担他们住宿的费用。也许一些工人自己搭建了临时的住处；也许有人获准回家休息，前提是他们每天都能按时到岗。不管真实的情况如何，此次项目的人力成本总共为16 278帕拉，约占工程总费用56 290帕拉的29%。

该工程规模与之前我们在近代早期看到的情形截然不同。工人数量由几个或几十个增至数百号人。工期由一两天延长至接近三个月。工人们需要离开家乡长途跋涉，所效劳的工程却和家乡的社群没有直接关联。他们并没有因劳动挣得报酬，唯一获得的补给品仅仅是咖啡。这一粮食供应管理工程中最引人注目的一点也许是农民的劳动过程以书面形式被记录在法庭登记簿上。84天的工期内，工人被当作某种物品或者资源，每天都被精细地计算、组织和分配。他们获取的补给品数量十分精确，每项开销都被如实记录在案。就规模大小、管理精细程度和压榨水平而言，这一类型的工程代表了18世纪中期所诞生的劳动力管理的全新范式。劳动者像螺丝钉一样被嵌入日渐庞大的国家机器，被抽象化和归类至一些非人格化的人力资源类别中，一种精细化、微观化的管控体制规划和安排了他们的工作，并渗入每个人的生活。劳动者降格为管理者所制定的图表和指标上的一串数字。

18世纪末期的劳动力体制不再具有近代早期的极端本土化的特征，工人们通常不再获得酬劳，而且工程对劳动力的需求要巨大得多。与扩大的工程规模和复杂程度成正比的是强加给劳动者的艰辛与苦难，以及环境过度开发导致的危害后果。以这段时期的诸多大型河道工程为例，我们不难看出劳动者与环境所遭受的恶劣影响。1808年，位于埃及南部曼费卢特副省的巴尼卡尔布运 85
河（Banī Kalb）进行的修复工程便是其中一个极为重要的案例。[44]该项目的工期为期79天，从1808年5月5日周四开始，直到1808年7月21日周五结束，其总工时为33 412人/天（指的是以一个人一天的工作量为单位，79天所需要的工时总量；其间当然会时不时出现人事变更的情况，但这部分数据无法被准确计算出来）。工期内的任意一天都有260至560名工人投入工作；平均每日参加工作的工人数量为424名。数字之巨大表明此次工程的性质已经完全不同于往日——相较于16与17世纪的小型项目，这次工程的规模大了几个数量级，哪怕和1747年罗塞塔粮仓修复工程相比也庞大不少。但与后者相似的是，1808年曼费卢特使用的数千名（据粗略统计）工人也以非常精微的方式被组织、管理、计算，并以数字和概念的形式呈现在列表中。每名农民工每日的工作内容都被详细规定（他们的姓名却未被提及）。除了食物，劳动者们并未获得任何其他的酬劳。

工人在79天的工期内并没有任何休息的时间。[45] 尽管关于河道的长宽、大小史料中没有提供明确的数据，但工期时长和工人数量无疑显示出这是一项浩大的工程。和近代早期的河道项目相比，这次环境控制工程明显体现出干涉和改造自然环境的人类野心。工程地点和施工时间同样值得注意。项目耗时两个半月，施工时间横跨五月、六月和七月，此时正值曼费卢特的炎热夏季，在这个埃及的南部城镇，夏季温度常年超过100华氏度（约37.78摄氏度）。[46] 工人们在全埃及最为炎热的区域之一，顶着一年内最高的温度挥汗如雨，其痛苦程度可想而知；尽管并没有关于此次工程中工人伤亡的明确记载，但根据历史的经验，我们完全有理由相信可能有数千名劳动者受伤或者死亡。[47] 我们同样并不清楚的是参与强制劳动的工人数量。也许有的人并没有作出反抗，但大多数人必然是被武力威胁才被迫来到工地上。换句话说，我们不该低估这些历史亲历者在强制劳动中经受的苦难。

这次的行政人员沿用了罗塞塔工程的管理方式，以书面文件形式将人力进行分类和归档，并利用表格列出了每天所需的具体工人数量和工作明细。在按照工期列出的79项条目中，首先记录的是日期信息。这一栏下方记录了当日工人总数。除了这些以外没 86
有多余的信息。33 412人/天的总数并没有像罗塞塔维修工程做的那样，依照具体工作继续细分。所有工人都只是被简单称作nafar（意为个体、个人）。那些劳作的、挥洒汗水的、忍受痛苦的大写的人在这项河道工程中退化成了纸上一串空洞的数字——庞大的数字，但也仅仅只是数字。一群活生生的个体（anfār，即nafar的复数形式）被简化为数字的过程折射出的是普遍存在的压迫、矛盾和暴力。[48] 这些生活在19世纪早期曼费卢特的数千名工人们因此沦为“流于纸面的人为事实”，不过是无名大众中的一分子，任凭自己的价值由人榨取。[49] 对于他们的出生地或生平，我们一无所知。他们的家乡位于何处？他们是如何被卷入这项工程的？工作之余他们会做些什么？一天的忙碌之后，他们住在哪里？工作期间他们经历了什么？作为纸上的数据，工人们被剥夺主体身份之后，被重组成一个抽象的、非人格化的概念中的一部分——大众劳动者（anfār-laborer）。

曼费卢特项目实施期间，埃及的大部分农耕者都直觉地感受到周遭的世界和他们世世代代耕耘的土地正经历着翻天覆地的变化。以1808年曼费卢特项目为代表的劳动密集型工程工作条件极其恶劣，它们在那几十年内充斥着人们的生活，在此之后，农民们将求助的目光望向当时尚处于仕途上升期的穆罕默德·阿里——奥斯曼帝国派驻埃及的行省长官兼将军，1805年至1847年在位，他也是领导埃及获得独立政权的最成功的行省长官——把他视作农民的拯救者，期待着在他的带领下，乡村豪绅的残暴统治与个人欲望将被终结。曼费卢特的故事告诉我们，在19世纪早期，普罗大众的生活已变得不堪重负：

> 如果包税人或他的代理有工作需要农民完成，他们会让守夜人前一天晚上就将农民召集起来，这种情况在当时已变得司空见惯。如果有人无故缺席，那么他就会被守夜人或监管人员强行拽出家门，加以谩骂和殴打。这就是所谓的强迫劳动。农民们对此已经感到习以为常；事实上他们将其视为自己应当履行的法律责任。[50]

在1812年，穆罕默德·阿里发布敕令，将全埃及的包税地纳入自己的管控范围，这让他实际上成为全省唯一合法的包税人。[51]农民们对此抱以乐观的期许，他们认为那些沆瀣一气、不仁不义
87 的包税人总算遭到了应有的报应。1814年5月，一群农民在类似想法的鼓舞下，回绝了当地一位包税人指派的工作任务："找别人去！我自己有活儿要干！这个国家已经容不得你作威作福了！你的好日子结束了，我们这些农民现在只服务于帕夏（也就是穆罕默德·阿里）。"[52] 要放在几年前，我们无法相信一名曼费卢特的农民会如此强硬地拒绝强迫他们工作的乡绅。然而，历史的发展却不如农民所愿，他们对穆罕默德·阿里的期待迅速落空。在此后埃及有史以来最大规模的环境控制工程中——马赫穆迪亚运河

（Maḥmūdiyya Canal）重建项目——这名领导者向世人证明了他并不比此前任何包税人来得更为宽厚仁慈。

运河重建项目象征了从18世纪中期到19世纪初，埃及乡村劳动体制所经历的剧烈转型过程。在过去，埃及的第二大城市亚历山大和尼罗河谷之间并不存在直接相连的河流。[53] 从开罗出发的船舶为了抵达亚历山大港，必须先沿着尼罗河进入地中海，然后顺着海岸线向西航行，这条航线不仅费劲而且充满未知的危险。[54] 开罗作为地中海商贸世界的关键枢纽，与埃及的水道网络连通所带来的好处无须多言，在此前的历史上人们也多次尝试建造这样一条运河。[55] 另外，如果亚历山大和尼罗河之间能够有一条淡水河，那么这座城市的居民就不用为饮用水匮乏而整日担忧了。[56] 基于这些考虑因素和在私人利益的驱使下，穆罕默德·阿里在18世 88

图8.　马赫穆迪亚运河

图片来源：Commission des sciences et arts dEgypte，*état moderne*，vol. 2，pt. 2 of *Description de l'égypte*，Alexandrie，plate 99。

纪10年代末，着手重建运河，试图将尼罗河水通过罗塞塔支流直接引入亚历山大城。他所带领建造的运河将以奥斯曼苏丹马哈茂德二世（Mahmud II）命名（1808—1839年在位），即马赫穆迪亚运河。[57]

马赫穆迪亚运河建造不仅在当时是埃及有史以来最庞大的运河项目，付出的代价也极为惨烈。据统计，此次项目中被强制参与劳动的人数约在31.5万至36万人之间。[58] 为了对这个数字有更直观的认识，我们可以做个简单的对比：1821年的开罗人口数为218 560人，而埃及在1800年与1830年的人口总数分别为450万人和500万人。[59] 因此，被强行拉去修建马赫穆迪亚运河的人数远远超过了整个开罗的人数。更让人震惊的是，这些工人中约有1/3——10万人之巨——死于施工期间。[60] 这相当于埃及当时总人数的2%。如果我们把这个死亡人口比例放到今天的美国，那就意味着有600万美国人死于非命。

有关本次运河建造工程的文字记录向我们揭示了死亡如此普遍的原因。埃及史学家哲拜尔提作为这项工程的同时代见证者，这样描述1819年8月的施工状况：

> 他（穆罕默德·阿里）命令乡镇和各区的行政官员将农民召集起来送去干活儿，这一指令迅速得到了执行。农民们被绳子捆绑在一起，送上船运往未知的地方，还因此错过了高粱的耕种季节，那可是他们维持生计的主要作物来源。这一次他们要遭受的苦难将远比历史上任何一次都要来得猛烈。寒冷和饥饿夺走了很多人的生命。一旦有农民不慎摔入工地上

> 的洞坑中，无论他是否还活着，人们都会直接把泥土倒入坑内，将其掩埋。当出于收割粮食的必要，这些农民需要回到各自村庄，他们在回去后不仅需要向政府缴纳费用，而且每费丹（faddān）①的土地还需上交一车的稻草，以及一凯勒（kayl）②的大麦和豆子。农民别无选择只能将所得粮食全部低价卖出。一旦结束农活儿，他们又会被送回施工现场，将地下不断涌出的高浓度海水排干。他们先是遭受了极端寒冷的折磨，现在他们又得忍耐酷热和缺水。[61]

这对于劳动者来说真可谓是从未设想过的全新世界。[62]

除了成千上万的死亡人数，这项庞大的环境工程还引发了许多其他后果。基础设施建设引起发了一系列连锁反应：为了和新开发的运河匹配，周围一系列的灌溉设施都需要进行翻修或重建。沿岸到处是挖坑凿洞的工地；许多地方的堤岸需要加固；运河末端的湖泊原有的六处堤岸需要维修，此外还要新增三处河堤；沿着地中海海岸线直到运河北部，中间的区域还得建造大量防洪堤与大坝，防止运河里珍贵的水资源被汹涌的海水污染。[63] 工程体量空前庞大，以至于人们为此专门在1816年秋季建立了埃及工程学院（Egyptian School of Engineering）。[64] 早年间这所学校的毕业生几乎都在马赫穆迪亚运河项目上工作。[65] 另外，考虑到大量的现金和原材料流入工程，项目成本也高得惊人。[66] 由于很多劳动者都是携家 89

① 译者注：埃及的土地面积单位，1费丹约为6.3亩。

② 译者注：埃及测量单位，1凯勒约等于17升。

带口来到这里，该项目占用的人口资源实际上远超被强迫劳动的三十多万人，尽管这一数字原本就足以让人震惊了。

另外，工程引发的环境问题也是不胜枚举。运河的主要功能之一是为亚历山大港的居民提供新鲜的饮用水。然而对河道的改造却加剧了河水与周围土壤的盐碱度。[67] 运河河床内的土壤原被地中海覆盖，所以本就包含了高浓度的盐分。在后来的挖掘过程中，埋藏于地下的盐分被进一步释放到河水里。更甚者，由于马赫穆迪亚运河沿岸的堤岸墙体并不严密，咸水从水道外溢，污染了周围原本肥沃的土壤。河水还会通过地表和河堤渗流，这不仅使得水流量减少，还增加了附近土地的盐度。另一个问题是泥土淤积。疏松的墙体、微弱的水流、多风的环境，这些因素加速了淤泥在河道中的堆积过程，如此一来船舶通行就变得极其棘手。[68] 实际情况也是如此，在18世纪20年代早期，这条运河上船只遇难和搁浅的事故屡见不鲜。[69]

对于现代埃及的公共设施建设和环境历史来说，马赫穆迪亚运河项目最重要的启示是它建构和反映了一种国家想象。是什么
90 理由支撑着人们耗费如此巨大的物力和人力，不惜以环境破坏为代价，完成了这项事业？答案是运河或大坝所象征的国家未来与愿景。我们从穆罕默德·阿里和马哈茂德二世的往来信件中可以感受到这种国家想象的狂热。[70] 马赫穆迪亚运河将让亚历山大不再为食物和淡水担忧，这座城市将一跃成为地中海世界的商业中心。[71] 人民将迎来一座全新的亚历山大——同时还伴随着宜人气候和友善民风——世界各地的商人、知识分子和民众的目光将聚焦于此。事实上，奥斯曼行政长官们很快就将亚历山大——而不是

开罗——当作埃及的权力中心。因此，用苏丹的话说，马赫穆迪亚运河将会赋予埃及全新的意义。原本用于指称开罗的Mısır一词（这也是埃及在土耳其语中的正式名称），其含义将逐渐被亚历山大所替代。[72] 马赫穆迪亚运河让亚历山大一跃成为埃及的中心。总督和苏丹的通信内容表明，公共工程的确有能力重塑埃及的物质空间与民族想象。

结论

埃及的劳动体制转型在社会、经济、政治和环境等多个层面上引发了不容小觑的后果，马赫穆迪亚运河项目作为这次转型过程的高潮，在此后的两个世纪内继续形塑着埃及的社会面貌。自18世纪中期开始（也就是罗塞塔粮食仓储设施维修工程开启的那段时期），此后上台的埃及政府——不管其政治立场倾向于赫迪夫制（khedival）、殖民主义、社会主义、民族主义、新自由主义还是其他——基本都会将大型基建工程建设计划纳入自己的工作目标，他们试图重现马赫穆迪亚运河项目的辉煌，从观念与物质层面同时改造埃及。苏伊士运河（The Suez Canal，建于19世纪50和60年代）[73]、第一座阿斯旺大坝（the first Aswan Dam，建于19世纪90年代）[74]、阿斯旺高坝（the Aswan High Dam，建于20世纪50和60年代）[75]，以及近来的托西卡工程（Toshka scheme）[76]是其中几个最受瞩目的例子。除此之外还有数十个其他类似的工程，尽管不那么富有名气，但对埃及的劳动者和环境而言同样产生了不容忽视的影响。

这些项目之间的共通之处十分显著，那就是它们都试图发掘出公共工程（和水资源）的巨大潜能，从而改造埃及的环境面貌与政治格局。每一次运河或大坝工程竣工后，埃及就会经历一次彻底的蜕变。这些工程的另一共同点在于它们的失败之处。尽管在
91 某些层面上它们的确满足了人们最初的设想，但在高昂的人力成本、经济投入和环境污染面前，这些回报似乎显得微不足道。我们已经看到了埃及人民为马赫穆迪亚运河付出的生命与环境承受的危害。此外，苏伊士运河还让埃及背负了沉重的外债压力，这也间接导致了19世纪末埃及陷入的殖民地境况。[77] 阿斯旺水坝背后的政治、经济、人力与环境付出同样令人咋舌：努比亚（Nubia）古代遗址遭到的大肆破坏、为了克服盐碱化而导致的化肥过量使用、尼罗河三角洲的土地缩减、对邻近花岗岩山石的过度开采，以及纳赛尔湖极高的水分蒸发量，而这些仅仅是其中最广为人知的几个例子。[78] 托西卡工程的失败表明埃及政府尚未理解——或者更准确地说，甚至都未能意识到事态的严重性——如此大规模的环境工程所带来的生态和人口代价有多么惨重。[79] 此外大坝和河道工程将埃及的农民连根拽起，脱离其世世代代耕作和收获的土地，沦为异化劳动的牺牲品，而这或许是这些工程产生的最具危害性的后果。从马赫穆迪亚运河到托西卡工程，其规模与复杂程度以指数型增长，推土机代替了铁镐和铁铲；跨国公司取代地方社群成为新的领导者；外国劳动力取代了本地劳动者；自然资源的管理与控制不再依靠农民对河道、堤岸和土地的熟识与经验，农民逐渐失去用武之地，成为时代的弃子。

因此，随着18世纪后半叶政治与经济权力被集中掌握在越来越少的权贵手中，埃及的农民与当地环境、沿袭世代的工作方式、社会传统和习俗越来越疏离。[80] 埃及当权者的主要目标是建立与维持一个独立运行和中央集权的强大政府，这也是18世纪末大多数地区的愿望。[81] 这样的统治理念让统治者与臣民之间的距离无限扩大，上层的决策越发变得像纸上谈兵一般脱离实际。如本章所言，埃及从奥斯曼帝国统治下的一个省份，摇身一变成了权力集中的独立政权，统治者和被统治者之间的隔阂以一种意想不到的方式被放大，不切实际的政治决策对地方居民与环境造成的危害有增无减。数以千计的村子抛弃了传统劳动模式和本土经验，转而被一个现代化的中央政府聚拢、霸占、改造和扭曲，被强行安插在 92
一种新型的环境控制体制中。所以，埃及过去五百年的历史同时也是劳动力与自然环境关系的变迁史，对劳动力与环境的掌控意味着政治经济权力的实现。

尽管奥斯曼帝国的环境资源管理系统无疑具有庞杂的行政结构，埃及农民仍被赋予了管理地方灌溉事业和生态环境的自主权与决策空间。这种管理体制的出现并不是由帝国政府的超大规模必然导致的，而是基于奥斯曼统治阶级与乡村臣民之间的协商与妥协，双方认同并遵守着一种共识，那就是地方自治是管理和利用埃及自然资源最便捷有效的方式。如此的治理观念在现如今已经很难见到了，但它似乎正处于一种回归的态势。环保主义者、政府机构、各种非政府组织，以及其他的团体与个人现在都注意到了本地管理对于自然资源和环境管控的重要性。这并不是刻意美化地方自治模式，而是如今我们都意识到想要寻得一种统一且普适的治理手段不过是奢望。与19世纪到来后的情形截然相反，奥斯曼帝国统治时期的劳动体制与自然资源管理模式认识并尊重地方知识、技能和劳动的重要性，这和当今社会重新提倡的治理理念不谋而合。[82] 尽管我们已无法让时间倒流回奥斯曼帝国，我们仍应认识到现存的（环境管理）体制并非唯一选择，我们依然拥有不一样的，甚至是更好的可能。

第五章 93

乡土专家

乡村世界是人造的世界。我们称之为自然的地方其实一点也不自然，无论是农田、河流还是森林。人类历史深埋于乡土景观之中，当我们翻开自然之书，里面不乏有关协商、选择、控制、意外、冲突和妥协的人类故事。环境史给予的最宝贵的启示之一就是告诉：我们人类，非人类因素、地理物理与气候条件如何共同塑造了不同地域的环境面貌，以及植根于这片土地上的人类社会的历史。研究奥斯曼帝国和中东的历史学家们对这一点尤能感同身受。早在奥斯曼帝国将埃及纳入版图之前，人类就已经在这里生活了数千年之久，而且和地球上大部分地区不同的是，关于那段历史此处仍然保留着丰富的史料记载，让史学家得以述说那些人类文明与自然环境之间的种种互动。当奥斯曼人进入中东、巴尔干半岛和北非时，他们面对的并不是无人踏足过的处女地。恰恰相反，展现在他们眼前的是一个社会结构极其复杂、文明高度发展的世界，当地社会在几千年的漫长历史中已经积累了丰富的环境治理经验，这也塑造了他们独特的历史传统和生态秩序。奥斯曼帝国统治下的数个世纪里，这些区域将在帝国、环境、经济和社会的多重推力下，继续其改造和重塑的进程。

94 本章将截取和聚焦这一庞杂历史图卷中的一隅，即17至19世纪的乡村工程师在奥斯曼埃及扮演的角色。这些人在地方档案文献中被称作mühendis（在阿拉伯语中被称为muhandis），是乡村自然环境管理体系中不可缺少的一环，并游走于当地社群和奥斯曼统治阶层之间，建立和维系着一种富有建设性的合作关系。直到19世纪早期以前，基础设施的使用和维护将地方社群和奥斯曼政府结合为利益共同体，二者定期会围绕公共设施的管控和扩建事宜进行沟通，这些设施通常包括运河、堤岸、道路、桥梁和码头。[1] 工程师的地位尤为重要，因为他们在农民利益和帝国战略之间担任了中间人的地位。法官和其他行政官员依靠他们来维持奥斯曼埃及的地方需求与帝国野心之间的平衡。正因如此，这些乡土工程师的历史能够反映近代早期的奥斯曼帝国所采取的乡村治理模式背后的逻辑。看清了这段历史，我们才能进而体会乡土工程师和他们的地方知识在19世纪早期所遭受的命运。正如上一章所指出的，奥斯曼埃及乡村的劳动体制在19世纪到来之际进入了前所未有的新阶段。本章将延着这一话题，考察所谓的全新历史阶段对于埃及的工程师而言意味着什么。

河流下游，1664年

在1664年的夏天，位于三角洲东北部代盖赫利耶副省的沙里姆沙村（Shārimsāḥ）的一处河道堤岸出现了损毁。[2] 为了寻求解决之道，村庄领导者将这个问题上报给曼苏拉副省的法庭。堤岸表面有三处区域已出现损毁（takhalkhala）和松动，墙体极易掉入河道里。三处区域都被水流严重侵蚀，墙内原本干燥的泥浆和黏土如今却像肥料一样潮湿柔软（ṣāra sibākhan）。河水经由这些漏损的部位大量流失，从而导致流入农田里的灌溉水源减少，与此同时堤岸附近的土地变成了湿漉漉的泥地（ghamīqa）。更让人担忧的是，下一次洪水来临之时，这些本就薄弱的区域很可能会彻底塌毁，这对于 95
生活在堤岸边和河流下游的居民来说无疑是一个巨大的隐患。

图9.　代盖赫利耶省位于尼罗河的达米埃塔（Damietta）支流上的村庄

图片来源：Commission des sciences et arts d'Egypte，*état moderne*，vol. 1，pt. 2 of *Description de l'égypte*，Basse égypte，plate 76。

曼苏拉法庭的法官并不是精通灌溉工程和基建维修的专家。为了作出正确的决策并解决眼前的问题，法官需要专业人士的意见，尤其是得确保政府支出的任何维修费用都能被有理有据地合理利用。听取专业建议不仅仅是出于行政和财政方面的考虑。除了帮助法庭履行职能外，及时和妥善地维修好堤岸对于当地人的生活和帝国政府都有着切实的必要性。运河下游处多个村子的农民们都来到法庭作证，如若堤岸失修，那么他们的农田、维持生计的手段和日常生活都将承受巨大的灾难。他们强调说，无论是他们自己还是村子的头领，都没有足够的资金与专业知识来帮助维修上游沙里姆沙村的河堤，但此次工程却事关当地的农业命脉。因此，基于不同的目的，法庭、村庄领导者和农民群体都需要一个精通工程知识的专业人士，为修复破毁堤岸提供指导意见。

此时便轮到工程师登场了。穆阿利姆·阿塔·阿拉（Al-Muʿallim ʿAṭāʾ Allah）曾数次作为曼苏拉政府的专用工程师（al-muhandis bil-Manṣūra）被邀请到项目中，而且正如其头衔所揭示
96 的，这名工程师是一个来自代盖赫利耶的土生土长的埃及人。他被传召至法庭，了解情况后随即被派遣至实地考察，收集相关信息并给出维修河堤与恢复水流的专业意见。他马上投身到了工作中。

阿塔·阿拉的首项任务是向沙里姆沙村的农民们询问河堤的使用情况，然后走访下游村庄，了解河堤失修对村民可能造成的危害。[3] 所有人对他讲述的故事与之前在法庭上的陈述一致，警告道再这样任由事态发展，无疑将招致灾祸。此时离当年的泛洪开始只有几周之遥了。如果洪水到来时河堤还没有被修缮，那么农田和河道将遭到难以估量的破坏。汹涌的洪水将席卷大地，冲毁

河堤与其他的灌溉设施，水道也再难恢复至原来的样貌（lā qudra li-aḥad ʿalā saddihi）。因此牵涉其中的每个人都央求阿塔·阿拉尽其所能，让河堤尽快恢复至原先坚固的结构。

受到法庭委托的工程师此时已经了解完现状，于是阿塔·阿拉和他的助手们着手对设施进行勘测，审视其毁坏程度。建筑总共有三处区域受损。第一处区域长为13卡斯巴，宽为1.5卡斯巴，其对面坐落着3个水车。第二处受损区域靠近沃赫达尼亚（al-Waḥdāniyya）盆地，长为8卡斯巴，宽为1.5卡斯巴。第三区域长为9卡斯巴，宽为1卡斯巴。基于这些测量数据，阿塔·阿拉估算维修总费用为20万帕拉。这笔资金涵盖了物料费、运输费、工具和人力成本。

工程师随后返回法庭，将结论汇报给法官和沙里姆沙村的领导人。他将河流沿岸和下游的居民告诉他的信息传达给决策者，并总结了他对受损设施的测量结果和预估的维修成本。修复堤岸所需的20万帕拉是一笔不菲的费用。与之相比，省内同时期进行的其他修缮工程的成本可谓是小巫见大巫。比如在1646年，曼苏拉城的一处运河和堤岸维修工程总共花费了18 120帕拉。[4] 但在1664年的沙里姆沙村，当局除了支出这笔高昂的费用别无他法。法庭派出的专家提出了他的论断，如果当局选择无视这一专业建议，最终的损失可能比20万帕拉高昂得多。法庭采纳了阿塔·阿拉的 97
观点并下拨了这笔资金。

此次案例中的工程师阿塔·阿拉被赋予了极高的权力与威望。整个河堤修复项目能否进行以及如何进行都取决于他的专业论断。他与当地人的交谈、他的测量数据，以及他对成本的估算都是维修工作得以推进的重要因素。没有他的话，堤岸只能因彻底损毁而被废弃，农田将被淹没，政府也会损失一大笔财政收入。法庭的最终决策认可了工程师的权威性，而没有采纳村子领导者最初提出的对河堤表层（raṣīf）进行修复的建议。在法庭征求工程师的专业意见之前，村庄领导者就递交了这项提议，但最终还是工程师的建议占据了上风。地方农民当然也是这个故事中的重要角色。但他们的意见最后也是经由阿塔·阿拉之口加以整合与修饰，作为工程师提交的整体解决方案中的一部分被予以呈现的。法庭同样尊重工程师的专业性。总之，工程师阿塔·阿拉的知识优势与专业技能是促成堤岸维修项目启动和帝国政府愿意买单的最关键因素。

工程师将法庭机构与作为政府决策的直接影响者的农民群体连接到一起，他代表了二者之间的沟通桥梁。奥斯曼帝国的乡村灌溉管理模式背后的逻辑可表述为：水资源利用让埃及农民不仅与其他村庄产生了联系，更与皇宫以及与埃及相隔甚远的区域建立起利益共生关系。尼罗河的灌溉水源带来了粮食和税收，在这一目标的驱使下，埃及农民和伊斯坦布尔及其他区域凝聚成了利益共同体。阿塔·阿拉是曼苏拉与伊斯坦布尔之间的中介，把地方上一个小型河道生态圈和帝国的广袤疆域串联起来。他游走于法庭和乡村之间、沙里姆沙村与下游村庄之间，协同和平衡各方的关系。正如运河下游的埃及村庄与沙里姆沙村通过河道的共同使用相连接，伊斯坦布尔、汉志和帝国其他消费着埃及粮食的地区，同样称得上是沙里姆沙村下游的邻居。也就是说，像沙里姆沙村这样的村子，其河堤一旦无法正常使用，波及的范围实际上远远超过埃及的行政边界。以阿塔·阿拉为代表的工程师群体因此不单单承担着修复灌溉设施的职能，他们也维系着帝国与地方社群

之间的纽带的健康与稳定。 98

工程之巨，1680年

工程师在奥斯曼埃及乡村的主角地位部分归功于他们所参与项目的规模之巨大。由于他们长期协助帝国政府为如此庞大和重要的基建项目出谋划策，他们在整个帝国体系内部也就拥有了属于自己的一席之地。事实上，掌握了信息渠道和专业知识，这些奥斯曼埃及乡村工程师也就拥有了调动资源、财富和人力的钥匙。

在1680年，图纳米尔村（Ṭunāmil）的包税人穆罕默德·阿迦（Muḥammad Aghā）来到曼苏拉法庭，上报了巴尔富达利（Baḥr al-Fuḍālī）运河出现的问题。[5] 这条河流是他的村庄以及其他十余个村子的主要供水来源，如今却因为河底大量堆积的淤泥和植物残渣几近断流。[6] 穆罕默德因此请求法院派人疏浚和清理河道。为了证实穆罕默德的言论所言不虚并了解更多的细节，法庭让曼苏拉政府的专用工程师（同样被称作al-muhandis bil-Manṣūra）穆阿利姆·哈桑（al-Muʿallim Ḥasan）前去实地调研。根据他的勘测结果，河道长为80齐拉，宽为20齐拉，而哈桑最终的结论是，河道的确亟须清理。[7]

在考察河道时，哈桑还注意到其中一侧堤岸布局的不合理之处。河堤坐落于图纳米尔村的一处大型果园外侧，经过测量后，他和助手们认为河堤和果园之间的空隙不足以让人通过，这给当地人的出行造成了诸多不便。人们可以通过两座桥避开这片狭窄地带，绕至对岸后再绕回果园一侧的河堤上。这两座桥宽为5齐拉，长为20齐拉，高为10齐拉，都已年久失修。根据哈桑的汇报，修复两座桥梁将需要耗费10万块泥砖以及大量石料。河道的疏淤和两座桥的修复将耗时30天，每天需要40名工人的劳动力。工人们将按照市场价格获得酬劳和食物补给。基于哈桑的调研结果，法庭批准了河道清淤和新增的桥梁修复这两项工程请求。

在这个故事中，哈桑的主导力和权威性确凿无疑地显示出来。法庭仅仅依据他的说辞就批准了委托他调研的河道工程，还同意
99 处理连图纳米尔村的包税人都没有提及的问题。更重要的是，这一例子说明了一点，那就是此类规模巨大的灌溉工程不断发生在奥斯曼埃及乡村的土地上。数据本身就极具说服力——11个村庄，10万块泥砖，以及支付给40名工人在30天的工资与食物。惊人的数字背后是强大的资金支持、资源调用和组织管理能力，这说明了这些项目对于环境控制和经济能力的高要求，以及赋予工程师个人的信任与权力。正如阿塔·阿拉几年前所做的那样，哈桑凭借自己的力量推动巴尔富达利运河项目落地见效。他测量了河道，向法庭汇报了桥梁问题，并估算了工程成本和所需人力。工程体量决定了此类项目只能由博识和可靠的专业人士掌舵，而这些人就是以哈桑为代表的工程师群体。

专业知识，1705年

发生大约25年后的另一个故事为我们了解奥斯曼政府如何

组织和利用工程师的专业知识提供了更多的细节。[8] 这个例子同样记录在曼苏拉法庭档案中，其内容涉及巴哈尔哈吉尔运河入口处的一项堤岸维修工程。巴哈尔哈吉尔运河向东流入代盖赫利耶副省的曼扎拉湖（the Lake of al-Manzala）。经过多年的废弃后，在 100
1705年时河道入口处的堤岸已然无法正常使用。部分墙体已经脱落掉入河中，而其他部位也被淤泥堵塞。因为修复堤岸的资金来源于国家财政（al-māl al-mīrī），所以驻扎在代盖赫利耶副省的七大军团头目、省内法官以及地方权贵都齐聚法庭，共同商讨修缮事宜。[9] 和以往一样，他们询问了曼苏拉御用工程师对修缮工程的看法，并最终听从了他的建议。

图10.　曼扎拉湖上的渔民

图片来源：Commission des sciences et arts d’Egypte，*état moderne*，vol. 1，pt. 2 of *Description de l’égypte*，Basse égypte，plate 76。

这位工程师名叫哈吉·沙兴（al-Ḥājj Shāhīn），他同时还担任着曼苏拉工程师协会主席（shaykh ṭā᾿ifat al-muhandisīn bil-Manṣūra）。[10] 这一头衔有力表明了在奥斯曼埃及乡村存在着一个由工程师组成的专业机构。和其他行会成员一样，工程师们清楚他们的知识、技能和行会能够施加的影响力，并将这种优势转化为自己的利益。[11] 这不失为知识经济在近代早期的雏形。

以行业组织的形式将工程学人才集中起来并进行商业化管理，这在我们目前谈论的这个案例中表现得尤为明显。沙兴和他的同僚们从达米埃塔省（Dami etta）出发——距离曼苏拉40多公里——前去勘察堤岸的损毁情况，并制定了相应的维修策略。有关文献确凿无误地指出，这些人因为具有专业性而备受重视（li-kaun anna lihum khibra wa ma῾rifa）。[12] 文献不断提及从达米埃塔"引进"专家的举措。另外，尽管文献并未明确说明，当局很可能支付了专家从达米埃塔来到这里的交通费用。也许他们所提供的服务是有偿的。因此，我们有理由将这些人看作奥斯曼政府雇佣的、穿梭于各地提供专业知识与技术服务的工程顾问。

从商品的角度去考察工程师们的知识服务同样有助于我们理解他们在达米埃塔省内的活动。奥斯曼人是懂得利用比较优势的大师。[13] 他们经常性地组织帝国内的不同区域进行资源交换，以达到最佳的资本产出比。就埃及而言，这意味着将省内多余的粮食运往帝国的其他地方，然后将安纳托利亚南部和其他地方的木材运往木材稀缺的尼罗河谷。[14] 和粮食与木材一样，沙兴和他的同行所拥有的工程知识同样是可供调配的资源，被统治者用于最需要它的地方，只不过这一过程的发生更多限于局部区域。

那么这些人勘测了巴哈尔哈吉尔运河之后，得出的结论是什么？他们首先对帝国政府建议移除河道内的大量淤泥，其总量已 101
经累积到906.5立方齐拉。清理每一立方齐拉淤泥的成本为80帕拉，所以清淤工作的成本为72 520帕拉。[15] 堤岸上有一处面积为700平方齐拉的区域需要重修。修复每一平方齐拉的费用为80帕拉，所以河堤维修工作的成本为56 000帕拉。另外还需要10 000帕拉用于购买泥土、石料及其他建材。因此，据沙兴及其同行的估算，工程总成本为138 520帕拉。档案文件中反复强调，所有的测量数据和维修金额无不基于工程师的权威调查（al-takhmīn bi-maʿrifat al-muhandisīn）。工程竣工后的历史肯定了工程师们数据与结论的准确性。[16]

乡村工程师的权威地位和专业价值因此很大程度上取决于其测算结果的准确度。很明显，过高的成本估算或者不准确的工期预测并不利于奥斯曼政府买他们的账。也许帝国政府之所以愿意大费周章，将远在达米埃塔的沙兴等人请来本地而非雇佣本土工程师，就是考虑到他们在行业内享有精准测算的名声，或是出于对其正直和诚实品格的欣赏。在彼时奥斯曼埃及的知识经济里，名声显然发挥着举足轻重的作用，包括沙兴在内的工程师们聪明地利用了这一点以巩固自己的地位。

不同于我们此前考察过的例子，1705年的巴哈尔哈吉尔运河堤岸修复工程中并未出现太多农民的身影。这种情况之所以发生首先是由于这条河道属于国家级灌溉设施。埃及乡村有着两种级别的运河：国家级别（sulṭānī）和地方级别（baladī）。[17] 如果一条河道的服务对象是广大的农民群体，提升了当地整体生活水平，或者让不同农民群体生活条件更为平等，它就会被定义为国家级运河，而维护责任就落到了奥斯曼埃及政府的肩上。与之相反，地方级运河通常只用于满足某一特定群体的灌溉需求，并由地方领导者负责管理。尽管归根结底，这两种运河都是帝国的资产，而负责维修保养的也经常是当地居民——工程师、农民、乡村精英——因为这些人最常使用河道也是最直接的受益者。鉴于巴哈尔哈吉尔运河的国家级运河地位，修复河道的职责自然就归属于
102 政府，工程资金也由国家财政（al-māl al-mīrī）承担。实际上一条河道被划分为国家级还是地方级并不那么重要。在埃及所有的河道维护和修缮工作中，工程师都承担着关键性角色。

可靠之人，1709年

和代盖赫利耶副省一样，在18世纪前半叶的法尤姆，政府财政也时常被用于维修国家级灌溉设施，在这些故事中工程师同样占据了显要的位置。在1709年，奥斯曼苏丹艾哈迈德三世主持的迪万会议向埃及瓦利颁布了一项敕令，内容涉及法尤姆的巴赫尔尤瑟夫运河目前遭到的持续破坏，导致人们无法调控其中的水资源。[18] 这条河是法尤姆的生命线。正如本书第三章所提到的，这个地方位于开罗西南部的低地区域，其独特之处在于它是埃及唯一既不处于尼罗河谷也不处于三角洲的大型农业生产区。在18世纪，巴赫尔尤瑟夫运河是法尤姆唯一的水源。因此，1709年河道的失效导致整片区域面临了巨大的环境压力。

根据敕令的描述，由于巴赫尔尤瑟夫运河的灌溉管理失效，法尤姆此时大部分土地都处于干涸状态（sharāqī）。考虑到下游居民面临的威胁，苏丹的大臣们强烈指出灌溉系统停摆的受害者不只是法尤姆。敕令重申了一个众所周知的观点：如果灌溉问题得不到及时处理，那么被破坏的农田将导致埃及粮食产量整体下滑，政府税收也将蒙受损失。为了避免这些糟糕的情况，帝国政府再一次寻求工程师的协助。苏丹命令埃及瓦利尽快派遣一支具备良好判断力的工程师队伍（mühendisin-i sahih ül-tahmin）前往法尤姆监督河道大坝和堤岸的重建工程。政府从1708—1709年的财政收入中拨发了11个埃及钱袋用作项目资金。

在工程师们的集体指导下，针对法尤姆运河的勘察和修复工作持续了数年之久。1711年，他们向帝国政府递交了一份调研报告，里面记录了河道上多处灌溉设施的受损情况。[19] 比如，盖赖格的大坝有一处27 234平方齐拉大小的损坏区域。拉洪堤坝的基座（paye）、墙体（divarlar）和支撑柱（kemer）部分的损毁区域面积总和为9 980平方齐拉。光是这两处设施（还有其他受损设施）需要维修 103
的面积总和就高达37 214平方齐拉。据估算（alavechittahmin），修复1平方齐拉的成本为15帕拉，因此这两处灌溉设施的总维修成本为22个埃及钱袋外加8 510帕拉。其中的大部分资金将用于购置建材——主要是石灰（kireç）、木材支撑物（şecār）和石料（taş）。伊斯坦布尔方面指示这笔资金将从埃及当年的财政收入中支出。

由此，法尤姆的工程师们和帝国行政官员相互配合，解决了巴赫尔尤瑟夫运河面临的难题。不难看出，工程师在此次法尤姆工程中作为一个被高度认可和尊重的群体，他们的可靠性和判断力被奥斯曼政府所看重，成为后者完成重大基建工程的重要支柱。

中间人，1713年

工程师所扮演的帝国与地方农民的中间人角色可以进一步从其他灌溉系统维修工程中得到印证（例如我们已经考察过的法尤姆地区），这些大型灌溉设施一旦损坏或崩溃便会危及埃及乃至整个帝国的统治和安定，所以涉及此类工程的消息往往能够沿着帝国行政阶梯，一直传到伊斯坦布尔的宫殿里，引起最高统治者的关注。在1713年，埃及南部的曼费卢特省向苏丹递交了一项请愿。[20] 曼费卢特附近的瓦希舍特村（Waḥīshāt）有一条运河，河道堰坝的支柱在河水的长期冲刷下已被严重侵蚀，整处设施结构岌岌可危。如果支柱部分完全塌毁，那么水流就会不受控制，溢出河道，很多村庄将失去赖以生存的水资源。农田将变得干涸，粮食产量和税收也会相应减少。

迫在眉睫的情形不免让奥斯曼苏丹和大臣们感到担忧。他们清楚像曼费卢特这样的农业大区如果出现农产品产量下滑和税收减少将会引发怎样的后果。实际上这一请愿并不是由曼费卢特法庭处理的，而是在事态不断升级后交由苏丹亲自裁决的，由此可见当局的重视程度。苏丹随即发布敕令，命令帝国瓦利雇佣一名工程师和几名地方专家（ehl-i hibre ve erbab-i vukuf）前往实地考察。[21] 工程师名叫哈克·穆罕默德（el-Hâc Mehmet），有趣的是，所有参与此次工程的技术性人才中，只有他的姓名在文献中被明确提及。因此，我们再次在埃及乡村看到一群具备专业知识和技能的人主持着灌溉系统的勘察和修复工作。

穆罕默德和同事们完成受损堰坝的测量工作之后，他们将调研结果交给瓦利，再由后者向宫廷汇报：需要修复的总面积为9 110平方齐拉，总成本为18 130帕拉。经过一番权衡，当局认为应该妥善加固堰坝以防患于未然，并同意下拨所需资金。批准资金的敕令中反复引用了工程师的观点作为权威依据，以证实工程的紧迫程度和费用的正当性。

和前述案例一致，工程师的专业性依然是此次工作得以顺利推进的关键所在。穆罕默德在政府的资金决策链上拥有绝对的话语权。实际上在这个案例中，信息传递的链条始于埃及地方社群的一项具体请愿，经由工程师的中介作用被传递到苏丹那里。工程师拥有的专业知识使他有资格成为帝国行政体系内的一员，是国家运行和埃及统治中不可缺少的一环。在堰坝维修等技术性事宜上，苏丹以很多种方式将权力下放给穆罕默德这样的地方专家，他们在乡村长年累月的实践经验证明了自己的敏锐与可靠。尽管穆罕默德无法在缺乏政府资金的情况下独立完成修复工作，但政府同样离不开专家们的协助。这就是为什么工程师和奥斯曼帝国二者相互依存，缺一不可。

薪尽火传，1816年

以阿塔·阿拉、哈桑、沙兴和穆罕默德为代表的地方专家凭借其专业性一直保持着重要的地位，这一情形一直持续到19世纪上半叶，也就是穆罕默德·阿里统治下的改革时期。穆罕默德·阿里在工程学领域推行的一大革新措施便是在1816年秋天成立工程学院。尽管学校里不乏从欧洲引进的教师、书籍和教学手段，穆罕默德·阿里仍然十分看重埃及本土工程师们的知识与技能。在埃及的基建设施需要维修时，本地工程师仍能对统治者的决策施加影响。甚至如果我们考察这所工程学院成立的初衷，我们就能发现其中不乏对本地技术专家价值的肯定。比如埃及史学家哲拜
105 尔提（al-Jabartī）讲述的一个故事：

> 一位名叫侯赛因·塞莱比·阿朱瓦（Ḥusayn Çelebi ʿAjūwa）的开罗人想出了一个利用轮子脱去稻谷谷壳的方法。他用马口铁做出一台两头牛就能轻松转动的脱谷设备模型，而传统脱谷设备需要在四头牛的拉动下才能使用。帕夏十分欣赏这项新技术，因此赏赐了侯赛因一笔钱，命令他利用他的工程学知识在达米埃塔建造一个磨轮。帕夏命人为他提供任何需要的木材、铁和资金，最终侯赛因不负众望造出设备，实现了他的诺言。之后他在罗塞塔又建造了相同的设施，由此在埃及声名大噪。
>
> 见证了侯赛因的技术革新，帕夏坚信埃及人对于科学有着天然的优势。这个想法促使他下令在宫殿庭院里建造一所学校，当地人和马穆鲁克贵族可以进入学校接受老师哈桑·埃芬迪（Ḥasan Efendi）的教导，他也被尊称为达尔维什·莫苏里（al-Darwīsh al-Mawṣilī）。一位名叫胡丁·埃芬迪（Rūḥ al-

> Dīn Efendi）的土耳其人和几位欧洲人负责教授会计和工程学的基本原理，以及算术、几何学、三角学与代数。[22] 学校还购置了多种英国制造的仪器与工具，用于让学生测量距离，高度和面积。学校为学生每月发放一次津贴并每年发放一次衣物，他们可以定期在学校会面，时间通常是从每天早上直到午后放学回家，这所学校被称为工程学院。有时学生们会进行实地考察，去乡村学习勘测技术。事实上，勘测知识的传授正是帕夏建学的主要目标。[23]

以学术机构的形式传播和教授工程学知识在当时的奥斯曼埃及是一件稀罕事。[24] 但也许更令人震惊的是在这一创新举动背后，近代早期的工程师以及地方知识依然活跃在19世纪的历史舞台上。地方工程师仍会就如何改进乡村技术的话题与奥斯曼官吏直接沟通，帝国政府也继续为他们提供资金和工作上的便利——这一点在侯赛因·塞莱比的故事中得到了清楚的体现。而且，行业口碑在19世纪早期的工程经济中依旧重要。侯赛因·塞莱比正是由于他的“名气”才有机会施展才华，实现自己的价值。因此，埃及本地工程师依然效力于奥斯曼埃及行政体系，为统治者出谋划策。 106

穆罕默德·阿里相信“埃及人对于科学有着天然的优势”，这一信念来源于工程师在埃及历史上持续发挥的重要功能。穆罕默德·阿里建学是对这一事实的官方认可，并且是将本地工程学知识进行体系化和机构化的创新尝试。这所学校的很多学生［他们被哲拜尔提称作“本地人”（natives）］就是像阿塔·阿拉、哈桑、沙兴和穆罕默德一样的工程师们，他们来自埃及乡村各个角落，当局将他们带至开罗就是为了把零散的地方知识集中化，从而形成统一的人才资源库，为穆罕默德·阿里的政府所用。即使在这一时期的埃及工程学的发展与实践过程中，不乏除了地方工程师之外的各方人员的深度参与——欧洲人、奥斯曼官员、穆罕默德·阿里的亲信和政府内部的技术人员，但埃及本地的工程师，植根乡村的地方专家（ehl-i hibre ve erbab-i vukuf），依然是获取专业知识与建议的最佳人选。

在穆罕默德·阿里的儿子易卜拉欣帕夏（Ibrahim Paşa）于1821年主持的一次地籍调查中，本地工程师的专业性与丰富经验获得了充分的体现。他召集了好几队调查员和工程师，其中包括工程学院的官方人士、来自上埃及不同城镇的60名工程师、一队欧洲工程师，以及由科普特（Coptic）贵族穆阿利姆·加利（al-Muʿallim Ghālī）带领的一群科普特工程师。每支队伍都代表了不同的学术传统和知识形态，而且每一队都声称他们才是有资格主持这次地籍调查的不二人选。为了选出最有能力执行本次调查的队伍，易卜拉欣帕夏安排了一场工程知识比拼。“他宣布效率与精度兼备的队伍才有资格胜出，并针对这些品质组织了一场测试。”[25] 这次比赛最终由科普特工程师取胜。如果真如哲拜尔提所言，埃及工程学院建立之宗旨是为了培养工程勘察人才，那么至少在这个故事中，这所学校似乎未能达到预期目标。本校的毕业生在勘测比试中被一群埃及本土工程师打败，而后者完全没有接受过学院的系统教育。因此，即便有来自欧洲专家以及各种新型科学技术与工具的冲击，埃及本地的工程学知识传统仍然不容小觑，在风起云涌的时代浪潮中恒久弥新。[26]

结论

我们习惯性地将1800年前后的几十年看作是近代历史的十字路口——埃及如此，奥斯曼帝国如此，整个世界都是如此。常识
告诉我们，人类从近代早期跨入19世纪时经历了天翻地覆的变 107
化，在很多方面看来此言不虚，本书上一章也对此作了考察。但即使在历史的巨大裂隙中，奥斯曼埃及的工程学知识传统仍持续发挥着作用，这提示我们：在这两个看似各不相容的时代之间，依然留存着种种传承和延续。人们把成立埃及工程学院视为一次革命性的创新举动、文明史上的一次重大突破，但其实这并未根本性地改变地方工程学传统在埃及的地位。来自不同的埃及地方社群的工程师依旧为政府出谋划策，协助他们管理与统治乡村世界。

这种以1800年为界，将奥斯曼帝国历史一分为二的史学编纂思路在环境史领域会引出一个重要推论。环境史学家通常将“原初自然”（pristine nature）的概念视为一种具有欺骗性的建构。[27]原初自然指的是在人类涉足并破坏自然之前，自然本处于一种和谐、平衡与可持续发展的状态中。这个想法背后是一种生态“退化”（deline）论的悲观论调——另一个奥斯曼史学家们耳熟能详的人为建构概念。环境史的衰退主义观点认为人类活动给自然界

带来了难以承受的压力和破坏性后果。[28] 人类以各种不可逆的方式耗尽、损害与摧毁自然环境，永远地葬送了那个原初的，如今已然失落了的自然。在对这些观点持批评态度的人士看来，自然在人类干预下盛极而衰的简单叙事无法囊括人与自然的复杂关系。环境塑造着人类，人类同样影响着环境，而新的自然环境又会产生一系列新的制约条件作用于人类社会，如此循环，周而复始。[29] 想要充分理解环境史，我们就需要以辩证的方式看待人与自然的关系。因此，原初自然观其实是将生态环境从历史中抽离出来。反之，环境史则把生态环境重新放置在具体的历史语境中，或者说是将历史的流动重新注入生态环境的肌体之中。

这些观点和它们的反对声音对于研究奥斯曼帝国历史的史学家们具有指导性意义。近代早期的奥斯曼帝国并非一片统一纯粹的净土，好似原初自然一般游离于历史的变迁之外，被动等待着19世纪的观念、人物与战争的暴力入侵。正如我在本章以及整本书里强调的那样，近代早期是一个充满动荡与冲突的时期，它有着自身独特的历史地位，而不仅仅是19世纪登场前的序曲。现代早期的原初历史观人为地把1800年视为历史的分水岭，建构起一种
108 虚假的二元对立。这种历史分期的合理性值得商榷。

在这个有关传承与延续的故事里，埃及乡村工程师是重要的历史承载者。他们的经历显示出在这个所谓的历史断裂时期内，依然有着众多行动者努力让传统的知识与经验保持鲜活。实际上，地方工程学知识对19世纪埃及乡村的塑造力在很早之前就显现出来了。我们在阿塔·阿拉、哈桑、沙兴和穆罕默德的故事中看到，工程师是驱动奥斯曼行政体系正常运行的专业型力量，他们妥善

处理灌溉管理中出现的冲突与困境，并且有能力建造和修复埃及乡村的各类水利工程。他们的权威来自专业知识、多年的乡村实践经验、行业口碑，以及准确测算工程规模与成本的能力。他们是平衡帝国宏图与地方生态实际情况以及经济利益的关键纽带。工程师们缔造了乡村世界。

第三部分

动　　物

第六章 111

动物资产

1792年的5月16日，来自埃及西北部拜哈亚副省达曼胡尔（Damanhūr）城的哈吉·穆斯塔法·伊本·马胡姆·哈吉·达尔维什·伊扎特·伊本·欧贝德（al-Ḥājj Muṣṭafā ibn al-Marḥūm al-Ḥājj Darwīsh ʿIzzat ibn ʿUbayd）来到城内的伊斯兰法庭，控诉隔壁苏鲁恩贝村（Surunbāy）的舍卜·阿里·伊本·西迪·阿赫默德·穆泰因（al-Shābb ʿAlī ibn Sīdī Aḥmad al-Muzayyin）的盗窃行为。[1] 5天前，哈吉·穆斯塔法花费35里亚尔（riyāl）从舍卜·阿里手中购买了一头耕牛（thaur）。当日晚些时候，哈吉·穆斯塔法把耕牛带回家，将这头力大无比的动物拴在水车上，便驱使它开始干活儿了。他将水车上的鞍套到牛背上，看着它将沉重的水轮转动了好几圈。若没有这类大型牲畜的卖力工作，想要将井底或者低地水体中的水抽取出来并引入灌溉水渠几乎是不可能的任务。观察一阵后，哈吉·穆斯塔法认为耕牛已经适应了新的劳动环境，于是便安心回屋休息，期待着第二天醒来时就能看见被充分灌溉的农田。

然而事情的发展完全出乎他的预料。当哈吉·穆斯塔法第二
天从睡梦中醒来后，他却发现自己新买的牛已经死了。根据法庭
档案里原告哈吉·穆斯塔法的证词，那日晚上这头耕牛不幸掉进
了水车旁的一个小池塘里，而他原本打算利用牛拉动水车将水引
至稻田（hawr min sawāqī al-aruzz）。所以要么是由于跌落时的撞
112 击，要么是由于溺水，或是二者兼有，这头耕牛在跌落后失去了
性命。为了寻求公正，哈吉·穆斯塔法希望得到当地伊斯兰法庭
的帮助，要求获得35里亚尔的赔偿（对于当时的农民来说算得
上一笔不菲的金额），这也是他最开始从舍卜·阿里那里购买牲

图11. 拉动水车的公牛

图片来源：Commission des sciences et arts d’Egypte，*état moderne*，vol. 2，pt. 2 of *Description de l’égypte*，Arts et métiers，plate 5。

畜付出的费用。法庭档案中并未明确提及哈吉·穆斯塔法向法院提出上诉的动机，因为他索赔成功的胜算似乎不大。可能是怀疑这头牛早在购买之前就存在某种致命的生理缺陷，对方却隐瞒不报。又或许是认为耕牛死亡的时间点离购买日期相差无几，所以理论上这起事故的责任可以归咎为卖家。[2] 不管事情的真实情形如何，毫不意外的是，被告舍卜·阿里拒绝为这头可怜动物的不幸遭遇承担任何责任，并要求原告提供明确的证据（thubūt）来证明他——舍卜·阿里——的确与耕牛死亡有所牵连。由于哈吉·穆斯塔法无法在卖家和这起事故之间找到任何逻辑上的因果关系，法官裁定原告哈吉·穆斯塔法无权索赔他购买耕牛时花费的35里亚尔，并且他不能再向舍卜·阿里提出任何其他要求。

尽管这桩案例的法律流程十分清楚直接——原告提出上诉，被告拒绝该诉求并要求原告提供证据，原告无法做到这一点，最后法官选择站在被告一边——里面却涵盖了早期近代穆斯林世界动物历史的许多关键要素。在化石燃料社会出现之前，人类在没有 113
蒸汽机、卡车以及其他机械工具的情况下，牲畜是用来搬运重物、提供能量和实现长距离运输的重要工具，因此它们为奥斯曼帝国和其他现代早期政体提供了经济动能。牲畜作为农业生产活动的承担者之一，帮助埃及乡村解决了当地的民生根本问题：如何将运河与河流中的水引至农田；如何耕地；如何运输农产品、食物、信息与人口，保证它们能够在农地、城镇与市场之间自由流通。这也是城镇和乡村里的道路、房门、城门口以及其他建筑物，为何按照易于动物通行的方式修建的原因。水车的设计与建造模式同样取决于这些大型哺乳动物的身体结构，牲畜的最大驮货量决定了每次运输食物时的重量上限。

17与18世纪的奥斯曼埃及乡村法庭留存下来了数千份档案文献，为我们了解那段时期的畜力使用历史提供了海量信息。通过对这些档案史料的考察，本章与下一章试图证明动物是奥斯曼帝国和现代早期穆斯林世界的财富根基之一，拥有着经济中心地位，而历史学界对这一事实的关注尚显不足。尽管奥斯曼帝国的社会史和经济史学家们已经花费了很多精力，试图阐明奥斯曼臣民和商人如何通过商品贸易累积起巨额财富，我们仍需进一步探讨牲畜对于奥斯曼埃及以及帝国其他区域经济发展的推动作用。历史学界对纸张、丝绸、咖啡和其他数不胜数的商品种类已经作了十分翔实的研究，并从中收获了有关奥斯曼帝国经济变迁的重要启示。[3]动物也理应获得同等程度的研究关注。因此，本章希望通过描述与分析动物在奥斯曼埃及发挥的广泛而深远的经济意义，进而填补商品史和财产史研究领域的空白。尽管牲畜（英文中的livestock一词本身就体现了动物的经济重要性）和在许多层面上其他商品类似，从根本而言它们仍有着质的区别。我们将在下文中看到，动物资产具有有生命、有感知、能够行动和进行生育的特殊属性，从而在法律层面上对奥斯曼埃及有关财产和财产所属权的一些惯常观念构成了挑战。

对粮食生产活动的考察有助于我们理解牲畜对于奥斯曼埃及，以及埃及（整个帝国最富庶的省份）对于整个帝国运行的不可或缺的作用。埃及乡村对非人力劳动力的使用事关整个国家人口的身体健康，因为无论是农作物的耕种还是运输都离不开人类与牲畜共同贡献的体力与能量。[4]满足奥斯曼帝国全境子民的食物需求是帝国对埃及实施统治的根本所在，同时也构成了帝国大力发展畜力和科技（此处的科技指的是耕具、水车、鞍以及其他类型的农业工具）的背后逻辑，其目的是持续提升农业生产的整体水平。

与此同时，动物在奥斯曼埃及乡村也是社会地位的象征，代表着主人拥有的资产多寡。奥斯曼帝国的农民并不享有对土地的所有权；帝国内所有的农耕土地都是政府资产，而农民们拥有的只是部分土地的耕作和使用权。由于农民无法购买土地，而只有少数特权阶级才有资格拥有奴隶或者其他类型的大型财产，因此牲畜对于奥斯曼帝国的农民来说常常是最具价值和最具生产力的农业资产，这也构成了埃及乡村社会的财富基础。近代早期的奥斯曼帝国乡村社会依靠牲畜完成了人力无法独立执行的任务，因此它们成为地位与财富的标志。

想要在有限的篇幅内涵盖近代早期奥斯曼帝国的畜力使用史的全部方面近乎不可能，因此本章将把重点放在作为农业社会私有财产的家养牲畜上。[5] 我对这一话题的兴趣源自近代早期埃及的伊斯兰法庭档案中，随处可见的有关牲畜的文字记载。我将考察奥斯曼埃及内两个农业大区的畜力使用情况——尼罗河三角洲与上埃及（Upper Egypt，al-Ṣaʿīd）。本章所援引的例子大多取自三角洲区域的法庭档案记录（达曼胡尔、曼苏拉和罗塞塔），而只有少数例子来自后者［我考察了来自伊斯纳（Isnā）和曼费卢特的史料文献］，这是因为三角洲在奥斯曼帝国统治时期享有更高的农业生产与出口水平。三角洲在农民数量、农田面积和河道规模上都超过上埃及，因此该地区拥有的牲畜数目也更为庞大。我将在下文中介绍，由经济交易（比如本章开头提到的案例）、遗产清册、盗窃、婚姻与公共工程引发的法律争端中，动物常常是争论的焦点。但如果只是对近代早期埃及农业经济体系中动物无处不在的地位进行描述并不足以说明问题。因此，在本章的后半部分，我将阐释对畜力使用历史的研究如何让我们更深刻地理解埃及乡村的劳动力体制演变，以及奥斯曼政府对畜力的认知和构想。随后我将展示动物资产观念的形成与其发挥的作用。因为动物相比于其他财产类型，具有行动、死亡、哺乳和繁殖的特性，由家养有蹄动物引发的法律争端——这类动物在奥斯曼埃及乡村占多数地位——
115 代表了法庭档案中最具挑战性与特异性的财产权案例。因此，对奥斯曼埃及的动物资产进行考察也是为了让我们能够在更广的维度上了解近代早期穆斯林世界对待财产的态度与自然观念。

奥斯曼埃及的动物经济阶序

18世纪奥斯曼埃及乡村所留存的海量文献证实了一个观点：家养有蹄动物在埃及乡村是极其宝贵的经济与社会商品，并且常常是农民所能拥有的最昂贵的物品。[6] 我们已经看到，这些动物的宝贵价值首先源自其社会服务功能——犁地、产奶、驱动水轮、拖拉货物以及交通运输。不同品种的牲畜在当地经济秩序中占据着或高或低的位置，而其中最具价值的四蹄动物莫过于体型庞大的埃及水牛（jāmūsa）。[7] 水牛是埃及乡村中经常被使用的最昂贵和价值最高的动物。[8] 比如在一份遗产清册中，我们看到一头水牛的价格是一头驴价格的3倍还多。[9] 一位名叫穆斯塔法·阿卜杜·拉布（Muṣṭafā

ʿAbd Rabbu）的人去世时，其遗产清单中一头水牛的价格同样高达一头驴价格的3倍半之多——前者的价值为65帕拉，而后者只值18帕拉。[10] 在拜哈亚法庭1795年登记的一份遗产清册中，我们发现一头骆驼和一头水牛的价值相当，二者均比一头耕牛的价格高出6倍不止。[11] 事实上，在已故的谢赫·易卜拉欣·伊本·谢赫·拉马丹·沙尤尼·海德拉伊（al-Shaykh Ibrāhīm ibn al-Shaykh Ramaḍān al-Shayūnī al-Khaḍrāwī）遗留下来的所有财产中，骆驼和水牛算得上其中最为昂贵的物品。在另一个例子里，一头水牛的价格相当于一头奶牛价格的2倍半，同时比一头耕牛价格的3倍还高。[12]

当生活在拜哈亚省的比维特村（Bīwīṭ）的哈吉·哈桑·伊本·阿迈尔胡姆·赛义德·阿里·沙里夫（al-Ḥājj Ḥasan ibn al-Marḥūm al-Sayyid ʿAlī al-Sharīf）于1794年去世时，留下的可继承资产几乎全部由牲畜构成。[13] 这份遗产总价值高达298帕拉，其中牲畜贡献了294帕拉；余下的4帕拉来自为数不多的大米。[14] 如表1所示，耕牛和水牛是这份遗产中价值最高的动物。[15] 其余动物的价格相比起来明显要低得多。

表1. 哈吉·哈桑·伊本·阿迈尔胡姆·赛义德·阿里·沙里夫遗产清册中的牲畜部分

动物种类	数量	总价格（帕拉）	每头价格（帕拉）
耕牛	2	131	65.5
水牛	2	100	50
奶牛	1	16	16
骆驼	1	15	15
母羊	8	32	4

在极少数的情况下，生活在这些副省城市中的农民或居民的遗产清单中会出现马匹，这种动物有时比水牛更加昂贵。[16] 然
116 而在更多时候，水牛的价格还是比马匹的价格更高。[17] 不管怎样，埃及乡村很少出现马匹的身影，人们只能在当地富豪的庄园里偶尔看到这种动物。[18] 同时马匹也被视为十分奢华的礼物。[19] 例如，按照传统，埃及总督在新上任时通常会收到马匹作为恭迎贺礼之一。[20] 由于这些行省官员到任时并不能随船携带牲畜资产，将动物作为赠礼便起到了某种补偿的作用。被当作礼物相赠的除了马匹还有其他动物。[21] 比如，居住在上埃及的艾赫里姆村（Akhmīm）的富豪贝都因·谢赫·胡马姆（Bedouin Shaykh al-Humām）每年都会赠与朝觐队伍300匹骆驼。[22] 此外，对于需要经常穿行于埃及乡村各地的人们来说，马匹也是备受青睐的交通工具。

在已故的穆罕默德·伊本·阿卜杜·拉赫曼·伊本·穆罕默德·苏里卡（Muḥammad ibn ʻAbd al-Raḥman ibn Muḥammad Sulīkar）的遗产清册中，一头水牛及其产下的牛犊加起来的价值超过了除了大米、木材和盐之外其余物品的价值总和。[23] 只有那些数量庞大的物料的价值才有可能比单头水牛及其牛犊的价值更高。水牛价格如此高昂，以至于农民倾其毕生所有也只有能力购买一头。在这些情况下，农民们会以集资的形式共同购买和拥有一头水牛，这样每个人都能部分享用这头动物提供的劳动力、牛奶以及其他生产功能。比如在一次遗产分配中，一位富豪遗赠给三位继承者每人三分之一头水牛，以及留给另外两位继承者每人二分之一头水牛。极具说服力的是，每个人得到的

水牛份额尽管都不完整，却都比逝者名下的一头红奶牛（baqara ḥamrāʾ）及其牛犊的价格更加昂贵。[24] 在另一个案例中，两个人来到法庭，希望从第三个人手中每人购买半头水牛。[25] 被视为共有财产的动物并不仅限于水牛，很多情况下对其他动物也适用。[26]

埃及乡村动物所构成的经济阶序上，驴、奶牛和公骆驼的价格位于母骆驼（其阿拉伯语复数形式为nāqa）与水牛之下。[27] 后 117
两者都具备产奶的能力，而前三者中只有奶牛能够产奶。但相比于母骆驼和水牛，奶牛的不足之处在于它们并非十分实用的役畜。奶牛体型庞大，行动迟缓，不适合骑坐，而且需要大量的食物和活动空间。[28] 主要是考虑到其产奶的优势，埃及农民才对奶牛珍爱有加，其价格通常也在公骆驼和驴之上，后两种动物在埃及随处可见，因此也十分容易获取。[29] 总而言之，根据奥斯曼埃及当地人的遗产清册所列出的牲畜价目表，按照价值高低将这些动物进行排序的话，由高到低分别是水牛、耕牛和母骆驼（有时可能是马匹），然后是奶牛、驴、公骆驼和牛犊。比如，在某位逝者的遗嘱中我们发现奶牛的价格高达驴的八倍、牛犊的两倍、绵羊的十六倍。[30]

下列四个表格概括了伊斯纳的阿里·穆斯塔法·伊萨维（ʿAlī Muṣṭafā ʿĪsāwī）颇为丰厚的遗产内容，其中牲畜占据了很大比例。[31] 这份遗产清册包含的大量牲畜信息能够帮助我们了解18世纪中叶的人们倾向于养殖哪些经济型动物以及它们的相对价值。如表格所示，在阿里·穆斯塔法·伊萨维留下的遗产中，奶牛数量最多也最为昂贵，并且和其他牲畜一样都以共同财产的形式为遗嘱人所有。[32]

118 表2. 阿里·穆斯塔法·伊萨维名下奶牛的数量与价格

奶牛数量	价格（帕拉）
一半	175
一半（包括这头奶牛产下的牛犊）	310
四分之一	82
一半	225
一半	300
三分之一	150
四分之一	82
一半	310
四分之一	125
四分之一	50
一半	320
一半	230
一半	200
三分之一	150
五又四分之三头奶牛	2 709

表3. 阿里·穆斯塔法·伊萨维名下驴的数量与价格

拥有的驴数量	价格（帕拉）
一整头	60
三分之一	60
一半	75
一又六分之五头驴	195

表4.　阿里·穆斯塔法·伊萨维名下牛犊的数量与价格

拥有的牛犊数量	价格（帕拉）
四分之一	50
一半	30
四分之一	50
一头牛犊	130

表5.　每类牲畜的平均价格

牲畜类别	平均价格（帕拉）
奶牛	478
驴	106
牛犊	130

牲畜的相对价值

我们还能借助遗产清册将牲畜价格与其他无生命物品甚至人类的价格进行对比，从而更全面地了解牲畜在奥斯曼埃及具有的经济价值。以奶牛为例，我们发现这种动物和水牛类似，其价格比大多数家用物品都要昂贵。比如在1813年的一个例子中，一位名叫穆斯塔法·法基尔·伊本·穆罕默德·阿加斯（Muṣṭafā al-Faqīr ibn Muḥammad ʿAqaṣ）的人拥有的一头奶牛及其牛犊价值总和为4 430帕拉。[33] 和遗产中的其他物品相比，这一价格高昂得让人震惊。比如，一个铜壶（dist nuḥās）的价格仅为90帕拉，一顶

塔布什帽（ṭarbūsh）为120帕拉，一条红色披巾（shāl aḥmar）20
119 帕拉，以及一件羊毛衫（zaʿabūṭ，一种农民常穿的羊毛服饰）价值60帕拉。此人还拥有五分之一头驴、大量鸡蛋，以及一套木质勺子。[34] 所有这些物品当中，五分之一头驴的价格最高，远远超过勺子或者鸡蛋。

在极少数的情况下，埃及乡村法庭在处理遗产继承事务时会涉及作为资产的人口，从中我们可以窥见在近代早期埃及的社会经济价值阶序上，牲畜、人类和非生命物品彼此之间的相对价值。其中一个案例来自1741年地中海沿海城市罗塞塔的法庭档案。当地有一位富豪名叫艾哈迈德·伊本·艾哈迈德（Aḥmad ibn Aḥmad），也被人们称作赛义德·尤尼（al-Sayyid Yūnī），他在去世时留下了大量稻米，两头奶牛，一位肤色黝黑的妾室，一些枣子和无花果、砖块和石灰。[35] 遗产中价格最高的物品是数量庞大的稻米，其次便是这名妾室，价值2 000帕拉。然而，尽管身为遗产中第二昂贵的“物件”，她的价格与遗产中的另一项费用相较时却显得逊色不少，那就是死者遗体的准备工作和葬礼产生的费用（tajhīz wa takfīn）。这一项遗嘱人死后才发生的费用，有时作为遗嘱内容的一部分出现（如果死者生前特地预留了这笔费用），在这个例子中数额高达5 000帕拉。他的两头牛价格总计1 000帕拉，无花果和枣子加起来总计500帕拉。砖块与石灰的价格总和同样是500帕拉。

在这份遗产清册中，侍妾和其他类型的物品被并列列出，其所在的条目和非生命物品的条目之间并没有明显区隔。[36] 就法律地位而言，这名侍妾与其他物品别无二致，都被视为财产的一部分，尽管她的价格是一头奶牛的四倍之多。[37] 就像一条披巾或者一头驴，这名妾室的肤色甚至像商品属性一样被标识出来。因此，眼前的例子清晰地表明了在一种人与物品都能作为财产被拥有和处置的经济秩序中，不管人类和非人物品之间看似存在怎样的不同，在法律的实际操作层面上，奴隶遭受的待遇并没有什么区别。侍妾、奴隶和牲畜以相同的方式被商品化、估值、定价、购买和贩卖。换言之，奴隶和妾侍不仅不自由，更是被视为和牲畜以及非生命物品同等层面的存在。 120

动物性食物

正如上文所示，能够产奶和在农业耕作中提供有效劳动力的动物——比如水牛和母骆驼——是乡村世界里最具价值的役畜。[38] 因此，像奶牛这样能够产奶但无法下田进行劳动的动物，在埃及乡村的经济价值不及母骆驼和水牛。[39] 牲畜和农民的相同之处在于，二者的价值都来自他们对粮食生产活动的贡献。然而不同于埃及农民，牲畜还拥有产奶这一附加经济价值，而且奶还是众多商品的原材料。事实上，母骆驼在奥斯曼埃及是最为昂贵的动物之一，也是因为它们可以为农民提供奶源。[40] 比如，在已故阿里·阿卜杜·卡迪尔·哈姆达尼（ʿAlī ʿAbd al-Qādir al-Ḥamdanī）的遗产清册中，最昂贵的物品便是一头价值1 133帕拉的母骆驼。[41] 驼奶富含大量的钾元素、铁元素和各类维生素，是比牛奶更营养的食物选择，因此驼奶是埃及农民食谱中的重要组成部分。[42] 而且，骆驼作为一种有生命的财产形式在整个埃及的历史上一直备受珍视，这对于贝都因人（Bedouin）尤为如此。[43]

牲畜当然也会成为人们餐桌上的肉食，尽管这在埃及乡村并不常见，农民几乎不会为了吃肉就杀掉自家的牲畜。[44] 肉食是仅有少数富人才能负担得起的奢侈品，因此吃肉常常代表着财富。[45] 比如，当一名新上任的奥斯曼瓦利抵达开罗时，人们会宰杀一些动物以示庆祝。[46] 开罗的屠宰场每天会向瓦利进贡180奥克（okke，此处相当于509.1磅，约230.9千克）小牛肉。[47]

其他文献里还记载了一位住在伊斯纳的富人在临死前将其位于艾斯丰岛（Aṣfūn）上的财产捐给瓦克夫。[48] 他留下指示，这笔宗教资产中的马匹、骆驼、奶牛、水牛和绵羊将被妥善饲养，在特殊场合宰杀用作食物，供信徒享用。[49] 如此慷慨的捐赠行为，并为来宾提供的如此丰厚的食物，无疑能够让他的良好名声传于后世。[50]

被人们当作食物搬上餐桌的不仅限于陆生动物。在埃及乡村，
121 鱼类和鸟类同样是常见的食材。例如罗塞塔[51]和开罗老城[52]就各自开设有十分热闹的贩鱼市场。靠近达米埃塔有一片名为拜哈伊拉萨马克（Baḥayrat al-Samak）的特殊区划（muqāṭaʿa），当地富裕的经济便得益于此地掌管着一处可供人们钓鱼和狩猎的大型湖泊。[53] 哈桑帕夏（Ḥasan Paşa）在1786—1787年也设立了一处有着类似用途的行政区划，用来管控开罗旁的迈泰里耶湖（the Lake of Maṭariyya）。[54] 作为政府设立这片包税地的回报，包税人每年需向帝国缴纳20万帕拉的费用。[55] 绕湖一周需要花费好几天的时间，湖区居民的生计来源便是湖里品种繁多的鱼类，以及经常光顾此地的海鸟。[56] 除了这些地方，在布拉克（Bulaq）和旧开罗的海岸、开

罗的各处运河、罗塞塔与达米埃塔（Damietta）的尼罗河支流入口处、尼罗河泛洪时在开罗形成的湖泊，以及亚历山大的迈迪亚湖（Lake Maʿdiyya），政府同样会对钓鱼行为进行管控。[57] 这些区域的包税人通常会向渔民收取两条鱼作为报酬，同时还会从卖鱼所得收入中抽取15% ~ 20%的佣金。在开罗的市场中还有一个由鱼贩组成的行业组织。[58] 但尽管存在诸如此类的证据，同时我们也清楚尼罗河对农民的重要性，以及鱼类富含高蛋白和其他营养素的事实，我们仍无法完美解答为何鱼类没有作为一种重要的食物来源更频繁地出现在近代早期的史料记载中。也有农民饲养鸽子当作食物或者拿到市场上贩卖。[59] 然而，在一个主要依靠农业耕作而赖以生存的社会，肉食，不管是何种类别的肉，都是富人的特权或者特殊场合（筵席或婚礼等）才能享受到的奢侈品。

动物劳力

除了作为食物来源，动物作为农耕社会重要的劳动力来源也是其备受农民和奥斯曼埃及政府青睐的原因。例如，居住在上埃及的胡马姆·伊本·尤瑟夫·伊本·艾哈迈德·伊本·穆罕默德·伊本·胡马姆·苏拜·伊本·锡比·哈瓦里（Humām ibn Yūsuf ibn Aḥmad ibn Muḥammad ibn Humām ibn Ṣubayḥ ibn Sībīh al-Hawwārī）是当地一名家财万贯的贝都因谢赫①和埃米尔（amir，

① 译者注：Shaykh，伊斯兰教称谓，意为“领袖”“导师”“长老”。

地方贵族），他在庄园中使用了超过1.2万头牛用于发展甘蔗种植业。[60] 除了这一让人瞠目结舌的数字，他还利用其他牛来脱谷、拉动磨坊和水车，除此之外他的庄园里还饲养了大量的水牛和奶牛。正如本章开篇的例子，我们再次看到牲畜在埃及灌溉设施维护和运转中发挥的关键作用。

此外，动物也时常被用于挖掘和疏浚河道以及加固堤岸。比
122 如，在1774年8月，代盖赫利耶副省在重新挖掘和清理运河的过程中就使用到了骆驼、驴和马匹，这几条运河发源自巴哈尔哈吉尔运河，流经明亚泰勒哈村（Minyyat Ṭalkhā）和明亚哈德尔村（Minyyat Ḥaḍr）。[61] 当乡村各地的水井因垃圾和淤泥堵塞而无法正常使用时，骆驼常常被用来清除淤积物。[62] 另外，代盖赫利耶的桑杜布村（Sandūb）在河堤修缮过程中也出现了骆驼的身影。[63] 此次维修费用将先由村民们承担，最终由帝国政府报销，村民还需负责监督工程实施过程。在村民上报的工程款项中，最昂贵的一笔费用便是租借水牛的费用，用于完成工程必需的重体力工作。

另一个案例涉及拜哈亚副省的达曼胡尔地区实施的水车修缮工程，从中我们将看到奥斯曼埃及的统治者如何使用同一种成本计算单位——劳动者——对畜力和人力共同进行归类和管理。[64] 工程档案记录了从1790年9月到1794年夏季，四年工期内修复两座水车所产生的各项费用。这次工程总共花费了超过37万帕拉，其中大部分资金用于购置维修所需的砖块、木材和石灰。在这张费用清单上，人类和动物劳动者也各自占据着相应的条目：负责搬运和整理各类建材的建筑工人、将泥土运至或搬离工地的毛驴。和上文所谈论的遗产清册中将妾侍和牲畜等同起来的做法一致，这里

的工人和动物也**几乎**被无差别放置于劳动者这一分析类别之下。

类似的统治逻辑也体现在哈里比亚副省的舒巴村（Shūbar）实施的大坝维修工程中。[65] 舒巴村内的全部水源都来自每年泛洪时节大坝所能截取并蓄存的洪水量。此次修复工程需要同时借助人力与畜力：100名工人（rajul）和62头公牛（thaur）。劳动者们需要费力劳心将稻草和泥土拖运至工地，并利用这些材料加固大坝。工程中还使用到了装运稻草和泥土的袋子（其阿拉伯语复数形式为kīs），以及清除和收集泥土的耙子（jarārīf）。豆子（fūl）被当作补给品分发给人类和牲畜，以及时补充体力。将人类与动物劳动者无差别地记录在案，把相同的食物提供给农民和公牛，并将二者定义为同一种劳动力单元，这些事实再一次说明在埃及乡村 123
灌溉管理体系中，奥斯曼官僚并不会对人类和动物劳动者加以区分。人类与非人类劳动者成了奥斯曼埃及行政体制中的一个抽象概念，被当作政府的财产列举在表格上，任由其调用与分配，以满足埃及灌溉事业的劳动力需求。从帝国的角度而言，人力也好，畜力也罢，都不过是能够为灌溉工程添砖加瓦的劳力来源。事实上，不管用的是手还是蹄子，“劳动者”都只是“劳动者”而已。

牲畜不仅能够完成搬运建材和清除建筑废土等重体力活，还在许多灌溉设施的实际运转和使用过程中扮演着核心角色，尤其是水车。正如我们所见，拥有发达肌肉的大型家畜可以转动水车，从而将水引至灌溉水渠或者埃及乡村的田地里。要是没有这些动物提供的能量，埃及的大多数水车根本无法运作。因此，如同埃及乡村法庭档案中的众多案例证明的那样，公牛和水牛等动物价格高昂和备受珍视的原因部分来自它们驱动水车的能力。[66] 人们几乎不会使用骆驼来完成这项任务，它们多被用于拖拉和搬运货物。比如，红海的港口城市为了建造船舶，需要横穿开罗和苏伊士运河之间的沙漠将木材搬运到本地，骆驼便是最常被使用的动物。[67] 这些动物也经常出现在灌溉工程施工现场和其他的建造工程中，用以移除和清理多余的泥土与建材。[68]

对动物的渴求：欺诈与盗窃

本章至此已经阐释了家养牲畜在近代早期奥斯曼埃及乡村社会的各种领域中发挥的众多作用。动物不仅为农业经济生产活动贡献了食物和劳动力，同时也代表了埃及农民所拥有的最具价值的资产。人人都渴求拥有牲畜以提高自己的经济财富和社会地位，因此围绕着牲畜也不断发生着各类财产纠纷、欺诈、偷盗和不择手段企图获取动物的尝试。在下文中我将聚焦于这些因觊觎和渴望而发生的越轨行为，去探究奥斯曼埃及关于牲畜的财产、法律与所有权观念。

围绕动物和其他资产发生的财产纠纷有时会在遗嘱执行过程
124 中出现。[69] 比如在曼费卢特南部的一次遗产争端中，两兄弟为了父亲离世时留下的一头奶牛、一头驴和两只羊吵得不可开交。[70] 继承者们也经常选择将死者遗产里的动物卖掉。例如在1797年的夏天，一位名叫苏莱曼·尤尔巴吉·穆拉德（Sulaymān Jurbajī Murād）的埃米尔在妻子去世后变卖了妻子遗留下来的四分之一头牛犊和半头水牛。[71] 结婚和离婚等法律行为通常也会涉及动物资产的转移。[72]

除了这些寻常可见的财产争端，奥斯曼埃及法庭档案中还记载了一些情节复杂、不太常见的动物案件，让我们可以更为细致地看待这一时期人们的财产观念。其中一个案例发生在1752年，一位姓名不详的农民（rajul fallāḥ）从一位同样姓名不详的拜哈亚商人（bāʾiʿ）手中购买了一头骆驼，最终发现自己受骗。[73] 此次交易欺诈行为经由第三个人的证词被公之于世，此人声称他将自己的马匹和骆驼交付给拜哈亚商人让后者代为保管，好让原主人能够去处理其他事宜。因此，这名男子在法庭上宣称商人对于这匹骆驼——**他的**骆驼——的贩卖行为不合法，因为这些牲畜的合法所有权并不属于那名商人。然而在法庭宣布裁决时，法官认为农民有权保留他从商人那里购买的骆驼，因为他手上有着明确无误的合法证明（bayyina sharʿiyya）——这通常指的是有两名成年男性公民提供的见证，或者某种法律文书——上面表明农民确实已经从商人手中购得这匹骆驼，并转为自己的财产。因此在此次案件中，只有售卖而非购买行为被认定为不合法。

其他的动物盗窃案为我们了解动物资产所有权——我们可以以此类推至其他财产类型——如何在埃及乡村法庭得以确立和实践提供了更丰富的细节。在埃及乡村，贝都因人（被称为ʿarab或ʿurbān）[74] 和游荡在各地的强盗群体（即阿拉伯语中的ashqiyāʾ，奥斯曼土耳其语中的eşkıya）[75] 是盗窃动物的惯犯。这些游离于乡村社群之外的人觊觎牲畜具有的经济价值与食物价值，所以不惜以偷盗的方式获取它们。[76] 但由邻居作案的动物盗窃事件在埃及乡村并不常见，其中缘由主要有以下几点。首先，大型家畜体型庞大、动作笨拙，这增加了偷盗的难度，即使成功，该如何藏匿赃物也是个棘手的问题。其次，考虑到大多数农民都是以群居的方式生活在村子里，大家相互认识，了解彼此的财产情况，所以
125 当某人丢失了一头牛而另一人恰好多了一头牛时，谁是偷盗者自然就不言而喻了。但是如果在某些罕见的情形下，盗窃确实发生了并被移交给当地伊斯兰法庭处理而非私下解决，这些极端的案例能让我们看到拥有动物在当时是多么体面和令人歆羡的一件事，以及人们为了寻回动物能做到何种程度。[77]

在1787年的拜哈亚，阿里·伊本·艾哈迈德·穆罕默德（ʿAlī ibn Aḥmad Muḥammad）——他是拉赫曼尼耶村（Raḥmāniyya）一位备受敬重的长者（al-mashāʾikh）——指控同村的阿里·伊本·阿里·哈姆德（ʿAlī ibn ʿAlī al-Ḥamd）偷走了他的两头公牛（thaurayn）。[78] 根据原告的叙述，被告曾于十九日前的夜里潜入原告家中并将两头牛偷走：一头毛色为红色（aḥmar），另一头为花斑（ablaq）。[79] 为了伸张正义，原告请求法庭命令被告立即将失窃牲畜归还于他。但是在法庭上，被告对这些指控都予以否认。为了坐实被告的罪名，证明指控的正当性，原告将两名男性证人——在法律层面上这是强有力的证据——从拉赫曼尼耶村传唤至法庭：尤瑟夫·伊本·哈桑·阿蒂亚（Yūsuf ibn Ḥasan ʿAṭīya）和阿里·伊本·达乌德·库利（ʿAlī ibn Dāwūd al-Khawlī）。每名证人都在被告在场的情况下（bi-wajh al-muddaʿā ʿalayhi），独自向法庭陈述证言（addā kullun minhumā shahādatahu ʿalā infi rādihā）。两名证人都宣称曾在十七日前晚上看到被告带着两头牛（也就是盗

窃案发生两天后），行走在拉赫曼尼耶村当时的婚礼队伍（zifāf）中。根据案件记录，证人们号称被告在婚礼上试图拽动两头牛的缰绳（bi-zimāmihimā）好将它们拉走。证人对于这两头牛的皮毛与条纹的描述和原告失窃动物的特征高度吻合。被告的否认在两名证人的证词面前不攻自破，所以法官裁定被告罪名成立，并命令他将两头牛归还于合法主人。法官宣布决定时，被告情绪崩溃并承认了偷窃罪行。然而他补充道，他之后将赃物移交给了一位叫作哈桑·舒克（Ḥasan Shukr）的人，此人当时也在法庭上。

在此次案件的裁断过程中，最关键的事件是这两头公牛在失窃之后竟然在大庭广众之下穿过村庄。婚礼作为一次公众活动，为村民们提供了展现社会地位和财富实力的绝佳契机。大型家畜（比如这两头牛）这样的昂贵资产也自然成了用来向他人炫耀财富的有力手段。[80] 事实上，证人的叙述说明了这一点：盗贼用缰绳控制动物，以确保参加婚礼的每个人都能看到这两只动物是属 126
于他的财产（尽管在法律上事实并非如此）。证词清楚地表明在婚礼来宾的眼中被告是这两头动物名义上的主人（huwa qāʾid）。此外，对婚礼上两头牛的毛色与条纹图案的细致描述使得它们被认定为原告的财产。事实上，正是这一关键信息让人们得以将两件事情关联起来，并最终影响了法官的决定。证人对婚礼上所看到的动物的模样描述和被盗的两头牛别无二致（al-thaurayn al-madhkūrayn al-mawṣūfayn）。

难道被告真的相信他能够从同村一位德高望重之人那里偷走两头牛，带着赃物大摇大摆走在婚礼队伍中向世人炫耀，最后还能逃之夭夭安然无恙吗？或许这名窃贼从始至终都清楚这两头牛早晚会被归还给原主人。换句话说，他是否在知晓法律代价的前提下，依然选择了盗窃，只为短暂体验到身为人上人的快乐？也许他是受到那位名叫哈桑·舒克的神秘男子的指使，而作为对其不法行为的奖赏，哈桑允许他在婚礼上带着这两头牲畜招摇过市。又或许被告之所以说他把牛交给了哈桑·舒克只是为了推卸罪责，是他企图挽回名声的无谓的尝试？

不管真实情形如何，被告的动机都并不清晰明了。但我们可以肯定的是，这名小偷和受害者来自同一村庄里完全不同的社会阶层。和被告不同，原告地位显赫；文件中特地强调原告宗教长老的身份，而被告的信息则一笔带过；原告拥有两头牛甚至更多的牲畜，而尽管档案未明确提及，窃贼名下很可能没有任何牲畜。也许原告和审理这起案件的法官以及法庭里的众人彼此认识。可以确信的是婚礼上的大多数人都认识原告。不可否认的是，这起案件中原告与被告的社会经济背景差异——是否拥有牲畜便是这一差异的外显标志——也是决定案情走向的关键因素。[81]

行走中的动物

这些欺诈和偷盗案件向我们表明，界定牲畜的归属权是极其重
127 要而又极易引发纷争的议题，其中的原因离不开动物资产在奥斯曼埃及乡村的宝贵价值与高实用性。但与其他财产形式相比，动物资产特有的繁殖与运动的特性使得从法律上确定其所有权变得颇为棘手。因此，伊斯兰法庭的职能以及埃及的法律、社会和经

济层面所建构的财产观念，都需要考虑如何处理这种有生命财产形式。考虑到埃及乡村内部的各个社群间并没有泾渭分明的地理界限，解决这个问题便显得尤为迫切。

发生在曼费卢特的一个故事能够清楚地说明这个道理。一位来自贾尔达村（Jalda）名叫拉什丹·阿卜杜·拉苏尔（Rushdān ʿAbd al-Rasūl）的男人来到曼费卢特法庭，希望寻回属于他的毛驴。[82] 他声称一位叫作阿齐拉·宾特·哈桑·阿卜·艾哈迈德（ʿAzīza bint Ḥasan Abū Aḥmad）的女子所拥有的青色母驴（al-ḥimāra al-khaḍrāʾ），实际上是他六个月前丢失的毛驴所产下的后代。根据伊斯兰法律，任何动物产下的后代都应属于这头动物的原主人，所以他认为青色母驴是他的合法财产。[83] 但阿齐拉并不认可这一观点，因为根据她的说辞，这头母驴是几个月前她从自家兄弟那里以合法途径买来的。为了反驳阿齐拉的言论，拉什丹要求将争论的焦点——那头刚生下来不久的小母驴带至法庭。他们在现场采取了流行于近代早期的一种基因检验方法，证明这头小驴确实由拉什丹的驴所生，因此是他的合法财产。[84] 基于这一证据，法庭裁定小驴应该归还给拉什丹。[85]

一个人名下动物产下的后代依然属于原主人，即使某只动物已经被卖给别人后，也依旧成立。因此当人们进行牲畜交易时，通常需要明确买家是否同时买下了日后牲畜所产下后代的所有权。比如，1786年的拜哈亚法庭处理过一起相关案件，有一头由两人共同所有的水牛刚产下了两头牛犊。[86] 这头水牛的原主人来到法庭，希望拿回两头小牛，因为在他看来，他只是卖出了这头成年母牛，但并未放弃对其后代的所有权。制定这样的制度，不仅是为了能够对牲畜进行有效的法律与经济管控，也是希望控制和经营动物的繁殖行为。通过明确牲畜后代的归属权，牲畜繁殖将变得有迹可循且更为可控，埃及农民从而能够筛选和优化家养牲畜的基因，挑选出符合要求的品种而淘汰不良品种。

128 另一个动物丢失的案例可以进一步阐明这种可移动资产归属权的确立机制和实践方式。在1794年1月，来自桑提斯村（Sunṭīs）的阿里·伊本·马胡姆·奥斯曼阿卜·贝克尔（ʿAlī ibn al-Marḥūm ʿUthmān Abū Bakr）来到拜哈亚法庭，目的是寻回他走丢的奶牛。[87] 作为此次案件的原告方，阿里宣称他原本拥有一头棕色奶牛（baqara samrāʾ al-lawn），那是他八年前从一位叫作阿里·奥玛尔（ʿAlī ʿUmar）的人那里买下的。买回家一年后，原告开始将奶牛放养，让它和其他动物一起在桑提斯村周围的田地里自由活动（sāriḥa maʿa al-bahāʾim bi-nāḥiyat Sunṭīs）。然而最近——这也是导致他起诉的直接原因——原告发现他的牛忽然成了隔壁扎维耶奈伊姆村（Zāwiyat Naʿīm）一名叫作赛义德·阿卜杜·阿拉·伊本·萨利姆·卡库尔（al-Sayyid ʿAbd Allāh ibn Sālim Qarqūr）的人的名下财产，此人也就是案件的被告方。让情况更为复杂的是，这头奶牛在此期间诞下了一头小牛。[88] 阿里因此希望借助法庭的力量重新拿回奶牛和牛犊的所有权。

阿卜杜·阿拉拒绝了阿里的要求，他反驳道这头奶牛是他在前一年以14里亚尔和一头水牛的代价购买而来，卖家是来自鲁扎法村（Ruzzāfa）的哈桑·阿卜·阿利亚（Ḥasan Abū ʿĀliyya），他负责同村一位叫作哈桑·阿卜·哈米达（Ḥasan Abu Ḥamīda）的人的交易代理（al-wakīl）。[89] 而且被告否认了这头牛最近产下了牛犊。为了证实自己的说法，他把哈桑·阿卜·阿利亚带至法庭，后者声称他确实曾于一年前将奶牛卖给了被告。同时证人哈桑还告诉法庭这头牛是他五年前从盖卜尔乌玛拉村（Qabr al-Umarā’）一位现已去世的农民那里买来的。作为反驳，原告也请两名桑提斯村的村民来到法庭作证，他们向法官宣誓阿里才是奶牛的合法主人，早在七年前他就开始让这头动物在村庄周围自由活动。经过一番权衡，法官最终裁定奶牛归还于原告。然而法官补充道，阿卜杜·阿拉有权向哈桑要回他当时购买奶牛时支付的14里亚尔和一头水牛。因此，和上文中的例子类似，此次案例中的出售而非购买行为被裁定为不合法，因为奶牛自始至终都不曾属于将奶牛卖给阿卜杜·阿拉的那个人。

案件里的奶牛能够在村子周围区域自由活动长达七年，从主人的角度而言，选择放养自己的牛情有可原。首先，如果动物能够自己觅食，那么主人就能省去种植，贮存或收集草料的诸多麻 129
烦。[90] 其次，埃及乡村并没有太多凶猛的野生动物。因此，沦为其他动物的餐食或者与它们杂交的风险在奥斯曼埃及乡村不足为惧。[91] 再者，只要动物没有脱离日常的活动范围，阿里就能够时刻注意其动向并加以防范。这次案件显示出，放养动物面临的主要威胁并不来自其他动物，而是陌生人的觊觎。事实也是如此，当阿卜杜·阿拉企图侵犯阿里的合法权益霸占奶牛时，事情才被闹上了法庭。

此外，阿卜杜·阿拉对这头动物的强占行为不仅挑战了阿里对奶牛的所有权，还威胁到了奶牛所在社群的集体权益。因为奶牛常年在村子里来回走动，附近的农民得以时常看见它并知道它是阿里的财产。而且，村民很可能在不同场合下都享受到了奶牛带来的好处，享用了它的牛奶，并以集体的方式照料和看护它。[92]换言之，在这七年的时间里这头牛已经成了整个乡村社群的集体财产。当然这并不会改变奶牛的所有权归属地位，但不可否认的是阿里所在村子里的人的确从奶牛身上获益，也一起承担了照料工作。[93] 我之所以强调这一点是为了说明，这头牛的存在和价值并不仅限于它作为阿里私人财产的法律地位，而且是镶嵌在一个更为广阔的乡村社群的生活与历史中。所以，尽管并没有法律层面的关联，阿里为了奶牛所有权向法庭提出上诉不仅仅是个人事务，这对于他所在的社群而言也有重要的意义。

结论

通过聚焦于动物资产，本章认为奥斯曼埃及的历史研究无法绕开对牲畜历史地位的探讨，这一论断同样适用于奥斯曼帝国的其他省份，乃至近代早期世界上的其他区域。[94] 近代早期的奥斯曼帝国作为农业大国，其食物与税收几乎全部来自农耕活动，所以帝国政体的顺利运行高度依赖于农业种植活动中使用到的成千上万的人力与畜力。埃及是整个奥斯曼帝国的粮仓，这也让埃及乡村的牲畜和远在地中海和中东地区的人们之间建立起了纽带。正如
130 本章所言，动物能够提供劳动力、食物和奶源，还能用作交通工具和冬季取暖手段，所以它们和帝国的社会、经济、文化生活以及城市建设密不可分。对于动物的生物能量、生产力和劳动的根

本性依赖——这种依赖以动物的身体机能为基础——创造出了乡村世界独有的社会秩序与物质环境。如若没有动物，或者存在的是其他种类的动物，那么历史无疑将呈现出完全不同的景象。

对畜力的利用渗入乡村生活的各个角落，几乎所有社会成员都离不开动物的协助，因而动物是埃及乡村最为重要的经济商品之一；从乡村的遗产清册中可以看出，动物构成了埃及农民和乡绅阶级的财富基础。[95] 在近代早期的埃及乡村，人与动物之间建立起一种富有创造性的亲密合作关系，这种关系经由二者的共同劳作以及法律上的归属关系而变得愈发深刻。人类围绕着动物创造出独特的农业经济秩序，而作为其根基的动物资产无论是数量、品质还是种类若发生了变化，导致的后果将难以预料。总而言之，动物的宝贵价值源于它们为人类提供了完成日常劳动和实现生产需求所必备的能量。

第七章 131

野蛮力量

直到18世纪中期，人与动物的紧密连接一直是奥斯曼埃及乃至世界范围内的社会经济结构得以建立的基础。在上一章中我们已经看到，乡村社群的日常生活几乎完全依赖对畜力的使用。大约在1750年至1850年之间，全球经济格局发生了改变，几乎所有近代早期的农业社会都紧锣密鼓地开启了经济商业化和现代化转型之路。从自给自足的传统农业到以市场为导向的商业性农业，海量史料向我们讲述了这场历史大戏如何上演，而舞台上的主角便是土地、人力与资本。约翰·F.理查兹（John F. Richards）站在21世纪初回望过去时作出的总结不无道理："人类开始采取更集中化，更具侵略性和更功利主义的土地管理方式，这在任何地方都是如此。放眼全世界，无不是大规模资本主义农业和对自然资源的疯狂开采。"[1]

近来，针对此次历史性经济变革，学界出现了两项颇具启发性的研究成果，其一是20世纪70年代发生的一场学术大辩论，史称

“布伦纳辩论”（the Brenner Debate），其二是有关中国与欧洲的
132 “大分流”研究。[2] 这两项研究大多围绕着自然资源与人类劳动的话题展开。布伦纳（Brenner）认为近代早期的西欧所发生的农业革命是劳动力转型和阶级关系改变的结果，而他的批评者们则强调人口数量上涨和农业技术创新产生的效应。在彭慕兰（Kenneth Pomeranz）的“大分流”研究中，自然资源与劳动力也是核心议题。简单概括来说，彭慕兰认为欧洲之所以能够在经济上超过中国，是因为美洲的资源开采让欧洲可以无视本地生态环境的限制，而且欧洲丰富的煤储量也为其实现经济飞跃创造了得天独厚的条件。这两个因素使得欧洲相比于中国能够更有效地实现劳动力价值最大化。

无论是布伦纳辩论还是“大分流”研究，学者们都认为人类并不是促成此次经济转型发生的唯一生命力量。兼具自然商品和劳动力功能的家养牲畜同样是近代早期社会中不可忽略的存在，也是重要的历史承载者。伴随着自给农业向商品经济的转变，畜力逐渐被人力以及随之而来的机器所取代。为了更深入了解农业社会之嬗变，我们必须阐析这一过程的历史成因及其后果，厘清原本无处不见的畜力以及人和动物之间的紧密互动如何淡出了历史舞台。

在讨论奥斯曼埃及乡村的人力与畜力的演变历史时，显得尤为必要。我们已经看到，研究埃及与奥斯曼帝国的历史学家们在试图理解与阐释中东地区在19世纪到来之际经历的种种社会、经济与政治变迁时，总是选择将关注点放在1780年至1810年这段历史时期，希望从中找到某种范式。比如，有学者声称埃及与整个

帝国进入全新历史阶段的标志是，18世纪末的大量土地资源被囤积在少数乡村特权阶级手中。[3] 在随后不久的岁月里，开罗见证了几个世纪以来中央集权力度最大的政府。在那段时期埃及发动了数次扩张战争；建造了学校、医院、军事学院以及其余各类国家机构；修筑了道路、桥梁、运河和各种公共基础设施。[4] 也是在1780年至1810年期间，埃及两大城市——开罗和亚历山大——的人口数量开始激增。[5] 这些历史巨变由何产生一直是奥斯曼埃及史学家们面临的最棘手与最迫切需要解决的问题之一。布伦纳、彭慕兰、理查兹（Richards）和其他学者的著作表明，类似的社会政治变革 133
以及近代早期的农业商业化进程激荡着同一时期的全球格局。如何理解这些影响世界历史进程的重大事件？为此埃及向我们提供了一个绝佳的范例，因为它揭示出乡村经济体系逐渐脱离畜力的过程背后的隐秘逻辑。

在环境史的语境下考察人类与动物的互动历史，无论是关注近代早期自给农业如何转型至现代商品农业和奥斯曼帝国社会经济史的研究著作，还是伊斯坦布尔的中央政府、埃及乡村法庭与大英帝国留存下来的档案资料，无不显示出家畜的经济地位在1780年至1810年之间发生了根本性改变，而这将成为我们窥探历史的重要窗口，去探寻埃及何以从奥斯曼帝国的农业大省蜕变为一个几乎独立于帝国的中央集权政体。

上一章已经提到，大型家养牲畜构成了近代早期奥斯曼埃及乡村的财富基础，其中包括水牛、公牛、奶牛、毛驴和骆驼。[6] 从1780年开始，埃及遭受了一系列瘟疫和气候灾害，这导致了当地人口与动物的数量锐减。如此大量的动物在短期内死亡迫使乡村世界重新进行财富分配。失去了一大经济来源的埃及乡村精英们开始将目光转向其他资产类型，而其中最为重要的便是土地。18世纪的最后几十年内，大量土地资源被逐步掌控在一小批乡村豪绅手中，他们利用土地为自己在埃及和整个帝国积攒和谋取政治影响力。[7] 为了提升土地生产力，新时期的地主阶级需要提升劳动生产率来填补因疾病和干旱而损失的大量畜力所造成的劳动力空缺。强制劳动成了用来弥补劳动力不足的主要手段。

畜力被人力以及随后被机器取代的历史，也是奥斯曼埃及重铸其能源体系的历史。[8] 在人类大规模使用煤炭和蒸汽能源之前，畜力——其中当然会涉及人类劳动力——是埃及主要的可用能源。[9] 而了解一个社会获取能量的来源与方式是解读其经济文化生活和生态系统的前提。[10] 例如，如果我们对化石能源一无所知，那么想要解释21世纪的历史变迁将会是痴人说梦。再比如，我们无法想
134 象如何在不提及汽车产业的前提下去讲述美国城市发展史。[11] 这样的说法同样适用于近代早期埃及乡村，或者几乎是前工业时代世界上的任何区域，如果缺乏对畜力的考量，这些地方的历史将变得不可理解。[12] 若想探求埃及在18世纪末发生的历史嬗变，我们或许应该首先看清农村地产大规模集中，以及埃及发展新能源的需求等社会现象背后的根源，并分析其中的辩证关系。

而且，在如今大多环境史与经济史学者将1800年定义为全球能源秩序从太阳能转为化石能源的分水岭的前提下，埃及史研究能拓宽我们的研究思路。[13] 尽管前一论断在大体上并无差错，但放在奥斯曼埃及的具体语境中，我们应当留心的是历史的改变并非一蹴而就，两种能源范式交替之间还经历了不容忽视的过渡时

期，那便是由畜力转为人力的历史。随着牲畜数量的减少，可用劳动力资源也日显不足，这迫使此时新形成的乡村特权阶级到处搜罗人力，以满足对再生产劳动力、生产秩序、效率和技能的需求，目的是不断集中和扩大自己的资产。近代早期农业生产所依赖的畜力已经不足以支撑新的产业变革与扩张。为了填补能源空缺，大地主们以及之后的埃及政府，开始打起了人力的主意。因此，尽管煤炭和蒸汽能源被视为比生物能源更为先进的能源形式，在19世纪早期的埃及，人力仍然是统治者的第一劳动力选择。[14] 通过展示畜力和人力如何形塑了乡村经济体系，埃及史研究将揭示出动物在经济与能源转型过程中所扮演的关键角色，及其如何促成早期自给农业经济模式逐渐转变为以市场为导向的商品经济模式——毋庸置疑的是，这一转变在所有乡村社会的历史发展中都有着举足轻重的意义。

适者生存

正如上一章所示，近代早期的奥斯曼埃及是驮在动物背上的行省。但自18世纪末开始，人和动物紧密连接，相互依存的局面就发生了改变。人们失去了大量动物资产，并且迫切需要一种新 135
的能源模式来取代畜力，以填补出现的能源空缺。慢慢地，动物不再被视为财富的根基和能量的来源，这一现象背后的主要原因是18世纪末家畜数量的骤然减少，除此以外，埃及地方权贵对于摆脱奥斯曼帝国中央的政治控制的渴望也成了推波助澜的因素。

18世纪末期的埃及被笼罩在死亡、疾病、干旱和毁灭的阴影下，由此乡村经济形态也呈现出不同于以往的面貌，正是在这样的背景下畜力逐步退出了历史舞台。数十年的低迷景象和地方势力对政治经济的操纵创造出全新的社会经济样貌，埃及由此走上了一条完全不同且无法回头的发展道路，人力与土地资源——而非动物——成为开启乡村财富与权力的钥匙。

自18世纪80年代起，埃及乡村暴发的一系列瘟疫、饥荒和气候灾害对当地牛群和其他家畜造成了毁灭性打击。[15] 在1784年夏天，一场瘟疫席卷了整个埃及南部，当地家畜几乎无一幸免。[16] 这场瘟疫一直延续到了同一年秋天，并于1785年秋天再次席卷而来。[17] 那些年间急剧下滑的牲畜数量，加上不尽如人意的泛洪水量导致的土地干涸，使得乡村农田无法耕种，食物和饲料陷入短缺。1784年末的一场低位洪水让整个乡村世界和开罗城的粮仓几乎见底，在这一年多的时间里，人和动物都饱受饥馑的折磨。开罗的居民甚至不惜匍匐在城市的垃圾堆中搜寻食物，而找到的大多不过是瓜皮和其他的废物残渣。[18] 如此极端的情形下，一头死去的动物对于饥不择食的人们来说简直是一场盛宴。当权贵们或者军队把因瘟疫病死的毛驴、骆驼和马匹丢弃时，大批居民们会蜂拥而至，疯狂抢夺这些可怜动物的尸体。根据埃及史学家哲拜尔提的记述，饥饿带来的痛苦如此强烈难忍，以至于许多人宁愿生吃病死动物的尸体也不愿活活饿死。[19]

到了1787年，又一场家畜流行病肆虐在开罗和三角洲的土地上。开罗的大街小巷遍布着动物尸首，这些动物就死亡和腐烂在它们所倒下的地方，没有人会来清理或搬走。“街道和原野上随处

可见死去的牲畜”，哲拜尔提写道，这让乡间弥漫着“腐朽尸体的
气息”。一位富裕的农场主在这次瘟疫中丧失了160头牛。[20] 富人和
穷人都蒙受了难以估量的损失，他们以自身的悲惨命运体认了牲 136
畜乃“经济之根本”这一事实，在1787年的瘟疫暴发时，“农民因
家畜死去而悲哭，他们从未如此强烈地意识到拥有牲畜原来是莫
大的赐福”。[21] 那是一个残酷的夏天。不仅牲畜数量急剧下滑，很
多人也在那年春天传播至埃及的一场瘟疫中死于非命。此外，埃
及人民还面临着严重干旱带来的威胁。土地贫瘠，田里的作物被
饥饿的老鼠们消耗殆尽，它们和人类以及其他动物争抢着一切能
吃的东西。由于数量众多的驴、骡子、骆驼和马匹死于瘟疫，幸
存的动物价格因此居高不下。这场家畜流行病持续了整个1787年，
而且其肆虐程度在10月份又一次达到了顶峰。[22]

人类流行病与牲畜瘟疫同时暴发真可谓是祸不单行，直到18世纪最后几年的时间里，灾难性的局面才有所缓解。[23] 但从1787年到1788年，事态却再次变得严峻起来。[24] 在1791年的春天，成千上万的牲畜刚在前一年的一场大规模瘟疫中丧生，疫病再次接踵而至，以前所未有的态势席卷了整个埃及。[25] 据说超过30万的男人、女人和孩童在1791年的瘟疫中失去了性命，大量人力与畜力的流失让埃及变得混乱不堪（perişanlık）。[26] 不管从哪方面看，那一年的瘟疫都算得上18世纪最后20年内最致命的一次传染病疫情。[27] 其影响范围远不止埃及本土，还包括地中海东部的很多地区，比如伊斯坦布尔、摩里亚半岛（the Morea）、威尼斯、利比亚的黎波里（Libyan Tripoli）、伊兹密尔和安纳托利亚沿海城市。[28] 直到1792年，埃及人与动物依旧被笼罩在致死疾病与严重干旱的阴霾

之下，人、牲畜、老鼠和其他动物再一次卷入争抢残余食物的生存战中。[29] 那一年的泛洪季还有几个月才到来，天空中也没有雨水将至的迹象，农田干涸，耕种农田已成奢望。[30] 当农民们试图耕地时，迎接他们的只有虫子和老鼠。但起码有一类动物乐于见到此种情形：多亏了放肆生长的野草和虫子，老鼠种群迅速繁衍壮大，泛滥成灾。随着老鼠种群规模的扩大，原本作为食物的虫子已经不能满足它们的需求，老鼠便开始吞食残存无几的生长在树枝上的水果，如此一来人类能吃的食物就更少了。事实上，“凡是没能被虫子啃食的粮食都被老鼠吃掉了”。[31] 到最后，人连一根稻草都寻觅不到，而只能依靠野草果腹。没有足够的食物或草料，牲畜也自然也难逃减员的厄运。

接二连三的干旱、疾病和食物匮乏让人类、昆虫和啮齿动物
137 陷入一场极为凶险的资源争夺战中。1792年的尼罗河泛滥并未带来足够的水源，这再次打碎了人们的希望，庄稼歉收，市场无货，食物短缺，物价高得让人难以承受。[32] 哪怕有稀稀拉拉的谷物和苜蓿生长出来，也会马上被虫子啃食干净。许多穷人不得不四处找寻干草或其他草本植物来替代稻草勉强作为家畜的饲料。这些草料或是被他们成捆打包好在开罗以高价卖出，或是被士兵和流氓强盗直接抢走。世事艰难，人心惶惶，一些饲料商家为了提防偷窃和盗窃竟然把自己关在栅栏后面进行交易。许多人和动物找不到任何食物，只能活活饿死。开罗城内的路口甚至被牲畜尸体堵塞，“行人随便踏上一步都会踩到死在巷道里的动物死尸”。饥肠辘辘的人们会扑向倒下动物的尸体，以期从中找到一丁点能够下咽的部位，“即使它散发着恶臭”，哲拜尔提如此写道。令人发指

的是，有人甚至“开始以（人类）婴儿为食”。[33]

饲料和食物短缺成了18世纪最后几十年和19世纪早期历史的基本底色之一。祸不单行，1799年4月和1800年2月之间又暴发了一场可怕的瘟疫。[34] 在1800年的4月份，因为缺乏稻草、豆类、大麦或者干苜蓿，成群的牲畜死于饥饿。[35] 有人选择在家畜死去之前将其卖出，但健康状况如此堪忧的动物即使是标以极低的价格，也鲜有人问津。[36] 如果在十分罕见的情况下市场上出现了饲料，商品的稀缺性和高需求也使其价格让大多数人都望尘莫及。[37] 战争的频发也是扰乱食品和饲料供应的一大因素。在1800年4月末法国占领埃及期间，开罗居民们需要频繁应对暴力、掠夺、抢劫等极端事件，城市内整日上演着动荡和骚乱。[38] 原本就稀缺的食物被奥斯曼和法国士兵霸占，直接导致了大规模饥荒在穷人和牲畜间流行。[39] 在1801年和1802年，埃及另一中心城市吉尔贾（Jirja），又一次遭受了人类瘟疫和牛瘟的侵袭，死神主宰着整个乡村世界。[40]

在1780年至1810年之间，埃及土地上除了轮番登场的人类和动物瘟疫、干旱和饥荒，19世纪早些年间还发生了数次重大的气候事件和气温波动，这些现象都恶化了本就岌岌可危的动物和人 138
类的生存境况。例如在1804年的11月，开罗东北部东部副省的比勒拜斯（Bilbays）城市上空突然聚集了大片的乌云，空气中弥漫着不祥的气息。[41] 一场声势浩大的风暴降临，据说有大约20个人和数头牛羊死于电击。[42] 4年后，在1808年的11月，“鸡蛋大小的”冰雹夺走了好些牲畜的生命，哈比利亚副省的大迈哈莱（al-Maḥalla al-Kubrā）的人们因此损失了大量财产。从农民的视角来看，这场冰雹也许并非毫无益处，因为这至少杀死了农田里啃食作物的虫子。1809年2月的又一场风暴中，悲剧再次上演，体积为鸡蛋大小的冰雹夺走了大批家畜的生命。尼罗河三角洲在1813年经历了一次尤为寒冷的冬天，天空中飘着冰雨甚至雪花。[43] 这些极端的气候事件让人类、牲畜、作物和鱼的生存处境变得尤为艰难。当然，除了这些不寻常的自然现象，我们还得考虑一年一度洪水泛滥带来的破坏，洪水卷走了动物和农作物，经常还有人因此丧生。[44]

由此看来，1780年到1810年之间的30年不仅是拿破仑入侵埃及和穆罕默德·阿里在尼罗河谷逐渐登上政治舞台的30年，同时也见证了家畜数量的大规模减少，这将从根本上决定埃及的历史进程。18世纪末期的瘟疫流行、极端的气候条件、泛洪的不足以及农业生产活动中止都是导致埃及牲畜大量死亡的因素，在此之后牲畜数量想要再恢复至以往水平其难度可想而知，而且即使成功也需要花费数十载的时间。[45] 牲畜数量锐减迫使乡村地主阶层寻求其他能量来源以取代畜力。总而言之，埃及乡村的经济结构与性质至此已经不复从前。

动物消失之后

畜力资源的巨大空洞立即让埃及乡村人口在社会与经济层面真切感受到了空前的压力。在经历完1787年春天的可怕疫情之后，农民们发现役畜的缺席使得农业生产活动无法正常开展。[46] 失去了牛群，农民不得不依靠其他工具来完成脱谷和驱动水车。[47] 不

图12. 靠畜力驱动的基建设施构造示意图

图片来源：Commission des sciences et arts d'Egypte，*état moderne*，vol. 2，pt. 2 of *Description de l'égypte*，Arts et métiers，plate 3。

少人试图亲自拉动水车，但由于此类设施是按照肌肉强健的水牛
140 和其他役畜的身体构造而设计，肌肉力量相对薄弱的人类想要转动它们无异于痴人说梦。乡村所建造的大多基础设施都得使用畜力才能正常运行。面对这一难题，一些农民试图将驴、骆驼和马等动物作为代替手段。但此时家畜的稀缺使得购买和饲养这些四蹄动物的成本较之以往有着天壤之别，普通人只能看着价格望洋兴叹。[48]

到了18世纪末期，乡村在家畜数量锐减的几十年时间里，其基本面貌已截然不同。不管是农业生产、驱动灌溉设施，或是其他依靠畜力完成的工作，作为个体的农民想要再获得役畜可谓是难上加难。富裕的乡村权贵们通过购买、豪夺或者窃取等方式，将动物资产据为己有，以此聚集和扩大自己的财富，而在作为埃及人口大多数的农民群体仅能维持温饱的情况下，当地的贫富差距日益加剧。比如，在1785年瘟疫流行时期，很多埃米尔和地方富豪利用人们大规模死亡造成的混乱局面，趁机从死者或生者手中夺取家畜并积攒了大量财富。[49] 拥有畜力的富人可以重新耕种农田、驱动水车和运输货物，因而掌控了当时最重要的能量来源。由此，包括土地在内的农业资源被高度集中于少数乡村特权阶级手中，他们在18世纪的最后几十年里一直伺机而动，等待将整个埃及的财富收入囊中的机会，这也是这段时期乃至及其后几十年内最重要的历史特征。

诚然，埃及的漫长历史上并不乏疾病、自然灾害和战争的重创，人类与牲畜的生存也频频面临威胁，但发生在18世纪末的人口危机不仅较之以往有着根本性的不同，而且在很大程度上决定

了以后历史的走向，其中的区别便在于在这段灾难密布的几十年时间内，埃及与整个帝国的地方权贵不断试图寻求独立，脱离奥斯曼帝国中央政府的管控。[50] 比如，在18世纪60与70年代，以阿里贝伊·卡比尔（ʿAlī Bey al-Kabīr）和穆罕默德贝伊·阿布·达哈布（Muḥammad Bey Abū Dhahab）为代表的奥斯曼行省总督，开始以武力夺取埃及土地资源，并将其分给自己的同盟或献给潜在的经济与政治伙伴。[51] 他们甚至采取更强硬的姿态与奥斯曼苏丹公开叫板，在18世纪70年代数次举兵入侵奥斯曼帝国统治下的大叙利亚（尽管最终都以失败告终），这可以被视为之后穆罕默德·阿里对帝国宣战的预演。[52] 地方割据局面形成的另一标志是埃及的马穆鲁克贵族和军事集团重新掌权。[53] 经济格局由各大权势家族主导，他们掌控着大量土地资源、埃及与其他地方的宗教资产，以及遍布全省的政治结盟。[54]

因此，早在18世纪末动物和人口数量锐减之前，地方的权 141
力掮客们就已经开始有意识地积累和扩大土地资产。人口和牲畜遭遇的危机为他们谋取更多土地资源提供了绝佳的契机。所以在两股历史力量的共同作用下——为了谋求自主地位而与奥斯曼帝国展开的政治经济博弈，以及“恰逢其时”的人口和牲畜数量变化——埃及的人与动物之间的关系以不可逆转的方式进入了新的发展阶段。[55] 转型一旦完成，埃及便正式踏上了新的历史进程，再无回头之路，即使后来动物数量有所回升，人们也无法再回到之前的社会与经济模式，人与动物的紧密互动已然成为历史。[56]

动物资产地位式微，埃及乡村世界创造出一个新的农民阶层，他们鲜少拥有动物和土地资产，依靠替别人工作获得收入来养活自己，这一现象加速了土地集中化、少数富人控制经济命脉的发生。许多农民失去了耕种农田或者拉动水车的机会后，要么选择搬去镇上或者城市（因此造成这一时期的城市人口激增），要么去周围的大地主那里寻找工作机会。[57] 这类新型劳动者沦为农业生产活动中的廉价劳动力。那些在新时期崛起的少数乡村统治阶级最开始因为能够负担牲畜的昂贵价格而成为大地主，现在又在其土地上雇用大量农民——也就是那些失去家畜之后无力重新购买的农民。[58] 因此动物死亡率是促成18世纪末农业转型的关键因素，并将让土地资产在奥斯曼埃及成为财富与社会地位的基础。乡村社会财富的重新分配抹除了动物资产的核心地位——用哲拜尔提的话说，也就是“经济之根基”——这是18世纪末19世纪初能源转型和动物政治经济地位变化所带来的最重要的影响。[59]

乡村土地资源集中化对于19世纪的埃及历史而言具有特殊的意义，特别是当埃及政府后来自己开始囤积大量地产。[60] 随着地产规模的不断扩大以及生产力和生产效率的提升，灌溉与耕种土地的需求也相应上涨。以市场为导向的经济模式加速了土地资本积累进程，同时也促成了人力与非人劳动力等重要资源的集中化管
142 理。[61] 反过来，对人力与畜力能源的集中与垄断致使18世纪末大型庄园经济对强制劳动的频繁使用，以及人们在大型庄园之外的土地上几乎看不见畜力的身影。由于强制劳动，乡村生产力的整体水平出现了下滑，瘟疫和大批人口涌入城市，自耕农的数量变少。因此，除了动物资产被集中在大规模地产上——牲畜也因此越发脱离一般性的乡村经济体系——人口减少也意味着依靠畜力经营自家小型农场的农民越来越少，鲜有人仍然过着自给自足的生活

独善其身。总体而言，家畜作为近代早期埃及经济体系的中心和引擎，其重要性到了18世纪末已经变得无足轻重了。

为了生产更多的粮食和商品来供应给持续扩张的全球市场，地主阶级不断兼并土地和搜罗更多的资源和劳动力。农业商品化过程的重要标志之一便是，地产拥有者开始在土地上实施规模庞大的劳动密集型工程。因此在18世纪末，我们看到越来越多的农业发展规划，以及众多包括灌溉设施在内的基础设施建造计划。[62] 随着这些乡村环境控制工程变得越发复杂和宏大，加上廉价农民工的增多，这些工程的劳动力供给模式由近代早期的人力畜力共用转变为人力主导。所以即使牲畜数量恢复如初，在对劳动力要求愈发精细复杂、资金规模愈发庞大的工程里，畜力也难再找到用武之地。疾病和气候变化等生态因素为政治举措的施行提供了便利，从而在随后几十年内引发了社会、经济和能源模式的根本变革，畜力被遗忘在历史的边缘，这在埃及经济史上从不曾出现过。当然，一些人力无法胜任的工作仍会使用到畜力，比如搬运重物或者垃圾、把商品运往市场等。但即使是这些仅存的经济功能，也将很快由于19世纪上半叶铁路的出现、煤炭的使用以及机械技术的发展而彻底告别历史舞台。[63] 最终，畜力的经济核心地位不复存在，家畜在埃及的重要性也至此告一段落。

因此根本上，埃及从自给农业向商品化农业转型的经济动能，
是土地资产取代动物资产成为最主要和根本的乡村财富来源。[64] 有 143
不少学者对奥斯曼埃及土地使用的历史沿革进行了探讨。关于这一话题的最新一项研究成果来自肯尼思·M.库诺（Kenneth M. Cuno）的《帕夏的农民们》（*The Pashas Peasants*）。库诺详尽地

描述了围绕埃及土地资源所发生的社会经济分层现象，并论述道这并非穆罕默德·阿里统治时期特有的产物，而是诞生自18世纪下半叶，当时的乡村精英们正谋划通过控制土地等资源来获取更多权力。[65] 库诺的目的在于说明埃及的市场经济和商品农业形成于19世纪中期之前，而他也成功地证明了这一论断。但库诺的研究（以及几乎所有探讨18世纪埃及等地的经济阶层之形成历史的研究著作）中有待进一步探讨的问题是，动物资产作为传统乡村财富最不容忽视的来源，其衰落如何导致了土地这一财产形式被集中掌握在少数乡村权势家族手中。[66]

18世纪末，阿里贝伊·卡比尔和穆罕默德贝伊·阿布·达哈布的退位在埃及留下了一片权力真空。[67] 缺少有力的中央行政机构，其后果之一便是在这两任行省总督统治时期积累了深厚土地资产的各路权贵们，开始为了争夺资源互相倾轧。[68] 也正是这一阶层的人，在18世纪80和90年代牲畜数量锐减的灾难时期，利用乱世为己谋利。在疾病和死亡流行的岁月里，他们是促使动物资产让位于土地资产，让后者成为埃及乡村财富根基的幕后推动者。来自19世纪头20年的遗产清册显示，土地作为一种资产形式此时已经拥有比动物重要得多的地位，这在埃及乡村财产交易的历史上还是第一次出现。[69]

尽管土地资产在近代早期的奥斯曼埃及一直是稳定的财富形式，土地所有权向来不是获得财富的关键所在。相反，直到18世纪末，埃及农民对土地享有的权利主要是耕种权。尽管在日常生活中这些权利的实践方式与所有权无异——他们可以公开售卖、继承、赠与和租赁土地——但它们同样能够被轻而易举地夺走。[70]

实际上，在17和18世纪，奥斯曼官僚强取豪夺百姓土地的事件屡有发生。[71] 因此，19世纪初的埃及乡村精英们所完成的是，利用动物数量骤降的历史契机，将土地权利从耕种权向所有权迈进。 144

作为此次经济转型的政治标志，穆罕默德·阿里上台后废除了包税制，并将包税地（iltizāms）全部收归国有，这种新的埃及土地政策最终于1812年以行政管理制度的形式被固定下来。法律思想的革新代表了18世纪晚期土地集中管理趋势的行政化确立，如上所述，这一过程最初起源于乡村豪绅的权力欲望和动物大规模死亡所提供的政治便利。土地资产被少数人垄断因此间接导致了包税制的衰亡，后者在奥斯曼人统治埃及的大部分时期内一直是主要的土地制度。[72] 而且，在穆罕默德·阿里将土地收归国有而后重新分配时，那些受益最深的人同样是这些发迹于18世纪八九十年代的乡村精英群体；很显然，这得益于他们的政治影响力及其有效利用和耕种土地的能力。因此，当土地资产规模扩大，越来越多失去土地的农民被剥夺了赖以为生的手段，只能转而通过其他途径获得经济来源。

由于埃及乡村在1780年至1810年之间可利用的畜力资源十分稀缺，只有少数地方豪绅能够负担飙升的动物价格，来完成那些只有依靠畜力才能进行的农业生产活动。[73] 最初的高投入为这些人日后在奥斯曼埃及动荡的社会经济格局中崛起铺平了道路。在不断变化和重塑的世界里，没有牲畜亦无土地的农民占据了人口的大多数，由此创造了一个庞大的劳动力资源池，成为为地主阶级卖力的廉价工具。透过土地资产逐渐成为乡村经济命脉的历史，我们看到乡村劳动力结构如何从畜力为主转移至人力为主。牲畜供不应求且价格昂贵；人力数量庞大且成本低廉。

新时代的役畜

更加低廉的成本让人力取代了畜力，强制劳动成了19世纪早期不断扩张的大型庄园经济中最重要的工作模式。牲畜不仅失去了价格优势，而且逐渐被视为一种行动笨重和难以操控的劳动工
145 具，因此不再适应这一时期的官僚制国家机器运行所需的规律的扩大再生产模式。[74] 事实如第四章所示，在19世纪的最初20年里，埃及乡村的劳动体制已经出现了根本性变革。以往地方社群内的小规模维修工程依靠人力畜力协作完成，而今大量人力劳动者成了基建工程中被要求强制劳动的对象。这一转变揭示出原本在乡村占据经济核心地位的畜力已经退出历史舞台，人力成为埃及新能源的主力军。尽管从表面来看，牲畜价格在18世纪末因其稀缺性而价格飙升，但它们在这场经济变革中的实际价值已大不如前，乡村劳动力结构的基础如今由人力构成。

强制劳动早在此前就是奥斯曼埃及的劳动力来源之一，但强制劳动在19世纪使用规模和惨烈程度完全不可同日而语。在17和18世纪，强制劳动常常局限于地方上的包税地。[75] 通常而言，劳动者所参与的项目具有规模小和工期短的特点，负责施工和监工的人也都是本地居民，来自同一或相邻村庄的人彼此之间熟识，工作流程的制定参照历史惯例，而且并不会有政府机构在幕后指使。[76] 而且我们已经看到，近代早期的强制劳动通常只出现在完全

属于包税人个人的免税赐地上（约占埃及可耕作土地面积的百分之十）。[77] 参与强制劳动的农民需负责清除河道中的淤泥或者种植庄稼——相比于日后的大型基建项目，这些都是比较轻松的任务。当然，即使是这种仅限于地方层面的强制劳动，许多农民依然感到反感并试图逃离。[78]

本书第四章已经提到，在近代早期最常用来指代此种强制劳动形式的阿拉伯语词是al-ʻauna，其词根意为协助或帮助。相反，强制劳动在19世纪的对应表达是al-sukhra，其阿拉伯语词源可追溯至嘲弄、奴役、屈从以及剥削等意。[79] 语义上的转换极具象征意义——两个历史时期的强制劳动之间存在着天壤之别。尽管无论是哪种强制劳动，强迫很明显是这一社会实践活动的内在属性，我们必须清楚地知道，近代早期的强制劳动对象（包括人力和畜力）直接服务于当地社群；而在后来的历史中，农民则是受制于和服务于一个强势的、庞大的和非人格化的国家机器。实际上，16 146
世纪到19世纪的历史发展趋势是，农业劳动者从由地方包税人管控和利用的对象，沦为穆罕默德·阿里统治下抽象的中央集权政府的剥削对象。[80] 许多农民最初乐于见到这样的变化，认为由中央行政机构取代包税人意味着残暴统治的终结，这一点从一群农民在1814年5月——穆罕默德·阿里废除包税制两年后——拒绝当地包税人的工作要求时可以看出："你们的好日子结束了，我们现在是帕夏（即穆罕默德·阿里）的农民。"[81]

事实确实如此，但帕夏也没让忠于他的农民们闲着。在19世纪最初的几十年里，我们可以确信的是当权者对人力的需求和偏爱远非畜力可比。一些绝佳的案例能够说明此次劳动力转型之彻底，比如这一时期针对埃及灌溉系统实施的各类修缮、扩建和新修工程。在穆罕默德·阿里统治之初的1805年，埃及运河总长度约为514千米。穆罕默德·阿里在执政期间下令兴修水利，直到1847年其统治结束时，埃及运河总长度扩大到了大约1 200千米，这比之前长度的两倍还要多。[82] 新的运河系统在1813年至1840年代之间为埃及新增了18%的农耕土地。[83] 保持这些河道的清洁是一项艰巨的任务。光是三角洲每年就会产生大约20 730 118立方米的淤泥。[84] 这些运河的建造、扩张和修缮工程在穆罕默德·阿里执政早期就开始了，而且很快便在整个埃及遍地生花。[85] 不同的是，人类而非牲畜成了负责疏浚河道、维持清洁、清除泥土，以及搬运器械和篮筐的主要劳动者。

19世纪的最初25年内，河道工程在埃及密集开工且随处可见，这显示出强制劳动并非只是用来顶替1780年至1810年之间所损失畜力的权宜之计。事实上，在牲畜数量重新恢复以往水平后，人力依然是乡村主要的劳动力形式。经济模式已经完全从以畜力为核心转向了以人力为核心，即使前者的数量回升也不足以让其恢复原有的历史地位了。

此外，因为19世纪的强制劳动和埃及此前已经沿用千年之久的“人力—畜力”合作模式如此不同，再加上强制劳动在埃及全境的普遍出现，乡村社会结构与经济生活也由此经历了翻天覆地
147 的变化。[86] 能够反映这些转变的一个侧面便是强制劳动导致的乡村劳动力流出。大量人口被迫进行长距离迁徙，去参与一些和自己的社群或家庭毫不相干的工程项目，这是人与故土相疏离的标志，同时也意味着土地和能源集中化的历史潮流已然势不可当。

一些有关19世纪早期的劳动管理体制的细节极具说服力。当时的农民每年需要进行长达60天的强制劳动，其中不包括劳动者为了离开和抵达工地在路途上花费的时间。[87] 工人们首先由各自村庄的负责人召集和输送至工地，然后以村庄为单位被分配任务，如此一来相同社群的人就能在项目上一起并肩工作。[88] 根据每年项目情况的不同，平均每年有40万人被强制劳动。[89] 我们可以用对比的方式来更直观地理解这一数字：1821年开罗的人口数量为218 560人，而埃及在1800年的总人口数为450万，1830年的人口数字是500万。[90] 实际上每年的流动人口比这一数字——埃及总人口的百分之八或九——更为惊人，因为经常有工人携家带口来到工地。工人们需要自己准备食物和工具。在一些规模庞大的维修工程中，政府通常会提供食物，有时还会发放日薪。[91]

19世纪早期的强制劳动现象在埃及不同区域的出现，进一步说明了这一新型劳动体制的广度与深度。希宾运河（Shibīn Canal）流经三角洲中心区域的大迈哈莱（al-Maḥalla al-Kubrā），其维护工程每年需使用到5万至6万名强制劳动者，他们来自三角洲的各个村庄。[92] 另一个例子是政府下令于1817年至1821年重建的拉希瓦迪运河（Raʾs al-Wādī），这条河东起宰加济格（al-Zaqāzīq），最终流入添沙湖（Lake Timsāḥ）。在短短8天的时日里，该工程就从三角洲东北部东部副省的村庄里召集了8万名工人并将他们带至工地。[93] 在1829年，32 300名工人被带到哈里比亚副省的西北部进行河道挖掘工作。[94] 在1838年，穆罕默德·阿里命令自己的2万名士兵到为开罗提供水源的扎费拉里运河（Zaʿfarānī Canal）进行劳动。[95]

1835年12月，穆罕默德·阿里向上埃及地区下达了一项指令，

让24 000名工人去清理和疏浚河道并加固堤岸，这一命令清楚地展
148 示出了政府对作为强制劳动对象的埃及农民所采取的粗暴的父权制统治态度。[96]“如果你认为这种强迫方式是在不必要的情况下让农民感到不快，”他在书信中对下属如此说道，“那么我觉得男孩从不会心甘情愿去上学，而是在父母的逼迫下才会学习，等到他足够成熟他才会明白其中的意义。同样的道理，迫使这些人去堤岸和河道工作尽管对他们而言是痛苦的，却是必要的。”[97]在这一时期，上层明确指示士兵可以使用武力胁迫（qahran wa jabran）不情愿的农民前往河道上的工地。穆罕默德·阿里接着说道：“如果由于巴努哈立德运河（Banu Khalid）的堤岸没能修筑好，导致田地没能得到灌溉，那么迎接他们的没有惩罚只有死亡。”他还补充道：“如果让我们看到有一丁点土地是干涸的，那这将成为这些人的墓地。”[98]

也许能够说明19世纪早期强制劳动惨烈程度的最臭名昭著的例子是1817—1820年间实施的马赫穆迪亚运河重建项目，这条河位于亚历山大和尼罗河的罗塞塔支流之间。[99]本书第四章已提到，据估计有31.5万至36万名工人被迫参与此次项目。[100]如此巨量的工人聚集于此，这导致当时的埃及其他区域劳动力严重不足。比如在1818年8月，开罗城内被泥土和垃圾堆满的大街小巷已经到了行人无法通行的程度，所以开罗的市场监督员（muḥtasib）穆斯塔法·阿迦（Muṣṭafā Aghā）不得不下令清理街道。[101]但由于清洁工人们此时都远在马赫穆迪亚运河工地上，商铺老板和开罗城居民们不得不亲自上阵打扫卫生。[102]从这一例子中我们看到，完全依赖单一劳动力来源的社会结构其脆弱性可见一斑。将几十万劳动力输送至同一个项目无疑会使得其他地区陷入人手短缺的境地。

无论从哪个角度看，马赫穆迪亚运河重建工程的工作条件都称得上艰难困苦。在被派去开渠和巩固堤岸的30多万名工人当中，有10万人——这几乎是整个劳动力队伍的1/3——不幸身亡。[103] 某种程度上，穆罕默德·阿里对那些不够卖力的工人的活埋威胁竟以一种残忍的方式应验了。哲拜尔提如此描述1819年8月工程中的强制劳动状况："如果有农民在挖掘过程中不幸掉落坑内，那么旁人会直接把泥土铲到他身上，不管他是死是活。"[104]

所有这些发生在19世纪前30年的强制劳动事件，都是奥斯曼埃及能源范式由畜力向人力转换的极端呈现。它们展示出在18和19世纪之交的几十年间，牲畜的政治经济地位转变时所释放的巨大社会变革力量。乡村牲畜数量锐减致使土地成为埃及乡村获取财富的主要途径。失去动物资产的小规模农场主无法从其他途径 149
获得补偿，于是逐渐在土地资产取代牲畜成为财富根基的经济转型过程中被排除在外，成为新型经济体系的边缘人物。大地主们也在18世纪末由于牲畜的大量死亡而承受了巨大损失，但不同于经济实力薄弱的普通农民，他们能够用价格低廉的人力替代缺失的畜力。所以随着能源范式的重心偏向人力，牲畜失去了千百年来在埃及乡村社会中不可动摇的地位，而人力成为新时期乡村经济体系中最主要的劳动力供给方。

结论

从1780年到1810年，埃及的经济结构、社会生活和能源模式发生了翻天覆地的改变，牲畜在这个过程中扮演了关键角色。这些非人类动物的历史有助于揭示大规模庄园经济的起源、乡村劳动体制的特征和构成，以及奥斯曼埃及政府在19世纪初进行架构重组的根本原因。正是因为家畜与埃及乡村经济、社会和能源结构之间千丝万缕的联系，其数量的急剧减少才导致了乡村生活在方方面面发生的变化。牲畜地位的削弱是埃及从近代早期的自给农业经济转向商品农业经济、大型地产和劳动密集型经济的最关键动因之一。如果不能正确解读牲畜的政治经济地位所发生的变迁，我们就无法以整体的眼光看待这段历史——穆罕默德·阿里王朝创立并统治了埃及近乎一个半世纪，19世纪的埃及官僚制度释放出强大潜能，这些历史大事件都与牲畜的没落息息相关。

奥斯曼埃及乡村在18与19世纪之交经历的变化同样发生在其他的近代早期农业社会中，从16世纪一直到19世纪，类似的故事不断轮番上演。从中国清朝到英国南部，随着土地资源集中化，乡村经济也从自给农业转向商品化农业。[105] 造成这一世界范围内的共相的原因之一便是乡村劳动力资源结构重组。随着人力劳动者和非人化机器登上历史舞台，曾经作为乡村经济主引擎的畜力被
150 遗忘在边缘位置。

我们可以想象现代社会若失去了赖以生存的化石能源，世界会变成什么样子。城市的面貌会截然不同；我们交流和外出的方式随之改变；我们吃的食物会完全不一样；我们需要找寻其他能源形式来支撑经济发展。埃及在18世纪末所经历的正是这样的过程——一场因传统能源缺失而被暴力开启的全方位乡村秩序重构。[106] 这场动物经济和能源范式转型对后世产生了深远的影响，涉及社会、

文化、政治等诸多方面，这值得研究埃及以及其他地方的学者们投入更多的精力去挖掘这场革命的深层意味。我们理所当然地将人类视为历史最重要的承载者和行动者，这实在是一种偏见，它会让我们惯于漠视动物身上所背负的历史。如果我们执意如此，我们可能会为自己的傲慢付出代价。

第四部分

自然元素

第八章

153

食物和木材

奥斯曼帝国在1517年灭亡了马穆鲁克王朝，将埃及以及大部分阿拉伯中东地区纳入帝国版图。[1] 这场胜利为奥斯曼人带来了诸多好处：帝国领土面积几乎翻倍；伊斯兰教圣地成为帝国疆域的一部分；取得了通往红海和印度洋的入海口；对地中海东部的控制权；将中东地区几座最大的城市（开罗、阿勒颇、耶路撒冷）收入囊中；以及从新征服土地流入的巨额财富、人口和资源。尽管如此，领土扩张不只意味着征服的胜利，也带来了许多内部管理和行政事务上的挑战。从帝国的角度而言，面对一片有着悠久历史习俗和法律传统的广袤土地时，最紧迫的问题莫过于如何进行治理并保持源源不断的税收。[2] 和所有征服者一样，奥斯曼人也需要颇费番心思才能顺利接管自己的新领土。

除了一些老生常谈的行政难题，奥斯曼帝国在1517年前后经历的领土扩张也滋生了许多他们此前未曾经历过的困境。其中最棘手的问题之一便是如何对帝国统治中至关重要的两类战略物

154 资——木材和粮食——进行运输物流管理。[3] 随着奥斯曼帝国进军红海和印度洋，这些商品尤其是木材的重要性日益显现，也成了统治者最为关心的国家大事。[4] 为了从利润丰厚的红海贸易中分一杯羹甚至独揽大权，挑战葡萄牙人在印度洋上的权威，以及为每年前往麦加和麦地那的朝圣者提供便利，奥斯曼人需要在红海上拥有自己的船队。而造船需要的木材却成了难题。[5] 苏伊士港口是尼罗河和红海之间航运的重要中转站，其木材资源十分稀缺。埃及尽管拥有丰富的农产品和肥沃的土地，但却没有足够的木材可以满足奥斯曼帝国日益旺盛的造船需求。[6] 因此木材的来源只能从他处另寻。[7]

本章讲述了奥斯曼人如何在物流运输、行政体系和组织协调上苦心经营，目的是将产自安纳托利亚的木材运送至奥斯曼帝国统治下的苏伊士。木材作为本章故事中的主角，我们将跟随它的足迹走进那段历史。我们的主人公诞生自安纳托利亚西南部的森林中，最终在1725年成为苏伊士运河上的三艘新造船舶中的一部分。这些船只将从埃及出发，驶向汉志（也就是如今沙特阿拉伯西海岸上包括麦加和麦地那的部分地区），其中装载着大量粮食以供红海对岸的人们享用。[8] 如第三章中所示，埃及和汉志通过海上的粮食供应关系紧密联系在一起。二者的互动历史证明了帝国境内各区域间的往来并不一定需要伊斯坦布尔的参与，同时也能让我们看清埃及在东部区域与其他城市所建立的种种连接。

本章所讲述的木材之旅同时也是关于粮食供给的故事，即奥斯曼人为了将埃及粮食供应给远在汉志的人们能够做到何种程度。这些木材的运输旅程亦是奥斯曼帝国的经济发展之路。在某些情况下，埃及、安纳托利亚、伊斯坦布尔以及苏伊士的本土市场无法支撑对特定原材料的需求，也无法独立运作一个流程复杂和成本高昂的物流运输项目，例如将森林砍下后通过地中海运送至埃及，再陆运至苏伊士。只有奥斯曼帝国政府这样高度组织化的权力体系才有能力完成此类工程。因此，这些船舶的建造过程展示出近代早期的奥斯曼帝国如何通过对不同区域的经济干预和市场关系调控，来举全国之力完成大型基建工程。155

运粮之船

目前针对奥斯曼帝国在红海的造船事业和木材物流的研究文献大多将重点放在16世纪。[9] 正是在这一时期，奥斯曼人正式将势力范围扩大到红海沿岸，并征服了也门的部分区域、巴林岛（Bahrain）和阿拉伯半岛上的其他地方。[10] 对于当代研究者来说也许更重要的一点是，彼时的奥斯曼帝国和葡萄牙正因印度洋贸易争夺战打得如火如荼。但本章所追溯的木材供应的故事始于18世纪上半叶，也就是奥斯曼人失利于红海的整整150年后。我们将看到，事实上一直到18世纪，奥斯曼帝国在红海依然非常之活跃，其活动重心主要是埃及和汉志之间的贸易往来和原材料供给。[11]

尽管16世纪的奥斯曼帝国和葡萄牙为了海上霸权斗得难舍难分，近代早期的奥斯曼人不远万里将木材运到苏伊士造船的主要意图并不在此。造船事业背后最根本和最重要的驱动力是满足汉志的食物需求，以及发展该区域的运输业和商业。汉志是伊斯兰教的发祥地，而拥有圣城的统治权可以让奥斯曼人在穆斯林世界享有无上的权威和领导力。[12] 但除了享受圣城带来的号召力和宗教地位，奥斯曼人也需要履行相应的使命。一年一度的麦加和麦地那朝觐之旅无疑是近代早期全球规模最大的集会。这给物流运输、交通出行和后勤保障带来了极大的压力，而如果奥斯曼帝国想要赢得成千上万的朝圣者的尊重与顺从，保证这些系统安全有序地运行则是关键所在，因为当每年巨大的人流从汉志返回海得拉巴（Hyderabad）、德黑兰和索非亚等地时，旅行者的见闻和对帝国的议论也会由当地人口耳相传。

保障朝觐活动顺利开展的重要举措之一就是为朝圣者们提供充足的食物。食物供应职责通常会交给一位虔诚和正统的穆斯林领袖，保证来访者的健康安全同时也符合奥斯曼政府的实际利益。[13] 埃及在奥斯曼帝国食品供应体系中扮演了核心角色。[14] 埃及不单是整个帝国粮食产量最多的区域，同时还拥有和汉志隔红海相望的地理优势。因此，在奥斯曼政府档案文献中，我们时常
156 看到政府将埃及视为每年朝圣活动最重要的食物供应站。[15] 事实上，在奥斯曼帝国统治时期，汉志是仅次于伊斯坦布尔的从埃及进口粮食的第二大地区。[16] 奥斯曼帝国关切埃及粮食生产通常体现为不遗余力地维护和修缮乡村灌溉系统，因为水是粮食产量多寡的决定性因素。[17] 比如我们在第三章中已经看到，法尤姆于1709年至1711年间实施的一系列大坝和堤岸修复工程中，帝国政府在其行政指令里不厌其烦地强调埃及所产粮食对于保障汉志朝觐活动顺利进行的重要性，所以恢复这些灌溉设施的正常使用显得尤为迫切。[18] 和埃及其他区域一样，法尤姆生产的多余粮

食都会被供给汉志。此外，法尤姆能成为汉志的粮食主要进口地区之一还得归功于法尤姆（以及上埃及地区）专门设立的瓦克夫（awqāf），其主要用途便是为麦加和麦地那的朝圣队列与居民提供食物。[19]

在法尤姆和埃及其他地区种植的粮食在抵达汉志之前，都需要先在苏伊士装货，再通过海运送往目的地。尽管长久以来法尤姆都倾向于将苏伊士作为粮食出口的中转站，到了15世纪初（奥斯曼人征服埃及之前），苏伊士的地位得到了进一步提升，击败埃及南部港口城市（尤其是古赛尔和艾达布）变为埃及和汉志商贸往来的核心枢纽。得益于这一时期农业生产模式的转变，三角洲区域一跃成为埃及粮食产量最高的地区，而得天独厚的地理优势（三角洲距离苏伊士的距离比南部港口城市更短）同样造就了苏伊士的地位。[20] 不管是产自法尤姆还是埃及乡村的其他地方，粮食一旦抵达苏伊士，那么它接下来的运输方式只能是海运。在奥斯曼帝国大部分的统治时期里，船舶的数量相当可观。但由于船只破损，海难频发或船舶被其他地方调用等原因，苏伊士时常面临船只数量短缺的困境。[21] 1725年的春天就发生了这样的情况，当时奥斯曼人在苏伊士囤积了大量需要运往汉志的粮食，但却找不到足够的运粮船。

造船之木

奥斯曼埃及的相关档案文献生动地展示了苏伊士建造三艘运粮

157 船时的复杂流程，为了达成这一目的帝国需要将木材从安纳托利亚南部运往埃及。[22] 木材是帝国重要的战略物资。[23] 这部分源自木材的稀缺性——奥斯曼帝国境内只有少数木材产区（安纳托利亚南部海岸的部分区域、黑海沿海部分地区，以及大叙利亚）。[24] 因此奥斯曼帝国对木材的供应、分配和运输过程管控得十分细致。[25] 国内的森林资源由奥斯曼政府而非市场需求所主导。木材和粮食类似，是帝国供需关系链条上的一环，帝国通过对供需链条的宏观调控就可以实现资源的跨区域调配。汉志从埃及进口粮食，或是埃及

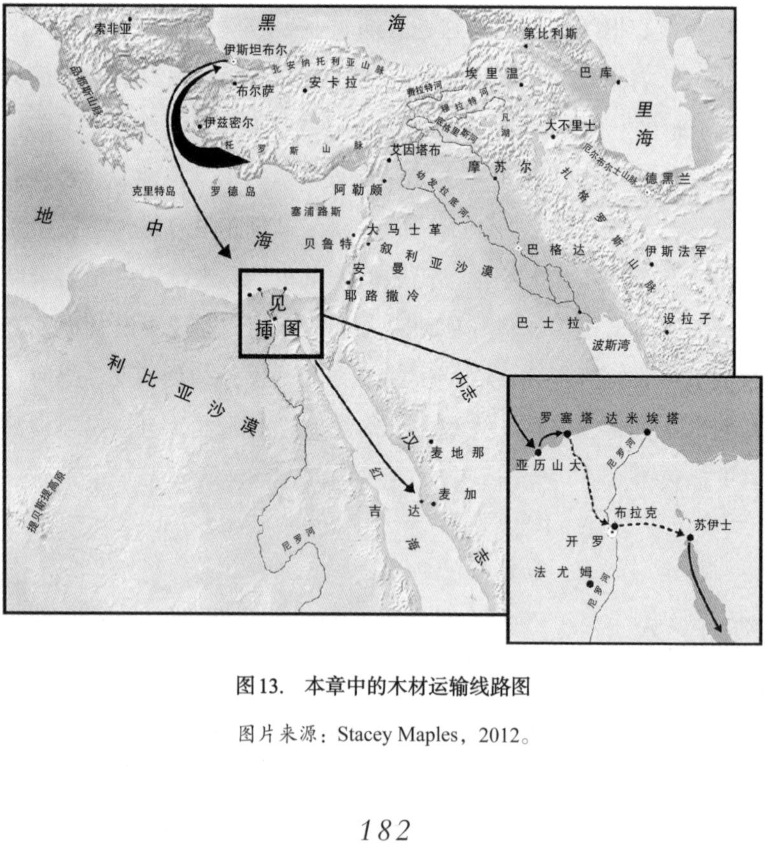

158 图13. 本章中的木材运输线路图

图片来源：Stacey Maples，2012。

从奥斯曼帝国其他区域获取木材都体现了这一逻辑。因此，木材运输这一看似简单的活动背后却隐藏着极其复杂的管理机制，奥斯曼帝国通过战略资源管控来展示其无上权威，并成功将部分地区过剩的食物能源调配至粮食紧缺地区，供给整个穆斯林世界的朝圣者们，实现资源的合理分配。如此繁复的资源管理体系体现了这样一个事实，那就是在奥斯曼帝国，只有中央政府才有能力完成这样规模和投资巨大、程序细致复杂的工程。

奥斯曼帝国的木材产自安纳托利亚西南部以及黑海南部海岸的森林中，这些地区的农民每隔3到4年便会被政府临时雇佣，负责伐木和运输工作。工人们会耗费约3个月的时间砍伐树木，并将木材运送至位于伊斯坦布尔的国家储备仓库。[26] 整个流程会由受雇于帝国造船厂（Tersâne-i Âmire）的木材监管员（kereste emîni）进行监督，该政府机构专门负责收集、贮存和分配整个国家的木材资源。[27] 木材监管员管理着一支名副其实的“工人军队”（amele）。[28] 拥有各类军事头衔的工人（yaya，müsellem，yörük，canbaz）和特定类型的工匠（neccar，teksinarcı，kalafatçı）共同协作将森林变为可用的木材。[29] 安纳托利亚西南部和黑海沿岸区域因其高森林覆盖率和毗邻海岸线的地理位置成了绝佳的木材产区。[30] 因为这些木材的主要用途是用来打造奥斯曼帝国的海军舰队，由帝国造船厂监管森林资源也就合乎情理了。

通常情况下，政府会租用商船作为运送木材至伊斯坦布尔的运输工具。以安纳托利亚东南部为例，当需要组织木材船运时，负责管辖该区域的罗德岛行政长官便会接收到一系列相关指示。考虑到帝国政府在18世纪10年代末至20年代初向罗德岛发布的指令频次如此之高，我们可以推测彼时伊斯坦布尔贮存的木材大多来自安纳托利亚的东南部。[31] 帝国设立的木材储存仓库实际上象征着对于木材这一战略资源的垄断。奥斯曼帝国还实行了其他的森林管控措施，其中包括规定国内大部分森林属于帝国所有，并颁布规章制度，严禁乱砍滥伐，以及严禁未经许可在林中放牧、乱搭乱建或狩猎。[32] 通过控制森林的开发利用，并将全国的木材统一经由帝国造船厂（该机构就设立在皇宫脚下）分发至各地，苏丹得以将木材资源牢牢把握在自己手中。[33]

在1725年，苏丹下令将木材——很可能就是产自安纳托利亚西南部的木材——从伊斯坦布尔的中央木材集散地运往地中海沿
159 岸的亚历山大城。[34] 与将木材从安纳托利亚沿岸运至伊斯坦布尔的情形相似，帝国船队会在商船（tüccar sefineleri）的协助下完成这一使命。[35] 对于近代早期奥斯曼帝国巩固自己在地中海东部的利益，亚历山大具有重要的战略意义。[36] 比如，作为帝国开展各类海上活动的主要基地，亚历山大派遣过舰队协助奥斯曼人对1566年的希俄斯岛（Chios）、1675年的马耳他（Malta），以及1666年和1715年的克里特岛采取军事行为。亚历山大还是连接地中海、红海和印度洋贸易网络的核心枢纽。[37] 满载着货物的船队经过印度洋抵达苏伊士，商品从苏伊士出发陆运至亚历山大后再次装船，驶向分布在地中海沿岸的各个城市（和上文中木材的运输路径恰恰相反）。[38] 由于亚历山大的军事和经济地位，奥斯曼人在管理这座港口城市时显得格外用心，并制定了一整套的关税制度、法律条文、经济规定以及建立了军事基地。

从最开始的种子到成为船体的一部分，木材之旅中最漫长的一

段路途便是从伊斯坦布尔到亚历山大。[39] 这也是一次危机四伏的旅程，地中海的汹涌海水、肆虐的海盗以及种种潜在的风险无不对脆弱的船舶构成威胁。海盗是奥斯曼人在地中海的头号劲敌，多年以来奥斯曼人一直想方设法试图消除该隐患。[40] 无论海上航行在当今世界多么司空见惯，我们都不该轻视乘着一堆木头穿越地中海的艰难程度。每艘巨型船舶都由数百根巨大的木料组成，而每根木材都需要十几个人才能搬动，更别提船队要在两周左右的时间内航行数百公里，而到达目的地之后的卸货又是一项艰巨的任务。有证据表明18世纪上半叶亚历山大的人们会使用浮吊设施进行装货和卸货，以及配合船只的维修工作。[41] 政府雇佣的商用木材运输船大多体积庞大，而且航行稳定性很高，能有效抵御开阔海面上的种种风险。这类船舶和它们的船长对于这样的旅途得心应手，他们常年在帝国最富裕的省份和首都之间来回穿梭，负责运送粮食、纺织品、制成品、食品和其他货物。和所有物品一样，1725年的这批木材在进入亚历山大时也进行了海关登记，这是从地中海进入埃及的船舶都必须遵守的一项规定。[42] 160

一旦木材顺利抵达亚历山大并登记在案，就马上会被装上另一支船队。转运之所以必要是由于地理环境和运输手段的限制。从亚历山大到苏伊士——在1725年当然还不存在苏伊士运河——船队需要顺着尼罗河驶入埃及内陆。[43] 然而在18世纪早期，亚历山大和尼罗河之间并没有直接相连的内陆水道。[44] 因此，船队从亚历山大出发后，需要先沿着埃及地中海的海岸向东航行，然后从罗塞塔或达米埃塔进入尼罗河水系，正是这两个地方的尼罗河支流形成了尼罗河三角洲。除非是由于汹涛、风暴、船难或者其他灾祸的阻挠，几乎所有从亚历山大出发的船只都会通过距离更近的罗塞塔支流进入尼罗河。尽管负责将伊斯坦布尔的木材运送至埃及的商船队伍有着丰富的地中海航行经验，它们却很难适应尼罗河水系中狭窄曲折的水路。因此，为了匹配不同航段各自的特点，木材和这条航线上的其他货物一样，都会转移至一种被称为塞里姆（cerîm）的船舶，其体型较小，结构稳固，也更为灵活。[45] 在整个木材运输期间，每次转运货物都需要投入极大的细心、耐心和精力，以防止损坏或失窃的发生。这些小型船舶和之前的地中海商船一样，都由奥斯曼政府从当地商人那里租借而来。[46]

有了更适合当地环境的船只类型助力，木材继续沿着埃及海岸线向东航行，直至抵达尼罗河的罗塞塔支流入口处。夏末和秋初

161 **图14. 行驶在尼罗河的罗塞塔支流上的船舶**

图片来源：Commission des sciences et arts d’Egypte，*état moderne*，vol. 1，pt. 2 of *Description de l’égypte*，Basse égypte，plate 79。

并非进入此地的最佳时期，狂风大作加上尼罗河泛滥后的洪水此时刚好抵达河口，船舶很容易失去控制被推离航线。[47] 因为这种类型的船队常年在春季航行，所以在进入这条尼罗河西部支流时并不会遇到太大障碍。不出意料的话，木材接下来的中转站将是开罗北部一片叫作布拉克的区域，那是开罗的主要贸易口岸和商业区。[48] 鉴于木材在奥斯曼帝国经济体系中的特殊地位，以及我们目前所讨论的这批木材早已被政府指定了用途，所以它们并未流入布拉克本地的交易网络。当地人知道它们的存在，仅此而已。木材继续着它的旅程，并将在经过最后一次转运后抵达目的地苏伊士。

和之前的情况一样，这次货物转移也受到埃及地形特征的影响。木材抵达开罗前的所有运输方式——从森林到伊斯坦布尔，从伊斯坦布尔到亚历山大，再从亚历山大到布拉克——无一例外都是水运。实际上，对于木材这种不易移动和体积庞大的重型货物，使用水路能够省时省力和节约成本。但布拉克和苏伊士之间的路段却没有水运的条件，货物只能穿越80公里的沙漠才能到达目的地。想不出其他的可行方案，奥斯曼当局和他们雇佣的本地埃及人只能着手准备接下来的沙漠之旅，这也是整个木材运输过程中成本最高、路况最复杂和风险最高的一段路程。在布拉克，政府租用一支驼队来拖运木材。[49] 失去了能够借力水流和风力的船舶，骆驼成了沙漠里搬运木材的最佳选择，是木材的陆运中必要和持久的能量来源。[50]

但雇佣驼队的成本并不低廉。动物的租金、装卸木材的人工费用，以及沙漠向导的工资，总成本高达800帕拉——人力成本占450帕拉，而骆驼成本占350帕拉。[51] 另一个例子也能让我们了解交通运输成本中畜力费用的占比情况，在1696年的朝觐费用清单中，列出的46项费用里（这是我们在文献中能找到的距离1725年最近的数据）畜力成本几乎占据了埃及朝觐财政资金的十分之一——
162 总费用令人咋舌，高达100万帕拉。[52] 历史学家普遍将研究重心放在近代早期的船舶使用、航海工具和海上贸易关系等话题上，但我们也应注意到牲畜在当时的运输、能源、交通、商贸和旅游等领域发挥的作用。我们已经看到，骆驼、水牛、驴和其他动物所具备的力量、速度和耐力优势正是奥斯曼帝国得以顺利开展商贸活动，管理并提升农业产量的一大前提条件。骆驼对于木材运输的重要性显示出牲畜——就像木材——是帝国能够组织和开展各项工作的战略资源。[53] 根据历史学家的估算，奥斯曼帝国使用的骆驼每日可以负重0.25吨行进15公里左右，这比马或者骡子的负载极限多出百分之二十，甚至比驴能承载的最大重量多出两倍以上。[54] 如果我们接受这一说法并考虑到木材测重时的误差，驼队和随行人员需要花费一周左右的时间才能穿过沙漠将木材从开罗运至苏伊士。

木材终于抵达了苏伊士。木材一路上从伊斯坦布尔穿越地中海进入红海，而今终将化身为新船舶的一部分，跟随船队将埃及所产的食物送往汉志，而这也是整项工程的终极目标。[55] 木材一路上流经安纳托利亚西南部、伊斯坦布尔、苏伊士、亚历山大、罗塞塔和开罗，这是一段漫长、低效和艰难的旅途，其中的原因之一便是无论造船需求有多么紧急，原材料的运输过程起码得耗费好几个星期甚至更久的时间。而且这仅仅是第一步，因为从原材料到位到船舶成形还需6个月至两年不等，具体工期取决于船体大小、工人数量、建造期间一些难以预料的问题以及其他的意外状况。

木材的运输过程面临的另一个棘手的问题是货物转移过于频繁。木材首先在伊斯坦布尔的皇家码头被装上船，行驶至亚历山大后被转运至另一支船队，然后通过罗塞塔抵达开罗后，又改由驼队负责拖运，穿越沙漠后最终于苏伊士卸货。所有这些转运过程，特别是布拉克和苏伊士之间的陆运部分，木材都容易遭到损坏或盗窃。木材可能因各种原因不慎落地、丢失、破损、被盗或者毁坏。而且木材运输成本不菲，其中包括运输船队和水手的费用、关税、驼队和向导的费用、提供给水手的食物等等。但尽管存在着各式各样的困难和资金问题，奥斯曼政府并没有太多选择的余 163
地。[56] 如果帝国必须在苏伊士造船，而造船需要木材，埃及又没有足够的木材，那么就需要从其他地方运来木材。这便是埃及缺乏森林资源所造成的现实境况和付出的相应代价。

政府经济

苏伊士于1725年建造3艘船的故事向我们揭示了奥斯曼帝国对于特定经济资源的调用和配置。没有任何个人、民间团体或者商业组织能独立完成这一项目；唯有政府有此能力。此处的“政府”（state）并不单指苏丹主导的迪万或国务议会这一具体的国家管理机构。相反，我将此处的“政府”理解为整个帝国官僚行政体系，其中包括向帝国租借船只的商人、帝国造船厂临时雇佣的伐木工和搬运工、驮着木材穿越沙漠的驼队，以及苏伊士的造船工人等。想要完成如此大规模、高投资的项目，并在全国范围内调用大量不同类型的劳动力，由国家政府主导构建的统筹协调机制必不可少——集中式管理的木材仓库、跨越地中海的信息沟通渠道、能够调用大量资金与资源的行政机构，以及囊括各地商人和手工艺者的人力资源网络。

政府有能力完成其他组织或个人无法完成的某些特定事务，这个事实能帮助我们更好地理解在最基本的层面上，“帝国”这一含义暧昧的指称对于埃及人而言意味着什么。奥斯曼帝国在此处表现为经济上的资源管理和协调体制，以及为苏伊士造船等社会活动提供物料、资金和组织能力。没有这样的经济与行政管理机制，埃及乃至整个帝国都不会有个人或组织能够完成造船事业。这一事实和一些人们通常所持的帝国概念相悖，因而可以帮助我们挖掘出18世纪上半叶奥斯曼帝国统治中鲜为人知的一面。

首先，一般的观点认为在17世纪之后，奥斯曼帝国政府很大程度上已经放弃了对经济事务的直接干预或控制。[57] 此类观点经常援引商品限制价格（narh）制度的启用历史作为例证。帝国在16世
164 纪末废除了这项规定，此后只在18世纪最后20年内短暂实行过。但本章讲述的3艘船舶的建造故事显示出政府——就其广义而言——实际上深度参与到市场关系、资源管理和交通运输中。换言之，1725年的造船项目是奥斯曼政府经济干预主义的有力证明。本土市场上的物质资源、运输能力和可用劳动力并不足以满足船只的建造需求。因此，政府需要出面干涉，来调配和供应相应的资源。[58]

这一例子同时说明18世纪上半叶的奥斯曼政府依然能够对远离首都的区域施加政治影响力。研究埃及或帝国其他区域的历史学者们普遍认为自18世纪开始，伊斯坦布尔逐渐失去管理各省份

事务的话语权，而且无力再继续供养军队和维持政府正常运行。[59]但我们在本章中看到的是完全不同的景象，奥斯曼政府展现出了强大的资金实力和组织能力。而且值得注意的是，在这个故事里的政府行政触角延伸至帝国的边远之地——并非大城市，而是距离伊斯坦布尔或者开罗这样的权力中心远得不能再远的地域。许多当代学者认为，18世纪的奥斯曼政府在安纳托利亚西南部和苏伊士这种地方的政治影响力应该相当薄弱，但实际情况并非如此。商品史为我们理解奥斯曼政府的权力版图和功能行使提供了新的视角。木材和粮食的例子告诉我们，商品的获取、运输和使用过程以一种隐秘的方式将社会生活的方方面面关联到了一起。换句话说，追溯特定商品的演变历史可以有效地让我们打破惯性思维，从而对包括奥斯曼帝国在内的近代早期政体实施统治的底层逻辑获得新的理解。

最后，3艘船舶的建造历程完美地呈现了不同区域的地方人士如何在日常生活中参与至帝国政府的管理和运作中。无论是粮食还是木材，它们在运往苏伊士和最后抵达汉志的途中，无时无刻不依靠着农民、地方商人、水手和工人的力量，这些人利用各自的经验为政府提供指导和建议。安纳托利亚西南部山区里的伐木工人比任何人都清楚该区域内森林的生长情况，所以在政府需要管控和获取木材资源时，他们的专业技能、知识和经验就有了用武
之地。同样地，地中海的水手们知晓最佳航线和操控船只的技巧， 165
他们是将木材带到埃及的不二人选。驼队和骆驼夫能够携带木材穿过沙漠，苏伊士经验丰富的造船工人负责将木材加工成型。这些千差万别、相互独立的行动者之所以可以聚集到一起，成为此

次造船事业的一分子，得归功于奥斯曼政府的统筹协调能力。但在整个过程中，奥斯曼政府官僚们并不会亲自搬运木材或牵引骆驼。很显然，若缺少了来自不同地域各方人马的协助，帝国政府亦无法启动造船项目。

合作之所以必要是因为人类活动依赖于对地方环境资源的使用，以及对相应环境限制因素的克服——森林、土地、沙漠的炙热天气与河中的水流。每种生态环境都刻有自己独特的印记，只有拥有丰富地方知识和经验的人才能给出行之有效的解决方案。奥斯曼人依靠他们来应对和利用不同的自然环境，因为这是最为便利、持续和有效的资源使用方式，不管是自然资源还是人力资源。因此，在帝国政府履行职能的背后，离不开每个当地人作出的贡献。与此同时，也正是在帝国缔造的政治经济网络的连接作用下，安纳托利亚西南部的伐木工和埃及东部的骆驼夫之间才有了相互流通的途径。地方行动者的知识与经验，和奥斯曼行政部门的管理与整合能力，二者互相依靠缺一不可，苏伊士的木材运输工程缺少任何一方的参与都无法开展，或者从更大的层面上来说，任何资源管理工作皆是如此。由此奥斯曼帝国打造出一个跨越地中海的商品流通网络，地方人士的劳动和知识构成了网络上的节点，并在奥斯曼政府的行政管理下串联为一个整体。

帝国需要自然

木材在奥斯曼帝国的地位有别于其他任何一类商品。其稀缺程度和战略价值决定了围绕木材资源，政府将采取何种管理模式以及建立怎样的经济体系。帝国的森林资源分布于安纳托利亚南部、黑海沿岸和大叙利亚，如前所述，为了保护林地不受破坏，政府制定了一套十分复杂的森林管理制度。和绝大多数自然资源一样，166 木材的价值并不来自人类劳动而是源于太阳能、土壤提供的营养和大量水分的滋养。因此，不同于传统的劳动价值论，即商品价值取决于物品**生产**过程中凝结的人类劳动，奥斯曼帝国的木材所发挥的功能和价值很大程度上（也许是绝大部分）取决于自然环境本身。当然，为了将木材运至离原产地500公里远的苏伊士以满足造船需求，人类在切割、运输和加工木料时投入了大量的劳动，但无论投入多少人力、知识和精力，人都无法独力**生产**出符合埃及造船要求的、粗壮耐用的木料。正如威廉·克罗农（William Cronon）在谈论美国西部时提到的那样："不管是肥沃的草场还是茂密的北部森林，这些都属于自然发生的生态过程，人类劳动在其中发挥的作用微乎其微，我们扮演的更多的是剥削者的角色，不**生产**，只**消费**。"[60] 对于粮食或者牲畜这样的自然产品，我们也可以下类似的论断，但木材与小麦种植的根本区别在于，一片原始森林在被砍伐后若要重新恢复样貌，哪怕无需几个世纪，也需花费数十载。这样的时间尺度是大多数人类活动无法想象的。

因此，由于木材的使用是单向消耗自然资源的不可逆过程，奥斯曼帝国不得不采取多种方式对森林资源进行集中管控，因为这是维系森林可持续发展的唯一方式。换言之，如果森林开发任由市场需求和个人利益决定，那它将很快被消耗殆尽，从而对帝国子民和后世子孙造成巨大的危害。这种情况就出现在克罗农著作中所提到的北美五大湖地区（the Great Lakes region）。来自奥斯曼埃及的其他文献资料进一步证实了木材作为商品的特殊地位。例如，如果我们对这一时期的遗产清册作一番考察，我们就会发现木制品在埃及乡村是普通人群所能拥有的最昂贵的物品之一。[61] 木材以及木制品的高价值再次说明了木材在埃及的稀缺性。

结论

埃及的造船工人、骆驼夫、农民，以及近代早期穆斯林世界的朝圣者，他们或许从未亲眼见过，甚至听说过安纳托利亚这个地
167 方，却都以真真切切的方式参与到这个地方的历史书写中。伴随着森林的消失，生态系统被改变甚至摧毁，土壤肥力被消耗，以往的动物栖息地再不复从前。埃及当地人、汉志的虔诚朝圣者，还有安纳托利亚的森林，这些看似互不相干的人或事物之间存在着千丝万缕的联系，这对于我们理解奥斯曼帝国的环境史，以及某些特定商品对环境史的影响能给予何种启示？

首先，这些联系揭示出了奥斯曼政府的资源管理逻辑，即如何按照优先级不同给各类环境资源排序。从帝国和埃及当地人的角度来看，埃及作为农业大省——它为汉志和其他很多地方提供了充足的粮食，是奥斯曼政府巩固统治权的有力保障——值得享有最高优先级，而这往往意味着改变和消耗其他地方的资源环境，将必要物资输送至尼罗河谷，从而实现埃及农业产量的最大化，或是将埃及产品运输到帝国的各个角落。因此，埃及人在为了与

汉志的粮食业务往来而造船的过程中，实际上也在大量消耗着安纳托利亚的森林资源，尽管他们很可能对此一无所知。所以，安纳托利亚森林的历史、埃及乡村的历史、汉志朝圣者饮食的历史，以及奥斯曼政府进行行政管理的历史必须被视为同一社会活动的不同侧面，即人类对自然资源的共同消耗和使用。

而且，在伊斯坦布尔和开罗的奥斯曼官僚看来，将安纳托利亚和埃及放置在一起实施管理合情合理。如此一来，埃及就能将农业生产中的过剩粮食资源运输到别的地区，奥斯曼帝国便可以实现资源的跨区域调配，解决资源分布不均的问题。我们甚至可以设想这样一种场景：奥斯曼统治者审视着整个帝国，像拼积木一样把各个资源模块以不同方式组合起来，从而实现最优化和合理化的配置。木材在埃及被用作造船和灌溉的目的，为粮食和其他食物运往麦加和麦地那（以及伊斯坦布尔和帝国内其他人口重镇）铺平了道路。从本质上讲，帝国政府所做的是将安纳托利亚的木材转化为汉志的人们身体所需的卡路里。通过灵活调用某些区域的人力、地方经验和技能，将其服务于木材或粮食这样的自然产品生产（或消耗）活动，奥斯曼帝国成功地提升了农业经济发展水平。这一全国性系统如要有效运行，交通运输网络——我 168
们对此已经细致考察过——必须具备快速响应和高效运输的能力。此外，如何将分布在三块大陆和众多海域的不同行动者的劳动和经验聚集起来并为己所用，这也是系统得以成功运行的前提条件。总而言之，一个能够协调并利用地方知识和各类人力的帝国中央政府正是这一环境资源管理与调配机制的核心。

第九章

169

瘟疫与生态

许多历史学家都注意到在奥斯曼埃及的历史上，诸如瘟疫、饥荒、干旱、涝灾以及物价上涨等天灾人祸往往交织在一起同时发生。[1] 但鲜有学者充分阐明了疾病与其他自然或社会现象之间的关系，以及疫病如何嵌入16世纪至18世纪之间、死亡与苦难交替的历史更迭中，而埃及人对自然环境和瘟疫的感知方式或许就藏匿其下。本章将重点探讨埃及于1791年暴发的一场瘟疫，并试图说明瘟疫如何在18世纪末的埃及被视为自然环境的内在组成部分。本章将重点探讨瘟疫在埃及人心目中作为一种常规存在的自然元素，是以怎样复杂的面貌登上了人类历史舞台。

我们必须首先在病理学意义上对埃及的瘟疫暴发进行考量，以当时人的目光来看待瘟疫这一自然界的基本构成因素，因为在18世纪末的埃及人看来，瘟疫与洪水、风暴、干旱和饥荒同为再寻常不过的自然现象。如同尼罗河泛洪、粮食价格上涨、饥荒及其他苦难，埃及人将瘟疫同样解释为不可避免而只能安然接受的天命

安排。因此，那些生活在18世纪末饱受瘟疫之苦的人们并不会觉
170 得疫病是某种“外来的”入侵者，被来自远方的船队带到这片原本富有生机的土地上。事实上，瘟疫尽管让埃及人感到恐惧，却鲜少让他们产生逃离的意愿；相反，在人们眼中瘟疫发根于本土，是自然规律的显现。[2]

尽管奥斯曼军队在1517年攻陷了埃及并将其设为帝国行省，有关瘟疫的历史记载表明，埃及瘟疫暴发的频次、严重程度或人们采取的应对措施，并未在1517年的历史节点之后发生任何改变。实际情况也是如此，从1347年至1894年，埃及平均每隔9年就会暴发一次新的瘟疫。[3] 疫情的周期性和高频次意味着对于这段历史上的大多数埃及人而言，疾病流行是人们日常生活里意料之中的规律事件。这也提示我们，历史学家应当对疾病对于埃及史，甚至整个中东史的塑造作用给予更多的研究关注。[4]

尽管把1517年作为瘟疫史的分水岭不过是人为的划分，这一年在疾病史学领域却有着特殊的意义，因为大多关于中东瘟疫话题的研究著作都选择关注马穆鲁克时期或者中世纪的埃及，尽管我们已经看到瘟疫在整个奥斯曼统治时期（和其他地方一样）同样是不可忽略的规律性现象。[5] 历史学家们之所以偏向于研究更为早期的瘟疫史，主要是由于中世纪提供了远比奥斯曼时期丰富的史料文献。[6] 但近来大量的研究成果表明，这样的论断并站不住脚，因为关于1517年以后的埃及瘟疫历史，中东也留存了多种史料来源：奥斯曼政府档案记录，伊斯兰法庭档案、手稿，以及作为帝国中心的伊斯坦布尔与其他省份之间的公文往来。[7] 此外，17和18世纪涌现的大量编年史著作也为我们了解这两百年间的瘟疫暴发情

况及其影响提供了宝贵的切入口。[8]

1791年的瘟疫

1791年刚开年，埃及人便发现了不祥的预兆。根据多名占星帅（al-falakiyyīn）的预测，一场可怕的地震（zalzala ʿaẓīma）将于2月1日午夜降临埃及并持续整整7个小时。[9] 无论是富人还是穷人都对此次预言深信不疑，有人甚至逃出城市和乡村，跑到沙漠或者开罗两大湖区——爱兹拜耶（al-Azbakiyya）和阿尔菲尔（al- 171
Fīl）——这样的开阔地带避难。所有埃及人都在当天晚上严阵以待，但地震并未如期而至，到了第二天早上大家依然安然无恙。[10] 人们深感被骗，民间当时还流传着如下诗行来嘲笑受骗者的天真和愚蠢："开罗可笑之事甚多/苦中带笑，笑中带泪。"[11]

图15.　位于开罗的爱兹拜耶湖

图片来源：Commission des sciences et arts d'Egypte，*état moderne*，vol. 1，pt. 2 of *Description de l'égypte*，Le Kaire，plate 40。

不管这场臆想中的地震所引发的恐惧多么不切实际，埃及人在1791年的2月份却实实在在地感受到了生命的威胁。当月晚些时候，瘟疫迅速暴发。根据一名亲历者的记述，疫情暴发初期每天有1 000人丧命。不久后，这一数字增至每天1 500人。[12] 根据这名史学家的估算，在其他地方每天有2 000人死于瘟疫。[13] 在疾病面前，不论年轻或年迈，强壮或羸弱，信仰伊斯兰教或其他宗教的人都面临相同的命运。[14] 在1791年的春天，“无数的婴儿、年轻人、女仆、奴隶、马穆鲁克、士兵、总督和埃米尔”死于非命。[15] 还没来得及实施逃跑计划逃至伊斯坦布尔，当地长官伊斯梅尔贝伊（Ismāʿīl Bey）和他的随从们就先行被死神带走了。[16] 事实上，1791年的疫情给奥斯曼埃及造成了极大的权力动荡，因为所有领导者都在上任不久后就一命呜呼了。奥斯曼中央政府向埃及颁布敕令，恳请省内为数不多的官僚尽其所能让当地政府免于混乱（perişanlık），因为八九个重要的贝伊极在短时间内相继丧命，情形之危急可想而知。敕令中还命令当地官员向伊斯坦布尔汇报那
172 些已经死去的重要人物及其继任者们的名字、外貌和主要特点。[17]

当阿迦（aghā）[18]（军队里的高级将领）和瓦利（wālī）[19]去世后，后继者们也在迅速掌权后的3天内相继身亡。再后来继位的人不出几日也都沦为了瘟疫的牺牲品。埃及编年史家哲拜尔提写道：“领导权在一周之内已三次易主。”[20] 另一位编年史学家哈什沙卜（Al-Khashshāb）对于此番情景的描述有些许出入。他写道阿迦的任命、死亡和新领导上任这样的事件在同一天内发生了三次。许多人早上才掌权，到了下午晚些时候便已离开人世。[21] 埃及的帕夏听从了下属的建议，和手下的埃米尔们一同离开开罗到图拉

（Ṭurā）避难。[22] 许多开罗家族（buyūt）因为瘟疫惨遭灭门。[23] 疫情初期患病者的死亡速度相当快，这在1791年的瘟疫记载中曾被反复提及。

当时驻扎在旧开罗、吉萨和布拉克的很多士兵与海军也被瘟疫夺取了生命，数量之多以至于人们只能临时找块墓地，集体埋葬草草了事，根本来不及为死者举办任何临终仪式。[24] 那些和军队没有关系的平民死去后也只能以集体的方式下葬，阿訇甚至会一次性为多达5位逝者念诵悼词。事实上，当地的殡丧管理处在这个春天完全处于超负荷运转的状态，因为对送殡人（al-ḥawānīt）和入殓师（al-mughass）的需求大大超出了日常水平。大多数和疫情无关的社会经济活动在此期间都处于停滞状态，因为“除了死亡以及死亡相关事务，人们没有其他可以忙的了”。[25] 关于1791年春天的历史记载细致描绘了疫情下的世间百态，其中包括病者、死者、探望人员、护工、葬礼来宾、祷告者、葬仪师，以及因感不久于人世而悲哭的人。

哲拜尔提还提到了1791年夏天的瘟疫引发的另一种社会现象：男性角色在家庭中的缺席。[26] 1791年7月末，一群由穆拉德贝伊（Murād Bey）管辖的埃米尔从埃及南部来到开罗时，他们发现当地很多家庭里缺少男主人的身影，只剩下“女人、女仆和奴隶”。这些埃米尔见到此番情形十分欣喜，因为这意味着他们可以取代原主人，成为这些家庭的新主人，“这些人换了新床，开始准备婚宴”。[27] 按照当时的规定，如果有的房屋没有男性主人，任何名下没有房产的埃米尔都有权随意挑选，不受阻碍（min ghayr māniʿ）地入住其中一处。趁着瘟疫肆虐之际，这些男人借机抢夺土地、

173 房产、财富和妻子。伊斯坦布尔的统治者担心，埃及暴发的疫情为帝国的敌人们制造了可乘之机，让不法分子和怀有异心的官员得以逃到埃及，利用当地的骚乱和失序为非作歹。事实上，奥斯曼当局用十分强硬的方式命令埃及仍然在岗的公职人员采取措施，严防埃及成为逃犯的藏身之所。[28]

最令奥斯曼政府感到担忧的是如何控制疫情期间的人口和物资流动。实际上正是由于埃及作为国内和国际商业贸易流通中心的地位，才使得该地区不断受到瘟疫的侵袭。瘟疫病毒主要在啮齿类动物间流行，后者广泛分布在中亚、库尔德斯坦、中非和印度西北部。[29] 伴随着商品、老鼠、跳蚤以及人口的迁徙，病原体也在埃及土地上扎下了根。[30] 18世纪末，生活在开罗的美国传教士约翰·安特斯（John Antes）写道："要不是瘟疫从土耳其（即奥斯曼帝国）的其他地方传到埃及，我无法想象还有什么途径能够让埃及暴发疫情。"[31] 实际上，几乎每周都有数百艘船舶和大量商队从伊斯坦布尔、印度、也门、苏丹、中非和伊拉克等地来到埃及，源源不断的货物和人口流经这里的同时也带来了寄生虫。瘟疫流行的故事再一次说明了我们无法脱离全球视野去孤立地看待埃及史和奥斯曼帝国历史。病毒登陆埃及的两处关键入口均为核心商业区：地中海的港口和通往苏丹的南部商道。[32] 因此，瘟疫的传播路径或是由亚历山大港口登陆埃及，再向内陆进军；或是在陆地上从中非出发，经过苏丹，最后抵达埃及。1791年的瘟疫病毒很可能由伊斯坦布尔驶出的船队携带而来，再通过地中海港口传播至埃及。[33]

不管其最初的发源地是库尔德斯坦还是苏丹，不可否认的是瘟疫最终席卷了整个埃及。而在埃及人对瘟疫的感知和理解中，由于这一现象发生的稳定性和规律性，瘟疫似乎被蒙上了一层大自然的神秘色彩，与饥荒、洪灾和干旱一同化身为一种源自本土、不可抵挡的自然伟力。[34] 许多欧洲观察者从自己的角度出发，称埃及为“孕育瘟疫的摇篮”。[35] 有趣的是，埃及史学家哲拜尔提似乎赞同这种观点，他认为瘟疫就潜伏于尼罗河谷的土壤之中。在1798年至1801年法国占领埃及期间，哲拜尔提在听到法国人对埃及瘟疫 174
的病原分析后表示认同。“他们说地里的腐败物（al-ʿufūna）会污染深层土壤。当冬日降临，地下在尼罗河水、雨水和潮气的作用下变得阴冷潮湿，原本封存在地底的瘴气便会溢出地面污染空气，导致流行病和瘟疫的出现（alwabāʾ wa al-ṭāʿūn）。”[36] 哲拜尔提关于瘟疫起源于埃及的观点受到当时以瘴气论为代表的瘟疫病源学说的影响，并揭示出埃及所流行的瘟疫观念，即人们将瘟疫视为诞生于埃及的自然之物，或埃及生态环境中的固有组成。

尽管对于1791年及其他历史时期的瘟疫暴发有着丰富多样的文字记载，想要阐明疾病对埃及人口的影响仍是一项困难的任务[37]。鲜有学者针对18世纪末或是奥斯曼统治时期埃及的人口情况进行研究。[38] 根据不同埃及编年史学家的记录，疫情期间埃及每日的死亡人数可能为1 000、1 500或2 000不等，导致我们难以判断哪种说法更准确，甚至可能所有人的记载都是错误的。[39] 再者，这些叙述实际上引发了更多的疑问，而让真实情况变得更加扑朔迷离。[40] 这些数字的依据是什么？如果每天死去这么多人，那么这种情况持续了多少天？城市和乡村的死亡率各是多少？这些数字是否可能只是一种夸大的修辞手法，用以表示疫情的严重程度，而非实际的统计数字？根据当代史学家安德烈·雷蒙德（André

Raymond）估测，在1623年至1626年之间，瘟疫夺走了近3万名埃及人的生命。[41] 他宣称1718年瘟疫肆虐期间的死亡人数和这个数字不相上下，也就是当时埃及总人口的八分之一。历史学家丹尼尔·潘扎克（Daniel Panzac）从他的角度出发，认为1784年至1785年间暴发的疫情杀死了30 000 ～ 40 000名开罗居民，当时开罗总人口约为30万人，而1791年的瘟疫又让开罗损失了五分之一的人口（那一年的开罗总人口数依然为30万左右）。[42]

洪灾之后，必有大疫

在1790年秋天，也就是1791年春天的瘟疫暴发前夕，一场滂沱大雨让开罗很多地方遭受了洪灾。哲拜尔提以其惯常的夸张口吻形容这场暴雨。[43] 在1790年10月14日星期四的夜晚，开罗突降瓢泼大雨，“雨水就像从天上的巨大储水袋中倒向开罗，倾盆而下”。[44] 暴雨如注的同时还伴随着电闪雷鸣，城内黑夜如白昼，雷电声响巨大，震耳欲聋。暴雨持续了整整一夜，直到第二天深夜才
175 停歇，水流冲刷着山体，流入城外的沙漠中。在此次暴雨中，墓地遭到了破坏，房屋塌陷，困在屋里的人被活活淹死。

就好像这一切还不够糟糕一样，本就风雨交加的星期五恰巧赶上了年度朝圣朝觐活动结束之际，众多教徒从麦加和麦地那回到了开罗。但迎接他们的不是以往的欢迎队列，而是无情的洪水，水面上甚至还漂浮着哈吉埃米尔（Amīr al-Ḥajj）的华丽帐篷。[45] 此时洪水已经进入开罗城，城内好几处粮食和其他食物的贮存设施、

旅社和清真寺都没能逃脱被淹没的厄运。商铺、住所、大片街区都受到了破坏。例如，侯塞尼亚（al-Ḥusayniyya）街区有一半以上的房屋都被洪水卷走了。[46] 雨水聚积在城市周围，形成了一个巨大的湖泊。哲拜尔提用一句话评论了此次暴雨："这是一场名副其实的灾难。"[47]

不管造成此次涝灾的暴雨是否如此骇人，最后的结果都不容置疑：对城市和资源的重大破坏。[48] 和尼罗河泛滥时河水漫过堤岸的情形类似，1790年的水灾也摧毁了开罗城内和周围的大量农田。[49] 这无疑意味着当年粮食产量的急剧收缩。而且比起通常泛洪带来的影响，1790年的暴雨显示出更强的破坏性，因为它让开罗市场上和粮食储备仓库里的食物一夜间付诸东流。开罗及其周边区域的人们生活由此雪上加霜，因为农田里的作物和存粮都不复存在。粮食短缺和饥荒随之发生，削弱了人们抵抗瘟疫时应有的决心和毅力。不难发现的是，在中东和其他地区的瘟疫传播史上，瘟疫和饥荒总是相伴而生，如影随形。[50]

开罗洪灾引发的另一个后果是使得数以千计的老鼠四处窜逃寻找栖身地。尽管大多数鼠类都会游泳，这些啮齿动物——和人类一样——面对洪水时总会出于本能逃到干燥地带。[51] 在1790年秋天，老鼠和人类为了争夺为数不多未被洪水淹没的生存空间展开争斗。老鼠藏身在茅草屋顶里、房屋内部，或其他的安全区域。在尼罗河附近的村庄，每当泛洪开始后，老鼠便会离开河边，携带着跳蚤从农田和堤岸逃至高地。[52] 等到洪水消退，脆弱的埃及乡村便极易受到老鼠和蚊虫的侵害。约翰·安特斯（John Antes）注意到："如果它（尼罗河）的水位大幅上涨，但未能停留足够长

176 的时间好让土地充分浸润，那一年便不会是丰年，而且如果河水退去的速度太快还会引发其他后果，因为此时气温尚高，土壤中容易滋生各种对植物有害的病菌。”[53] 尽管老鼠和人类通常共享同一片干燥安全的生活空间，人类并不能，也不会进入老鼠的藏身之所，所以它们得以拥有足够的繁衍机会。随着泛滥的河水退去，人们返回原来的住所时便会发现村里聚集了大量老鼠——以及跳蚤和各种蚊虫——吞食着被洪水冲毁的坟墓里的尸体，以及水中浸泡着的粮食。所以，由于洪水的到来缩减了人类、老鼠和跳蚤的活动空间，他们（它们）对彼此的影响也将更加显著。[54]

生物在生活空间上的邻近程度是瘟疫病源研究中的关键因素，因为对人类而言，病毒传播的主要载体是老鼠和它们身上的

图16. 18世纪末亚历山大城内的老鼠

图片来源：Commission des sciences et arts d’Egypte，*Histoire naturelle*，vol. 1，pt. 3 of *Description de l’égypte*，Mammifères，plate 5。

跳蚤。[55] 只要一个地区的老鼠种群规模足够大，能够维持数量足够多的跳蚤存活下去，那么瘟疫就会一直持续。[56] 埃及的编年史学家并没有直接从流行病学角度去分析1791年的瘟疫事件。但足够的证据表明，这场瘟疫属于淋巴腺鼠疫，而非肺炎性鼠疫或者败血性鼠疫。[57] 首先哲拜尔提声称瘟疫患者并没有出现发烧的症状，并且通常在两到三天内死去（这些都是淋巴腺鼠疫的特征），其次他还记述了病患、死者和健康人员共处一室的场景。[58] 他描写那些在家中看护和照料病患的人。他还提到尽管那些患病的埃米尔依然和妻子们生活在一起，但只有前者死于瘟疫，后者却安然无恙。[59] 如果1791年的瘟疫确实是肺炎性鼠疫，那么那些未被感染的人不可能在和患者亲密接触的情况下丝毫不受影响。肺炎性鼠疫患者通常会出现剧烈的咳嗽，而一次咳嗽或擦鼻涕就会释放大量的病菌从而使身边的人受到感染。鉴于哲拜尔提并未提到有整个家族或者街坊被瘟疫集体夺去生命的现象，以及他对康者照顾病患过程的详细记录，所以1791年的瘟疫很可能属于淋巴腺鼠疫。 177

约翰·安特斯也记录了发生在18世纪末的类似情形，瘟疫患者和看护人员同样非常紧密地生活在一起。"十二、十五或者更多的人之中通常只有一到两个人因瘟疫丧生，有些人把患者抱在怀中看着他们离开人世，但自己却毫发无伤。有一个例子是两个人躺在同一张床上，其中一个人被瘟疫夺走了性命，另一个人则平安无事。"[60] 安特斯还描绘了一些18世纪末旅居埃及的欧洲人，他们的行为证实这一时期的瘟疫并没有那么强的传染性。例如，设立在开罗的圣道传信部（Friars de Propaganda Fide）"经常派遣两名手下去探望病者，为那些不久于世的教徒施临终涂油礼，而看护者鲜少有因感染瘟疫而死去，他们将其视为上帝神迹的显现”。[61]安特斯还记录了一位住在开罗的维也纳医生，他定期看望疫病患者，但自己却从未受到疾病的侵害。[62]

安特斯还提供了更多的细节，证明暴发于18世纪末埃及的这场瘟疫的确属于淋巴腺鼠疫的变体。他写道患者们“在腋窝或者下腹部出现淋巴肿大，此外腿上还长有黑紫色的斑点或脓肿。当淋巴破裂并释放出脓液，病人有一定的康复的概率……病人通常会感到难以忍受的燥热，好似被人丢入火中”。[63] 事实上，大多数瘟疫史学家都认为淋巴腺鼠疫在埃及是最为常见的瘟疫类型。[64]

然而在19世纪之初，艾斯尤特的一座南部城市出现了肺炎性鼠疫病例。[65] 哲拜尔提在编年史中收录了来自朋友兼同僚哈桑·阿塔尔（Ḥasan al-ʿAṭṭār）的一封信，此人曾于1801年5月亲历了
178 艾斯尤特暴发的一场凶险异常的瘟疫。[66] 阿塔尔在信中提到这场瘟疫来势汹汹，光是在艾斯尤特每天就有超过六百人死于非命，瘟疫“消灭了这片区域的绝大多数人口”。[67] 尽管这些文字并不足以构成我们判断1801年5月的瘟疫属于肺炎性还是淋巴腺鼠疫的决定性证据，但鉴于肺炎性鼠疫的强传染性和致命性，以及这次疾病流行的凶猛程度，我们大体可以将其判定为肺炎性鼠疫。而且种种情形不禁让人联想起当年黑死病流行时期，“（埃及）南部的肺炎性鼠疫要比北部肆虐得多”，这进一步印证了我们的论断。[68] 尤其是考虑到艾斯尤特的温和气候，以及数量甚多的老鼠和跳蚤，都说明此次鼠疫极有可能发源于本土并且属于肺炎性鼠疫。[69]

大疫之后，更有大荒

如果1791年的瘟疫成因可以归结为洪水泛滥，那么18世纪末埃及人的疫情生活则由于水资源稀缺而更加举步维艰。1791年8月21日，尼罗河的水位达到那一年的制高点。[70] 以往每年在这个时候，奥斯曼埃及政府就会举行一系列庆祝仪式，其中包括将开罗的哈利吉（al-Khalīj）运河开闸放水。[71] 修造此处大坝的目的是防止蓄水在泛洪季之外的时间段流入运河造成损失。当尼罗河水位涨至最高位时，大坝开闸泄洪，河水涌入运河进入开罗，象征性地表示一年一度的泛洪开始，并预示着那一年将是丰收之年。[72] 尽管这是一件值得喜悦的幸事，庆典同时也可能意味着一系列灾祸的到来，因为如果洪水水势低于或高于预期，饥馑和死亡则将降临。这就是1791年所发生的情形。

泛洪带来的水流无论是过量（比如1790年）还是不足，都会导致食物短缺，饥荒和死亡。1791年夏末秋初的一场低位洪水引发的灾难尤为惨烈，因为人们尚未从那一年早些时候的肆虐瘟疫中恢复过来。而且，1790年的洪灾已经让开罗和埃及其他地方的人们遭受了身体和意志的双重打击，他们对于瘟疫病毒的入侵可谓是毫无招架之力。所以当瘟疫于1791年降临开罗时，它几乎不费吹灰之力便迅速蔓延开来。到了1791年末，干旱和饥荒接踵而至。[73] 1790年秋天的水灾、1791年春天的疫情、1791年秋天的干旱，灾祸频仍，人类社会面临着大规模的粮食短缺和物价飙升，成千上万的人

179 食不果腹，只能在痛苦中死去。哲拜尔提记录道，1791年末由于水资源的稀缺，人们只能任由多地河道与农田干涸开裂。[74]

眼睁睁看着庄稼干枯和死亡，农民们感到十分揪心——用哲拜尔提的话说，“人们开始躁动不安”。[75] 庄稼歉收意味着那一年的粮食价格上涨，以及农民为了抵制物价和统治者而出现的社会动荡与反叛。在1791年的11月和12月，埃及当权者着手从商人和农民手中强抢土地和财产，美其名曰缓解瘟疫和饥荒带来的经济压力。[76] 干旱持续数月，直到1792年1月才结束。哲拜尔提写道“天空中看不见一滴雨水的影子”。[77] 一些农民尽其所能抢救田里的作物，但当他们尝试耕地时，却发现里面布满了虫子和老鼠。这些虫鼠和人类争抢着树上的果实和农田里残存的庄稼。[78] 很多人不得不靠啃食野草为生，牛群也没有草料可以食用。1791年的埃及乡村鼠患成灾，这无疑为瘟疫的持续流行提供了有利条件。[79]

洪水、瘟疫、干旱、饥荒、物价上涨和死亡形成了某种历史轮回，就好像埃及瘟疫的周期性暴发这一生态活动和人们的经济社会生活之间存在着某种伴生关系。[80] 随着食物储量减少，价格上升，政府为了保障特权阶级和军队的需求也会加大资源管控力度。[81] 政府的做法让农民和商人滋生了不满情绪，那段时期由此出现了不少的骚动、控诉和小规模叛乱。比如，当穆拉德贝伊——即上文中乘着疫情乱局，纳寡妇为妻的士兵们的领袖——于1791年7月进入开罗时，粮食价格已经开始猛涨。[82] 当时的人们（ḍaʿf al-nās）深陷瘟疫和水资源稀缺等苦难之中，身心早已脆弱不堪，这些军人便趁火打劫，抢夺粮食占为己有。穆拉德贝伊手下的一名埃米尔甚至将爪牙伸向开罗城外的村庄，试图霸占一批数量庞大的粮食。面对如此可憎的行径，开罗和这个村庄的村民发动了叛乱。村民们拒绝上交食物，当地的乌里玛（ʿulamāʾ，穆斯林宗教学者）谴责了这些人的不法行为。很快这名埃米尔和村民之间爆发了战斗，但穆拉德贝伊由于惧怕局势扩大脱离控制，选择让手下收手并向乌里玛和村民们道歉。 180

瘟疫流行期间的开罗城乡关系再一次反映出粮食储备在饥馑年间的重要性。受到瘟疫和紧随其后的饥荒的影响，乡村人口衰减是很自然的现象，因为埃及乡村的农民为了找到工作和赚取食物不得不选择搬离故土。[83] 乡村劳动力流入城市进一步加剧了粮食短缺所引发的一系列灾难，从而使得社会动荡局面陷入恶性循环。所以这造成了一个非常讽刺的现象，“在饥荒年间，农民们涌向开罗寻找食物，而不是相反”。[84] 除了食物，城市还让农民有机会接触到医生、护工和宗教组织。[85]

瘟疫时节

哲拜尔提在描述里德万贝伊（Riḍwān Bey）临终场景时写道，瘟疫就像“死神吹来的一阵阴风”（ṣarṣar al-mawt），将此人的生命之火熄灭。[86] 瘟疫之风的比喻象征着瘟疫在当地人的世界观里被视为埃及自然环境中的组成要素之一。除了风，瘟疫还常常被描写为践踏生命和夺走财富的恐怖力量。[87] 在亲历过中东黑死病的伊本·瓦尔迪（Ibn al-Wardī，此人在1349年死于阿勒颇暴发的黑死病中）的记述中，瘟疫如同一朵巨大的乌云：“它遮蔽了沙辛（Shemsin）太阳的光辉，并将死亡的雨水降落在朱巴（al-Jubbah）的大地上。扎巴达尼（al-Zababani）成了一片漂浮着棺材的海洋。”[88] 随后，伊本·瓦尔迪写道，“受到污染的空气侵蚀着人们的生命”，这明显是受到了当时主流的瘟疫瘴气说的影响。[89] 此外他还将另一场瘟疫比作狂风，席卷并吹散了埃及南部农田里干枯的粮食作物。[90]

也许将瘟疫和风联系在一起不仅仅是一种修辞手法，其背后有着更深层次的原因。埃及在遭受瘟疫侵袭的同时往往也会受到喀新风（khamāsīn）的影响，即每年晚春和初夏时节从开罗南部方向吹来的温暖季风，这一情形在1791年就发生过。[91] 气流夹杂着开罗南部沙漠里的沙土，将其散落在整座城市的表面。约翰·安特斯如此形容喀新风：“在春天，风向通常会改变为东南方向，而且常常形成气旋，大量的沙子和泥土被卷入空气中，黄沙漫天，白昼如夜。我记得某日中午我不得不点亮蜡烛，因为乌云遮天蔽日，完全看不见光亮。”[92] 喀新风和瘟疫的同时发生让很多人认为瘟疫就像泥土和黄沙一样，由季风带至埃及。比如艾哈迈德·达摩达西·卡特库达·阿扎班（Aḥmad al-Damurdāshī Katkhudā
181 ʿAzabān）就将1690—1691年间的瘟疫和同一时期的喀新风等同起来。他写道，瘟疫如同喀新风的风流一般吹进开罗的每个角落，让城内尸横遍野。[93]

瘟疫和喀新风在时间上的重合性道出了埃及所谓的“瘟疫时节”（season of plague）这一说法背后的时间逻辑——瘟疫的复发就像季风一样，随着四季的流转周期性地发生。[94] 1791年的瘟疫从晚冬开始流行，其肆虐程度在春季达到峰值，然后在盛夏逐渐消退。这是开罗最为常见的瘟疫流行模式，潘扎克将其总结为始于一月，盛于五月，止于七八月。[95] 一项以更细致的方式探讨埃及瘟疫蔓延周期的研究表明，疫病是从埃及南部逐渐传播至地中海区域的。[96] 比起由埃及地中海港口传来的流行病，那些从上埃及（即埃及南部）传到开罗的疾病似乎更会引起人们的恐慌。据约翰·安特斯观察，“民间流传着一个说法，就是从上埃及传来的瘟疫最为致命”。[97] 在上埃及，瘟疫始于三月，止于五月。在乡村核心地区，瘟疫始于四月，止于六月。在开罗以北的三角洲区域，瘟疫始于五月，止于十月。造成瘟疫从南至北传播缓慢的原因是南部比北部升温速度更快，而中间的乡村区域升温速度则处于两者之间。从气象学上讲，瘟疫病毒的最佳传播条件为20℃至25℃的气温，以及温暖潮湿的空气，而这正是尼罗河谷由春入夏时的气候环境，随着温润的气流北上，瘟疫也亦步亦趋来到地中海附近。此外，跳蚤——瘟疫传播的主要媒介——在温暖的春季和初夏时最为活跃。[98] 埃及干热的夏季不利于细菌和跳蚤存活，当气温高于27℃，空气湿度达到40%以下时，瘟疫就会消失。[99]

安特斯通过自己的观察也发现了埃及夏季的高温使得疫情消退这一现象。[100] 他进一步阐释了自己的观点：

> 1781年的8月中旬，瘟疫以迅雷不及掩耳之势暴发，一日
> 之内大开罗就损失了一千条人命；但随着五月中旬风向转东，
> 天气变得酷热难当，瘟疫便在这样的炎热中消失了；尽管后来 182
> 天气再次变得凉爽，乡村区域的疫情直到七月末才彻底消失，
> 但其猛烈程度再不及之前，不断减弱，最后当夏季的炎热成为
> 常态时，瘟疫便彻底散去。人们在埃及经常能观察到高温气候

> 对疫病传播的抑制效果，哪怕这种气候只持续几日；只不过这一现象在此次瘟疫中特别明显。[101]

根据安特斯的叙述，炎热还有利于瘟疫患者康复。他经常看到如果有病患从奥斯曼帝国其他地方来到夏天的埃及，即使只是待上短短几日，身体也能迅速恢复健康。他接着说道，在伊斯坦布尔和伊兹密尔这样的城市，瘟疫尤为猖獗，因为那里的气候不似开罗这样能长时间保持高温。[102]

埃及人将6月24日视作瘟疫周期的转折点，因为夏季的持续高温将在这一日附近达到最高值。[103] 按照习俗，埃及人（尤其是科普特人）会在每年的6月末举办一系列庆祝仪式。首先是6月17日的落泪节（al-Nuqṭa），用来庆祝尼罗河水即将泛滥；这也是科普特人的米迦勒节。传说中，天使长米迦勒在这一天向尼罗河中滴入一滴充满神力的圣水，然后河流汹涌，河水漫过堤岸并淹没了整个埃及。也是在这一天，天使长命令其他天使停止向埃及散播瘟疫，因为据说瘟疫是由上帝派遣天使带至人间，传染给那些被选定为献祭者的人。如果到了6月24日，也就是圣约翰节当天，仍有天使潜伏在人间企图让人类患上瘟疫，那么这些天使将遭受天庭的惩罚。[104]

结论

本章认为，在埃及瘟疫史的研究当中，我们应把瘟疫视为埃及自然环境中的基本组成元素，将其放置在与洪灾、饥荒、风流、牲畜和干旱同样的地位上进行考察。这样的研究思路有利于我们看清瘟疫与埃及社会文化之间的关系。如果瘟疫的确是埃及自然界的常规现象，并将埃及同世界上的其他区域连接起来（这也是下一章的主题之一），那么规律性的瘟疫暴发如何缔造埃及人的世界 183
观，他们如何处理与自然、与埃及以外地区的关系？比如，家庭和宗教这样的社会制度如何适应、解释与利用瘟疫的频繁入侵？瘟疫如何促使人们制定、设立了一系列与疾病与死亡相关的制度、机构？埃及人是否会将瘟疫与全球贸易、人口流动和商品运输联系在一起？关于埃及瘟疫史还有很多其他疑问值得我们解答，同时我们也应明白如要全面地理解瘟疫的历史演变，我们必须从社会、文化、经济、政治、流行病学和环境史等多个维度来考察这一复杂的命题。

第十章 184

埃及、冰岛和二氧化硫

冰岛火山喷发，埃及饥荒蔓延。冰岛和埃及的历史之间存在怎样的关联？本章通过探究1783年和1784年冰岛拉基火山喷发所造成的全球效应，试图解答这一问题及其背后的成因。[1] 作为人类有文字记录以来最可怕的火山活动之一，冰岛拉基火山爆发导致欧洲、北美、地中海和中亚等地在其后两年内都遭遇了“无夏之年”和极寒的冬天。但此次地壳运动对埃及与奥斯曼帝国的影响还未被学者充分挖掘。[2] 本章将讲述拉基火山与埃及的故事，进而考察小规模范围内的自然活动缘何改变和塑造了千里之外的人们的物质环境与政治生活。

气候变迁是一个宏大复杂的故事。关注气候问题的环境史学家们也总是倾向于用宏大叙事来讲述气候的发展历史。[3] 气候事件的影响范围通常跨越洲际，甚至覆盖全球；历史学家通常在千年的时间尺度上谈论气候历史；气候活动的后果包括海平面上升、大气环流异常，以及物种灭绝。在主流的气候史研究范式中，拉基火山和埃及的故事不过是地球演化进程中的短暂插曲，转瞬即逝。[4] 基于气候学研究的数据分析，二者之间的因果关系可谓是再清楚不
185 过——拉基火山爆发导致尼罗河水位下降。[5] 而且，火山喷发对埃及生态造成的后果不过是暂时性的，也就是在18世纪80年代中期持续了短短几年而已。我将在下文中提到，拉基火山活动的影响范围实际上波及世界上很多区域，而对于奥斯曼帝国统治下的埃及来说，这种影响不仅真切可感而且不容小觑。此外，尽管这段地球历史上的短暂篇章的主角是一次非人类活动所引发的气候事件，它仍能促使我们思考气候变化如何渗入社会个体的真实生活，而不是将其抽象为空泛和遥远的全球现象，与个体生命毫无关联。

换言之，尽管出于显而易见的原因，气候变化研究已经成为全球史研究中的主流领域，也开辟了许多全新的思考空间，但到目前为止还未有太多学者对冰岛和埃及这两个地方的关系进行细致的考察，[6] 然而实际上二者渊源颇深。通过讲述拉基火山爆发如何改变埃及历史走向，我们可以避免使用孤立的目光看待冰岛和埃及，并对人们所惯用的气候历史宏大叙事保持警惕，因为那将使我们忽视地域与地域之间具体可感的历史塑造力量。将气象学研究数据和讲求细节的历史叙事相结合，去追溯诞生自地球内部的能量如何冲破冰岛的地层进入大气，再降落到埃及的村庄里。通过了解冰岛和埃及的生态故事，我们得以更全面地了解18世纪末的埃及在政治生活和物质条件上经历的种种复杂变化。环境史的研究视野让我们能够将这些看似边缘的地区与议题放置在气候变迁的整体语境中加以考察。

事实上，本章之所以选择用气候史视角去探寻冰岛火山活动

和埃及环境与政治变动的内在关联，其目的不仅是挑战传统政治地缘学的研究思路（据我所知，鲜有学者专门研究过这两个地方之间的关系），也是希望让拉基火山的历史和中东的历史能打破地域的限制，建立对话机制。[7] 目前研究拉基火山喷发的全球性效应的历史学家、气候学家、地球化学家以及其他学者所关注的重点主要是该事件对西欧的影响，这也是气候史研究中普遍存在的现象。本章旨在通过讲述埃及与拉基火山的互动，来填补这一研究领域的空白之处——包括拉基火山爆发对印度洋季风、对世界上最长的河流、对整个非洲以及地中海最富饶地区产生的深远影响。考察拉基火山活动对于中东史研究同样有着积极的意义。拉基火山的故事能够引入新的视角，让我们对18世纪末埃及历经的政治、经济和社会变革进行重新解读和构建，如果我们忽略它的作用，埃及的这段历史将无法得到完整的呈现。 186

冰岛火山

1783年6月1日的早晨，冰岛的大地开始晃动。[8] 在经过连续一周的地震后，岛屿南部一片布满火山和冰川的地带上，长达27公里的拉基火山裂缝中出现了“黑色的浓烟”。[9] 在接下来的8个月时间里，浓浓的黑烟，夹杂着滚烫的火山灰不断从裂隙中喷出，与此同时，地震依然频发，这些都让冰岛居民们苦不堪言。总而言之，拉基火山爆发被认为是有历史记录以来玄武质岩浆喷射量第二大的一次火山喷发。[10] 一股股火山灰喷向天空，其高度高达1 400

米，不仅格陵兰岛，连遥远的中国都面临着降温的致命威胁，超过五分之一的冰岛人口死于饥荒或疾病。[11]

对于这片冰与火的国度，火山当然并非陌生的事物。[12] 整个冰岛的历史都是诞生自火山烈焰的锻造和重铸。[13] 但1783年和1784年的火山喷发比这座岛屿经历过的任何灾难都要来势凶猛且影响深远。[14] 位于冰岛中南部的教堂镇（Kirkjubæjarklaustur）上一位名叫永·斯泰因格里姆松（Jón Steingrímsson）的牧师见证了拉基火山喷发所造成的惨况。历史上称他为“火焰牧师”（fire priest），因为当四处蔓延的岩浆摧毁了周围的大多数事物时，唯独这位牧师所在的教堂幸存了下来，人们将其视为“神迹”的显现。斯泰因格里姆松用基督教的说法将火山描述为——“一次对世界末日与审判烈火的警示和预演”。[15] 他于1788年写下的日记几乎让我们重新亲历拉基火山爆发的全过程。将斯泰因格里姆松的亲身经历和现代气候学研究成果相结合，我们可以更细致全面地呈现出1783年6月至来年冬天的火山爆发情形。

在长达8个月的时间内，拉基火山在初始阶段的喷发程度最为猛烈；在前5个月内总共喷发了10次。[16] 1783年6月，该火山喷发了约7.67立方千米的岩浆；7月时降至1.5立方千米；8月为2立方千米；9月为1立方千米；随后喷发频率和岩浆体量大幅减少，1784年2月发生了最后几次喷发后停歇。[17] 熔浆总量的93%在1783年10月之前已经被喷射出来。[18] 在最具破坏性的火山爆发初期阶段，斯泰因格里姆松在7月19日的日记中记述道：“熔浆所到之处皆为火海……连斯泰因斯米里河（Steinsmýri）都被淹没在岩浆之中。”[19] 在几日之后的24日，“岩浆堆积得如此之高，以至于当我站在埃弗里–斯泰因斯米里（Efri-Steinmýri）农场上方的悬崖上朝西放眼望去，我只能看见哈维塞山（Hafursey）的山顶孤零零地立于 187
米达尔斯（Mýrdalssandur）荒原之中”。[20] 到了7月和8月，“炙热的流火倾覆在大地上，世间的一切事物都难逃劫难”。[21] 巨量的火山灰被喷入高空，这使得当年的夏天“天空里全是遮天蔽日的浓烟和尘土，火山灰像毛毯一样厚厚地覆盖下来”。[22] 8月末的情况略有好转，“从17号到23号，岩浆流溢的速度减缓了不少”。[23] 拉基火山岩浆流动也许开始放缓，但直到1783年秋天，地震仍在持续，火山灰不断向空中喷涌。[24] 对斯泰因格里姆松来说，那一年的新年带来了重新开始的希望，因为“在上帝的帮助下，苦难的日子总算熬到了头，新的生活就在前方”。[25]

但事情并没有那么简单。1784年初的冰岛依然受到岩浆、地震和空中弥漫的火山灰的侵扰。[26] 拉基火山最后一次爆发是在1784年2月7日。[27] 经过8个月的时间，山谷、河床和江流中堆积着冷却的岩浆。但即使如今火山停止了喷发，大地不再震动，冰岛人所要承受的磨难仍远未结束。[28]

大片的农田遭到摧毁。约有565平方千米的土地被覆盖在厚达20米的岩浆层之下。[29]“西达（Síða）地区（拉基火山活动的主要受灾区域）只剩下不到四分之一的丘陵牧场未被岩浆、浮石或沙土覆盖”，斯泰因格里姆松在1784年初如此写道，“而残留的土地因 188
为火山灰的毒害也可能再也无法生长作物”。[30] 牧场和农田的破坏很快带来了粮食和饲料短缺，“人类和动物都遭受着饥饿的折磨”。[31] 除了被火山灰和沙石覆盖的土地，被酸性气体污染的空气和雨水同样危害着植物、动物和人类的生命。“火海释放的毒气”杀死了无数牛羊和马匹，以及多种小型哺乳动物、鸟类和鱼类。

表6. 1783至1784年间拉基火山喷发的岩浆与二氧化硫体积

日期	岩浆喷发体积（千米^3）	二氧化硫释放体积（兆吨）
1783年6月8—10日	1.25	10.3
1783年6月11—13日	2.01	16.7
1783年6月14—21日	2.80	23.2
1783年6月25日—7月1日	1.61	13.4
1783年7月9—21日	1.33	11.0
1783年7月29日—8月9日	1.97	16.3
1783年8月31日—9月4日	1.15	9.6
1783年9月7—14日	0.87	7.3
1783年9月24—29日	0.66	5.4
1783年10月25—30日	0.44	3.6
1783年11月1日—1784年2月7日	0.61	5.1
	14.70	121.9

数据来源：Adapted from Thorvaldur Thordarson and Stephen Self, "Atmospheric and Environmental Effects of the 1783 - 1784 Laki Eruption: A Review and Reassessment," *Journal of Geophysical Research* 108 (2003): 5。

火山灾难让岛屿上80%的羊群、75%的马匹和50%的牛群死去。[32] 斯泰因格里姆松在日记中写道："马儿变得骨瘦如柴，脊柱周围的皮肤受损剥落，尾巴和鬃毛开始腐烂，轻轻一扯就脱落下来。它们身上的关节处出现了坚硬的肿块，尤其是在球关节。它们的脑袋肿胀变形，下巴软弱无力，连草都无法咬断，即使成功咬下来一点草料，这些动物也没有咀嚼的力气。它们的内脏开始腐坏，骨头萎缩，骨髓也跟着流失。"[33] 诡异的是，这一描述与火山爆发期间许多人的不幸境况竟惊人地相似：

> 他们的胸骨、肋骨、手背、脚上、腿上和关节处都布满了褶皱、肿块和毛发。他们的身体变得浮肿，口腔内部和牙龈出现脓疮和裂口，这导致了常人难以忍受的疼痛。肌肉开始萎缩，尤其是膝盖后侧的区域……在日常生活中，他们时常感到虚弱无力、气喘心悸、尿频，并对身体各个部位失去控制。除此以外他们还经受着腹泻、痢疾和蠕虫的折磨，脖子和大腿疼痛难耐，年轻人和老人都避免不了脱发的命运。[34]

数以千计的“火山居民”（eruption-people），正如后人称呼他们的那样，选择逃离这片多灾多难的土地和有毒的空气，移居到岛屿上的其他地方寻找食物与住所。[35] 从1783年到1786年，冰岛一直被笼罩在饥馑和火山雾的阴影下，后者也在民间被称为“迷雾危机”（“Haze Hardships”，Móðuharðindin）。[36] 在此期间还暴发过一次天花。[37] 最后，在火山爆发的余波中，饥荒和疾病——而非火山喷发本身——夺走了1/5岛民，也就是1.3万人的生命，冰岛人口缩减至3.8万人，几乎退化至9世纪末人类第一次在冰岛定居时岛上的人口数量。[38]

需要面对拉基火山爆发带来的致命影响的不只是冰岛人。从西边的阿拉斯加到东边的中亚，全世界的人们都无法在1783年和 189
1784年的火山活动中独善其身。随着二氧化硫（SO_2）传播到各地上空，拉基火山喷发也就成了全球性事件。[39] 火山将大约122兆吨的二氧化硫气体释放进大气（见表6）。[40] 在1783年6月8日火山首次喷发后的短短几天里，拉基火山产生的二氧化硫已经抵达了格陵兰岛、欧洲大陆和地中海地区，而在某些地区这只花了不到48小时。1783年夏季的天气记录和当代研究成果——例如本杰明·富兰克林（Benjamin Franklin）就留下了类似的文字记载——让我们得以重构拉基火山灰造成酸雨的全过程。[41] 首次喷发结束后的第二天，冰岛东部出现了蓝色的酸雾。[42] 到了6月16日，浓厚的雾气弥散在冰岛的西部和北部上方。到了月末，火山雾已经漫过了格陵兰岛西边的努克（Nuuk）。短短几周过后，人们就在亚速尔群岛（Azores）的南边发现了酸雾的踪迹。在东方，酸雨和火山灰早在6月10日就出现在了法罗群岛（Faeroe Islands）、挪威西部海岸，甚至可能还有苏格兰北部。[43] 在大不列颠群岛的其他区域，有

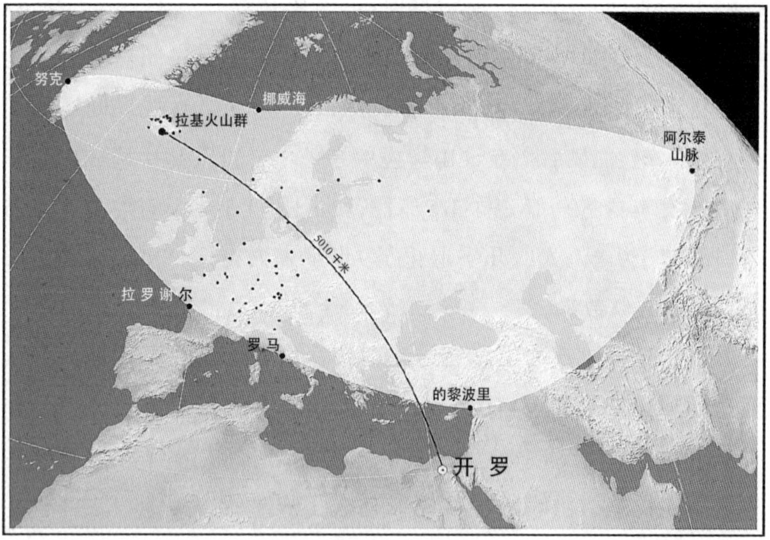

图17　肉眼可见的拉基火山灰雾。圆点代表在1783年夏天，人们用肉眼观测到火山雾并进行上报的地点

图片来源：Stacey Maples，2014。

人早在6月16日就看到了火山雾；此外还有6月24日的丹麦；6月26日的圣彼得堡；30日的莫斯科；6月23日的匈牙利；6月17日的慕尼黑、柏林、米德尔堡（Middelburg）以及帕多瓦（Padua）；6月18日的巴黎；6月16日的罗马；[44] 6月30日的黎波里；以及距离冰岛7 000公里的阿尔泰山脉也在7月1日出现了酸雾。有证据表 190
明拉基火山酸雾甚至飘到了中国和阿拉斯加。[45] 在短短三周的时间内，从北纬35°到北极的几乎整个北半球都被拉基火山喷出的火山灰所覆盖。

和冰岛的情况类似，欧洲大陆和其他地区的动植物及人类都生活在拉基火山的阴影下。酸雨腐蚀了挪威、丹麦和英国的植被。[46] 在1783年6月末的荷兰，很多人都由于弥漫在欧洲大陆的硫酸烟雾患上了头痛、呼吸道疾病和哮喘。酸雨和酸雾在1783年6月和7月的欧洲西北部尤为严重，甚至扩散到了地中海的北部海岸。1783年的整个夏天都被火山雾所笼罩，直到秋天到来时才有所缓解。

除了酸雾，人们还需面对火山喷发引发的一系列严重而深远的后果。拉基火山活动以其独特的方式改变了全球气候，这体现在以下几个方面。[47] 首先，此次火山爆发释放出近122兆吨的二氧化硫，其体积之大令人咋舌。[48] 对于气候影响更重要的一个因素是，拉基火山灰喷发高度达到9 000米乃至14 000米，这比大多数火山喷发高度都要夸张。[49] 这意味着拉基火山所排放的122兆吨二氧化硫中的相当一部分都进入了大气层上层区域。据估算，约有95兆吨二氧化硫被释放到对流层上部和平流层下部，随着极地喷射气流迅速扩散。此外，因为拉基火山在几个月内持续喷射二氧化硫到如此高的高度，气体浓度不断得到补充，长期维持在很高的水平。一旦进入空气之后，二氧化硫便会和空气中的水汽相结合发生化学反应，产生了大约200兆吨的硫酸（H_2SO_4）。[50] 极地喷射气流再将气溶胶传播至冰岛东部和西部区域。正是这一全球范围内的气溶胶传播过程，才使得拉基火山哪怕在起初的酸雾消散后，依然持久地困扰着人们的生活。在1783年和1784年的夏天以及期间的冬天，整个世界都能明显感受到拉基火山带来的劫难。

尽管拉基火山活动引起的气候变化在不同地方不尽相同，就整体而言这些区域都经历了显著的降温。[51] 欧洲和北美在火山爆发后3年内的地表平均温度降低了1.5℃；实际上，1784年至1786年是18世纪下半叶最寒冷的时期。[52] 新不伦瑞克省（New Brunswick）
191 站点的气象记录显示1783—1784年的冬天创下了当地250年以来的气温新低。[53] 漫长的冰冻期还导致切萨皮克湾（Chesapeake Bay）经历了史上最长的禁航期。[54] 新奥尔良的密西西比河甚至出现了冰块。在冰岛，1783—1784年的冬天来得异常地早，某些低地区域和峡湾在9月份就出现了厚厚的冰层，海面上也凝结着浮冰。[55] 整个20世纪期间，冰岛西部和北部的冬季平均气温为−0.9℃和−1.7℃，而反观1783—1784年的冬天，这两个地区的气温大部分时间里均低于−15℃。由于冰层的阻隔，丹麦海峡上的船运被中止；阿姆斯特丹的人们在冰河上驾驶着马车；巴黎在1月份和2月份时依旧保持着−4℃的平均气温，寒冰未消；因为多瑙河全部结冰，维也纳无法获取柴火；极端气温还导致意大利、慕尼黑、布拉格和摩尔达维亚（Moldavia）出现食物短缺，这让当地居民的生存条件变得十分艰难。[56] 处于更东边的蒙古草原在1783年的7月出现了冰霜，同一时期的中国内陆也经历了一个无夏之年。[57] 夏季的极端低温还让日本遭受了有史以来最严重的饥荒之一。[58] 在黎巴嫩，“夏天的风如同冬天一样刺骨”。[59] 在阿拉斯加的西北部，1783年的夏季温度创下了过去400年，甚至可能是900年以来夏季最低气温记录。[60]

1783年和1784年发生的全球大幅降温有两个成因。其一，大气中大量的二氧化硫提升了地球对太阳光的反照率，因此更多的太阳能被反射回太空中。[61] 其二，密度较大的硫酸气溶胶造成了“北极圈大气层温度的急剧上升，因此缩减了极地—赤道之间的温度梯度”，[62] 从而使得盛行西风带的暖气流强度变弱。较弱的盛行西风以及较低的温度导致非洲和印度洋的季风环流减弱，而这一现象的出现将对埃及的历史走向产生莫大的影响。[63]

埃及之灾

印度洋的季风气候孕育着尼罗河。[64] 季风在夏初越过埃塞俄比亚高原，所携带的雨水流进尼罗河水系的上游，随后在7月抵达埃及。河水流经阿斯旺和开罗的区域分别于6月与7月出现上涨，到了8月末或9月初河流进入首都时，水位达到最高值。拉基火山在7月喷发，这刚好扰乱了印度洋夏季季风环流。气象学研究表明拉基火山活动使得尼罗河在1783年和1784年的洪水体量大幅减少。[65] 据统计，这两年间尼罗河的水流量减少了18%。[66] 从1737年至1800 192

年，1783年成为几十年内洪水水量最低的一年，而1784年的水量排名倒数第三。[67] 考虑到埃及的食物、税收和权力运作都离不开尼罗河，损失五分之一的水流量无疑对建立在尼罗河生态之上的社会、经济和政治结构造成了致命性打击。尽管很可能18世纪80年代的埃及农民从未听说过冰岛这个地方，拉基火山给他们带来的苦难却是真实存在的。

为了更充分地了解拉基火山和奥斯曼埃及之间的联系，我们首先得厘清埃及在那段时期的具体情况。火山爆发的时机对奥斯曼帝国的埃及人而言可谓是雪上加霜，因为当时的埃及正处于政治格局与生态环境的巨变中。我们已经看到，自18世纪60年代开始，埃及乡村的权贵阶层试图摆脱奥斯曼帝国中央政府的管控并自立门户。[68] 尽管政治上的自主地位让当地上层人士受益匪浅，大多数平民的生活却苦不堪言，地方生态环境也遭到破坏。随着这批新上位的乡村统治者不断划分势力范围和积累资本，他们垄断了乡村资源，暴力夺取了大量的土地，采取压榨型的农业生产方式，强迫农民远离故土以获取廉价劳动力，拒绝向奥斯曼政府纳税，并且拥兵自重以保护自己的经济和政治利益。总而言之，他们企图通过资源垄断获得权力和权威，以实现对埃及的有效控制。

可以肯定的是，地方精英垄断乡村人力和环境资源的做法引起了奥斯曼帝国当局的警觉。18世纪末，埃及和帝国其他地方一样正上演着土地与税收权力争夺战并且逐步取得胜利，这在帝国历史上是从未有过的场景。[69] 埃及在18世纪下半叶最著名的两位行省首领当属阿里贝伊·卡比尔和穆罕默德贝伊·阿布·达哈布。[70] 在

18世纪的60年代与70年代，此二人利用手头上囤积的大量土地资源向民间征税，以豢养军队并向省内外的经济政治同盟示好。这些地方精英在18世纪70年代达到了权力巅峰，甚至派遣军队几番入侵同属于奥斯曼帝国领土的大叙利亚，其政治野心可见一斑。[71]他们成功占领了大叙利亚的部分土地，但短短几年后奥斯曼帝国便出军将他们赶回了埃及。18世纪下半叶发生的俄土战争、奥斯曼帝国的军事改革，以及帝国经济难以承受的通货膨胀压力都促成了世纪末帝国各省份的权力洗牌。[72] 埃及当地的政治强人在乱世 193
之中抓住机会，站上了权力和财富的宝座，尽管这样做无疑意味着帝国的分裂。

18世纪末的政治变革背后是巨大的生态环境压力。在18世纪的80和90年代，埃及乡村世界可谓是满目疮痍。首先，这20年间乡村暴发了数次大规模瘟疫，人类和牲畜都饱受其害。其中疫情最严重的年份为1784年、1785年、1787年、1788年、1791年、1792年和1799年。[73] 此外，造成乡村人口数量锐减和政治经济动荡的原因不仅是流行疾病，还有持续的干旱、饥荒和贫瘠的农田。尼罗河水位过低是使得埃及农业歉收的根本原因；18世纪末的最后20年内，仅有两年的洪水体量高于往年平均水平，而1783年的洪水体量则达到了1737年至1800年间的最低值。[74] 饥荒、瘟疫、干旱、颗粒无收的农田，以及人类和牲畜极高的死亡率，所有这些因素相互叠加，共同导致了埃及乡村的权力真空，由此为地方精英提供了可乘之机，他们通过暴力和偷盗谋取土地与其他资源，以巩固和扩大政治影响力，并利用这些优势削弱奥斯曼中央政府对帝国最富裕省份的管控。

从许多方面来看，拉基火山喷发都是压垮骆驼的最后一根稻草。对于那些蠢蠢欲动的地方政治势力而言，火山喷发的时机再合适不过，因为随之发生的干旱、饥荒和混乱的经济形势让他们可以进一步牢牢掌握住乡村资源，而这终将迫使伊斯坦布尔再不能袖手旁观，只得选择正面回应。如若拉基火山没有爆发，埃及自18世纪60年代开始实施的独立计划仍会继续，但很可能会遵循完全不同的历史轨迹。因此，在地方精英的军事和经济利益的驱动下，埃及自18世纪晚期逐渐成为独立或半独立的政治实体，拉基火山在其中发挥了关键性推动作用。

根据这一时期的史料记载，拉基火山喷发将埃及乡村迅速卷入了一场浩劫之中。埃及的编年史学家在描述1783年秋天的情形时提到当时尼罗河的干涸以及随处可见的食物紧缺。“尼罗河的泛洪水位甚低，而且很快便退洪了……南边和北边的土地依然干燥缺水。粮食长得稀稀拉拉……小麦的价格疯涨……穷人们都饥
194 饿难耐。”[75] 大约一年过后，同样的悲剧重新上演，严重不足的泛洪水量再次让埃及人挣扎在“可怖的物资短缺”（kaht ü galâ）的边缘。[76] 哲拜尔提写道，1784年的秋天“和前一年一样充满着苦难和绝望，摆在人们眼前的只有飙升的物价、水流微弱的尼罗河，以及无休止的内乱”。[77] 连续两年的水资源匮乏让埃及乡村活在水深火热之中，当地的经济社会秩序岌岌可危。贫瘠的土地导致埃及乡村在1785年缴纳的税收在此前60年内的排名倒数第二低。[78]“农田成了荒原”，“农民无地可种只能抛弃故土”，“饿殍满地”。[79] 而且，“靠近河岸的仓库里面空空如也，粮仓也大门紧锁。人们失去了身体所需的面包和其他补给，不管他们接受

苦难还是心有不甘，都一样得接受死神的审判”。[80] 法国哲学家和东方学家C. F.沃尔尼（C. F. Volney）在那些年间游历埃及，他的见闻印证了当时的惨状：“1783年的洪水并未给大地带来足够的滋养，大片的农田因为干涸而无法耕作，而余下的土地则由于缺乏肥料也只能荒废。1784年的尼罗河洪水体量又未能达到预期，物资短缺的情况显得愈发严重了。”[81] 到了1784年末，“很多人和牲畜都死于饥饿”。[82] 作为例证，沃尔尼声称亲眼见到两个人“蹲坐在一头死骆驼旁边，和一群野狗争抢已然腐烂的尸体残骸”。[83]

和冰岛一样，在埃及，1783年和1784年的干旱和饥馑削弱了人们对瘟疫及各类疾病的抵抗力。沃尔尼猜测那几年内“开罗因饥荒死去的人数和死于瘟疫的人数一样多”。[84] 1783—1784年的冬天开始出现病例，开罗每天需要将“不少于1 500具尸体”搬出城外。[85] 瘟疫在1784年的夏季和秋季更为肆虐，这可能和食物不足导致的乡村人口免疫力下降有关。[86] 疫情一直持续到了1785年。[87] 在干旱、饥荒和疾病的合力狙击下，乡村人口大幅减少，人们或死或逃。沃尔尼援引了当时的“普遍意见”，即认为埃及在1783年至1785年期间损失了六分之一的人口。[88]

拉基火山活动的全球环境效应创造出新的政治可能性，从而成为奥斯曼埃及乡村的经济、政治和社会转型的催化剂。乡村的权力掮客们利用干旱、饥荒、人口锐减和疾病引发的社会动荡从中渔利，扩大对土地和地方社群的控制力。18世纪80年代中期的埃及成为滋生盗窃、劫掠和暴力的摇篮。[89]“在那段时期，”哲拜尔提 195
写道，“法外之徒随处可见。”[90] 埃米尔和他们的随从不但抢劫尼罗河上来往的船舶，连陆地上的商队也不放过；此外他们还向当地人收取保护费，偷窃粮食、牲畜和金钱，甚至还破坏庄稼。[91] 暴力和盗窃横行的乱象进一步逼迫人们不得不成批背井离乡，以求脱离苦难。“埃米尔们犯下的敲诈勒索和残暴罪行层出不穷，他们的追随者骚扰着乡村的每一个角落，试图编造一些莫须有的名头好从村庄和镇子上搜刮钱财……最后农民们不堪其扰，再也无法承受这一切只能被迫离开村子。”[92] 这再一次说明了拉基火山喷发对地方生态环境产生的影响是18世纪八九十年代的埃及政治经济历史上的重要章节。

对埃及政治发展而言，拉基火山引发的最重要和直接的后果是加速了权力的去中心化，这一进程始于18世纪60年代，当时的埃及乡村精英正想方设法巩固其权力地位。[93] 为了尽可能地掌控乡村日渐减少的人力、农业和经济资源，这些人划分出不同的势力范围，试图摆脱奥斯曼帝国的政治与军事控制。[94] 在18世纪80年代，他们进一步采取行动，从帝国手中夺走了税收征收的权力，将这笔钱收入囊中，豢养私兵，并且为了夺得埃及统治权，各方势力互相倾轧，埃及陷入混战。在1785年6月，一次由帝国迪万主持的特殊会议在伊斯坦布尔的宫殿里举行，目的是商讨帝国是否应该采用强硬手段夺回对埃及的控制权。苏丹阿卜杜勒哈米德一世（Abdülhamid I）和他的信臣们认为全面军事行动是唯一可行的措施，让军队海陆并进，驱逐反叛势力。为了筹备此次作战，苏丹派人前去秘密收集埃及情报，并在伊斯坦布尔着手排兵布阵。[95] 由海军司令加齐·哈桑帕夏（Gâzî Ḥasan Paşa）带领的奥斯曼军队于1786年7月抵达埃及，并迅速对敌军展开攻势。在两个月的时间里，省内大多新贵势力被挫败，只得四处逃窜。奥斯曼士兵乘胜追击了一段时间后，在1787年10月由于俄土战争的爆发而被紧急调往前线。[96] 随着奥斯曼帝国的撤军，之前受到打压的各方人马立刻卷土重来，重启之前的独立计划。

奥斯曼政府在1786—1787年发动的军事进攻旨在防止埃及落入势力不断扩大的地方精英手中。同时这也可以被看作是帝国为 196
了对抗拉基火山喷发造成的生态危害而付出的努力。在干旱、饥荒和政治经济乱局蹂躏着埃及乡村时期，拉基火山起到了推波助澜的效果，让当地政治掮客在18世纪末的权力斗争中占据了上风。就最后结果而言，奥斯曼帝国未能战胜火山带来的影响。奥斯曼中央政府在18世纪80年代短暂夺回了埃及的权力宝座，但这无力阻止地方自治和强人政治的历史发展趋势，拉基火山爆发成为该过程中不可忽视的历史动能，我们在其他章节中已经探讨过这一点。事实上，埃及在18世纪80年代所经历的正是将在此后至少150年内决定埃及发展走向的裙带政治。埃及和奥斯曼历史学家在谈论这段历史时总是着眼于政治与经济因素，包括埃及乡村资本主义在18世纪的崛起，1798年的拿破仑入侵，以及19世纪早期的官僚体制改革。[97] 诚然，此类历史研究思路有其可取之处，但也许我们需要更深入考虑18世纪80年代的乡村动乱局势如何重塑了埃及的政治图景和资本制度。拉基火山的故事是埃及在18世纪末转型道路上的重要篇章。它所引发的气候变迁在当地引发了环境灾害和政治困境——饥荒、瘟疫、干旱、死亡、经济危机、军事入侵和强制劳动——而在这个世纪的最后几十年里，埃及都深陷其中无法自拔。

结论

本章从环境史的角度分析了拉基火山与奥斯曼埃及之间的内在关联，并阐释了冰岛火山活动对奥斯曼帝国造成的影响。如果我们将埃及仅仅视作一个位于非洲东北部、被明确地理边界所限定的政治空间，那么我们很可能会忽略拉基火山与埃及之间的作用力并不会受制于行政边界的事实。在某种程度上，这种地缘政治的观点有其合理性，但不可否认的是埃及同时也是全球生态系统中的一环，是一个跨地中海帝国的重要组成部分。在18世纪80年代中期，埃及的生态系统和帝国政治博弈之间矛盾重重。千里之外的奥斯曼首都费尽心思想要对抗一座遥远火山造成的威胁，以防止埃及新贵们趁机积攒土地和资本。环境史的研究视角突破了地理与政治的界限，让我们得以用统一的目光和诠释框架来探究那么看似毫不相干的历史承载者（农民、地方精英、季风、羊群、
197 奥斯曼皇宫、拉基火山、尼罗河）以及相距甚远的地区（冰岛、埃及、伊斯坦布尔、阿拉斯加）之间的隐秘连接。

此外，和本书其他章节一致，本章讲述拉基火山气候史的意图是为了将环境史和中东史这两个研究领域进行有机结合。在很多时候，中东史是全球环境史的边缘课题。然而，拉基火山的故事凸显出扭转这一态势，让中东史重回主流研究视野的重要性。这不仅可以丰富人们对拉基火山爆发产生的全球性效应的理解——包括它对印度洋季风环流、尼罗河泛洪以及非洲农业生产活动的

影响——而且还能够揭示火山活动所引发的一系列政治危机，即拉基火山如何加速了埃及政治和经济独立化的进程，并协助地方精英与奥斯曼政府分庭抗礼。因此，中东历史有利于我们对拉基火山的了解。反之亦然：知晓拉基火山的故事也有助于我们走进中东的历史——更具体地说，是奥斯曼帝国最富饶和战略地位最高的行省农业生产如何受创的历史，以及随之发生的政治经济格局之巨变。遗漏了拉基火山的参与，我们将无法解释奥斯曼埃及在18世纪晚期发生的百年未有之大变局背后的动因。

最后，本章旨在展示基于区域案例分析的全球气候研究的优势在于何处。气候演变的具体显现——例如拉基火山喷发造成的影响——能够与气候史的宏大叙事互相配合、相得益彰，这让我们能够在特定的案例研究的基础上，去验证那些有关全球环境变化的宽泛描述是否准确。拉基火山的故事值得学者们的关注，因为我们可以由此追本溯源，勾勒出单一气候事件的发展轨迹以及由此串联起来的因果链条。冰岛的一座火山喷发；埃及的人们忍受饥荒之苦；地方豪绅于乱世之中夺取政权；奥斯曼帝国予以反击。这便是拉基火山的气候变化在奥斯曼帝国所引发的多米诺骨牌效应，一个关于冰岛如何参与书写奥斯曼帝国历史的故事。

结 语

199

帝国生态系统

奥斯曼帝国是一个庞大的生态系统。那些生活在15世纪末，将奥斯曼之梦载入史册的奥斯曼帝国史学家们明白这个道理。我们这些生活在21世纪初的历史学家也逐渐开始认同这一论断。

以生态系统的视角探究奥斯曼帝国历史能够揭示其细致、复杂和多样的面貌，挖掘自然资源、人类社会、思想观念、动物和地方之间的深层关系，众多因素彼此依赖，相互连接，共同将帝国打造为一个统一的有机体。在生态体系中，任何局部的改变与波动都将牵一发而动全身。奥斯曼帝国系统的各要素彼此牵制共生，并通过资源交换、行政管理和共依共存等方式相互关联，所以哪怕看似再微不足道的事物也能够跨越时间和空间的阻隔，释放强大的历史动能。本书所研究的奥斯曼埃及灌溉管理史清晰地显示出位于帝国偏远地带的农民如何与伊斯坦布尔的宫廷建立起直接的沟通机制，以及二者如何合力提升乡村农业生产力。农民和帝国相互利用并相互成就。冰岛的火山、印度北部的老鼠、横跨地中海的木材运输网络、遍布埃及村庄的水牛——它们都是奥斯曼帝国历史的见证者与塑造者，因此必须被纳入帝国历史研究的逻200 辑框架之中。

不管我们的关注点是生产力、冲突、挣扎还是暴力，将奥斯曼帝国或者其他政体当作生态系统加以考察，能让我们以更细微和包容的态度理解其政治制度、经济模式和社会结构。[1] 我想要强调的是，帝国与生态系统的类比远远超过自然或生态环境层面的联系。相反，从帝国生态体系的视角出发，该政体内部以及周围的几乎所有事物都能够作为统一整体的组成元素而产生关联，从而我们便可分析这些联系的形成机制，它们如何发挥作用，被改变、重构和最终稳定下来。这种分析模式可以应用于多个研究议题。例如一项奥斯曼生态学研究既可以阐析皇宫这样相对狭小的空间内部不同势力之间的牵扯，也可以聚焦于莫卧儿帝国的奥斯曼商人如何参与打造萨洛尼卡（Salonica）当地的贸易网络。以生态学视角研究帝国史，我们收获的不只是对自然环境的了解，更是突破地理空间对思维的限制，去深入那些不为人知的时间角落，探求与理解微观与宏观之间的种种关系与作用力。

将奥斯曼帝国视为生态系统意味着埃及（或者土耳其、阿拉伯与巴尔干）的历史无法脱离帝国整体的历史语境而独立存在，反之亦然。奥斯曼帝国的历史塑造了埃及历史，而埃及历史同样成就了帝国的历史。生态学的研究视野可以涵盖广阔的奥斯曼世界，我们从而拥有了理解地中海东部、安纳托利亚和巴尔干半岛历史发展的基本参数与坐标。因此，以生态学的研究路径来理解奥斯曼帝国，我们能够看见帝国千差万别的地理空间和错综复杂的历史人文环境如何跨越时空相互交错，一点微小的变动又是如何牵动宏大的格局，使得整个帝国的观念、环境和人的生活都为之改变。[2]

帝国生态观为研究奥斯曼历史的学者们开辟出全新的思考空间。事实上，环境史的实践方法注定是跨区域性质的，因为水流、病原携带者、气候模式和动物迁徙并不会在意地理空间中的政治领土划分，也不会受其约束（也许现在情况有所不同）。探讨其中任何一个话题——当然此外还包括贸易、宗教朝觐、文化交往等议题——我们都不能想当然地把某一帝国省份或者民族国家视为一片孤岛，和外界毫无关联。尽管人为设定的地理或行政边界有其存在的必要，帝国生态观强调摆脱物理界限带来的思维禁锢，从而发现区域间的流动、影响和相互渗透，视之为决定历史走向的根本动因。我们无法回避的几个基本事实是：尼罗河流经东非的 201
大部分国家；瘟疫的传播往往依赖全球贸易往来；小冰期对整个奥斯曼帝国（更不必说世界上的绝大部分地区）产生了深远的影响。因此，想要妥善地分析尼罗河生态、瘟疫史，以及气候变化如何形塑了奥斯曼帝国，我们必然需要考察不同地区的河流、病原体和气候变化以何种形态呈现在人们面前，如何塑造了当地的政治、文化和地理面貌。如同本书讲述的粮食和木材运输的故事，以及拉基火山活动的历史，想要破除对于领土观念或者区域运动的静态理解，一种高效的方法便是追溯某种特定物质资源、自然活动，甚至化学分子的演变轨迹。用历史学的方法研究物品、化合物或自然资源，我们便可绕开许多历史研究中先入为主的前提与假设，而不是将一个帝国省份或者民族国家的领土边界视为不可逾越的界限。基于上述种种原因，中东环境史无疑是将中东史纳入全球史研究的最具成效和令人兴奋的领域之一。一直以来中东都是全球史研究中的空白地带，环境史提供的视野可以让我们弥补这样的缺憾。而且从生态学的角度讲，奥斯曼帝国的地理环境亦有其独特之处，值得人们的关注。

同样的思路还可以应用于历史编写中。比如，围绕气候变化来书写的奥斯曼历史，将完全不同于以政治事件为核心的传统历史叙事。那如果我们将一条埃及乡村的运河作为故事的主角呢？运河所凝聚的劳动力、帝国倾注其中的心血、河道带来的税收和生产力提升，以及粮食出口贸易等，这些不断上演在河流两岸的故事是否能为帝国几百年来的兴衰成败带来别样的研究视野？生活在埃及乡村里的牛群身上又承载着怎样的帝国历史？从牛的视角来看，16世纪和19世纪有何区别？解答此类问题的关键在于，悬置传统的以帝王易位或战争活动为依据的历史分期思路，用创新的眼光看待和分析奥斯曼帝国历史。本书致力于将环境史观与奥斯曼历史研究相结合，以期拓宽我们对奥斯曼帝国的重要历史节点和关键时期的解读方式。更具体来说，我试图以一种全新的视角来诠释18与19世纪之交的种种变迁，以此为起点向历史长河的上游追溯，带着整体和延续的目光去探寻塑造这一时期的经济、生
202 态、政治和社会力量。

以生态史观看待帝国还有助于我们将不同类型的历史演绎者——其中大多数一直以来处在帝国史研究中的边缘位置——纳入奥斯曼帝国史的分析框架中。农民、水牛、淤泥、跳蚤、盐、细菌、树林、火山和水流在本书中均占有一席之地。在所有这些历

史推动者中，农民理所应当地成为学者关注的重点，而且他们也是本书当之无愧的主角。一代学者利用中东各地在奥斯曼帝国统治时期留存下来的法庭档案史料，详尽考察了地方农民与政府机构的交往和沟通方式。[3] 在大多数学者那里，农民常常被放置于更广阔的历史图景中进行考量，比如帝国行政体系、全球贸易网络，或是宗教文化团体。在这些研究成果的基础上，环境史进一步指出农民可能不单单是权力网络的被动参与者，而是实实在在拥有影响力和话语权的能动者。如果要说谁最熟识乡村的自然环境、农田的耕作历史，或是灌溉用水情况，莫过于那些世世代代生活在这片土地上的埃及农民，他们知晓当地的地形地貌和环境中的细微之处，因此是决策土地管理和使用方式的不二人选。正如本书一直强调的那样，农民是调和奥斯曼政府和自然环境之间关系的不可缺少的专业力量。

非人类动物也是奥斯曼帝国农业经济中的重要一环。水牛、骆驼、公牛、毛驴以及其他家畜肩负着重型货物远距离运输、驱动水车和清理河道的职能。它们是重要的财产形式、粮食收成的保障，不仅具有很高的经济价值，是食物的来源和御寒保暖的手段，同时也是社会地位的象征。奥斯曼帝国作为一个庞大的农业社会，其社会和经济活动的开展均离不开家畜发挥的作用，因此我们也不应忽略牲畜与帝国历史的深刻联系。

大多数环境史研究都注意到非人自然对于人类历史的塑造作用。本书聚焦于埃及运河中的水流，河道中淤积的泥沙，埃及三角洲的盐碱化土地、病菌、树林、季风、骆驼等事物，它们以各自的方式演绎着奥斯曼埃及的历史，其地位并不亚于帝国官僚、埃

及农民、战争、苏丹或全球贸易，有时甚至更加重要。毫不夸张
203 地说，来自埃塞俄比亚高原的雨水使得尼罗河每年能够定期泛洪，这一事实对于埃及的历史意义胜过统治过这片土地的任何政权，哪怕这个王朝持续了千年之久。

跨越千年的岁月里，无数的历史学家、诗人、学者、政客、专家、艺术家和激进分子，都对自然环境在中东史上扮演的角色表达过自己的见解，从宏大的历史叙事到耳熟能详的陈腔滥调，如此等等不一而足。这些观点包括埃及是尼罗河赠与人间的礼物；灌溉工程是东方专制主义的体现；水资源稀缺或土地资源过剩将催生出极权政治；农耕土地和沙漠之间的冲突；以及肥沃的新月之地或者罗马粮仓这样的通俗印象。这些刻画印证了世人对东方与西方、亚洲与欧洲之别的东方主义式偏见，它们将中东自然环境视为脆弱的、有缺陷的、堕落的、落后的、过度的、充满矛盾的、不和谐的、总是处于崩溃边缘的存在。“一个并不自然的自然，”用蒂莫西·米歇尔（Timothy Mitchell）的话说，“似乎成了中东历史的主导性力量。”[4]

从生态系统的角度理解奥斯曼帝国——自古希腊罗马时期以来，中东统治时间最长的帝国——可以让我们避免给中东的自然环境贴上此类带有殖民主义色彩的标签。它让我们重新回到具体的现实语境，迫使我们穿过乡间布满淤泥的河道，将我们的目光放在生态环境中真实发生的现象与活动上。人类、动物、树林、疾病和土壤如何在生态、帝国和地理等多种因素复杂交织的背景中共存？帝国生态观要求我们放弃观念先行的做法，而是关注事物实际发生和发挥功用的过程，在急于提出理论或套用某种意识形

态话语之前，让我们先在实践中、在文本里找到证明。宏大叙述也好，分析框架也罢——不管其对象是中东、气候，还是政治事件——都必须建立在大量的实证考察和具体案例分析的基础上。遗憾的是很多时候情况并非如此。本书选择了一种与众不同的道路：用我们的双脚测量土壤的深度，让水流漫过我们的肌肤，去亲耳聆听毛驴的嘶鸣，然后高举双手触摸天空，也许这样我们便能捕获全新的目光来望向中东的历史，以及环境的历史。

致 谢 205

我十分感谢以下成果为本书中的诸多观点提供了支点，让我享有充分思考的资料与空间："Global Implications of the Middle Eastern Environment," *History Compass* 9（2011）：952 - 970；"Oriental Democracy," *Global Environment* 7（2014）：381 - 404；"From the Bottom Up：The Nile，Silt，and Humans in Ottoman Egypt," in *Environmental Imaginaries of the Middle East and North Africa*，ed. Diana K. Davis and Edmund Burke III，113 - 135（Athens：Ohio University Press，2011）；"An Irrigated Empire：The View from Ottoman Fayyum," *International Journal of Middle East Studies* 42（2010）：569 - 590；"Labor and Environment in Egypt since 1500," *International Labor and Working -Class History* 85（2014）：10 - 32；"Engineering the Ottoman Empire：Irrigation and the Persistence of Early Modern Expertise," in *Ottoman Rural Societies and Economies*，ed. Elias Kolovos，399 - 413（Rethymno：Crete University Press，2015）；"Animals as Property in Early Modern Ottoman Egypt," *Journal of the Economic and Social History of the Orient* 53（2010）：621 -

652；"Unleashing the Beast：Animals，Energy，and the Economy of Labor in Ottoman Egypt，" *American Historical Review* 118（2013）：317 – 348；"Anatolian Timber and Egyptian Grain：Things That Made the Ottoman Empire，" in *Early Modern Things：Objects and Their Histories，1500 – 1800*，ed. Paula Findlen，274 – 293（New York：Routledge，2013）；"The Nature of Plague in Late Eighteenth-Century Egypt，" *Bulletin of the History of Medicine* 82（2008）：249 – 275；and "Ottoman Iceland：A Climate History，" *Environmental History* 20（2015）：262 – 284。本书所援引的这些文章或书籍中的相关内容都被我做了相应的调整。我略去了与本书主题不甚相关的部分，目的是整本书能够以更协调完整的方式呈现，并试图突显出贯穿全书的主题，以求这些学者的观点能够相互融合，相得益彰。

在这本书的写作过程中，我得到了卡米尔·科尔（Camille Cole）极大的帮助。她是一名堪称完美的编辑助理。她的学术素养、对细节的把控和不拘一格的奇思妙想不仅是这本书能够问世的原因，同时让它变得更为完善。在此我向这位优异的学者表达由衷的感谢。有三名匿名的评论家在审阅初稿的过程中提供了富有洞见的批评和十分中肯的建议。他们促使我采用更合理的方式来组织整本书的内容，并让我避免犯下许多原可能造成重大影响的错误，并督促我从更多的读者需求出发，对全书的架构作出调整。

我不知是否该将值得予以致谢的人一一列出。这并非由于没有什么人值得我这样做，而是因为这样的人实在太多！毫不夸张地说，每一位我有幸认识或合作过的老师、组员、朋友、编辑、同事、评论家、读者、交谈者以及学生，都对这本书的成形给予了协助。其中很多人的名字都出现在了最后的参考书目中。本书不仅是十余载学术生涯的结晶，更是一个人十几年生命的里程碑。对所有参与这本书的人，我的感激之情无以言表。

本书由芝加哥大学出版社的凯伦·梅里坎里斯·达令（Karen Merikangas Darling）呈现为其最终的样貌。她从本书伊始阶段就给予我莫大的支持，并让整个出版过程愉悦而富有成效。埃文·怀特（Evan White）和玛丽·科拉多（Mary Corrado）以高效而细致的方式监督了本书的创作过程。苏桑·J.科南（Susan J. Cohan）无可指摘的文字编辑让整本书的质量更上一层楼。我感谢史泰西·梅普尔斯（Stacey Maples）和凯文·夸克（Kevin Quach）的魔法般的地图绘制技术。本书的索引部分归功于德莱克·戈特里布（Derek Gottlieb）的帮助。

对于开罗的埃及国家档案馆、英国基尤国家档案馆、伊斯坦布尔的奥斯曼首相府档案馆以及托普卡帕宫博物馆的众多工作人员多年以来持之以恒的耐心和帮助，我的感激之情难以言表。

多亏了耶鲁大学，斯坦福大学安德鲁·W.梅隆人文学者奖学金项目，加州大学伯克利分校历史系、土耳其研究所、富布赖特·海斯博士论文海外奖学金，以及埃及的美国研究中心的鼎力协助，这项研究计划才得以实施。本书最终能够面世离不开这些机构的慷慨支持，为此我由衷地表示感谢。

注　释

注释中所使用到的缩写

档案机构

BOA 伊斯坦布尔的奥斯曼首相府档案馆

HAT　Hatt-i Hümayun

MM　Mühimme-i Mısır

DWQ 开罗的埃及国家档案馆

TNA 英国基尤国家档案馆

FO　Foreign Office 外国事务办公室

PC　Privy Council 枢密院

TSMA 伊斯坦布尔的托普卡帕宫博物馆

E.　Evrak

伊斯兰教历中的十二个月在奥斯曼土耳其语中的表达（括号内为对应的阿拉伯语）

M Muharrem（Muḥarram）穆罕兰月

S Safer（Ṣafar）苏艾月

Ra Rebiülevvel（Rabīʿ al-Awwal）赖比尔・敖外鲁月

R Rebiülahir (Rabīʿ al-Thānī) 赖比尔・阿色尼月
Ca Cemazilevvel (Jumādā al-Ūlā) 主马达・敖外鲁月
C Cemaziyel'ahır (Jumādā al-Ākhira) 主马达・阿色尼月
B Receb (Rajab) 赖哲卜月
Ş Şaʿban (Shaʿbān) 舍尔邦月
N Ramazan (Ramaḍān) 赖买丹月
L Şevval (Shawwāl) 闪瓦鲁月
Za Zilkade (Dhū al-Qaʿda) 都尔喀尔德月
Z Zilhicce (Dhū al-Ḥijja) 都尔黑哲月

210 ## 前　　言

1. 关于奥斯曼之梦以及帝国起源的讨论，参见 Colin Imber，"The Ottoman Dynastic Myth," *Turcica* 19 (1987)：7 – 27。

简　　介

1. 关于中东作为欧亚大陆连接点的讨论，参见 Janet L. Abu-Lughod，*Before European Hegemony: The World System A.D. 1250 – 1350* (New York：Oxford University Press，1989)；Richard W. Bulliet，*Cotton, Climate, and Camels in Early Islamic Iran: A Moment in World History* (New York：Columbia University Press，2009)；Richard M. Eaton，"Islamic History as Global History," in *Islamic and European Expansion: The Forging of a Global Order*，ed. Michael Adas，1 – 36 (Philadelphia：Temple University Press，1993)；Gagan D.S. Sood，"Pluralism，Hegemony and Custom in Cosmopolitan Islamic Eurasia，ca. 1720 – 90，with Particular Reference to the Mercantile Arena" (PhD diss.，Yale University，2008)。

2. 关于中东游牧文明的富有洞见的讨论，参见 *Reşat* Kasaba，*A Moveable Empire：Ottoman Nomads，Migrants，and Refugees*（Seattle：University of Washington Press，2009）；Arash Khazeni，*Tribes and Empire on the Margins of Nineteenth-Century Iran*（Seattle：University of Washington Press，2009）；Andrew Gordon Gould，“Pashas and Brigands：Ottoman Provincial Reform and Its Impact on the Nomadic Tribes of Southern Anatolia，1840 – 1885”（PhD diss.，University of California，Los Angeles，1973）。
3. 有关近代早期伊斯兰世界的跨区域活动，参见 Muzaffar Alam and Sanjay Subrahmanyam，*Indo-Persian Travels in the Age of Discoveries，1400 – 1800*（Cambridge：Cambridge University Press，2007）。
4. 关于这一话题迄今为止最具野心的研究成果莫过于John F. Richards，*The Unending Frontier：An Environmental History of the Early Modern World*（Berkeley：University of California Press，2003）。但这本恢宏著作甚少提及中东，这也充分印证了该地区在全球环境史研究中的边缘地位。
5. Andrew Watson，*Agricultural Innovation in the Early Islamic World：The Diffusion of Crops and Farming Techniques，700 – 1100*（Cambridge：Cambridge University Press，1983）。关于对“伊斯兰绿色革命”观点的批判，参见 Michael Decker，“Plants and Progress：Rethinking the Islamic Agricultural Revolution，” *Journal of World History* 20（2009）：187 – 206。
6. Michael W. Dols，*The Black Death in the Middle East*（Princeton，NJ：Princeton University Press，1977）；William H. McNeill，*Plagues and Peoples*（Garden City，NY：Anchor Press / Doubleday，1976）；Michael W. Dols，“The Second Plague Pandemic and Its Recurrences in the Middle East：1347 – 1894，” *Journal of the Economic and Social History of the Orient* 22（1979）：162 – 89.
7. Thomas F. Glick，*Irrigation and Hydraulic Technology：Medieval Spain and Its Legacy*（Brookfi eld，VT：Variorum，1996）；Thomas F. Glick，*Irrigation and Society in Medieval Valencia*（Cambridge，MA：Harvard University Press，1970）.

211

8. Ralph Hattox，*Coffee and Coffeehouses: The Origins of a Social Beverage in the Medieval Near East*（Seattle：University of Washington Press，1985）；Michel Tuchscherer，ed.，*Le commerce du café avant l'ère des plantations coloniales: Espaces, réseaux, sociétés（XVe – XIXe siècle）*（Cairo：Institut français d'archéologie orientale，2001）；William Gervase Clarence-Smith and Steven Topik，eds.，*The Global Coffee Economy in Africa, Asia, and Latin America, 1500 – 1989*（Cambridge：Cambridge University Press，2003）.
9. Ghislaine Lydon，*On Trans-Saharan Trails: Islamic Law, Trade Networks, and Cross-Cultural Exchange in Nineteenth-Century Western Africa*（Cambridge：Cambridge University Press，2009）；Ghislaine Lydon，"Writing Trans-Saharan History：Methods，Sources and Interpretations across the African Divide，" *Journal of North African Studies* 10（2005）：293 – 324.
10. 关于玉米在中东的传播史，参见J.R. McNeill，*The Mountains of the Mediterranean World: An Environmental History*（Cambridge：Cambridge University Press，1992），89 – 90；Faruk Tabak，*The Waning of the Mediterranean, 1550 – 1870: A Geohistorical Approach*（Baltimore：Johns Hopkins University Press，2008），255 – 69. 关于玉米从埃及和北非向非洲其他地区的传播，参见James C. McCann，*Maize and Grace: Africa's Encounter with a New World Crop, 1500 – 2000*（Cambridge，MA：Harvard University Press，2007）。
11. 例如参见Timothy Mitchell，"Carbon Democracy，" *Economy and Society* 38（2009）：399 – 432。
12. 关于小冰期与奥斯曼帝国，参见Sam White，*The Climate of Rebellion in the Early Modern Ottoman Empire*（Cambridge：Cambridge University Press，2011）。关于冰岛火山爆发，参见Luke Oman，Alan Robock，Georgiy L. Stenchikov，and Thorvaldur Thordarson，"High-Latitude Eruptions Cast Shadow over the African Monsoon and the Flow of the Nile，" *Geophysical Research Letters* 33（2006）：L18711。关于厄尔尼诺现象造成的饥荒，参见Mike Davis，*Late Victorian Holocausts: El Niño*

Famines and the Making of the Third World（London：Verso，2001）。关于安纳托利亚的饥荒史，参见Mehmet Yavuz Erler，*Osmanlı Devleti'nde Kuraklık ve Kıtlık Olayları, 1800－1880*（Istanbul：Libra Kitap，2010）；Zozan Pehlivan，“Beyond ‘The Desert and the Sown’：Peasants，Pastoralists，and Climate Crises in Ottoman Diyarbekir，1840－1890”（PhD diss.，Queen's University，2016）。

13. 关于这一话题的富有建设性的讨论，参见Timothy Mitchell，“Can the Mosquito Speak?，” in *Rule of Experts：Egypt，Techno-Politics，Modernity*，19－53（Berkeley：University of California Press，2002）。

14. “汉志”指代沙特西部地区沿海一带，其境内有伊斯兰教的发祥地麦加和麦地那。

15. 尽管我会简要提及早期历史，本章节的关注重点是伊斯兰教于公元7世纪崛起后的历史时期，以及公元1500年之后的历史。因此本书很遗憾未能涉及古代中东自然环境的诸多议题，例如波斯湾海底地貌演变、沙漠化、灌溉和盐碱化。关于这些话题的探讨，参见P. Kassler，“The Structural and Geomorphic Evolution of the Persian Gulf，” in *The Persian Gulf：Holocene Carbonate Sedimentation and Diagenesis in a Shallow* 212
Epicontinental Sea，ed. B.H. Purser，11－32（Berlin：Springer-Verlag，1973）；Elazar Uchupi，S.A. Swift，and D.A. Ross，“Gas Venting and Late Quaternary Sedimentation in the Persian（Arabian）Gulf，” *Marine Geology* 129（1996）：237－69；Michael Brookfield，“The Desertification of the Egyptian Sahara during the Holocene（the Last 10，000 Years）and Its Influence on the Rise of Egyptian Civilization，” in *Landscapes and Societies：Selected Cases*，ed. I. Peter Martini and Ward Chesworth，91－108（Dordrecht，Netherlands：Springer，2010）；Arie S. Issar，*Water Shall Flow from the Rock：Hydrogeology and Climate in the Lands of the Bible*（Berlin：Springer-Verlag，1990）；Thorkild Jacobsen and Robert M. Adams，“Salt and Silt in Ancient Mesopotamian Agriculture，” *Science* 128（1958）：1251－58；Thorkild Jacobsen，*Salinity and Irrigation Agriculture*

in Antiquity: Diyala Basin Archaeological Report on Essential Results, 1957 - 58, Bibliotheca Mesopotamica, vol. 14（Malibu, CA: Undena Publications, 1982）。

16. 关于从古典时期至今的中国环境史，参见Mark Elvin, *The Retreat of the Elephants: An Environmental History of China*（New Haven, CT: Yale University Press, 2004）; Mark Elvin and Liu Ts'ui-Jung, eds., *Sediments of Time: Environment and Society in Chinese History*（Cambridge: Cambridge University Press, 1998）。关于南亚的环境史，参见Richard H. Grove, Vinita Damodaran, and Satpal Sangwan, eds., *Nature and the Orient: The Environmental History of South and Southeast Asia*（Delhi: Oxford University Press, 1998）。
17. 例如参见Robert O. Collins, *The Nile*（New Haven, CT: Yale University Press, 2002）。
18. 不少环境史著作都使用了奥斯曼帝国的档案史料，例如参见S. White, *Climate of Rebellion*; Alan Mikhail, *Nature and Empire in Ottoman Egypt: An Environmental History*（Cambridge: Cambridge University Press, 2011）; Selçuk Dursun, "Forest and the State: History of Forestry and Forest Administration in the Ottoman Empire"（PhD diss., Sabancı University, 2007）。
19. 关于利用此类档案资料进行环境史研究的著作，参见Diana K. Davis, *Resurrecting the Granary of Rome: Environmental History and French Colonial Expansion in North Africa*（Athens: Ohio University Press, 2007）; Khazeni, *Tribes and Empire*; Sandra M. Sufian, *Healing the Land and the Nation: Malaria and the Zionist Project in Palestine, 1920 - 1947*（Chicago: University of Chicago Press, 2007）。
20. 关于此议题的代表性著作，参见 William C. Brice, ed., *The Environmental History of the Near and Middle East since the Last Ice Age*（London: Academic Press, 1978）。
21. Karl W. Butzer, *Early Hydraulic Civilization in Egypt: A Study in*

Cultural Ecology（Chicago：University of Chicago Press，1976）；Peter Christensen，*The Decline of Iranshahr：Irrigation and Environments in the History of the Middle East，500 B.C. to A.D. 1500*（Copenhagen：Museum Tusculanum Press，1993）.

22. J.M. Wagstaff，*The Evolution of Middle Eastern Landscapes：An Outline to A.D. 1840*（London：Croon Helm，1985）。准确来说，瓦格斯塔夫在其著作中提到了1500年后的历史时期，但书中超过三分之二的内容都聚焦 213
于早期历史。Carlos E. Cordova，*Millennial Landscape Change in Jordan：Geoarchaeology and Cultural Ecology*（Tucson：University of Arizona Press，2007）；Russell Meiggs，*Trees and Timber in the Ancient Mediterranean World*（Oxford：Clarendon Press，1982）；J.V. Thirgood，*Man and the Mediterranean Forest：A History of Resource Depletion*（London：Academic Press，1981）；Robert McC. Adams，*Land behind Baghdad：A History of Settlement on the Diyala Plains*（Chicago：University of Chicago Press，1965）。关于长时段地貌演化课题的独到见解，参见Edmund Burke III，"The Transformation of the Middle Eastern Environment，1500 B.C.E. – 2000 C.E.，" in *The Environment and World History*，ed. Edmund Burke III and Kenneth Pomeranz，81 – 117（Berkeley：University of California Press，2009）。
23. Christensen，*Decline of Iranshahr*；J.R. McNeill，*Mountains of the Mediterranean.*
24. 参见J.R. McNeill，*Mountains of the Mediterranean*。该著作主要讨论了位于地中海附近的五处山脉。除了位于摩洛哥和土耳其的里夫山脉和托罗斯山脉，麦克尼尔还考察了希腊、西班牙和意大利的山脉。
25. 例如参见 Rhoads Murphey，"The Decline of North Africa since the Roman Occupation：Climatic or Human?，" *Annals of the Association of American Geographers* 41（1951）：116 – 32。这项研究考察了从罗马时期至今从北非收集而来的实验数据，对历史与地理文献中关于气候变迁的一些基本表述提出了质疑。

26. Karl A. Wittfogel, *Oriental Despotism: A Comparative Study of Total Power*（New Haven, CT: Yale University Press, 1957）。关于作者对其论点的简要论述，参见Karl A. Wittfogel, "The Hydraulic Civilizations," in *Man's Role in Changing the Face of the Earth*, ed. William L. Thomas Jr., 152 - 64（Chicago: University of Chicago Press, 1956）。
27. 有关这一观念在埃及史中的具体呈现，参见Mikhail, *Nature and Empire*。
28. Mohamed Reda Sbeinati, Ryad Darawcheh, and Mikhail Mouty, "The Historical Earthquakes of Syria: An Analysis of Large and Moderate Earthquakes from 1365 B.C. to 1900 A.D.," *Annals of Geophysics* 48（2005）: 347 - 435; Elizabeth Zachariadou, ed., *Natural Disasters in the Ottoman Empire*（Rethymnon, Greece: Crete University Press, 1999）; Yaron Ayalon, *Natural Disasters in the Ottoman Empire: Plague, Famine, and Other Misfortunes*（Cambridge: Cambridge University Press, 2015）; N.N. Ambraseys and C.F. Finkel, *The Seismicity of Turkey and Adjacent Areas: A Historical Review, 1500 - 1800*（Istanbul: Eren, 1995）; N.N. Ambraseys, C.P. Melville, and R.D. Adams, *The Seismicity of Egypt, Arabia and the Red Sea: A Historical Review*（Cambridge: Cambridge University Press, 1994）; Nicholas Ambraseys, *Earthquakes in the Eastern Mediterranean and Middle East: A Multidisciplinary Study of Seismicity up to 1900*（Cambridge: Cambridge University Press, 2009）; N.N. Ambraseys and C.P. Melville, *A History of Persian Earthquakes*（Cambridge: Cambridge University Press, 1982）.
29. 关于阿斯旺大坝的历史，参见Yusuf A. Shibl, *The Aswan High Dam*（Beirut: Arab Institute for Research and Publishing, 1971）; Hussein M. Fahim, *Dams, People and Development: The Aswan High Dam
214 Case*（New York: Pergamon Press, 1981）。同时参见John Waterbury, *Hydropolitics of the Nile Valley*（Syracuse, NY: Syracuse University Press, 1979）; Collins, *Nile*。关于大坝在伊朗第一个七年计划时期（1948—1955）的建造过程，参见Peter Beaumont, "Water Resource

Development in Iran," *Geographical Journal* 140 (1974): 418 - 31; Gordon R. Clapp, "Iran: A TVA for the Khuzestan Region," *Middle East Journal* 11 (1957): 1 - 11。关于土耳其的大坝情况，参见 J.R. McNeill, *Something New under the Sun: An Environmental History of the Twentieth-Century World* (New York: Norton, 2000), 123。

30. 关于苏伊士运河，参见D.A. Farnie, *East and West of Suez: The Suez Canal in History, 1854 - 1956* (Oxford: Clarendon Press, 1969); John Marlowe, *World Ditch. The Making of the Suez Canal* (New York: Macmillan, 1964)。关于伏尔加河-顿河，参见Halil İnalcık, "The Origins of the Ottoman-Russian Rivalry and the Don-Volga Canal, 1569," *Les annales de l'Université d'Ankara* 1 (1946 - 47): 47 - 106; A.N. Kurat, "The Turkish Expedition to Astrakhan and the Problem of the Don-Volga Canal," *Slavonic and East European Review* 40 (1961): 7 - 23。关于卡鲁恩运河计划，参见Khazeni, *Tribes and Empire*, 23 - 25。关于红海-死海引水管道工程，参见Basel N. Asmar, "The Science and Politics of the Dead Sea: Red Sea Canal or Pipeline," *Journal of Environment and Development* 12 (2003): 325 - 39。关于土耳其东南安纳托利亚工程（GAP），参见 Ali Çarkoğlu and Mine Eder, "Development *alla Turca*: The Southeastern Anatolia Development Project (GAP)," in *Environmentalism in Turkey: Between Democracy and Development?*, ed. Fikret Adaman and Murat Arsel, 167 - 84 (Aldershot, UK: Ashgate, 2005); Ali Çarkoğlu and Mine Eder, "Domestic Concerns and the Water Conflict over the Euphrates-Tigris River Basin," *Middle Eastern Studies* 37 (2001): 41 - 71; Leila Harris, "Postcolonialism, Postdevelopment, and Ambivalent Spaces of Difference in Southeastern Turkey," *Geoforum* 39 (2008): 1698 - 1708。

31. 例如参见S. White, *Climate of Rebellion*; Khazeni, *Tribes and Empire*; Sufian, *Healing the Land and the Nation*; Wolf-Dieter Hütteroth, "Ecology of the Ottoman Lands," in *The Later Ottoman Empire, 1603 -*

1839, vol. 3 of *The Cambridge History of Turkey*, ed. Suraiya N. Faroqhi, 18 - 43 (Cambridge: Cambridge University Press, 2006); Dursun, "Forest and the State"; Mikhail, *Nature and Empire*. See also several of the essays in Suraiya Faroqhi, ed., *Animals and People in the Ottoman Empire* (Istanbul: Eren, 2010)。

32. 关于环境决定论给中东环境研究产生的负面效应，参见Diana K. Davis, "Power, Knowledge, and Environmental History in the Middle East and North Africa," *International Journal of Middle East Studies* 42 (2010): 657 - 59。
33. William Cronon, *Changes in the Land: Indians, Colonists, and the Ecology of New England*, 1st rev. ed. (New York: Hill and Wang, 2003), 13.
34. Ibid., 15.
35. 除了本书所提到的这些著作，同时参见Arie S. Issar and Mattanyah Zohar, *Climate Change–Environment and Civilization in the Middle East* (Berlin: Springer, 2004)。

215 36. 关于气候变迁如何影响欧洲历史进程的一本经典著作，参见Emmanuel Le Roy Ladurie, *Times of Feast, Times of Famine: A History of Climate since the Year 1000*, trans. Barbara Bray (Garden City, NY: Doubleday, 1971)。气候史研究是当今学术界的热门研究领域。关于该话题的最新研究进展，参见Brian Fagan, *The Long Summer: How Climate Changed Civilization* (New York: Basic Books, 2004); Eugene Linden, *The Winds of Change: Climate, Weather, and the Destruction of Civilizations* (New York: Simon and Schuster, 2006)。一些学者在很早时候便试图将气候变迁与中东史研究相结合，具体参见Murphey, "Decline of North Africa"; William Griswold, "Climatic Change: A Possible Factor in the Social Unrest of Seventeenth Century Anatolia," in *Humanist and Scholar: Essays in Honor of Andreas Tietze*, ed. Heath W. Lowry and Donald Quataert, 37 - 57 (Istanbul: Isis Press, 1993)。关于气候活动如何影响中东的一

项最新优秀研究成果，参见Bulliet，*Cotton, Climate, and Camels*；S. White，*Climate of Rebellion*。

37. Bulliet，*Cotton, Climate, and Camels*，69 - 95。关于这一时期的伊朗以及中东其他地区气候变迁的进一步讨论，参见Ronnie Ellenblum，*The Collapse of the Eastern Mediterranean: Climate Change and the Decline of the East, 950 - 1072*（Cambridge：Cambridge University Press，2012）。

38. S. White，*Climate of Rebellion*。关于17世纪出现的整体性危机的论述早在20世纪50年代就有人提出，参见E.J. Hobsbawm，"The General Crisis of the European Economy in the 17th Century," *Past and Present* 5（1954）：33 - 53；E.J. Hobsbawm，"The Crisis of the 17th Century—II," *Past and Present* 6（1954）：44 - 64。关于该课题的一系列最新研究成果，参见Jonathan Dewald，Geoffrey Parker，Michael Marmé，and J.B. Shank，"*AHR* Forum：The General Crisis of the Seventeenth Century Revisited," *American Historical Review* 113（2008）：1029 - 99。关于气候活动的全球性影响以及对17世纪的整体性危机的讨论，参见Geoffrey Parker，*Global Crisis: War, Climate Change and Catastrophe in the Seventeenth Century*（New Haven，CT：Yale University Press，2013）。

39. Karen Barkey，*Bandits and Bureaucrats: The Ottoman Route to State Centralization*（Ithaca，NY：Cornell University Press，1994）；William Griswold，*The Great Anatolian Rebellion, 1000 - 1020/1591 - 1611*（Berlin：Klaus Schwarz Verlag，1983）.

40. S. White，*Climate of Rebellion.*

41. Oman，Robock，Stenchikov，and Thordarson，"High-Latitude Eruptions Cast Shadow，" L18711.

42. 关于坦齐马特改革的一般性介绍，参见M. Şükrü Hanioğlu，*A Brief History of the Late Ottoman Empire*（Princeton，NJ：Princeton University Press，2008）。

43. 关于这些饥荒事件的历史，参见Erler，*Kuraklık ve Kıtlık*；Pehlivan，"Beyond 'The Desert and the Sown'"；Donald Quataert，*The Ottoman*

Empire, 1700 - 1922, 2nd ed.（Cambridge：Cambridge University Press, 2005），114 - 15。

44. 关于环境决定论在中东及北非研究中的体现，参见 F. D. Davis，“Power, Knowledge, and Environmental History”；Bulliet，*Cotton, Climate, and Camels*，vii - x；Murphey，“Decline of North Africa.”。

216

45. Edmund Burke III，“The Big Story：Human History，Energy Regimes, and the Environment,” in *The Environment and World History*，ed. Edmund Burke III and Kenneth Pomeranz（Berkeley：University of California Press, 2009），35.

46. 例如参见 Vaclav Smil，*Energy in World History*（Boulder，CO：Westview Press，1994）；Vaclav Smil，*Energy in Nature and Society: General Energetics of Complex Systems*（Cambridge：Massachusetts Institute of Technology Press，2008）；Stephen J. Pyne，*World Fire: The Culture of Fire on Earth*（Seattle：University of Washington Press，1997）；Stephen J. Pyne，*Vestal Fire: An Environmental History, Told through Fire, of Europe and Europe's Encounter with the World*（Seattle：University of Washington Press，1997）。关于这一话题在中东研究中的最新进展，参见 Toby Craig Jones，*Desert Kingdom: How Oil and Water Forged Modern Saudi Arabia*（Cambridge，MA：Harvard University Press，2010）；Mitchell，“Carbon Democracy.”。

47. 关于对牲畜在中东的历史地位分析，参见 Faroqhi，*Animals and People*；Annemarie Schimmel，*Islam and the Wonders of Creation: The Animal Kingdom*（London：al-Furqān Islamic Heritage Foundation，2003）；Mohamed Hocine Benkheira，Catherine Mayeur-Jaouen，and Jacqueline Sublet，*L'animal en islam*（Paris：Indes savantes，2005）；Basheer Ahmad Masri，*Animal Welfare in Islam*（Markfield，Leicestershire，UK：Islamic Foundation，2007）；Richard C. Foltz，*Animals in Islamic Tradition and Muslim Cultures*（Oxford：Oneworld，2006）；Thomas T. Allsen，*The Royal Hunt in Eurasian History*（Philadelphia：University of Pennsylvania

Press, 2006); Richard W. Bulliet, *The Camel and the Wheel* (New York: Columbia University Press, 1990); Bulliet, *Cotton, Climate, and Camels*; Alan Mikhail, *The Animal in Ottoman Egypt* (New York: Oxford University Press, 2014); Suraiya Faroqhi, "Camels, Wagons, and the Ottoman State in the Sixteenth and Seventeenth Centuries," *International Journal of Middle East Studies* 14 (1982): 523 - 39。

48. Richard Bulliet, "The Camel and the Watermill," *International Journal of Middle East Studies* 42 (2010): 666 - 68.
49. Burke, "Big Story," 33 - 53。有学者对人类历史上的资源利用活动给予了高度关注，参见J.R. McNeill, "The First Hundred Thousand Years," in *The Turning Points of Environmental History*, ed. Frank Uekoetter, 13 - 28 (Pittsburgh: University of Pittsburgh Press, 2010)。对于能源模式的一般性论述，参见J.R. McNeill, *Something New under the Sun*, 296 - 324。
50. Bulliet, "Camel and the Watermill."
51. 有关中东瘟疫研究的经典论述，参见The classic studies of plague in the Middle East are Dols, *Black Death in the Middle East*; Daniel Panzac, *La peste dans l'Empire Ottoman, 1700 - 1850* (Leuven, Belgium: Association pour le Développement des études Turques, 1985)。另一项新近的重要学术成果，参见Nükhet Varlık, *Plague and Empire in the Early Modern Mediterranean World: The Ottoman Experience, 1347 - 1600* (Cambridge: Cambridge University Press, 2015)。
52. 对此类文献资料的最新论述，参见Sam White, "Rethinking Disease in 217
Ottoman History," *International Journal of Middle East Studies* 42 (2010): 549 - 67。
53. 大多中东史料并未明确提及瘟疫或流行疾病的种类及其特性。因此在大多数情况下，我们很难确定所谓"瘟疫"(阿拉伯语中的ṭāʿūn，土耳其语中的taun) 或"流行病"(阿拉伯语中的wabāʾ，土耳其语中的veba) 到底指的是什么。然而，一些间接证据能够帮助我们进行判断，例如甄别一场瘟疫是否属于肺炎鼠疫。关于鉴别阿拉伯以及奥斯曼史料记载中的疾病类型的困难之处，参见S. White，“Rethinking Disease in Ottoman History，”555 – 58。

54. Dols，“Second Plague，”169，176。有学者认为从1416年到1514年，埃及平均每隔7年便会遭受一次瘟疫侵袭，参见David Neustadt（Ayalon），“The Plague and Its Effects upon the Mamlûk Army，” *Journal of the Royal Asiatic Society of Great Britain and Ireland*（1946）：68。另参见Dols，*Black Death in the Middle East*，223 – 24；Panzac，*La peste*，197 – 207。
55. Dols，“Second Plague，”168 – 69，175 – 76；André Raymond，“Les Grandes épidémies de peste au Caire aux XVII$_e$ and XVIII$_e$ siècles，” *Bulletin d’études Orientales* 25（1973）：203 – 10. The plague epidemics included in Raymond’s study represent a subset of those cited by Dols.
56. Michael W. Dols，“Plague in Early Islamic History，” *Journal of the American Oriental Society* 94（1974）：381；Raymond，“Les Grandes épidémies de peste au Caire，”208 – 9。我对于人口与商品流动，以及瘟疫传播之间的关系的讨论受到下面这位学者的启发，参见W. McNeill，*Plagues and Peoples*；Abu-Lughod，*Before European Hegemony*。
57. Raymond，“Les Grandes épidémies de peste au Caire，”208 – 9；Dols，“Second Plague，”179 – 80。后一位学者在书中列举了一系列从苏丹和中非传播至埃及和北非的瘟疫类型，他的讨论得益于Georg Sticker，*Abhandlungen aus der Seuchengeschichte und Seuchenlehre*（Giessen，Germany：A. Töpelmann，1908 – 12）。关于更多苏丹瘟疫历史的讨论，参见Terence Walz，*Trade between Egypt and Bilād as-Sūdān, 1700 – 1820*（Cairo：Institut français d’archéologie orientale，1978），200 – 201。
58. J.R. McNeill，*Something New under the Sun*，195 – 96。关于印度疟疾，参见David Arnold，*Colonizing the Body: State Medicine and Epidemic Disease in Nineteenth-Century India*（Berkeley：University of California Press，1993），159 – 99。关于该疾病在美国的情况，参见Charles E. Rosenberg，*The Cholera Years: The United States in 1832, 1849, and 1866*（Chicago：University of Chicago Press，1987）。关于疟疾在欧洲的传播历史，参

见Richard J. Evans, *Death in Hamburg: Society and Politics in the Cholera Years, 1830 - 1910* (New York: Oxford University Press, 1987); François Delaporte, *Disease and Civilization: The Cholera in Paris, 1832*, trans. Arthur Goldhammer (Cambridge: Massachusetts Institute of Technology Press, 1986); Catherine J. Kudlick, *Cholera in Post-Revolutionary Paris: A Cultural History* (Berkeley: University of California Press, 1996)。

59. Valeska Huber, *Channelling Mobilities: Migration and Globalisation in the Suez Canal Region and Beyond, 1869 - 1914* (Cambridge: 218
Cambridge University Press, 2013), 241 - 71; Michael Christopher Low, "Empire and the Hajj: Pilgrims, Plagues, and Pan-Islam under British Surveillance, 1865 - 1908," *International Journal of Middle East Studies* 40 (2008): 269 - 90.

60. LaVerne Kuhnke, *Lives at Risk: Public Health in Nineteenth-Century Egypt* (Berkeley: University of California Press, 1990), 95.

61. 关于奥斯曼帝国在埃及疫情期间采取的隔离措施，参见Birsen Bulmuş, *Plague, Quarantines and Geopolitics in the Ottoman Empire* (Edinburgh: Edinburgh University Press, 2012)。

62. 关于这段历史的详细记述，参见Kuhnke, *Lives at Risk*, 107 - 8。

63. Huber, *Channelling Mobilities*, 241 - 71; J.R. McNeill, *Something New under the Sun*, 196.

64. 例如参见Jeff Albert, Magnus Bernhardsson, and Roger Kenna, eds., *Transformations of Middle Eastern Natural Environments: Legacies and Lessons*, Bulletin Series, no. 103 (New Haven, CT: Yale School of Forestry and Environmental Sciences, 1998); Sharif S. Elmusa, ed., *Culture and the Natural Environment: Ancient and Modern Middle Eastern Texts*, vol. 26, no. 1, *Cairo Papers in Social Science* (Cairo: American University in Cairo Press, 2003); D. Davis, *Resurrecting the Granary of Rome*, 131 - 76; Diana K. Davis, "Potential Forests: Degradation

Narratives, Science, and Environmental Policy in Protectorate Morocco, 1912 - 1956," *Environmental History* 10 (2005): 211 - 38; Stuart Schoenfeld, ed., *Palestinian and Israeli Environmental Narratives: Proceedings of a Conference Held in Association with the Middle East Environmental Futures Project* (Toronto: York University, 2005); Sufian, *Healing the Land and the Nation*; Richard C. Foltz, "Is There an Islamic Environmentalism?," *Environmental Ethics* 22 (2000): 63 - 72.

65. 关于伊斯兰生态伦理话题的探讨，参见Mawil Izzi Dien, *The Environmental Dimensions of Islam* (Cambridge: Lutterworth Press, 2000); Mawil Izzi Dien, "Islam and the Environment: Theory and Practice," *Journal of Beliefs and Values* 18 (1997): 47 - 57; Yūsuf al-Qaraḍāwī, *Riʿāyat al-Bīʾah fī Sharīʿat al-Islām* (Cairo: Dār al-Shurūq, 2001); Harfiyah Abdel Haleem, ed., *Islam and the Environment* (London: Ta-Ha Publishers, 1998); Ziauddin Sardar, ed., *An Early Crescent: The Future of Knowledge and the Environment in Islam* (London: Mansell, 1989); Richard C. Foltz, Frederick M. Denny, and Azizan Baharuddin, eds., *Islam and Ecology: A Bestowed Trust* (Cambridge, MA: Harvard University Press, 2003); Fazlun M. Khalid with Joanne O'Brien, eds., *Islam and Ecology* (New York: Cassell, 1992); Richard C. Foltz, ed., *Environmentalism in the Muslim World* (New York: Nova Science Publishers, 2005); Foltz, "Is There an Islamic Environmentalism?"。

66. 从克拉伦斯·格拉肯（Clarence Glacken）的《罗得岛海岸的痕迹》
(*Traces on the Rhodian Shore*)到拉马钱德拉·古哈（Ramachandra Guha）
有关印度环境主义的讨论，有大量的资料向我们讲述了犹太教、佛教、
基督教、印度教以及萨满教的自然观。伊斯兰教及其众多教派亦是如
此，参见Clarence J. Glacken, *Traces on the Rhodian Shore: Nature and*
219 *Culture in Western Thought from Ancient Times to the End of the Eighteenth*
Century (Berkeley: University of California Press, 1967); Madhav Gadgil

and Ramachandra Guha, *This Fissured Land: An Ecological History of India* (Berkeley: University of California Press, 1993); Ramachandra Guha and J. Martinez-Alier, *Varieties of Environmentalism: Essays North and South* (London: Earthscan Publications, 1997)。关于佛教，参见 David E. Cooper and Simon P. James, *Buddhism, Virtue and Environment* (Aldershot, UK: Ashgate, 2005)。关于犹太教，参见Martin D. Yaffe, ed., *Judaism and Environmental Ethics: A Reader* (Lanham, MD: Lexington Books, 2001)。关于宗教传统与生态环境之间关系的一般性讨论，参见Bron R. Taylor, ed., *The Encyclopedia of Religion and Nature*, 2 vols. (London: Thoemmes Continuum, 2005)。

67. Leila Harris, "Water and Conflict Geographies of the Southeastern Anatolia Project," *Society and Natural Resources* 15 (2002): 743 – 59; Harris, "Postcolonialism, Postdevelopment, and Ambivalent Spaces of Difference"; Ali Ihsan Bagis, "Turkey's Hydropolitics of the Euphrates-Tigris Basin," *International Journal of Water Resources Development* 13 (1997): 567 – 82.

第一章

1. 关于奥斯曼帝国统治时期的埃及历史的一般性介绍，参见Michael Winter, *Egyptian Society under Ottoman Rule, 1517 – 1798* (London: Routledge, 1992); Stanford J. Shaw, *The Financial and Administrative Organization and Development of Ottoman Egypt, 1517 – 1798* (Princeton, NJ: Princeton University Press, 1962); ʿAbd al-Raḥīm ʿAbd al-Raḥman ʿAbd al-Raḥīm, *al-Rīf al-Miṣrī fī al-Qarn al-Thāmin ʿAshar* (Cairo: Maktabat Madbūlī, 1986); Laylā ʿAbd al-Laṭīf Aḥmad, *al-Idāra fī Miṣr fī al-ʿAṣr al-ʿUthmānī* (Cairo: Maṭbaʿat Jāmiʿat ʿAyn Shams, 1978); Laylā ʿAbd al-Laṭīf Aḥmad, *al-Mujtamaʿ al-Miṣrī fī al-ʿAṣr al-ʿUthmānī* (Cairo: Dār al-

Kitāb al-Jāmiʿī, 1987); Laylā ʿAbd al-Laṭīf Aḥmad, *Tārīkh wa Muʾarrikhī Miṣr wa al-Shām ibbāna al-ʿAṣr al-ʿUthmānī* (Cairo: Maktabat al-Khānjī, 1980); ʿIrāqī Yūsuf Muḥammad, *al-Wujūd al-ʿUthmānī fī Miṣr fī al-Qarnayn al-Sādis ʿAshar wa al-Sābiʿ ʿAshar (Dirāsa Wathāʾiqiyya)* (Cairo: Markaz Kliyūbātrā lil-Kumbiyūtar, 1996); ʿIrāqī Yūsuf Muḥammad, *al-Wujūd al-ʿUthmānī al-Mamlūkī fī Miṣr fī al-Qarn al-Thāmin ʿAshar wa Awāʾil al-Qarn al-Tāsiʿ ʿAshar* (Cairo: Dār al-Maʿārif, 1985); André Raymond, *Artisans et commerçants au Caire au XVIIIe siècle*, 2 vols. (Damascus: Institut français de Damas, 1973 - 74)。

对于想要就该话题进行对比研究的读者，可以进一步了解中世纪及近代早期欧洲的水资源管理历史，参见André E. Guillerme, *The Age of Water: The Urban Environment in the North of France, A.D. 300 - 1800* (College Station: Texas A&M University Press, 1988); Paolo Squatriti, *Water and Society in Early Medieval Italy, AD 400 - 1000* (Cambridge: Cambridge University Press, 1998); Paolo Squatriti, ed., *Working with Water in Medieval Europe: Technology and Resource-Use* (Leiden, Netherlands: Brill, 2000); Roberta J. Magnusson, *Water Technology in the Middle Ages: Cities, Monasteries, and Waterworks after the Roman Empire* (Baltimore: Johns Hopkins University Press, 2001); Glick, *Irrigation and Hydraulic Technology*; Glick, *Irrigation and Society*; Jean-Pierre Goubert,
220 *The Conquest of Water: The Advent of Health in the Industrial Age*, trans. Andrew Wilson (Princeton, NJ: Princeton University Press, 1989); Patrick Fournier and Sandrine Lavaud, eds., *Eaux et conflits dans l'Europe médiévale et moderne* (Toulouse: Presses universitaires du Mirail, 2012); Michele Campopiano, "Rural Communities, Land Clearance and Water Management in the Po Valley in the Central and Late Middle Ages," *Journal of Medieval History* 39 (2013): 377 - 93。

2. 在阿斯旺大坝建成之前，埃及的农业生产方式与尼罗河的泛滥周期相适应。埃塞俄比亚高原的夏季雨水汇入河流上游，使得河流流经阿斯旺和开罗的区域分别在六月与七月初出现上涨。尼罗河水位持续上升，直到八月底或九月初达到峰值。随即洪水逐渐退去，到了九月中旬的时候，水位只剩下峰值的一半，而到了来年五月份，水位抵达最低值，然后开启新一轮的泛洪周期。河水开始泛滥的夏末时节便被埃及人视为当年农业生产的开端。

3. 在九月与十月份，人们会在经过灌溉的土地上耕作小麦、大麦、扁豆、苜蓿、亚麻、鹰嘴豆、洋葱、大蒜等冬季作物，这也是一整年内所收获的主要作物。从一月到五月，人们则会利用储存在盆地或运河里的水资源灌溉和耕作农田，所收获的庄稼被称为夏季作物，其中包括小麦、大麦、棉花、柠檬、甘蔗和芝麻。当然，作物的品种和数量根据地域的不同会有明显的差异。例如水稻主要分布于埃及北部，而烟草和甘蔗种植地主要为埃及南部地区，棉花分布于埃及中部与北部，三角洲内陆以及法尤姆绿洲则是亚麻的主要生产基地，而小麦的身影到处都能见到。关于粮食种植以及埃及农产品如何输送到奥斯曼帝国其他区域，参见Mikhail，*Nature and Empire*，82 – 123。

4. 关于近代早期奥斯曼帝国其他区域的灌溉情况，参见Rhoads Murphey，"The Ottoman Centuries in Iraq：Legacy or Aftermath? A Survey Study of Mesopotamian Hydrology and Ottoman Irrigation Projects，" *Journal of Turkish Studies* 11（1987）：17 – 29；*Encyclopaedia of Islam*，2nd ed.（Leiden，Netherlands：Brill，2006），s.v. "Māʾ. 8. Irrigation in the Ottoman Empire"（Halil İnalcık）。关于土地资源，农业生产以及土地持有在奥斯曼帝国的历史，参见Çağlar Keyder and Faruk Tabak，eds.，*Landholding and Commercial Agriculture in the Middle East*（Albany：State University of New York Press，1991）；Huri İslamoğlu-İnan，*State and Peasant in the Ottoman Empire：Agrarian Power Relations and Regional Economic Development in Ottoman Anatolia during the Sixteenth Century*（Leiden，Netherlands：Brill，1994）；Huri İslamoğlu-İnan，ed.，*The Ottoman Empire and the World-Economy*（Cambridge：Cambridge University Press，1987）。

5. 有关这份档案史料的讨论，参见Nicolas Michel，"Les Dafātir al-ǧusūr，source pour l'histoire du réseau hydraulique de l'égypte ottomane，" *Annales*

Islamologiques 29（1995）：151 – 68；Mikhail，*Nature and Empire*，40 – 46。“帝国水利工程”档案中的五份文件的编号分别为784、785、786、
221 787和788，它们都被归档在一份名为al-Rūznāma的档案内。787和788号文件涉及灌溉工程的资金记录，而前三份文件记载了由副省或者村庄组织的河道工程。如今我们主要通过资料里开罗北部的米努夫副省的相关内容来推测成文日期。例如这部分内容提到某项工程的施工时间是1539年或1540年，但未提及写下这份文件的确切日期。根据文本提供的信息以及后人对手抄笔迹的鉴定，我们可以断定有关该项目的信息是于17或18世纪被收录进档案中的。因此，运河工程的相关细节以及文件中记载的管理手段对于17和18世纪的人而言仍然具有现实意义，以至于他们愿意耗费精力将这些几百年前发生的事情抄录至档案里。

6. 这种情况存在于很多地方，例如参见Paul B. Trawick，“Successfully Governing the Commons：Principles of Social Organization in an Andean Irrigation System，” *Human Ecology* 29（2001）：1 – 25；the Western Indian example in Arjun Appadurai，“Wells in Western India：Irrigation and Cooperation in an Agricultural Society，” *Expedition* 26（1984）：3 – 14；and the Balinese example in Clifford Geertz，“The Wet and the Dry：Traditional Irrigation in Bali and Morocco，” *Human Ecology* 1（1972）：26 – 31。不同社群共享河道的例子为我们了解水资源使用与灌溉管理责任联系在一起提供了绝佳的案例。而且这些案例通常也会涉及因责任划分不清而导致的纠纷。例如参见DWQ，Maḥkamat al-Manṣūra，12，p. 446，no case no.（15 Ca 1104/22 Jan. 1693）；DWQ，Maḥkamat al-Baḥayra，10，p. 220，case 523（3 C 1191/8 July 1777）；DWQ，Maḥkamat al-Manṣūra，19，p. 374，no case no.（9 M 1124/16 Feb. 1712）；DWQ，Maḥkamat al-Manṣūra，19，p. 368，no case no.（A）（13 M 1125/9 Feb. 1713）；DWQ，Maḥkamat al-Manṣūra，19，p. 379，no case no.（23 M 1123/13 Mar. 1711）；DWQ，Maḥkamat al-Manṣūra，12，p. 425，no case no.（2 Za 1102/28 July 1691）；DWQ，Maḥkamat al-Manṣūra，24，p. 288，case 628（28 N 1136/20 June 1724）。

7. DWQ，al-Jusūr al-Sulṭāniyya，784，pp. 182 - 83，no case no.（13 Ş）.
8. 此类问题的答案向我们揭示了关于埃及乡村运河的一个基本特征——国家级（sulṭānī）与地方级（baladī）运河的区分，以及围绕不同运河所建立的社群的差别。如果某条运河的服务对象是数量庞大的农民群体，而非少数特权人士，造福于普罗大众，或有利于农民内部平等观念的普及，那么这条运河便被定义为国家级别，相应的责任主体则是奥斯曼埃及政府。与之相反，地方级运河所服务的对象通常是某个固定群体，对应的责任主体是当地首领。尽管这两类运河归根结底都是国家的资产，它们的维护和修缮通常由河道附近的农民社群负责，因为他们是河道的直接影响者和受益者。关于国家级和地方级运河的区别，以及埃及乡村灌溉社群的介 222
绍，参见Stuart J. Borsch，"Environment and Population：The Collapse of Large Irrigation Systems Reconsidered，" *Comparative Studies in Society and History* 46（2004）：458 - 60。关于中世纪史料中对国家级和地方级运河及堰坝的叙述，参见Sato Tsugitaka，*State and Rural Society in Medieval Islam：Sultans，Muqta's and Fallahun*（Leiden，Netherlands：Brill，1997），225 - 27。
9. DWQ，al-Jusūr al-Sulṭāniyya，784，pp. 182 - 83，no case no.（13 Ş）.
10. Ibid.
11. 关于这些地方专家的更多信息，参见Mikhail，*Nature and Empire*，66，176 - 78。关于这些专家参与的其他项目相关资料，参加BOA，Cevdet Nafia，120（Evasıt Ca 1125/5 - 14 June 1713）；BOA，MM，8：469（Evasıt L 1180/12 - 21 Mar. 1767）；DWQ，Maḥkamat al-Manṣūra，18，p. 266，no case no.（B）（6 B 1121/10 Sept. 1709）；BOA，MM，9：424（Evail C 1194/4 - 13 June 1780）；DWQ，Maḥkamat Asyūṭ，4，p. 206，case 645（11 C 1156/2 Aug. 1743）；DWQ，Maḥkamat Asyūṭ，2，p. 238，case 566（13 M 1108/11 Aug. 1696）；DWQ，Maḥkamat Asyūṭ，5，p. 179，case 343（20 C 1189/17 Aug. 1775）；DWQ，Maḥkamat Asyūṭ，8，p. 260，case 563（14 S 1211/18 Aug. 1796）；DWQ，Maḍābiṭ al-Daqahliyya，19，p. 299，case 878（1185/1771 and 1772）；DWQ，Maḍābiṭ al-Daqahliyya，

19，p. 299，case 875（1185/1771 and 1772）；DWQ，Maḍābiṭ al-Daqahliyya，19，p. 299，case 874（1185/1771 and 1772）；DWQ，Maḍābiṭ al-Daqahliyya，19，p. 299，case 876（1185/1771 and 1772）；DWQ，Maḍābiṭ al-Daqahliyya，19，p. 299，case 877（1185/1771 and 1772）；DWQ，Maḍābiṭ al-Daqahliyya，19，p. 299，case 872（1185/1771 and 1772）；DWQ，Maḍābiṭ al-Daqahliyya，19，p. 299，case 873（1185/1771 and 1772）；DWQ，Maḍābiṭ al-Daqahliyya，19，p. 300，case 880（1185/1771 and 1772）。

12. 在奥斯曼帝国于1517年征服埃及之后，埃及的所有副省都在其后几十年内主持了灌溉设施调研。关于盖勒尤卜副省的资料，参见DWQ，al-Jusūr al-Sulṭāniyya，786，p. 158v，no case no.（n.d.）。关于这份文档的论述，参见Michel，“Les Dafātir al-ǧusūr，” 152－56。关于法尤姆副省的信息，参见DWQ，al-Jusūr al-Sulṭāniyya，785，p. 2v，no case no.（17 Z 956/5 Jan. 1550）。关于对785号文档的论述，参见Michel，“Les Dafātir al-ǧusūr，” 160－63。关于贝尼苏韦夫的有关信息，参见DWQ，al-Jusūr al-Sulṭāniyya，785，p. 4v，no case no.（Evahir Za 996/12－21 Oct. 1588）。埃及的奥斯曼政府官僚利用分布于乡村世界的伊斯兰法庭体系，将调研任务和要求下达给各地的执行人员。
13. DWQ，Maḥkamat al-Manṣūra，22，p. 228，case 497（25 Za 1184/12 Mar. 1771）.
14. 关于另一个淤泥阻塞河道的例子，参见DWQ，Rūznāma 4557，Daftar Irtifāʿ al-Miyāh bi-Baḥr Sayyidnā Yūsuf lihi al-Ṣalāh wa al-Salām ʿan al-Qabḍa al-Yūsufi yya Tābiʿ Wilāyat al-Fayyūm（Raqam al-Ḥifẓ al-Nauʿī 1，ʿAyn 59，Makhzin Turkī 1，Musalsal 4557），p. 14，no case no.（3 C 1200/2 Apr. 1786）。
15. 如果在主河道周围开凿过多支流渠道，那么主河道可能会因水流不足而无法完成灌溉目的，这在埃及乡村是一个普遍存在的问题。例如参见DWQ，
223 Maḥkamat al-Manṣūra，18，p. 249 or p. 250，no case no.（B）（23 Ş 1121/27 Oct. 1709）；DWQ，Maḥkamat al-Manṣūra，19，p. 386，no case

no.（1 Ş 1122/24 Sept. 1710）；DWQ，Maḥkamat al-Manṣūra，19，p. 371，no case no.（9 Ş 1124/11 Sept. 1712）。

16. 关于埃及农民向奥斯曼政府请愿开凿运河的案例，参见DWQ，Maḥkamat al-Manṣūra，12，p. 426，no case no.（15 Za 1102/10 Aug. 1691）。

17. 此案例的细节被记载在曼苏拉副省的法庭档案中，但里面并未提及埃及迪万曾将这项请愿递交给伊斯坦布尔并请求上级指示。在很多情况下，此类请愿或者纠纷由开罗传达给伊斯坦布尔并加以裁决。由于文中所述情形并不严重，所以也就没有将事态升级到中央政府的必要。

18. 这份敕令下达给曼苏拉法庭，当局允许农民按照自己的意愿行事并且文件由阿拉伯语写成，这是当局有意为之。尽管阿拉伯语也在民间被普遍使用，奥斯曼埃及政府的官方语言是奥斯曼土耳其语。埃及迪万之所以刻意用阿拉伯语下发命令，并在文件中强调这一事实，是因为帝国统治者希望利用这种方式直接与乡村的农耕者们进行沟通交流，而不是由法庭在其中充当中介。帝国政府和埃及农民的直接沟通机制表明前者对后者在河道工程中的主体地位的肯定。

19. 关于曼苏拉法庭档案中记载的其他由农民发起并主导的工程项目，参见DWQ，Maḥkamat al-Manṣūra，4，p. 108，case 281（1 M 1075/24 July 1664）；DWQ，Maḥkamat al-Manṣūra，12，p. 448，no case no.（11 C 1104/17 Feb. 1693）；DWQ，Maḥkamat al-Manṣūra，16，p. 402，no case no.（B）（30 Za 1115/5 Apr. 1704）. For other cases specifically about the repair of al-Baḥr al-S. aghīr，see DWQ，Maḥkamat al-Manṣūra，14，p. 100，case 219（12 L 1110/13 Apr. 1699）；DWQ，Maḥkamat al-Manṣūra，1，p. 232，no case no.（Z 1058/Dec. 1648 and Jan. 1649）；DWQ，Maḥkamat al-Manṣūra，18，p. 244 or p. 245，no case no.（14 S 1122/14 Apr. 1710）；DWQ，Maḥkamat al-Manṣūra，19，p. 373，no case no.（8 R 1124/14 May 1712）。

20. 关于地方农民社群在灌溉工程中发挥权威作用的其他案例，参见DWQ，Maḥkamat al-Manṣūra，16，p. 47，case 86（13 B 1115/23 Nov. 1703）；DWQ，Maḥkamat al-Manṣūra，19，p. 33，case 88（11 C 1122/7 Aug.

1710)；DWQ，Maḥkamat al-Manṣūra，18，p. 245 or p. 246，no case no.(A)(15 Z 1122/3 Feb. 1711)。

21. DWQ，Maḥkamat Asyūṭ，2，p. 235，case 558(22 Z 1107/23 July 1696).
22. 奥斯曼帝国驻扎在埃及的七大军团的名称分别是ʿAzeban，Çavuşan，Çerakise，Gönüllüyan，Mustahfızan(Janissaries)，Müteferrika，and Tüfenkciyan。关于这些军队头衔的论述，参见Shaw，*Financial and Administrative Organization*，189－210；Winter，*Egyptian Society*，37－43；ʿAbd al-Raḥīm，*al-Rīf al-Miṣrī*，71－81；Jane Hathaway，*The Politics of Households in Ottoman Egypt：The Rise of the Qazdağlıs*(Cambridge：Cambridge University Press，1997)，5－16。
23. BOA，Cevdet Nafia，120(Evasıt Ca 1125/5－14 June 1713).
224 24. 在奥斯曼埃及的档案史料与文学作品中，涉及水流与土地的描述总是关乎人类的生死。未能得到灌溉而就此干涸的土地，一般被形容为死去的或者失去生命力的(阿拉伯语中的mawāt，土耳其语中的mevat)。例如参见DWQ，al-Jusūr al-Sulṭāniyya，786，pp. 113v－114r，no case no.(18 Z 1117/2 Apr. 1706)。而且，当土地被灌溉后人们最常使用到的一个形容词是iḥyāʾ，意为“激活”“新生”“焕发生机”等。关于这个词语在具体文本中的使用，参见 DWQ，Maḥkamat al-Manṣūra，19，p. 374，no case no.(9 M 1124/16 Feb. 1712)；BOA，MM，6：238(Evasıt Ca 1158/12－21 June 1745)。因此，在当地人心中，生死的概念与水流滋养土地的能力息息相关。
25. 作为工程师常用的测量单位，1齐拉(*zirāʿ al-handasa*)相当于0.656米，参见Walther Hinz，*Islamische Masse und Gewichte umgerechnet ins metrische System*(Leiden，Netherlands：Brill，1955)，58。1个埃及钱袋(The Egyptian purse)相当于25 000帕拉(para)，等同于民间使用的钱币单位niṣf fiḍḍa。用斯坦福·J.肖恩(Stanford J. Shaw)的话说，“在马穆鲁克王朝和奥斯曼帝国统治时期，埃及常用的一种银币在民间被叫作niṣf fiḍḍa，而官方称之为para”。参见Shaw，*Financial and Administrative Organization*，65n169。

26. 依据所拥有的土地不同，包税人每年需向政府缴纳固定金额的税收，并保证该地区的秩序稳定。作为交换，包税人有权将多余的收入占为己用。因此他们需要在尽量扩大自己的利益的同时，防止过于苛刻的税收条件让农民产生不满和发生暴动。
27. DWQ，Mahkamat al-Manṣūra，16，p. 47，case 86（13 B 1115/23 Nov. 1703）.
28. 关于由皇宫下令对灌溉工程进行审查的例子，参见DWQ，Maḥkamat Asyūṭ，1，p. 201，case 583（12 Za 1067/22 Aug. 1657）；DWQ，Maḥkamat Asyūṭ，1，p. 287，case 844（18 Za 1068/18 Aug. 1658）；DWQ，Maḥkamat al-Manṣūra，22，p. 236，no case no.（13 S 1152/21 May 1739）。
29. 关于奥斯曼帝国统治时期埃及农民集体抛弃村庄的历史，参见Nicolas Michel，“Migrations de paysans dans le Delta du Nil au début de l'époque ottoman,” *Annales Islamologiques* 35（2001）：241 – 90；Nicolas Michel，“Villages désertés，terres en friche et reconstruction rurale en égypte au début de l'époque ottoman,” *Annales Islamologiques* 36（2002）：197 – 251；Zayn al-ʿĀbidīn Shams al-Dīn Najm，“Tasaḥḥub al-Fallāḥīn fī ʿAṣr Muḥammad ʿAlī，Asbābuhu wa Natāʾijuhu,” *Egyptian Historical Review* 36（1989）：259 – 316；Naṣra ʿAbd al-Mutajallī，“al-Muqāwama bil-Tasaḥḥub fī Rīf Miṣr al-ʿUthmāniyya,” in *al-Rafḍ wa al-Iḥtijāj fī al-Mujtamaʿal-Miṣrī fī al-ʿAṣr al-ʿUthmānī*，ed. Nāṣir Ibrāhīm and Raʾūf ʿAbbās，127 – 36（Cairo：Markaz al-Buḥūth wa al-Dirāsāt al-Ijtimāʿiyya，2004）。关于奥斯曼帝国治下的巴勒斯坦所出现的类似情形，参见Amy Singer，“Peasant Migration：Law and Practice in Early Ottoman Palestine,” *New Perspectives on Turkey* 8（1992）：49 – 65。
30. DWQ，Maḥkamat al-Manṣūra，9，p. 36，case 83（20 B 1099/20 May 1688）。Jalabī是阿拉伯语中的一种军衔称谓，对应奥斯曼土耳其语中的Çelebi。
31. 正如村名所示，法姆扎非尔村位于吉舒尔扎法尔运河河口处，因此对于河 225

流下游处的村子用水拥有很大话语权。

32. 这名包税人名为里德万·伊本·马胡姆·埃米尔·贾法尔（Riḍwān ibn al-Marḥūm al-Amīr Jaʿfar）。

33. 具有说服力的一点是，“ḥifẓ wa ḥarāsa”这一术语（对应奥斯曼土耳其语中的hıfz ü hiraset）不仅用于表示对埃及灌溉设施的维系和看护，还能够指代奥斯曼政府的财政职能与施行统治。例如参见TSMA，E. 664/52（n.d.）；TSMA，E. 664/63（Evail Ra 1159/24 Mar. – 2 Apr. 1746）。

34. 迈克尔·阿达斯（Michael Adas）将农民出逃和抛弃村庄等现象称为“消极反抗”（avoidance protest”）。关于阿达斯对此类农民反抗行为的精彩分析，参见Michael Adas，“From Avoidance to Confrontation：Peasant Protest in Precolonial and Colonial Southeast Asia,” *Comparative Studies in Society and History* 23（1981）：217 – 47。

35. 关于奥斯曼政府在应对环境变迁时，为维持埃及的农业生产力所采取的灵活政策，参见DWQ，Maḥkamat al-Baḥayra，14，p. 390，case 612（23 L 1200/18 Aug. 1786）。

36. 关于埃及农民向政府请愿希望获得更多灌溉水资源的例子，参见DWQ，Rūznāma 4557，Daftar Irtifāʿ al-Miyāh bi-Baḥr Sayyidnā Yūsuf lihi al-Ṣalāh wa al-Salām ʿan al-Qabḍa al-Yūsufi yya Tābiʿ Wilāyat al-Fayyūm（Raqam al-Ḥifẓ al-Nauʿī 1，ʿAyn 59，Makhzin Turkī 1，Musalsal 4557），p. 11，no case no.（21 Ra 1192/19 Apr. 1778）；DWQ，Rūznāma 4557，Daftar Irtifāʿ al-Miyāh bi-Baḥr Sayyidnā Yūsuf lihi al-Ṣalāh wa al-Salām ʿan al-Qabḍa al-Yūsufi yya Tābiʿ Wilāyat al-Fayyūm（Raqam al-Ḥifẓ al-Nauʿī 1，ʿAyn 59，Makhzin Turkī 1，Musalsal 4557），p. 12，no case no.（21 Ra 1195/17 Mar. 1781）；DWQ，Rūznāma 4557，Daftar Irtifāʿ al-Miyāh bi-Baḥr Sayyidnā Yūsuf lihi al-Ṣalāh wa al-Salām ʿan al-Qabḍa al-Yūsufi yya Tābiʿ Wilāyat al-Fayyūm（Raqam al-Ḥifẓ al-Nauʿī 1，ʿAyn 59，Makhzin Turkī 1，Musalsal 4557），p. 13，no case no.（9 S 1197/13 Jan. 1783）；DWQ，Maḥkamat Asyūṭ，2，p. 235，case 558（22 Z 1107/22 July 1696）。

37. 在某些情况下，奥斯曼埃及政府会快速采取行动修复受损堤岸，以防止河道中的水溢流出去造成浪费，例如参见DWQ，Maḥkamat al-Manṣūra，18，p. 266，no case no.（A）（21 C 1121/27 Aug. 1709）；DWQ，Maḥkamat al-Manṣūra，18，p. 266，no case no.（D）（21 C 1121/27 Aug. 1709）；DWQ，Maḥkamat al-Manṣūra，18，p. 266，no case no.（C）（6 B 1121/10 Sept. 1709）。

38. 关于奥斯曼埃及政府资助灌溉工程时采取的不同举措，参见DWQ，Maḥkamat al-Manṣūra，12，p. 422，no case no.（29 Ş 1102/28 May 1691）；DWQ，Maḥkamat al-Manṣūra，12，p. 424，no case no.（5 L 1102/1 July 1691）；DWQ，Maḥkamat al-Manṣūra，12，p. 423，no case no.（25 L 1102/21 July 1691）；BOA，MM，1：310（1 M 1126/18 Jan. 1724）；BOA，MM，5：46（Evail Ca 1146/9 – 18 Oct. 1733）；DWQ，Maḥkamat al-Manṣūra，12，p. 445，no case no.（B）（4 Ca 1104/11 Jan. 1693）；DWQ，Maḥkamat al-Manṣūra，18，p. 249 or p. 250，no case no. 226
（A）（1 Ş 1121/5 Oct. 1709）；DWQ，Maḥkamat al-Manṣūra，19，no page no.，no case no.（9 Ra 1122/8 May 1710）；DWQ，Maḥkamat al-Manṣūra，15，p. 205，no case no.（20 L 1113/19 Mar. 1702）；BOA，MM，8：337（Evahir Z 1178/10 – 19 June 1765）；BOA，MM，6：558（Evahir N 1162/4 – 13 Sept. 1749）；BOA，MM，5：189（Evasıt Ş 1147/6 – 15 Jan. 1735）；DWQ，Rūznāma 4557，Daftar Irtifāʿ al-Miyāh bi-Baḥr Sayyidnā Yūsuf lihi al-Ṣalāh wa al-Salām ʿan al-Qabḍa al-Yūsufi yya Tābiʿ Wilāyat al-Fayyūm（Raqam al-Ḥifẓ al-Nauʿī 1，ʿAyn 59，Makhzin Turkī 1，Musalsal 4557），p. 22，no case no.（28 R 1127/2 May 1715）。关于灌溉设施修缮工程中出现的挪用公款的案例，参见DWQ，Maḥkamat al-Manṣūra，51，p. 159，case 297（Ca 1203/Jan. and Feb. 1789）；DWQ，Maḥkamat al-Manṣūra，19，p. 368，no case no.（B）（2 M 1125/29 Jan. 1713）。

39. 关于奥斯曼帝国在埃及乡村实施的压迫统治，参见ʿAbd al-Raḥīm，*al-Rīf al-Miṣrī*；ʿAbd al-Raḥman al-Rāfʿī，*ʿAṣr Muḥammad ʿAlī*（Cairo：Dār al-Maʿārif，1989）。

第二章

1. 尼罗河三角洲由尼罗河所携带的泥沙在入海口处冲积而成，这一过程始于中新世初期。参见Scot E. Smith and Adel Abdel-Kader, "Coastal Erosion along the Egyptian Delta," *Journal of Coastal Research* 4 (1988): 245 – 55; Rushdi Said, *The Geological Evolution of the River Nile* (New York: Springer-Verlag, 1981)。
2. Herodotus, *The History*, trans. David Grene (Chicago: University of Chicago Press, 1987), 2.5.
3. 尼罗河每年携带进入埃及的泥沙总量（1.25亿吨）约有一半会流入地中海。参见Smith and Abdel-Kader, "Coastal Erosion," 249. For further analysis of these delta sediments, see Janusz Dominik and Daniel Jean Stanley, "Boron, Beryllium and Sulfur in Holocene Sediments and Peats of the Nile Delta, Egypt: Their Use as Indicators of Salinity and Climate," *Chemical Geology* 104 (1993): 203 – 16。
4. Herodotus, *History*, 2.15.
5. John Antes, *Observations on the Manners and Customs of the Egyptians, the Overflowing of the Nile and Its Effects; with Remarks on the Plague and Other Subjects. Written during a Residence of Twelve Years in Cairo and Its Vicinity* (London: printed for J. Stockdale, 1800), 64 – 65。关于三角洲的软体动物化石研究，参见Maria Pia Bernasconi, Daniel Jean Stanley, and Italo Di Geronimo, "Molluscan Faunas and Paleobathymetry of Holocene Sequences in the Northeastern Nile Delta, Egypt," *Marine Geology* 99 (1991): 29 – 43。
6. Antes, *Observations*, 74 – 75.
7. Ibid., 75.
8. Smith and Abdel-Kader, "Coastal Erosion"; Abdel-Aziz I. Kashef, "Salt-

Water Intrusion in the Nile Delta," *Ground Water* 21 (1983): 160 - 67; Omran E. Frihy, Alfy M. Fanos, Ahmed A. Khafagy, and Paul D. Komar, "Patterns of Nearshore Sediment Transport along the Nile Delta, Egypt," *Coastal Engineering* 15 (1991): 409 - 29. See also J.R. McNeill, *Something New under the Sun*, 166 - 73. 227

9. Mohamed A.K. Elsayed, Nazeih A. Younan, Alfy M. Fanos, and Khalid H. Baghdady, "Accretion and Erosion Patterns along Rosetta Promontory, Nile Delta Coast," *Journal of Coastal Research* 21 (2005): 413。从1900年到1964年（也就是阿斯旺大坝工程初期），海岸的平均侵蚀速率大幅下降，约为每年50米。和大多数环境活动或历史变迁一样，这一过程的发生既不线性亦不普遍。即使到了19世纪，三角洲的某些区域仍然持续向大海扩张。例如，在1500年至1900年期间，罗塞塔岬角的部分区域以平均每年25米的速率向大海延伸。
10. Smith and Abdel-Kader, "Coastal Erosion," 249.
11. 大多数环境史著作都倾向于从宏观上叙述自然界的变迁——海岸侵蚀、气候变化、森林退化、物种灭绝等。但本章试图证明，这些波澜壮阔的历史进程中的细微之处同样值得人们的关注，那些狭小地域内发生的自然活动也具有重大的历史与环境意义。
12. 关于该文本的阿拉伯语注解版以及英译本，参见Yūsuf ibn Muḥammad al-Shirbīnī, *Kitāb Hazz al-Quḥūf bi-Sharḥ Qaṣīd Abī Shādūf*, ed. and trans. Humphrey Davies, 2 vols.(Leuven, Belgium: Peeters, 2005 - 7)。
13. 关于河流生态系统如何影响奥斯曼帝国与地方社群之间的关系，可以参照伊拉克的幼发拉底河的相关研究，参见Faisal Husain, "In the Bellies of the Marshes: Water and Power in the Countryside of Ottoman Baghdad," *Environmental History* 19 (2014): 638 - 64.
14. 除了此处所讨论的疏浚工程，其他案例参见Mikhail, *Nature and Empire*, 38 - 81。
15. 关于曼扎拉村的介绍，参见Muḥammad Ramzī, *al-Qāmūs al-Jughrāfī lil-Bilād al-Miṣriyya min ʿAhd Qudamāʾ al-Miṣriyyīn ilā Sanat 1945*, 6 vols.

in 2 pts.（Cairo：al-Hay'a al-Miṣriyya al-ʿĀmma lil-Kitāb，1994），pt. 2，1：203－4。

16. DWQ，Maḥkamat al-Manṣūra，16，p. 397，no case no.（A）（6 Za 1115/12 Mar. 1704）.
17. 帕拉是奥斯曼埃及的基本货币单位，关于其使用、流动和交换的历史，参见Shaw，*Financial and Administrative Organization*，xxii。
18. 关于这些费用如何分摊到各个村庄，参见DWQ，Maḥkamat al-Manṣūra，16，p. 397，no case no.（B）（6 Za 1115/12 Mar. 1704）。
19. 曼苏拉法庭档案中还记录了一个类似的案例，事件发生于1692年7月末，当时哈马姆（Ḥammām）运河的某段区域亟须疏浚，周围的土地也因此变得干燥坚硬，于是村民们一同向法院申请，希望奥斯曼政府能够出面清理这段河道。如果这条为多个社群所共享的河流不能及时得到疏通，那么这
228 些村子里的农田就会遭殃，沦为不适宜耕种的荒原。奥斯曼帝国政府听取了农民们的建议和警告，并派遣当地一名官员前去监督河道的疏浚工作。参见DWQ，Maḥkamat al-Manṣūra，12，p. 447，no case no.（A）（10 L 1103/25 June 1692）。
20. 关于运河极易变得干涸的案例，参见ʿAbd al-Raḥman ibn Ḥasan al-Jabartī，*ʿAjā'ib al-Āthār fī al-Tarājim wa al-Akhbār*，ed. ʿAbd al-Raḥīm ʿAbd al-Raḥman ʿAbd al-Raḥīm，4 vols.（Cairo：Maṭbaʿat Dār al-Kutub al-Miṣriyya，1998），4：31。在这个例子中，某个军团围堵了运河的两端，将河中的水抽取出来从而使敌军的船队搁浅。
21. 例如参见DWQ，Maḥkamat al-Baḥayra，7，p. 56，case 112（2 Ra 1171/14 Nov. 1757）。
22. DWQ，Maḥkamat al-Baḥayra，5，pp. 9－10，case 15（12 Ş 1164/6 July 1751）.
23. DWQ，Maḥkamat al-Baḥayra，5，pp. 172－73，case 302（10 Ş 1165/22 June 1752）.
24. 关于该水车在史料中的记载，参见DWQ，Maḥkamat al-Baḥayra，5，pp. 9－10，case 15（12 Ş 1164/6 July 1751）；DWQ，Maḥkamat al-

Baḥayra，5，pp. 172 – 73，case 302（10 Ş 1165/22 June 1752）。关于人们在河口处建造的用以加速水流的其余类型灌溉设施，参见DWQ，Maḥkamat al-Baḥayra，5，p. 6，case 11（30 B 1164/24 June 1751）；DWQ，Maḥkamat al-Baḥayra，5，p. 314，case 389（10 Ş 1165/22 June 1752）. On the village of al-Raḥmāniyya，see Ramzī，*al-Qāmūs al-Jughrāfī*，pt. 2，2：305。

25. BOA，MM，5：393（Evahir L 1150/10 – 20 Feb. 1738）.
26. 这一人口数据对于18世纪中期的中东而言似乎有些夸大，我们并不知晓苏丹的帝国议会如何得出这个结果。根据史料记载，亚历山大在这一时期的人口接近于一万或两万人。参见Daniel Panzac，“Alexandrie：Peste et croissance urbaine（XVIIe – XIXe siècles），” in *Population et santé dans l'Empire Ottoman（XVIIIe – XXe siècles），45 – 55*（Istanbul：Isis，1996）；Michael J. Reimer，“Ottoman Alexandria：The Paradox of Decline and the Reconfiguration of Power in Eighteenth-Century Arab Provinces，” *Journal of the Economic and Social History of the Orient* 37（1994）：107 – 46。
27. BOA，MM，8：139（Evasıt L 1176/24 Apr. – 4 Mar. 1763）。
28. DWQ，Maḥkamat al-Manṣūra，24，p. 288，case 628（28 N 1136/ 20 June 1724）。关于卡夫拉甘纳姆村，参见Ramzī，*al-Qāmūs al-Jughrāfī*，pt. 2，1：199。关于哈吉尔萨村，参见Ibid.，pt. 2，1：128。
29. 此类案例表明，在由多个社群共享的运河河道中线位置，似乎存在着一条不言自明的分界线，将河流分为两个均等的区域，尽管我们无从知晓这一界限如何被确立，或者疏浚一半河道的具体操作过程。
30. 此处的原文是“in ḥaṣala fīhi khalal ... kāna dhālika muqābilan bi-arwāḥihim”。关于统治者使用类似威胁话语的案例，参见DWQ，*Maḥkamat al-Manṣūra*，9，p. 205，case 466（Evail L 1100/19 – 28 July 1689）。村庄领袖会因未能履 229
行好灌溉设施的维护职责而丧命，这一理念的形成源于奥斯曼帝国于1525年在埃及设立的法律条文（kanunname），也就是奥斯曼帝国于1517年征服埃及后不到十年的时间内，具体参见Ömer Lûtfi Barkan，*Kanunlar*，vol. 1 of *XV ve XVIinci asırlarda Osmanlı İmparatorluğunda Ziraî*

Ekonominin Hukukî ve Malî Esasları, İstanbul Üniversitesi Yayınlarından 256（Istanbul：Bürhaneddin Matbaası，1943），360 - 61。关于该著作的阿拉伯语译本，参见Aḥmad Fuʾād Mutawallī，trans. and intro.，*Qānūn Nāmah Miṣr, alladhī Aṣdarahu al-Sulṭān al-Qānūnī li-Ḥukm Miṣr*（Cairo：Maktabat al-Anjlū al-Miṣriyya，1986），30 - 31。

31. DWQ，Maḥkamat al-Manṣūra，7，p. 310，case 767（19 S 1093/27 Feb. 1682）.
32. 关于努布塔里夫村，参见Ramzī，*al-Qāmūs al-Jughrāfī*，pt. 2，1：196。关于图玛伊村，参见Ibid.，pt. 2，1：192。
33. 罗达岛意为“花园”或者“草地”，外形狭长（长约3 000米，最宽的地方宽为500米）。该岛屿与尼罗河东岸之间隔着浅浅的河水，而与西岸之间的距离宽阔得多。关于这座岛屿的详尽描述与历史记录来自这部15世纪的著作，参见Jalāl al-Dīn al-Suyūṭī，*Kawkab al-Rauḍa*，ed. Muḥammad al-Shashtāwī（Cairo：Dār al-Āfāq al-ʿArabiyya，2002）。

    奥斯曼帝国的史学家穆斯塔法·阿里（Muṣṭafā ʿĀlī）曾于16世纪末到访过埃及，他将尼罗河水位计描述为“世界史上一项天才般的发明，拥有着魔法一样的力量”，参见 Andreas Tietze，*Muṣṭafā ʿĀlī's Description of Cairo of 1599: Text, Transliteration, Translation, Notes*（Vienna：Verlag der Österreichischen Akademie der Wissenschaften，1975），30。关于尼罗河水位计的一般性介绍，参见William Popper，*The Cairo Nilometer: Studies in Ibn Taghrî Birdî's Chronicles of Egypt, I*（Berkeley：University of California Press，1951）；Amīn Sāmī，*Taqwīm al-Nīl*，5 vols. in 3 pts.（Cairo：Dār al-Kutub wa al-Wathāʾiq al-Qawmiyya，2003），pt. 1，65 - 95；Nicholas Warner，*The True Description of Cairo: A Sixteenth-Century Venetian View*，3 vols.（Oxford：Arcadian Library in association with Oxford University Press，2006），2：123 - 25。
34. Al-Jabartī，*ʿAjāʾib al-Āthār*（1998），2：363 - 64.
35. Ibid.，2：363.
36. Ibid.，2：363 - 64。几十年之后的1812年5月，开罗的尼罗河出现干涸，人们甚至可以直接行走在裸露的河床上，从布拉克一直走到因巴拜（Imbāba），参见Ibid.，4：246。

37. DWQ，*Maḍābiṭ al-Daqahliyya*，34，pp. 93 - 94，case 198（21 S 1211/ 25 Aug. 1796）。关于古吉蒂玛村，参见Ramzī，*al-Qāmūs al-Jughrāfī*，pt. 1，no vol. no.，354。关于塔克哈村，参见Ibid.，pt. 2，2：88。

38. 关于灌溉设施如何成为印证该地区耕种历史的证据，参见DWQ，*Maḥkamat al-Manṣūra*，7，p. 90，case 240（3 Ca 1091/31 May 1680）。

39. DWQ，*Maḥkamat al-Baḥayra*，21，p. 152，case 298（12 Ş 1206/4 Apr. 1792）；DWQ，*Maḥkamat al-Baḥayra*，21，p. 480，case 943（25 B 1206/19 Mar. 1792）。关于尼特玛村，参见Ramzī，*al-Qāmūs al-Jughrāfī*， 230
pt. 2，2：340。关于卡夫尔哈里布村，参见Ibid.，pt. 2，2：169。

40. 值得注意的是，下面这句话中的动词以埃及阿拉伯语方言的形式出现："ahālī al-nāḥyatayn al-madhkūratayn biyazraʿū aṭyānahā" [前述两个村庄的村民共同耕种（岛屿上的）土地]。参见DWQ，Maḥkamat al-Baḥayra，21，p. 480，case 943（25 B 1206/19 Mar. 1792）。在伊斯兰法庭的正式文件中却出现这样的埃及当地方言，这说明埃及农民能够将他们的声音传递到埃及乡村的法庭系统以及其他的官僚机构中。

41. 其原文是"ḥukm mā kānū ʿalayhi min qadīm al-zamān"（与他们长久以来的习俗保持一致）。DWQ，Maḥkamat al-Baḥayra，21，p. 152，case 298（12 Ş 1206/4 Apr. 1792）。在另外一些时候，人们也会说"ḥukm mā kānū awwal ʿalā qadīmihim"（与历史上的惯例保持一致）。DWQ，Maḥkamat al-Baḥayra，21，p. 480，case 943（25 B 1206/19 Mar. 1792）。

42. 通过这两个岛屿纠纷案被审判和裁决的效率，我们可以看出奥斯曼埃及政府的重视程度。在第二个例子中，从农民提出申述到判决得到有效执行，仅用了短短十七天的时间。换言之，在不到两周半的时间内，人们写好请愿，递交到开罗，由埃及迪万进行商讨；当局作出决定；开罗方面发布敕令，命令传递到位于达曼胡尔的拜哈亚法庭（跨越了约10万米的距离）；随后文件被移交给副省的相关负责人；相关人士商量如何实施上级传达的指令；开始实行制定的计划；向法庭汇报最后的结果；法庭将整个过程记录在案。关于达曼胡尔及其内陆区域，参见Ramzī，*al-Qāmūs al-Jughrāfī*，pt. 2，2：282 – 97。奥斯曼帝国处理事务的效率之快不仅体现了其统治的有效性（这一过程也离不开信息、道路和商品构成的流通与交换的网络，以及官僚体系的高速运转），更印证了习俗与先例在实施统治过程中的重要性。

43. 关于奥斯曼帝国统治下的伊拉克，参见Husain，“In the Bellies of the Marshes.”。

第三章

1. 诚然，相比于奥斯曼埃及的其他城市，有关开罗的文字记载是最多的。关于奥斯曼埃及其他区域的研究著作，参见以下文献。关于奥斯曼帝国统治时期的代盖赫利耶以及曼苏拉，参见Kenneth M. Cuno，*The Pasha's Peasants: Land, Society, and Economy in Lower Egypt, 1740 – 1858*（Cambridge：Cambridge University Press，1992）；Nāṣira ʿAbd al-Mutajallī Ibrāhīm ʿAlī，“al-Daqahliyya fī al-ʿAṣr al-ʿUthmānī”（MA thesis，ʿAyn Shams University，2005）。关于亚历山大，参见Reimer，
231 “Ottoman Alexandria”；Nāṣir ʿUthmān，“Maḥkamat Rashīd ka-Maṣdar li-Dirāsat Tijārat al-Nasīj fī Madīnat al-Iskandariyya fī al-ʿAṣr al-ʿUthmānī，” *al-Rūznāma: al-Ḥauliyya al-Miṣriyya lil-Wathāʾiq* 3（2005）：355 – 85。关于奥斯曼帝国时期的罗塞塔，参见Ṣalāḥ Aḥmad Harīdī ʿAlī，“al-Ḥayāh al-Iqtiṣādiyya wa al-Ijtimāʿiyya fī Madīnat Rashīd fī al-ʿAṣr al-ʿUthmānī, Dirāsa Wathāʾiqiyya，” *Egyptian Historical Review* 30 – 31（1983 – 84）：327 – 78。关于奥斯曼帝国统治下的上埃及（al-*Ṣaʿīd*），参见Laylā ʿAbd al-Laṭīf Aḥmad，*al-Ṣaʿīd fī ʿAhd Shaykh al-ʿArab Hammām*（Cairo：al-Hayʾa al-Miṣriyya al-ʿAmma lil-Kitāb，1987）；Muḥammad ibn Muḥammad Ḥāmid al-Marāghī al-Jirjāwī，*Tārīkh Wilāyat al-Ṣaʿīd fī al-ʿAṣrayn al-Mamlūkī wa al-ʿUthmānī: al-Musammā bi-“Nūr al-ʿUyūn fī Dhikr Jirjā min*

'Ahd Thalāthat Qurūn," ed. Aḥmad Ḥusayn al-Namakī（Cairo：Maktabat al-Nahḍa al-Miṣriyya，1998）。关于米努夫，参见Yāsir ʿAbd al-Minʿam Maḥārīq，*al-Minūfi yya fī al-Qarn al-Thāmin ʿAshar*（Cairo：al-Hayʾa al-Miṣriyya al-ʿAmma lil-Kitāb，2000）。关于奥斯曼埃及乡村的一般性论述，参见ʿAbd al-Raḥīm，*al-Rīf al-Miṣrī*。

2. Aḥmad ibn ʿAlī al-Maqrīzī，*al-Mawāʿiẓ wa al-Iʿtibār bi-Dhikr al-Khiṭaṭ wa al-Āthār*，2 vols.（Būlāq，Egypt：Dār al-Ṭibāʿa al-Miṣriyya，1853），1：245。关于该著作中涉及法尤姆的论述，参见ibid.，1：241－50。
3. 关于法尤姆和贝尼苏韦夫经常被划为同一行政单元，参见Aḥmad al-Damurdāshī Katkhudā ʿAzabān，*Kitāb al-Durra al-Muṣāna fī Akhbār al-Kināna*，ed. ʿAbd al-Raḥīm ʿAbd al-Raḥman ʿAbd al-Raḥīm（Cairo：Institut français d'archéologie orientale，1989），42。埃及国家档案馆中留存了一份来自贝尼苏韦夫法庭的文档，可供研究者们参考。该文件被错误地归档为开罗的巴卜阿里（al-Bāb al-ʿAlī）法庭的第120号文件。这份资料涵盖了1639年的部分时间段。关于该文档的论述，参见Galal H. El-Nahal，*The Judicial Administration of Ottoman Egypt in the Seventeenth Century*（Minneapolis：Bibliotheca Islamica，1979），77。
4. 在2008年时，巴卜阿里法庭的120号文件（尽管这一文档编号有误）是埃及国家档案馆里学者唯一能够接触到的法尤姆法庭或贝尼苏韦夫法庭留存下来的档案史料。鉴于在1979年（也就是El-Nahal发表其著作的年份）与2008年之间，这份文档一直是人们能找到来自这两个法庭的唯一资料，有可能其他的法庭档案如今都已经不复存在了。
5. 简·海瑟薇（Jane Hathaway）将1650年至1750年之间的历史时期描述为"奥斯曼帝国统治下的埃及历史上一段乏人问津的时期"。Hathaway，*Politics of Households*，15。
6. 不少学者以这些史料文献为依托来讲述奥斯曼埃及历史，参见Hathaway，*Politics of Households*；Jane Hathaway，*A Tale of Two Factions：Myth，Memory，and Identity in Ottoman Egypt and Yemen*（Albany：State University of New York Press，2003）；Shaw，*Financial and Administrative*

Organization。关于这些档案如何被有效用于奥斯曼埃及的历史研究，参见Stanford J. Shaw，"The Ottoman Archives as a Source for Egyptian History，" *Journal of the American Oriental Society* 83（1962）：447 – 52。

7. 在这些情形下，包税人、奥斯曼政府官吏、地方行政长官以及工程师等人的姓名通常都会一一列出。反之，所谓的村中之人或者当地有知识和经验的长者通常以集体的形式出现，而不会提及个体的名字。

232 8. 18世纪末贝伊派系（beylicate，指的是围绕各个马穆鲁克贝伊建立的政治派别）是此类研究著作中的关注重点。关于该历史研究思路在18世纪以及更早期埃及历史研究中的应用及其代表性著作，参见"The Ascendancy of the Beylicate in Eighteenth-Century Egypt，" in P.M. Holt，*Egypt and the Fertile Crescent，1516 – 1922：A Political History*，85 – 101（Ithaca，NY：Cornell University Press，1966）。以18世纪末的视角来看待奥斯曼帝国早期历史，许多学者过于草率地强调马穆鲁克势力对于政治、经济和军事的塑造作用，并据此得出马穆鲁克在18世纪末坐上权力宝座的必然结论。关于这点，简·海瑟薇评论道，"这体现出学者们企图通过贝伊派系这一历史现象，将奥斯曼帝国与马穆鲁克埃及联系起来的迫切冲动，从而引出一个结论，即18世纪末被视为贝伊派系发展的历史高峰"。参见Hathaway，*Politics of Households*，15。

9. 这两次不同军事派系之间爆发的冲突基本发生在开罗的街道上。关于1711年的内战，参见André Raymond，"Une 'révolution' au Caire sous les Mamelouks：La crise de 1123/1711，" *Annales Islamologiques* 6（1966）：95 – 120。关于1740年代发生的一系列政治动荡，参见al-Damurdāshī Katkhudā ʿAzabān，*Kitāb al-Durra al-Muṣāna*。关于这一话题的二手文献，参见Holt，*Egypt and the Fertile Crescent*，85 – 101；Daniel Crecelius，"Egypt in the Eighteenth Century，" in *Modern Egypt，from 1517 to the End of the Twentieth Century*，vol. 2 of *The Cambridge History of Egypt*，ed. M.W. Daly，59 – 86（Cambridge：Cambridge University Press，1998）。

10. 关于奥斯曼帝国统治时期的伊拉克灌溉政治研究，参见Husain，"In the Bellies of the Marshes."。

11. 关于这一理论模型的实际应用相关的经典例子，参见Halil İnalcık, “Centralization and Decentralization in Ottoman Administration,” in *Studies in Eighteenth Century Islamic History*, ed. Thomas Naff and Roger Owen, 27 – 52 (Carbondale: Southern Illinois University Press, 1977); Şerif Mardin, “Center-Periphery Relations: A Key to Turkish Politics,” *Daedalus* 102 (1973): 169 – 91。关于学者近来对这一理论模型的批判，参见Dina Rizk Khoury, *State and Provincial Society in the Ottoman Empire: Mosul, 1540 – 1834* (Cambridge: Cambridge University Press, 1997); Leslie Peirce, *Morality Tales: Law and Gender in the Ottoman Court of Aintab* (Berkeley: University of California Press, 2003). Dina Rizk Khoury, “The Ottoman Centre versus Provincial Power-Holders: An Analysis of the Historiography,” in *The Later Ottoman Empire, 1603 – 1839*, vol. 3 of *The Cambridge History of Turkey*, ed. Suraiya N. Faroqhi, 135 – 56 (Cambridge: Cambridge University Press, 2006)。
12. 关于近代早期西班牙帝国行政边界问题的一项富有启发性的研究，参见Bartolomé Yun Casalilla, *Las redes del imperio: élites sociales en la articulación de la Monarquía Hispánica, 1492 – 1714* (Madrid: Marcial Pons; Seville: Universidad Pablo de Olavide, 2009)。在此我感谢梁元祯(Yuen-Gen Liang)向我介绍了这本著作。
13. Karen Barkey, *Empire of Difference: The Ottomans in Comparative Perspective* (Cambridge: Cambridge University Press, 2008), 9.
14. 关于奥斯曼帝国政府下达指令将安纳托利亚的木材运往埃及，参见BOA, Cevdet Nafi a, 644 (28 R 1190/15 June 1776); BOA, Cevdet Nafi a, 302 (23 Za 1216/28 Mar. 1802); DWQ, Maḥkamat Rashīd, 132, p. 199, case 308 (16 Ş 1137/29 Apr. 1725); DWQ, Maḥkamat Rashīd, 132, p. 88, case 140 (17 Ş 1137/30 Apr. 1725)。关于将安纳托利亚的木材运往埃及的其他案例，参见al-Jabartī, *ʿAjāʾib al-Āthār* (1998), 4: 245 – 46, 4: 254, 4: 255, 4: 400。关于木材从黑海海岸运至埃及的运输路线，参见BOA, Cevdet Bahriye, 5701 (n.d.)。奥斯曼帝国海军的造船需 233

求通常是发展安纳托利亚和埃及之间（以及帝国其他区域）木材运输业的主要驱动力。参见Palmira Brummett，*Ottoman Seapower and Levantine Diplomacy in the Age of Discovery*（Albany：State University of New York Press，1994），96，115 - 16，144，174。关于奥斯曼埃及的粮食出口与木材进口这一双重经济体系的论述，参见Mikhail，*Nature and Empire*，82 - 169。

15. 粮食运输是双向过程。当埃及遭遇饥荒，帝国其他区域同样会捐赠粮食。例如在下面这个例子中，缺乏大米的埃及得到了来自克里特岛的援助。参见TSMA，E. 2444/107（n.d.）。
16. 除了下文对于法尤姆与汉志的粮食运输业的讨论，还可以参见上埃及向汉志运输粮食的诸多例子。例如参见DWQ，Maḥkamat Manfalūṭ，2，p. 189，case 631（24 Ca 1179/8 Nov. 1765）；DWQ，Maḥkamat Manfalūṭ，2，p. 190，case 632（20 C 1179/4 Dec. 1765）；DWQ，Maḥkamat Manfalūṭ，2，p. 190，case 633（3 Z 1180/2 May 1767）；DWQ，Maḥkamat Asyūṭ，2，p. 235，no case no.（23 Z 1107/23 July 1696）。
17. DWQ，Maḥkamat Rashīd，125，p. 328，case 540（8 Za 1132/11 Sept. 1720）；DWQ，Maḥkamat Rashīd，132，p. 196，case 298（25 R 1137/ 10 Jan. 1725）.
18. DWQ，Maḥkamat Rashīd，125，p. 333，case 548（23 L 1132/ 28 Aug. 1720）.
19. DWQ，Maḥkamat Rashīd，125，p. 287，case 452（13 Ca 1132/ 22 Mar. 1720）.
20. DWQ，Maḥkamat Rashīd，125，pp. 323 - 24，case 530（12 M 1133/ 13 Nov. 1720）。不同于所列举的其他地区，18世纪早期的摩洛哥尚未被纳入奥斯曼帝国版图。
21. 例如参见DWQ，Maḥkamat Rashīd，125，p. 319，case 517（28 Ra 1133/27 Jan. 1721）；DWQ，Maḥkamat Rashīd，154，p. 3，case 5（6 C 1159/25 June 1746）；DWQ，Maḥkamat Rashīd，154，p. 10，no case no.（A）（29 S 1161/29 Feb. 1748）。

22. DWQ，Maḥkamat Rashīd，125，p. 147，case 257（27 Z 1132/ 29 Oct. 1720）.

23. DWQ，Maḥkamat Rashīd，125，p. 287，case 452（13 Ca 1132/ 22 Mar. 1720）.

24. DWQ，Maḥkamat Rashīd，154，p. 341，no case no.（22 M 1163/1 Jan. 1750）。关于埃及向克里特岛运送物资与军队补给的例子，参见TSMA，E. 5207/62（Evail M 1057/6 – 15 Feb. 1647）；TSMA，E. 664/55（n.d.）。

25. 例如参见DWQ，Maḥkamat Rashīd，125，p. 319，case 517（28 Ra 1133/27 Jan. 1721）；DWQ，Maḥkamat Rashīd，154，p. 3，case 6（8 R 1162/27 234
Mar. 1749）；DWQ，Maḥkamat Rashīd，154，p. 2，no case no.（15 R 1162/3 Apr. 1749）；DWQ，Maḥkamat Rashīd，154，p. 3，case 4（12 M 1162/2 Jan. 1749）；DWQ，Maḥkamat Rashīd，154，p. 341，no case no.（4 Ra 1163/11 Feb. 1750）。

26. DWQ，Maḥkamat Rashīd，154，p. 10，no case no.（21 S 1161/21 Feb. 1748）.

27. 关于埃及向伊斯坦布尔运输粮食的众多例子，例如参见DWQ，Maḥkamat Rashīd，122，p. 67，case 113（21 Ca 1131/11 Apr. 1719）；DWQ，Maḥkamat Rashīd，123，p. 142，case 241（25 B 1131/14 June 1719）；DWQ，Maḥkamat Rashīd，124，p. 253，case 352（1 Ca 1132/10 Mar. 1720）；DWQ，Maḥkamat Rashīd，125，p. 318，case 516（26 Ra 1133/25 Jan. 1721）；DWQ，Maḥkamat Rashīd，146，p. 139，case 116（1 C 1153/24 Aug. 1740）；DWQ，Maḥkamat Rashīd，148，p. 176，case 219（21 Z 1154/27 Feb. 1742）；DWQ，Maḥkamat Rashīd，154，p. 182，case 203（25 Z 1162/6 Dec. 1749）；DWQ，Maḥkamat Rashīd，157，p. 324，case 319（15 R 1166/19 Feb. 1753）。

28. 关于奥斯曼帝国统治时期的埃及贸易网络的精彩论述，参见Raymond，*Artisans et commerçants*。

29. 参见Abu-Lughod，*Before European Hegemony*。

30. Daniel Panzac，*La caravane maritime: Marins européens et marchands*

ottomans en Méditerranée（1680 - 1830）（Paris：CNRS éditions，2004）；Daniel Panzac，"International and Domestic Maritime Trade in the Ottoman Empire during the 18th Century，" *International Journal of Middle East Studies* 24（1992）：189 - 206；Daniel Crecelius and Hamza ʿAbd al-ʿAziz Badr，"French Ships and Their Cargoes Sailing between Damiette and Ottoman Ports，1777 - 1781，" *Journal of the Economic and Social History of the Orient* 37（1994）：251 - 86；Raymond，*Artisans et commerçants.*

31. Nelly Hanna，*Making Big Money in 1600：The Life and Times of Ismaʿil Abu Taqiyya，Egyptian Merchant*（Syracuse，NY：Syracuse University Press，1998）.

32. 例如参见Haggai Erlich and Israel Gershoni，eds.，*The Nile：Histories，Cultures，Myths*（Boulder，CO：Lynne Rienner，2000）；Haggai Erlich，*The Cross and the River：Ethiopia，Egypt，and the Nile*（Boulder，CO：Lynne Rienner，2002）。这些著作重点关注了围绕尼罗河所形成的经济文化体系，而非尼罗河的环境历史或者水资源共享所形塑的生态社群，而后者才是本书的旨趣所在。关于苏丹与埃及在18世纪的贸易往来，参见Walz，*Trade between Egypt and Bilād as-Sūdān*。

33. 例如参见Tuchscherer，*Le commerce du café*。

34. 参见Panzac，*La peste*；Daniel Panzac，*Quarantaines et lazarets：l'Europe et la peste d'Orient（XVII$_e$ - XX$_e$ siècles）*（Aix-en-Provence，France：édisud，1986）；Dols，"Second Plague"；Kuhnke，*Lives at Risk*。

35. Peter Gran，*Islamic Roots of Capitalism：Egypt，1760 - 1840*（Austin：University of Texas Press，1979）；Khaled el-Rouayheb，"Was There a Revival of Logical Studies in Eighteenth-Century Egypt?，" *Die Welt*
235 *des Islams* 45（2005）：1 - 19。同时参见Khaled el-Rouayheb，"Sunni Muslim Scholars on the Status of Logic，1500 - 1800，" *Islamic Law and Society* 11（2004）：213 - 32；Khaled el-Rouayheb，"Opening the Gate of Verification：The Forgotten Arab-Islamic Florescence of the 17th Century，" *International Journal of Middle East Studies* 38（2006）：263 - 81。关于这

些北非学者对奥斯曼埃及产生的影响的一般性论述，参见‘Abd al-Raḥīm ‘Abd al-Raḥman ‘Abd al-Raḥīm, *Wathā’iq al-Maḥākim al-Shar‘iyya al-Miṣriyya ‘an al-Jāliya al-Maghāribiyya ibbāna al-‘Aṣr al-‘Uthmānī*, ed. and intro. ‘Abd al-Jalīl al-Tamīmī (Zaghwān, Tunisia: Markaz al-Dirāsāt wa al-Buḥūth al-‘Uthmāniyya wa al-Mūrīskiyya wa al-Tawthīq wa al-Ma‘lūmāt, 1992); Ḥusām Muḥammad ‘Abd al-Mu‘ṭī, “al-Buyūt al-Tijāriyya al-Maghribiyya fī Miṣr fī al-‘Aṣr al-‘Uthmānī” (PhD diss., Mansura University, 2002); Ḥusām Muḥammad ‘Abd al-Mu‘ṭī, “Riwāq al-Maghāriba fī al-Jāmi‘ al-Azhar fī al-‘Aṣr al-‘Uthmānī,” *al-Rūznāma: al-Ḥauliyya al-Miṣriyya lil-Wathā’iq* 3 (2005): 165 - 204; ‘Abd Allah Muḥammad ‘Azabāwī, “al-‘Alāqāt al-‘Uthmāniyya-al-Maghribiyya fī ‘Ahd Kullin min Maulāya Muḥammad (1757 - 1790) wa Ibnihi Yazīd (1790 - 1792),” *Egyptian Historical Review* 30 - 31 (1983 - 84): 379 - 413。

36. Panzac, “International and Domestic Maritime Trade,” 194 - 95.

37. 关于18世纪的埃及向汉志供应食物的详细记载，参见Ḥusām Muḥammad ‘Abd al-Mu‘ṭī, *al-‘Alāqāt al-Miṣriyya al-Ḥijāziyya fī al-Qarn al-Thāmin ‘Ashar* (Cairo: al-Hay’a al-Miṣriyya al-‘Āmma lil-Kitāb, 1999), 131 - 41。根据该作者的估算，在整个18世纪期间，埃及向汉志平均每年运输的粮食体量为：30 000阿德布（ardabb，埃及容量单位）的小麦、15 000阿德布的富尔（fūl）、5 000阿德布的扁豆，以及500阿德布的大米。在18世纪的不同时间阶段，每单位阿德布所代表的容量大小不尽相同，在1665年其代表的数值最小，相当于75升，在1798年其数值最高，为184升。参见Raymond, *Artisans et commerçants*, 1: LVII; Hinz, *Islamische Masse und Gewichte*, 39 - 40。

38. 关于奥斯曼帝国统治时期的下埃及（尼罗河三角洲）与法尤姆采取同一种土地制度而出现的行政统一局面，参见Cuno, *Pasha’s Peasants*, 66。关于15世纪贸易模式的转变，参见Nelly Hanna, *An Urban History of Būlāq in the Mamluk and Ottoman Periods* (Cairo: Institut français d’archéologie orientale, 1983), 7 - 32。有学者认为古赛尔在18世纪末重新成为红海贸

易的关键港口城市，参见Daniel Crecelius，“The Importance of Qusayr in the Late Eighteenth Century，” *Journal of the American Research Center in Egypt* 24（1987）：53 – 60。

39. 对这些宗教地产的维护是贵族提升其在乡村影响力的主要途径之一。然而值得注意的是，该一点并不适用于法尤姆的水资源管理或灌溉设施的维护工作。

40. Shaw，*Financial and Administrative Organization*，269 – 70。17世纪晚期的一处十分出名和丰厚的瓦克夫就位于法尤姆周边，并且很可能受到后者的行政管辖。该瓦克夫包括由哈桑·阿迦·比利菲亚（Ḥasan Aghā Bilīfyā）控制的位于贝尼苏韦夫的拜赫奈萨（al-Bahnasa）内的九座村庄，此人是圭馁掠洋（Gönüllüyan）军团的一名法里卡派（faqari）贵族和指挥官。参见Jane Hathaway，“The Role of the Kızlar Ağası in 17th – 18th Century Ottoman Egypt，” *Studia Islamica* 75（1992）：153 – 58；
236 Hathaway，*Politics of Households*，157 – 60；Jane Hathaway，“Egypt in the Seventeenth Century，” in *Modern Egypt, from 1517 to the End of the Twentieth Century*，vol. 2 of *The Cambridge History of Egypt*，ed. M.W. Daly（Cambridge：Cambridge University Press，1998），50。

41. 关于法尤姆的地形环境、地理特点和历史的描述，参见A.E.R. Boak，“Irrigation and Population in Faiyum，the Garden of Egypt，” *Geographical Review* 16（1926）：353 – 64；R. Neil Hewison，*The Fayoum: A Practical Guide*（Cairo：American University in Cairo Press，1984），1 – 17；W. Willcocks and J.I. Craig，*Egyptian Irrigation*，2 vols.（London：E. & F.N. Spon，1913），1：441 – 47；al-Maqrīzī，*al-Khiṭaṭ*，1：245 – 48；*Encyclopaedia of Islam*，2nd ed.，s.v. “al-Fayyūm”（P.M. Holt）。

42. 法尤姆常被称为“大地最低之处”（asfal al-arḍ），参见Abū ʿUthmān al-Nābulusī al-Ṣafadī，*Tārīkh al-Fayyūm wa Bilādihi*（Beirut：Dār al-Jīl，1974），9。这是一份由阿尤布王朝苏丹萨利赫·纳吉姆丁·阿尤布（Ṣāliḥ Najm al-Dīn al-Ayyūb）于1243出于行政管理目的所主持完成的法尤姆调研报告。该报告的作者纳布卢斯（Al-Nābulusī）写道，他在法尤

姆待了两个多月的时间，以完成对法尤姆的地理、人文、经济与城市环境的信息收集与整理，参见Ibid.，8。尽管这份文献距离18世纪已有近500年的时间间隔，它仍是现存的后人了解法尤姆的最详尽的信息来源之一，并且代表着埃及自中世纪以来最完备的地籍调查报告。因此，我会在适当的时候引用这份文献，以获得更全面的视野。这样做当然并不意味着纳布卢斯当年描述的情形仍适用于18世纪上半叶的法尤姆。关于这份文献的另一种版本以及相关论述，参见Fuat Sezgin，Mazen Amawi，Carl Ehrig-Eggert，and Eckhard Neubauer，eds.，*Studies of the Faiyūm Together with* Tārīḫ al-Faiyūm wa-Bilādihī *by Abū ʿUṯmān an-Nābulusī (d. 1261)*，Islamic Geography，vol. 54（Frankfurt am Main：Institute for the History of Arabic-Islamic Science at the Johann Wolfgang Goethe University，1992）. Yossef Rapoport，"Invisible Peasants，Marauding Nomads：Taxation，Tribalism，and Rebellion in Mamluk Egypt，" *Mamlūk Studies Review* 8（2004）：1 – 22；G. Keenan，"Fayyum Agriculture at the End of the Ayyubid Era：Nabulsi's *Survey*，" in *Agriculture in Egypt：From Pharaonic to Modern Times*，ed. Alan K. Bowman and Eugene Rogan，287 – 99（Oxford：Oxford University Press for the British Academy，1999）。

43. Hewison，*Fayoum*，2.
44. 据称，13世纪的法尤姆的土地由河流沉积物（al-iblīz al-maḥḍ）与有机土壤（al-ṭīn al-mukhtaliṭ）组成，这是其肥力的主要来源。参见Al-Nābulusī，*Tārīkh al-Fayyūm*（1974），5。
45. 该湖的盐度为1.34%，其中氯化钠占比0.92%。参见Boak，"Irrigation and Population in Faiyum，" 356。
46. 关于加龙湖，参见Butzer，*Early Hydraulic Civilization*，36 – 38，92 – 93，108；Ali Shafei Bey，"Fayoum Irrigation as Described by Nabulsi in 1245 A.D. with a Description of the Present System of Irrigation and a Note on Lake Moeris，" in *Studies of the Faiyūm Together with* Tārīḫ al-Faiyūm wa-Bilādihī *by Abū ʿUṯmān an-Nābulusī (d. 1261)*，ed. Fuat Sezgin，Mazen

237 Amawi，Carl Ehrig-Eggert，and Eckhard Neubauer，Islamic Geography，vol. 54（Frankfurt am Main：Institute for the History of Arabic-Islamic Science at the Johann Wolfgang Goethe University，1992），308 – 9。关于加龙湖的古代前身摩里斯湖（Lake Moeris）的样貌、形状、大小和地点，学术界长期以来存在着各种争论，例如参见Gertrude Caton-Thompson and E.W. Gardner，"Recent Work on the Problem of Lake Moeris，" *Geographical Journal* 73（1929）：20 – 58；J.A.S. Evans，"Herodotus and the Problem of the 'Lake of Moeris，'" *Classical World* 56（1963）：275 – 77。正如后一条引文所言，这些文献大多集中于考察与解释希罗多德在其著作中对于该湖的记述，参见Herodotu，*History*，2.148 – 50。

47. 关于法尤姆的排水系统的技术细节与图示，参见Willcocks and Craig，*Egyptian Irrigation*，1：442 – 47；Shafei Bey，"Fayoum Irrigation，" 286 – 309。关于现代埃及所面临的排水困难，参见M.H. Amer and N.A. de Ridder，eds.，*Land Drainage in Egypt*（Cairo：Drainage Research Institute，1989）；H.J. Nijland，ed.，*Drainage along the River Nile*（Egypt：Egyptian Public Authority for Drainage Projects；Netherlands：Directorate-General of Public Works and Water Management，2000）。

48. 关于13世纪的人们对这条山脊的记述，参见al-Nābulusī，*Tārīkh al-Fayyūm*（1974），5，7。

49. 关于巴赫尔尤瑟夫，参见Shafei Bey，"Fayoum Irrigation，" 298 – 99；Helen Anne B. Rivlin，*The Agricultural Policy of Muḥammad ʿAlī in Egypt*（Cambridge，MA：Harvard University Press，1961），238 – 39；Willcocks and Craig，*Egyptian Irrigation*，1：441 – 44；Butzer，*Early Hydraulic Civilization*，16，36 – 38，53。

50. 幸运的是，我们在文献中发现了相关例证，证明在奥斯曼帝国时期的法尤姆存在着一个管控水资源分配的经济与行政机构，参见DWQ，al-Rūznāma，Daftar Irtifāʿ al-Miyāh bi-Baḥr Sayyidnā Yūsuf lihi al-Ṣalāh wa al-Salām ʿan al-Qabḍa al-Yūsufi yya Tābiʿ Wilāyat al-Fayyūm（Raqam al-Ḥifẓ al-Nauʿī 1，ʿAyn 59，Makhzin Turkī 1，Musalsal 4557）。这份文档

收录了数份奥斯曼政府颁布的敕令，用阿拉伯语书写的行政文件，以及法尤姆的各个村庄和区域每年的用水情况登记表（水资源的使用量被称为“qabaḍāt al-miyāh”）。因此这份文档也可被视为一份详尽的关于各地用水的会计行政账簿。其中登记在案的年份有伊斯兰历公元948年、1017年、1027年、1066年、1091年、1102年、1109年、1114年、1116年、1125年、1127年、1128年、1129年、1130年、1187年、1192年、1195年、1197年、1200年和1207年。

51. 在奥斯曼帝国统治时期，这两处灌溉设施都被称为国家级运河（al-jusūr al-sulṭāniyya）。如果一条运河或者一处灌溉设施的服务对象是为数众多的农民群体而非一小部分特权人士，提高了公众的整体生活水平，或者有利于农民平等地位的提升，那么该设施便被视为国家级，其维护责任属于奥斯曼埃及政府。与之相反，地方级的灌溉设施的服务对象是特定团体或社群，由当地人自己负责运营和维护。关于盖赖格大坝和拉洪堤堰被定位为国家级水利设施，参见BOA，MM，3：11（Evasıt B 1131/30 May－8 June 1719）；BOA，MM，4：36（Evail Za 1139/20－29 June 1727）。除了 238
这两处工程外，关于法尤姆其他灌溉设施的维修记录，参见BOA，MM，5：301（Evahir L 1148/5－14 Mar. 1736）；BOA，MM，5：475（Evahir S 1152/30 May－8 June 1739）。关于中世纪时期对于国家级与地方级灌溉设施的区分，参见Borsch，“Environment and Population”；Tsugitaka，*State and Rural Society*，225－27。

52. 关于拉洪堤堰在13世纪的建造与维护记录，参见al-Nābulusī，*Tārīkh al-Fayyūm*（1974），12，15－17。

53. BOA，Cevdet Nafi a，458（9 Ra 1158/11 Apr. 1745）.

54. 并不是所有人都对运河里的水质表示满意。在13世纪中期，纳布卢斯抱怨道巴赫尔尤瑟夫里的水肮脏无比（radī'）。由于河流流经了大片湿漉漉的泥地（arḍ ṭīniyya lazija），水体中汇集了大量人类与牲畜的排泄物，从而变成了一片沼泽般的死水（mā' baṭīḥa wa-naq'a），参见Al-Nābulusī，*Tārīkh al-Fayyūm*（1974），9－10。More generally on the waters of Baḥr Yūsuf，see ibid.，17。

55. 在1695年，尼罗河洪水的水势超越以往。洪水淹没了法尤姆的灌溉设施，而且据说带走了当地很多居民的生命，并摧毁了大片农田。参见Al-Damurdāshī Katkhudā ʿAzabān，*Kitāb al-Durra al-Muṣāna*，30。
56. 13世纪的情况亦是如此。关于13世纪的人们对这些大坝和灌溉设施实施的维修工程，参见al-Nābulusī，*Tārīkh al-Fayyūm*（1974），6，12，16.
57. BOA，MM，5：111（Evail M 1147/3 – 12 June 1734）。
58. 关于法尤姆农耕情况的特别之处，参见Watson，*Agricultural Innovation*，17，28，40。
59. P.M. Holt，"The Beylicate in Ottoman Egypt during the Seventeenth Century，" *Bulletin of the School of Oriental and African Studies* 24（1961）：220 – 21.
60. 我们可以将之与奥斯曼开罗的维修工程进行对比，参见Nelly Hanna，*Construction Work in Ottoman Cairo（1517 – 1798）*（Cairo：Institut français d'archéologie orientale，1984）；Doris Behrens-Abouseif，*Egypt's Adjustment to Ottoman Rule：Institutions，Waqf，and Architecture in Cairo，16th and 17th Centuries*（Leiden，Netherlands：Brill，1994）。
61. 例如参见BOA，MM，8：66（Evail N 1175/26 Mar. – 4 Apr. 1762）。
62. BOA，İbnülemin Umur-i Nafi a，94（Evasıt Ra 1121/21 – 30 May 1709）。sharāqī在埃及阿拉伯语指代因缺乏水资源而变得干涸的土地。不同于būr，也就是无法进行开垦的荒地，sharāqī在适量的水资源的作用下有可能转变为农耕用土。
63. 文献中并未提及这些工程师们的具体身份。不过我们可以参照纳布卢斯在文献中描述过的类似维修场景，其中的大部分工程师都是法尤姆本地人。他写道，那些经常就灌溉工程维修事宜提供意见和建议的村中之人（ahl al-qarya）被大家称为工程师（yuʿrifūn bi-l-muhandisīn）。纳布卢斯
239 补充道，这一头衔并不意味着这些人接受过工程学或相关技术领域的专业训练。相反，它更多地是指那些有能力维修当地灌溉设施的经验丰富之人。参见Abū ʿUthmān al-Nābulusī al-Ṣafadī al-Shāfi ʿī，*Tārīkh al-Fayyūm wa Bilādihi*（Cairo：al-Maṭbaʿa al-Ahliyya，1898），16。在此我感谢约瑟

夫·拉波波特（Yossef Rapoport）将这篇文章介绍给我。当然这份来自13世纪的资料并不涉及本书所关注的1709年的例子。本书第五章将重点讨论乡村工程师的角色。

64. 一个埃及钱袋相当于2.5万帕拉，帕拉是奥斯曼埃及的基本货币流通单位。关于帕拉，参见Shaw，*Financial and Administrative Organization*，xxii。法尤姆的灌溉设施维修工程款项通常由埃及政府财政（irsaliye）承担。这里的政府财政资金指的是奥斯曼帝国某一省份在一整年内的所有财政收入，而行省长官则需负责将这笔钱送往伊斯坦布尔。在帝国所有省份中，埃及是最大的财政来源。从帝国政府的角度而言，将这笔资金中的一部分用于资助灌溉设施维修工程显然是有损于他们的短期利益。关于埃及每年财政收入的具体组成部分，参见TSMA，E. 664/4（n.d.）；TSMA，E. 664/64（1 C 1059/12 June 1649）；TSMA，E. 5207/57（Evail B 1056/12 – 21 Aug. 1646）；TSMA，E. 5207/58（Evasıt B 1056/22 – 31 Aug. 1646）；TSMA，E. 7016/95（n.d.）；TSMA，E. 5207/49（Evahir Ca 1056/5 – 14 July 1646）；TSMA，E. 664/66（n.d.）；TSMA，E. 4675/2（20 N 1061/6 Sept. 1651）；TSMA，E. 3522（24 Ş 1148/8 Jan. 1736）。关于对行省财政收入的详细论述，参见Shaw，*Financial and Administrative Organization*，283 – 312，399 – 401。关于对1596年至1597年间行省财政收入中每项资金的详细论述，参见Stanford J. Shaw，*The Budget of Ottoman Egypt, 1005 – 1006/1596 – 1597*（The Hague：Mouton，1968）。关于利用政府税收修缮盖赖格大坝的例子，参见BOA，Cevdet Nafi a，2570（Evahir Ş 1174/28 Mar. – 6 Apr. 1761）。

65. 这再次显示出奥斯曼帝国政府档案对于了解法尤姆历史以及埃及历史的必要性和有用性。

66. Al-Jabartī，*ʿAjāʾib al-Āthār*（1998），1：69.

67. 哲拜尔提生于1753年，其所著的史书大多取材于更早的历史资料。因此，我们几乎可以断定他对于1709年修缮工程的了解来源于另外的信息渠道。

68. BOA，MM，1：116（Evail R 1122/30 May – 8 June 1710）.

69. 尽管帝国政府的资助在这一案例中被明确提及，而在其他很多时候并未出现，但财政亏损的可能性一直都是奥斯曼埃及政府在进行灌溉管理时的主要担忧。

70. 排序时将卡希夫放在首位显示出马穆鲁克贵族在奥斯曼埃及的影响力，奥斯曼政府通过维持与调整原有的马穆鲁克统治结构（甚至包括一些更早期的埃及政体），将其平稳纳入自己的行政管理体系中。1525年的奥斯曼帝国法典（Kanunname）中保留了卡希夫这一马穆鲁克头衔，作为副省长官
240 的称谓。尽管沿用了这一头衔，马穆鲁克的伊塔克（iqṭāʿ）采邑制在17世纪早期的埃及被包税制（iltizām）所取代，这使得埃及的土地管理制度不同于帝国其他地方所通用的蒂玛制，即军事采邑制。因此，那些包税人，也就是包税地的拥有者，以及其他的公职人员在这一时期的历史记载中仍被冠以各式各样的“马穆鲁克”与“奥斯曼”头衔，其中包括桑贾克（sancak）、桑贾克贝伊（sancak beyi）、包税人、卡希夫、埃米尔以及贝伊。在我看来，与其将这种马穆鲁克、奥斯曼与其余类型头衔混用的含混情形**仅仅**视为马穆鲁克势力在埃及存在与延续的“证明”，不如认为这更说明了不同的社会政治力量如何在埃及共存合作，从而显示出奥斯曼帝国统治机制的多元特性。参见Hathaway，*Politics of Households*，9；Holt，“Beylicate in Ottoman Egypt during the Seventeenth Century.”。

71. 原本的敕令中的这一数额出现了明显的错误或是窜改，写成了11个埃及钱袋外加11 650帕拉。

72. BOA，MM，1：167（Evasıt S 1123/31 Mar. – 9 Apr. 1711）.

73. 齐拉在奥斯曼埃及并不是一个统一数指的长度测量单位。在此我将1单位齐拉等同于63厘米。根据一本伊斯兰世界的度量衡著作，1单位齐拉相当于58到68厘米不等。参见Hinz，*Islamische Masse und Gewichte*，56。根据加博尔·阿戈斯通（Gábor ágoston）的说法，1单位齐拉等于75.8厘米。参见Gábor ágoston，*Guns for the Sultan：Military Power and the Weapons Industry in the Ottoman Empire*（Cambridge：Cambridge University Press，2005），247。

74. BOA，MM，4：36（Evail Za 1139/20 – 29 June 1727）.

75. 关于对这些传达至开罗与伊斯坦布尔行政中心的请愿的详细论述，参见 James Edward Baldwin，“Islamic Law in an Ottoman Context：Resolving Disputes in Late Seventeenth and Early Eighteenth-Century Cairo”（PhD diss.，New York University，2010），尤其是“Petitioning the Sultan”这一章；Majdī Jirjis，“Manhaj al-Dirāsāt al-Wathā'iqiyya wa Wāqi' al-Baḥth fī Miṣr，” *al-Rūznāma：al-Ḥauliyya al-Miṣriyya lil-Wathā'iq* 2（2004）：237－87。关于奥斯曼帝国子民向当局提出请愿这一现象的一般性论述，参见Halil İnalcık，“Şikayet Hakkı：*'Arż-i Ḥal ve 'Arż-i Maḥzar*'lar，” in *Osmanlı'da Devlet，Hukuk，Adalet*，49－71（Istanbul：Eren Yayıncılık，2000）。
76. BOA，MM，6：149（Evasıt Ca 1157/22 June－1 July 1744）.
77. Ibid.；BOA，MM，5：696（Evahir M 1155/28 Mar.－6 Apr. 1742）；BOA，MM，6：2（Evahir S 1156/16－25 Apr. 1743）.
78. 穆罕默德帕夏·耶德克奇（Mehmed Paşa al-Yedekçi）在1743年9月被任命为埃及瓦利。他被描述为一个思维敏锐、具有良好判断力（rüyet ve tefekkür）的人，不仅具有领导才能，值得信赖（cevher-i sadākat ve kifayet），还十分地儒雅虔诚（maya-ı himmet ve emānet）。参见BOA，MM，6：37（Evasıt Ra 1156/5－14 May 1743）。关于他统治时期的更多细节，参见al-Jabartī，*'Ajā'ib al-Āthār*（1998），1：260－61。
79. BOA，MM，6：238（Evasıt Ca 1158/11－20 June 1745）.
80. Ibid。关于穆罕默德帕夏退位的更多细节，参见BOA，Cevdet Nafi a，458（9 Ra 1158/11 Apr. 1745）。
81. 根据历史惯例，新上任的拉吉布帕夏向帝国政府申请的工程资金应当从埃及1743—1744年的财政收入中支出。毫无疑问的是，这笔钱对于振兴法尤姆的各个村庄的经济（akālīm-i fayyum'un ihyasine peyda olmak）而言 241
至关重要。但鉴于穆罕默德帕夏在修缮盖赖格大坝时的渎职行为，苏丹拒绝从政府财政收入中拨款。他下令这笔大坝的维修资金（超过20个埃及钱袋）应当由前任瓦利承担，作为对其盗用公款行径的惩罚，毕竟这项工程本该在他的任期内竣工。这一数额并不包括他从国家盗取并承诺偿还的

7个埃及钱袋。维修资金的剩余部分（超过12个埃及钱袋，用于修缮新出现的损坏区域）将从村庄被“卖”作ḥulvān而获取的利润中支出（也就是包税人为了在包税地内享有的权利而向国库缴纳的费用）。

82. 在1746年的春天，盖赖格大坝在经历了连续五年的密集修缮后终于迎来了最后一次维修工作。参见BOA，MM，6：295（Evahir Ra 1159/13 – 22 Apr. 1746）。1746年，大坝的大部分区域都几近塌毁，拉吉布帕夏因此受命尽可能地修复好这处灌溉设施，并且尽量避免日后再次出现损坏的情况。苏丹下令从埃及1744—1745年的财政资金中拨款资助此项工程：15个埃及钱袋外加5 250帕拉，用于修复22 350平方齐拉（8 870.7平方米）的受损区域。每1平方齐拉（0.396 9平方米）的维修成本为15帕拉。1746年大坝修复完成后，在此后的数年内顺畅运行，没有再出现重大故障。参见BOA，MM，6：557（Evahir N 1162/4 – 13 Sept. 1749）。

第四章

1. 关于19世纪早期埃及历史的一般性论述，参见al-Rāfʿī，*ʿAṣr Muḥammad ʿAlī*；Afaf Lutfi al-Sayyid Marsot，*Egypt in the Reign of Muhammad Ali*（Cambridge：Cambridge University Press，1984）。
2. 关于19世纪与20世纪所形成的这些精英阶层政治经济联盟，可参见一项十分富有见地的研究成果，Raouf Abbas and Assem El-Dessouky，*The Large Landowning Class and the Peasantry in Egypt, 1837 – 1952*，trans. Amer Mohsen with Mona Zikri，ed. Peter Gran（Syracuse，NY：Syracuse University Press，2011）。关于这一政治体制在1952年革命之后的延续，参见Leonard Binder，*In a Moment of Enthusiasm: Political Power and the Second Stratum in Egypt*（Chicago：University of Chicago Press，1978）。尽管本书的立场更倾向于前者，我认为精英裙带政治的出现可追溯至18世纪后半叶的一连串历史事件，而非仅仅是19世纪上半叶穆罕默德·阿里统治时期的产物。关于对19世纪与20世纪农民群体反抗这精英政治的历

史，参见Nathan J. Brown，*Peasant Politics in Modern Egypt: The Struggle against the State*（New Haven，CT：Yale University Press，1990）；Fred H. Lawson，"Rural Revolt and Provincial Society in Egypt，1820－1824，" *International Journal of Middle East Studies* 13（1981）：131－53。

3. 关于对这一历史分期的讨论，参见Khaled Fahmy，*All the Pasha's Men: Mehmed Ali, His Army and the Making of Modern Egypt*（Cambridge：Cambridge University Press，1997），1－37；Khaled Fahmy，*Mehmed Ali: From Ottoman Governor to Ruler of Egypt*（Oxford：Oneworld Publications，2009），112－27；Ehud R. Toledano，"Mehmet Ali Paşa or Muhammad Ali Basha? An Historiographic Appraisal in the Wake of a Recent Book，" *Middle Eastern Studies* 21（1985）：141－59；Alan Mikhail，"Unleashing the Beast：Animals，Energy，and the Economy of Labor in Ottoman Egypt，" *American Historical Review* 118（2013）：319－21。 242
4. 关于奥斯曼帝国在18世纪末期所经历的动荡与巨变，参见Virginia H. Aksan，*An Ottoman Statesman in War and Peace: Ahmed Resmi Efendi, 1700－1783*（Leiden，Netherlands：Brill，1995），100－205；Virginia H. Aksan，*Ottoman Wars, 1700－1870: An Empire Besieged*（Harlow，UK：Routledge，2007）；Baki Tezcan，*The Second Ottoman Empire: Political and Social Transformation in the Early Modern World*（Cambridge：Cambridge University Press，2010）；Reşat Kasaba，*The Ottoman Empire and the World Economy: The Nineteenth Century*（Albany：State University of New York Press，1988）。
5. 关于奥斯曼行政体制的典型样貌，参见Halil İnalcık，*The Ottoman Empire: The Classical Age, 1300－1600*，trans. Norman Itz kowitz and Colin Imber（New York：Praeger Publishers，1973）。
6. Daniel Crecelius，*The Roots of Modern Egypt: A Study of the Regimes of ʿAli Bey al-Kabir and Muhammad Bey Abu al-Dhahab, 1760－1775*（Minneapolis：Bibliotheca Islamica，1981）.
7. Ibid.，79－91，159－68.

8. Hathaway, *Politics of Households*; Hathaway, *Tale of Two Factions*; Stanford J. Shaw, "Landholding and Land-Tax Revenues in Ottoman Egypt," in *Political and Social Change in Modern Egypt: Historical Studies from the Ottoman Conquest to the United Arab Republic*, ed. P.M. Holt, 91 - 103 (London: Oxford University Press, 1968); Holt, *Egypt and the Fertile Crescent*, 85 - 101.
9. 关于对文中所讨论的各个历史事件更为详尽的论述，参见Mikhail, "Unleashing the Beast."。
10. 关于这些历史变迁如何发生在乡村农业社会中，参见Cuno, *Pasha's Peasants*; Kenneth M. Cuno, "Commercial Relations between Town and Village in Eighteenth and Early Nineteenth-Century Egypt," *Annales Islamologiques* 24 (1988): 111 - 35; Alan R. Richards, "Primitive Accumulation in Egypt, 1798 - 1882," in *The Ottoman Empire and the World-Economy*, ed. Huri İslamoğluİnan, 203 - 43 (Cambridge: Cambridge University Press, 1987)。
11. 因此，本书试图通过对埃及早期历史与环境史的探索，对埃及的劳工与工人阶级史这一令人敬重的学术传统贡献微薄绵力。关于19世纪与20世纪的埃及劳工政治在英语学术界的主要研究成果，参见Joel Beinin and Zachary Lockman, *Workers on the Nile: Nationalism, Communism, Islam, and the Egyptian Working Class, 1882 - 1954* (Princeton, NJ: Princeton University Press, 1987); Ellis Goldberg, *Tinker, Tailor, and Textile Worker: Class and Politics in Egypt, 1930 - 1952* (Berkeley: University of California Press, 1986); Marsha Pripstein Posusney, *Labor and the State in Egypt: Workers, Unions, and Economic Restructuring* (New York: Columbia University Press, 1997)。关于如何以更广阔的区
243 域研究视野考察此问题，参见Joel Beinin, *Workers and Peasants in the Modern Middle East* (Cambridge: Cambridge University Press, 2001); Zachary Lockman, ed., *Workers and Working Classes in the Middle East: Struggles, Histories, Historiographies* (Albany: State University of New

York Press, 1994); Ellis Jay Goldberg, ed., *The Social History of Labor in the Middle East*(Boulder, CO: Westview Press, 1996)。

12. 例如参见Mikhail, *Nature and Empire*, 38 - 81。
13. 关于奥斯曼埃及的畜力使用历史，参见Alan Mikhail, "Animals as Property in Early Modern Ottoman Egypt," *Journal of the Economic and Social History of the Orient* 53(2010): 621 - 52。
14. 我们可以通过对比其他区域以获取一种比较性视野，参见Appadurai, "Wells in Western India."。
15. 关于奥斯曼伊拉克的灌溉工程对这些劳动力的使用，参见Murphey, "Ottoman Centuries in Iraq," 23, 27。
16. 这些工人有时被统称为"al-mudamasīn"。有的运河维修工程同时雇用了挖渠工人（al-hufrāʾ）与这类工人，例如参见DWQ, Maḥkamat Asyūṭ, 1, p. 201, case 583(12 Za 1067/22 Aug. 1657)。
17. 关于使用搬运工的工程项目，参见DWQ, Maḥkamat Rashīd, 132, pp. 200 - 201, case 311(3 N 1137/16 May 1725); DWQ, Maḥkamat al-Baḥayra, 5, p. 314, case 389(10 Ş 1165/22 June 1752); DWQ, Maḥkamat Rashīd, 145, p. 126, case 101(30 Z 1151/9 Apr. 1739)。
18. 这群人在阿拉伯语中被表述为"aṣḥāb al-idrāk"。关于这些活跃在近代早期的地方专家所参与的工程项目案例，参见BOA, Cevdet Nafi a, 120(Evasıt Ca 1125/5 - 14 June 1713); BOA, MM, 8: 469(Evasıt L 1180/12 - 21 Mar. 1767); DWQ, Maḥkamat al-Manṣūra, 3, pp. 282 and 285, case 876(18 N 1066/11 July 1656); DWQ, Maḥkamat Asyūṭ, 4, p. 206, case 645(11 C 1156/2 Aug. 1743); DWQ, Maḥkamat Asyūṭ, 2, p. 238, case 566(13 M 1108/11 Aug. 1696)。
19. DWQ, Maḥkamat al-Manṣūra, 3, pp. 282 and 285, case 876(18 N 1066/11 July 1656); DWQ, Maḥkamat al-Manṣūra, 3, p. 51, case 168(5 B 1063/1 June 1653).
20. DWQ, Maḥkamat al-Manṣūra, 2, pp. 272 and 292, no case no.(1 Ca 1062/10 Apr. 1652).

21. DWQ, Maḥkamat al-Manṣūra, 17, p. 383, no case no.（11 M 1119/ 14 Apr. 1707）。在河道的疏浚与堤岸的加固工作中，畜力通常扮演着关键的角色。代盖赫利耶副省的一次河堤修复工程中租用了一群水牛，参见DWQ, Maḥkamat al-Manṣūra, 3, p. 10, case 31（19 S 1063/19 Jan. 1653）。动物的租借费用常常是这些项目的最大开销。骆驼也经常被用来清理导致水井或其他水源堵塞的废弃物以及淤泥。参见Al-Damurdāshī Katkhudā ʿAzabān, *Kitāb al-Durra al-Muṣāna*, 131。

22. DWQ, al-Jusūr al-Sulṭāniyya, 784, p. 131, no case no.（n.d.）.

23. DWQ, al-Jusūr al-Sulṭāniyya, 784, p. 134, no case no.（n.d.）。1卡斯巴等同于3.99米，参见Hinz, *Islamische Masse und Gewichte*, 63。在对19世纪早期的马赫穆迪亚运河项目的讨论中，（海伦·安妮·B.里夫林）Helen Anne B. Rivlin 将1卡斯巴等同为3.64米，与此处的单位换算有一些出入。参见Rivlin, *Agricultural Policy*, 218。她在其他地方又提过1卡
244 斯巴相当于3.75米到3.99米不等。参见Ibid., 125。除非特殊提及，在本书中1卡斯巴等于3.99米。

24. ʿAbd al-Raḥman ibn Ḥasan al-Jabartī, *ʿAbd al-Raḥman al-Jabartī's History of Egypt: ʿAjāʾib al-Āthār fī al-Tarājim wa al-Akhbār*, ed. Thomas Philipp and Moshe Perlmann, 4 vols.（Stuttgart: Franz Steiner Verlag, 1994）, 1: 483.

25. 关于对17和18世纪所出现的强制劳动现象的一般性论述，参见ʿAbd al-Ḥamīd Sulaymān, "al-Sukhra fī Miṣr fī al-Qarnayn al-Sābiʿ ʿAshar wa al-Thāmin ʿAshar, Dirāsa fī al-Asbāb wa al-Natāʾij," in *al-Rafḍ wa al-Iḥtijāj fī al-Mujtamaʿ al-Miṣrī fī al-ʿAṣr al-ʿUthmānī*, ed. Nāṣir Ibrāhīm and Raʾūf ʿAbbās, 89 - 126（Cairo: Markaz al-Buḥūth wa al-Dirāsāt al-Ijtimāʿiyya, 2004）。

26. 关于免税赐地，参见ʿAbd al-Raḥīm, *al-Rīf al-Miṣrī*, 96 - 100; Cuno, *Pasha's Peasants*, 36 - 37, 67 - 69; al-Shirbīnī, *Hazz al-Quḥūf*, 2: 328n2。

27. Cuno, *Pasha's Peasants*, 36 - 37.

28. Al-Shirbīnī, *Hazz al-Quḥūf*, 2: 328.
29. 此处的原文为"*al nās fī al-balad*"。参见Ibid., 2: 327, 2: 329。
30. *Lisān al-ʿArab*, 4 vols. (Beirut: Dār Lisān al-ʿArab, 1970), s.v. "*ʿawana*"; Edward William Lane, *An Arabic-English Lexicon*, 8 vols. (Beirut: Librairie du Liban, 1968), s.v. "*ʿawana*."
31. Al-Shirbīnī, *Hazz al-Quḥūf*, 2: 330. Emphasis in original.
32. Ibid., 2: 327.
33. Ibid., 2: 329.
34. *Lisān al-ʿArab*, s.v. "*sakhara*"; Lane, *Arabic-English Lexicon*, s.v. "*sakhara*." 关于用al-ʿauna和alsukhra指代强制劳动时在表意上的不同，参见al-Jabartī, *ʿAjāʾib al-Āthār* (1994), 3: 344。
35. DWQ, Maḥkamat Rashīd, 151, pp. 366 – 69, case 413 (25 Ra 1160/ 6 Apr. 1747)。
36. Shaw, *Financial and Administrative Organization*.
37. 关于罗塞塔的粮食仓储设施（wakālas）的早期维修记录，参见DWQ, Maḥkamat Rashīd, 123, pp. 97 – 98, case 170 (28 Z 1131/11 Nov. 1719); DWQ, Maḥkamat Rashīd, 125, pp. 92 – 93, case 159 (20 L 1132/25 Aug. 1720); DWQ, Maḥkamat Rashīd, 134, p. 167, case 204 (30 S 1140/16 Oct. 1727); DWQ, Maḥkamat Rashīd, 142, p. 64, case 58 (14 Za 1149/16 Mar. 1737); DWQ, Maḥkamat Rashīd, 151, pp. 38 – 39, case 49 (28 Z 1158/20 Jan. 1746)。关于此类设施的建造与修复工程的更多信息，参见Hanna, *Making Big Money in 1600*, 125 – 33; Hanna, *Construction Work*, 46。关于粮食仓储设施在奥斯曼埃及所发挥作用的一般性论述，参见Raymond, *Artisans et commerçants*, 1: 254 – 60。关于某位极有权势的马穆鲁克贵族及其名下的粮食仓储设施的案例研究，参见Muḥammad Ḥusām al-Dīn Ismāʿīl ʿAbd al-Fattāḥ and Suhayr Ṣāliḥ, "A Wikāla of Sulṭān Mu'ayyid: Wikālat 'Ūda Pasha," *Annales Islamologiques* 28 (1994): 71 – 96。
38. 关于奥斯曼埃及的粮食运输路线，参见Mikhail, *Nature and Empire*,

82 – 123。

39. 罗塞塔的一所住宅在建造期间同样使用到了这些建材，参见DWQ, Maḥkamat Rashīd，124，p. 254，case 354（26 Ra 1132/5 Feb. 1720）。

245 40. 关于其他使用这些工种的工人的建造工程案例，参见al-Jabartī，*ʿAjāʾib al-Āthār*（1994），2：398 – 99，3：11。

41. 关于在早期历史上，建造工程雇佣工程师的案例，参加DWQ，Maḥkamat al-Manṣūra，4，p. 108，case 281（Evail M 1075/25 July – 3 Aug. 1664）；DWQ，Maḥkamat al-Manṣūra，7，p. 134，case 340（7 Za 1091/ 29 Nov. 1680）；DWQ，Maḥkamat al-Manṣūra，16，p. 257，case 527（18 Z 1116/13 Apr. 1705）；BOA，İbnülemin Umur-i Nafi a，94（Evasıt Ra 1121/21 – 30 May 1709）；BOA，Cevdet Nafi a，120（Evasıt Ca 1125/5 – 14 June 1713）。

42. 关于向工人提供咖啡和水作为唯一补给品的另一工程案例，参见DWQ, Maḥkamat Rashīd，142，p. 64，case 58（14 Za 1149/16 Mar. 1737）。

43. 在1550年至1557年的伊斯坦布尔苏莱曼清真寺建筑群的施工期间，同样出现了这一情形。参见Ömer Lütfi Barkan，*Süleymaniye Cami ve İmareti İnşaatı（1550 – 1557）*，2 vols.（Ankara：Tü rk Tarih Kurumu，1972 – 79）。

44. DWQ，Maḥkamat Manfalūṭ，3，pp. 264 – 65，case 557（24 Ş 1223/ 15 Oct. 1808）。关于巴尼卡尔布村庄，参见Ramzī，*al-Qāmūs al-Jughrāfī*，pt. 2，4：77。

45. 在其他工程期间，工作通常会在星期五暂停。例如参见DWQ，Maḥkamat Rashīd，125，pp. 92 – 93，case 159（20 L 1132/25 Aug. 1720）。

46. Rushdi Said，*The Geology of Egypt*（New York：Elsevier Publishing，1962），8.

47. 曼费卢特的一些维修工程明确规定，工人应当在气温较低，河水水位下降的冬天进行施工。例如参见DWQ，Maḥkamat Manfalūṭ，2，p. 183，case 619（16 Ca 1179/31 Oct. 1765）。

48. anfār 一词有着耐人寻味的历史。正如文中案例所示，它在19世纪早期用于整体地指代抽象的劳作个人，这些人作为庞大的建造工程中的一分子被剥离了个性。几十年之后这一术语被赋予了新的含义，代表着埃及军队中的最低等级。由于英文中的subaltern（属下、庶民）也具有类似的含义，被用以指代西方国家军队中等级相对较低的个体，所以埃及史学家们在翻译"庶民研究"（Subaltern Studies）这一史学研究运动时使用了anfār这个词。因此，该词的多义部分源于其指代对象涵盖了从劳动者到士兵再到庶民的多方群体。关于对这些含义的讨论，以及部分学者认为应当用dirāsāt al-anfār而非dirāsāt al-tābiʿ来作为"庶民研究"的阿拉伯语翻译，参见Khālid Fahmī，*al-Jasad wa al-Ḥadātha: al-Ṭibb wa al-Qānūn fī Miṣr al-Ḥadītha*，trans. Sharīf Yūnis（Cairo：Dār al-Kutub wa al-Wathāʾiq al-Qawmiyya，2004），33n10；Ālan Mīkhāʾīl，"Tārīkh Dirāsāt al-Tābiʿ wa Naẓariyyatayn ʿan al-Sulṭa，" in *Thaqāfat al-Nukhba wa Thaqāfat al-ʿĀmma fī Miṣr fī al-ʿAṣr al-ʿUthmānī*，ed. Nāṣir Aḥmad Ibrāhīm，349－60（Cairo：Markaz al-Buḥūth wa al-Dirāsāt al-Ijtimāʿiyya，2008）。

49. 这一术语的出处如下："经济计划、勘测地图、土地所有权登记、森林资源管理、种族划分、银行存折、逮捕记录以及行政区划地图，这些事物之所以能够对人们施加影响力来源于这一事实，即这些高度概括的抽象数 246 据在政府官吏的解读与包装下，能够塑造人们的现实生活……当人们不知道真实的情况如何时，'流于纸面的人为事实'（fictitious facts-on-paper）便成了如假包换的现实替代物，正因为这些纸上之言是警察与军队得以存在与行动的合理化依据。"参见James C. Scott，*Seeing Like a State: How Certain Schemes to Improve the Human Condition Have Failed*（New Haven，CT：Yale University Press，1998），83。尽管埃及的情况与作者所描述的场景有很强的相似性，值得注意的是迅速出现的埃及国家机器在这一时期并没有依靠"纸上之言"创造出全新的劳动力使用的"现实"，而是暴力修改与重塑了长久以来的地方习俗与劳动实践。

50. Al-Jabartī，*ʿAjāʾib al-Āthār*（1994），4：289.

51. 穆罕默德·阿里在1812年之前就已经夺取了一些包税地。关于他所领导的政府在1808年如何强行征收了数片包税地，参见Ibid.，4：115。

52. Ibid.，4：289。关于对这一重要文本的论述，参见Cuno，*Pasha's Peasants*，5 - 6，37。
53. 关于奥斯曼帝国统治下的亚历山大，参见İdris Bostan，“An Ottoman Base in Eastern Mediterranean：Alexandria of Egypt in the 18th Century，” in *Proceedings of the International Conference on Egypt during the Ottoman Era：26 - 30 November 2007，Cairo，Egypt*，ed. Research Centre for Islamic History，Art and Culture，63 - 77（Istanbul：IRCICA，2010）；Reimer，“Ottoman Alexandria.”。
54. 关于亚历山大与开罗之间海上航线的种种风险，参见Alan Mikhail，“Anatolian Timber and Egyptian Grain：Things That Made the Ottoman Empire，” in *Early Modern Things：Objects and Their Histories，1500 - 1800*，ed. Paula Findlen（New York：Routledge，2013），280 - 81。
55. ʿUmar Ṭūsūn，*Tārīkh Khalīj al-Iskandariyya al-Qadīm wa Turʿat al-Maḥmūdiyya*（Alexandria：Maṭbaʿat al-ʿAdl，1942）；Isabelle Hairy and Oueded Sennoune，“Géographie historique du canal d'Alexandrie，” *Annales Islamologiques* 40（2006）：247 - 78.
56. 类似的论述可参见BOA，HAT，130/5404（29 Z 1232/ 9 Nov. 1817）；BOA，HAT，795/36893（29 Z 1235/7 Oct. 1820）。
57. 关于该运河在1820年7月被正式命名，参见Ṭūsūn，*Tārīkh Khalīj al-Iskandariyya*，127；al-Jabartī，*ʿAjāʾib al-Āthār*（1994），4：438。
58. Rivlin，*Agricultural Policy*，219 - 20，353n15。关于36万这一数字的来源，参见M.A. Linant de Bellefonds，*Mémoires sur les principaux travaux d'utilité publiqué exécutés en Egypte depuis la plus haute antiquité jusqu'à nos jours：Accompagné d'un atlas renfermant neuf planches grand in-folio imprimées en couleur*（Paris：Arthus Bertrand，1872 - 73），351。马尔索（Marsot）在书中写道25万农民被带到运河上工作，但他并未标明数据的出处。参见Marsot，*Egypt in the Reign of Muhammad Ali*，151。例如，在1817年夏天，穆罕默德·阿里下令村子里每十个人中需要派出一名成年男性前往运河上的工地参与劳作。参见Al-Jabartī，*ʿAjāʾib al-Āthār*

（1994），4：389。

59. 关于开罗的人口情况，参见Daniel Panzac，“Alexandrie：évolution d’une ville cosmopolite au XIX$_e$ siècle，” in *Population et santé dans l’Empire ottoman（XVIII$_e$－XX$_e$ siècles）*（Istanbul：Isis，1996），147。关于埃及的人口情况，参见Panzac，*La peste*，271；André Raymond，“La population du Caire et de l’égypte à l’époque ottomane et sous Muḥammad ʿAl?，” in *Mémorial Ömer Lûtfi Barkan*，169－78（Paris：Librairie d’Amé rique et d’Orient Adrien Maisonneuve，1980）。贾斯汀·A.麦卡锡（Justin A. McCarthy）对于开罗和整个埃及的人口估算数据更低一些，参见Justin 247 A. McCarthy，“Nineteenth-Century Egyptian Population，” *Middle Eastern Studies* 12（1976）：1－39。

60. 关于这一死亡人数的进一步讨论，参见Mikhail，*Nature and Empire*，281－82，289－90。

61. Al-Jabartī，*ʿAjāʾib al-Āthār*（1994），4：427。在一次更早期的建造工程中，人们会直接将水泼到劳动者身上，参见Ibid.，3：349。

62. 这一情形并不仅限于国家主持的基础建设工程中。下列引文描述了一名19世纪早期的城市精英阶层人士试图重建他在开罗的几次大型土地掠夺运动中所获取的地产：“靠着严厉和残酷的手腕，他迫使工人们和供应商们在最短的时间内完成了工程。他不容许干活的人有任何喘息的时间，入夜时这些人会被锁住，天刚蒙蒙亮就会被鞭打至醒。工人们的工作时间从早晨祷告结束开始，直到日落后才结束，即使是酷热难当的斋月也不停歇！”参见Ibid.，4：444。

63. 关于这些灌溉附属设施的修建细节，参见BOA，HAT，656/32064（27 Z 1232/7 Nov. 1817）；BOA，HAT，130/5404（29 Z 1232/9 Nov. 1817）；BOA，HAT，131/5411（29 Z 1232/9 Nov. 1817）；BOA，HAT，342/19546（17 C 1233/23 Apr. 1818）；al-Jabartī，*ʿAjāʾib al-Āthār*（1994），4：362，4：390，4：423－24；Mikhail，*Nature and Empire*，249－83。

64. 关于这所学校的建立与运作，参见al-Jabartī，*ʿAjāʾib al-Āthār*（1994），4：359；Aḥmad ʿIzzat ʿAbd al-Karīm，*Tārīkh al-Taʿlīm fī ʿAṣr Muḥammad*

'Alī（Cairo：Maktabat al-Nahḍa al-Miṣriyya，1938），359 – 75。

65. 关于穆罕默德·阿里政府在基建工程中对特定工种的垄断，参见al-Jabartī，*'Ajā'ib al-Āthār*（1994），4：220。关于从外地引进建筑劳务工人的案例，参见Ibid.，4：396。关于建材的垄断，参见Ibid.，4：356，4：441。
66. 关于运河工程所需费用，参见Mikhail，*Nature and Empire*，271 – 72，280。
67. Al-Jabartī，*'Ajā'ib al-Āthār*（1994），4：438.
68. 关于风对运河航行造成的困难，参见BOA，HAT，593/29055（29 Z 1235/7 Oct. 1820）；DWQ，Maḥkamat al-Baḥayra，38，p. 336，case 789（8 M 1236/16 Oct. 1820）；DWQ，Maḥkamat al-Baḥayra，38，p. 336，case 791（28 M 1236/5 Nov. 1820）；DWQ，Maḥkamat al-Baḥayra，38，p. 329，case 772（8 Za 1237/27 July 1822）。
69. DWQ，Maḥkamat al-Baḥayra，38，p. 336，case 789（8 M 1236/16 Oct. 1820）；DWQ，Maḥkamat al-Baḥayra，38，p. 336，case 790（n.d.）；DWQ，Maḥkamat al-Baḥayra，38，p. 336，case 791（28 M 1236/5 Nov. 1820）；DWQ，Maḥkamat al-Baḥayra，38，p. 336，case 792（22 S 1236/28 Nov. 1820）；DWQ，Maḥkamat al-Baḥayra，38，p. 329，case 772（8 Za 1237/27 July 1822）；DWQ，Maḥkamat al-Baḥayra，38，p. 335，case 788（16 Za 1237/4 Aug. 1822）.
70. BOA，HAT，131/5411（29 Z 1232/9 Nov. 1817）.

248 71. BOA，HAT，130/5404（29 Z 1232/9 Nov. 1817）.

72. BOA，HAT，131/5411（29 Z 1232/9 Nov. 1817）.
73. Marlowe，*World Ditch*；Zachary Karabell，*Parting the Desert：The Creation of the Suez Canal*（New York：Vintage，2003）；Farnie，*East and West*；Darcy Grimaldo Grigsby，*Colossal：Engineering the Suez Canal，Statue of Liberty，Eiffel Tower，and Panama Canal：Transcontinental Ambition in France and the United States during the Long Nineteenth Century*（Pittsburgh：Periscope，2012）.

74. Mitchell, “Can the Mosquito Speak?”; Jennifer Leslee Derr, “Cultivating the State: Cash Crop Agriculture, Irrigation, and the Geography of Authority in Colonial Southern Egypt, 1868 - 1931” (PhD diss., Stanford University, 2009), 118 - 172.
75. Shibl, *Aswan High Dam*; Tom Little, *High Dam at Aswan: The Subjugation of the Nile* (New York: Methuen, 1965); Fahim, *Dams, People and Development*; Nancy Y. Reynolds, “Building the Past: Rockscapes and the Aswan High Dam in Egypt,” in *Water on Sand: Environmental Histories of the Middle East and North Africa*, ed. Alan Mikhail, 181 - 205 (New York: Oxford University Press, 2013); Gilbert F. White, “The Environmental Effects of the High Dam at Aswan,” *Environment* 30 (1988): 5 - 11, 34 - 40; Elizabeth Bishop, “Talking Shop: Egyptian Engineers and Soviet Specialists at the Aswan High Dam” (PhD diss., University of Chicago, 1997); Ahmad Shokr, “Watering a Revolution: The Aswan High Dam and the Politics of Expertise in Mid-century Egypt” (MA thesis, New York University, May 2008).
76. Jeannie Sowers, “Remapping the Nation, Critiquing the State: Environmental Narratives and Desert Land Reclamation in Egypt,” in *Environmental Imaginaries of the Middle East and North Africa*, ed. Diana K. Davis and Edmund Burke III, 158 - 91 (Athens: Ohio University Press, 2011); Timothy Mitchell, “Dreamland,” in *Rule of Experts: Egypt, Techno-Politics, Modernity*, 272 - 303 (Berkeley: University of California Press, 2002).
77. Farnie, *East and West*; Marlowe, *World Ditch*; Karabell, *Parting the Desert*。埃及于1882年正式沦为英国的殖民地，此后多名英国工程师、水文学者、地理学家以及对尼罗河抱有好奇心的其余人士纷纷来到埃及，以便更多地了解这条河流。探寻尼罗河源头，研究如何让埃及和苏丹更多的土地得到灌溉，建造大坝以及其他灌溉设施，调蓄水源，这些都代表着英国在管理整个尼罗河水系时所作出的尝试，以此让帝国能够实现对埃及的全方位控制，并将苏伊士运河以及英国通往印度的贸易航线掌握在自己手中。一名生活在这一时期的英国政府官员对当时的灌溉情形进行了论述，参见 Willcocks and Craig，*Egyptian Irrigation*. On British imperial designs for the Nile，see Terje Tvedt，*The River Nile in the Age of the British: Political Ecology and the Quest for Economic Power*（London：I.B. Tauris，2004）；Collins，*Nile*，141 – 56。

78. J.R. McNeill，*Something New under the Sun*，166 – 73；Reynolds，"Building the Past"；Shibl，*Aswan High Dam*，73 – 123；Fahim，*Dams, People and Development*；Waterbury，*Hydropolitics*，154 – 73，210 – 41.
79. Sowers，"Remapping the Nation，Critiquing the State."
249 80. 关于这段时期的权力集中现象以及裙带政治，参见 al-Jabartī，*ʿAjāʾib al-Āthār*（1994），4：441。
81. 关于这一现象在19世纪与20世纪早期的具体呈现，参见 Abbas and El-Dessouky，*Large Landowning Class and the Peasantry in Egypt*。
82. 关于埃及近二十年来环境政治学的相关论述，参见 Jeannie L. Sowers，*Environmental Politics in Egypt: Activists, Experts, and the State*（London：Routledge，2013）。

第五章

1. 关于这一沟通机制运行的具体例证，参见 Mikhail，*Nature and Empire*，38 – 66。
2. DWQ，Maḥkamat al-Manṣūra，4，p. 108，case 281（Evail M 1075/25 July – 3 Aug. 1664）。关于沙里姆沙村，参见 Ramzī，*al-Qāmūs al-Jughrāfī*，pt. 2，1：243。
3. 下游的村庄包括 Bisāṭ、Kafr Tiqay 和 al-Zaʿātra。关于下游村庄的完整名单以及这三个村庄的具体信息，分别参见 Ramzī，*al-Qāmūs al-Jughrāfī*，pt. 2，1：242，1：245，1：246。

4. DWQ, Maḥkamat al-Manṣūra, 1, p. 84, case 197（20 Z 1055/6 Feb. 1646）.
5. DWQ, Maḥkamat al-Manṣūra, 7, p. 134, case 340（7 Za 1091/29 Nov. 1680）。关于图纳米尔村，参见Ramzī, *al-Qāmūs al-Jughrāfī*, pt. 2, 1: 174, 1: 179。
6. 另外十个村子的名字分别是Dammās、Kafr al-Rūla、Minyyat Gharb、Durra、Tanbūl、Tūḥ、Nūr Ṭīq、al-Sandalāwī、Barhamnus、Shubrahūr。
7. 工程学上的每单位齐拉（zirā‘ al-handasa）相当于0.656米。参见Hinz, *Islamische Masse und Gewichte*, 58。
8. DWQ, Maḥkamat al-Manṣūra, 16, p. 257, case 527（18 Z 1116/13 Apr. 1705）.
9. 有的档案资料明确提到了维修资金由政府承担，参见DWQ, Maḥkamat al-Manṣūra, 16, p. 289 or 290, case 599（17 S 1117/10 June 1705）。
10. DWQ, Maḥkamat al-Manṣūra, 16, p. 257, case 527（18 Z 1116/ 13 Apr. 1705）.
11. 关于奥斯曼帝国行会概况的一般性论述，参见Eunjeong Yi, *Guild Dynamics in Seventeenth-Century Istanbul: Fluidity and Leverage*（Leiden, Netherlands: Brill, 2004）; Ammon Cohen, *The Guilds of Ottoman Jerusalem*（Leiden, Netherlands: Brill, 2001）; Suraiya Faroqhi, *Artisans of Empire: Crafts and Craftspeople under the Ottomans*（London: I.B. Tauris, 2009）; Suraiya Faroqhi and Randi Deguilhem, eds., *Crafts and Craftsmen of the Middle East: Fashioning the Individual in the Muslim Mediterranean*（London: I.B. Tauris, 2005）。
12. DWQ, Maḥkamat al-Manṣūra, 16, p. 289 or 290, case 599（17 S 1117/10 June 1705）.
13. 关于对这一观点的深入讨论，参见Mikhail, *Nature and Empire*, 124 - 25。
14. Ibid., 82 - 169.
15. 关于这些测量结果与估算数据的出处，参见DWQ, Maḥkamat al-Manṣūra, 16, p. 257, case 527（18 Z 1116/13 Apr. 1705）。

250 16. DWQ，Maḥkamat al-Manṣūra，16，p. 289 or 290，case 599（17 S 1117/10 June 1705）.

17. 关于两种类型运河的区别，参见Borsch，“Environment and Population”; Tsugitaka，*State and Rural Society*，225 - 27；Mikhail，*Nature and Empire*，40 - 46。

18. BOA，İbnülemin Umur-i Nafi a，94（Evasıt Ra 1121/21 - 30 May 1709）.

19. BOA，MM，1：167（Evasıt S 1123/31 Mar. - 9 Apr. 1711）.

20. BOA，Cevdet Nafi a，120（Evasıt Ca 1125/5 - 14 June 1713）.

21. 关于地方专家的更多信息，参见Mikhail，*Nature and Empire*，66，176 - 78。

22. 关于胡丁·埃芬迪在埃及所取得的成就，参见Ibid.，260 - 63，284。关于此人在伊斯坦布尔的帝国翻译部门任职的经历，参见Christine M. Philliou，*Biography of an Empire: Governing Ottomans in an Age of Revolution*（Berkeley：University of California Press，2011），91 - 93。

23. Al-Jabartī，*ʿAjāʾib al-Āthār*（1994），4：359.

24. 除了对于勘测人才的需求，当局建造学校的另外一个动机是希望为穆罕默德·阿里提供一群为其出谋划策的技术专家，帮助统治者实现大型灌溉工程规划以及其他的基础建设项目。参见Mikhail，*Nature and Empire*，260 - 61。

25. Al-Jabartī，*ʿAjāʾib al-Āthār*（1994），4：448.

26. 关于两种知识模式在这段时期的碰撞与交流，参见Mikhail，*Nature and Empire*，279，288。

27. William M. Denevan，“The Pristine Myth：The Landscape of the Americas in 1492，” *Annals of the Association of American Geographers* 82（1992）：369 - 85；William Cronon，“The Trouble with Wilderness；or，Getting Back to the Wrong Nature，” *Environmental History* 1（1996）：7 - 28。进一步的相关讨论可参见同一期《环境史》（*Environmental History*）中涉及这一话题的数篇论文，以及威廉·克罗农对此作出的回应。

28. 关于以生态退化论视角看待北非殖民地的政治学和生态学研究案例，参见D. Davis，*Resurrecting the Granary of Rome*，131－76；D. Davis，"Potential Forests."。

29. Cronon，*Changes in the Land*，13.

第六章

1. DWQ，Maḥkamat al-Baḥayra，21，p. 177，case 343（24 N 1206/16 May 1792）。关于苏鲁恩贝村，参见Ramzī，*al-Qāmūs al-Jughrāfī*，pt. 2，2：270。
2. 在胜算不高的情况下，哈吉·穆斯塔法依然选择上诉的另一种可能解释是，采取法律途径是源于双方长期以来的争执与不和。换句话说，也许哈吉·穆斯塔法希望通过向法庭上诉的方式对舍卜·阿里进行报复；又或许哈吉·穆斯塔法试图将事态闹大，败坏舍卜·阿里在社群内部的名声，好在其他村民的心中播下怀疑的种子；也许甚至是哈吉·穆斯塔法自己邀请舍卜·阿里半夜来到家中，并自己亲手杀死了这头牛好嫁祸给后者。这些都是可能出现的情形。值得注意的一点是，向法庭上诉的决定背后隐藏着多种动机，并引发出意想不到的结果。很有可能那些被带至法庭作证的证人们清楚地知道原告败诉的可能性。换句话说，人们将纠纷交由法庭 251
处理的动机有时候并不一定为了胜诉。关于人们如何利用奥斯曼法庭实现自己的私人目的，参见Boğaç A. Ergene，*Local Court, Provincial Society and Justice in the Ottoman Empire: Legal Practice and Dispute Resolution in Çankırı and Kastamonu（1652－1744）*（Leiden，Netherlands：Brill，2003）；Peirce，*Morality Tales*。
3. 关于纸业贸易，例如参见Nelly Hanna，*In Praise of Books: A Cultural History of Cairo's Middle Class, Sixteenth to the Eighteenth Century*（Syracuse，NY：Syracuse University Press，2003）。关于咖啡贸易，例如参见André Raymond，"A Divided Sea：The Cairo Coffee Trade in the Red Sea Area during the Seventeenth and Eighteenth Centuries，" in *Modernity*

and Culture: From the Mediterranean to the Indian Ocean, ed. Leila Tarazi Fawaz and C.A. Bayly, 46 – 57 (New York: Columbia University Press, 2002); André Raymond, "Une famille de grands négociants en café au Caire dans la première moitié du XVIII_e siècle: Les Sharāybī," in *Le commerce du café avant l'ère des plantations coloniales: Espaces, réseaux, sociétés (XV_e – XIX_e siècle)*, ed. Michel Tuchscherer, 111 – 24 (Cairo: Institut français d'archéologie orientale, 2001)。关于奥斯曼帝国的丝绸贸易，参见Halil İnalcık, "Bursa and the Silk Trade," in *An Economic and Social History of the Ottoman Empire*, 2 vols., ed. Halil İnalcık with Donald Quataert, 1: 218 – 255 (Cambridge: Cambridge University Press, 1994)。关于奥斯曼埃及商人积攒财富的历史，参见Raymond, *Artisans et commerçants*; Hanna, *Making Big Money in 1600*。

4. 不出意料的是，大多数有关奥斯曼帝国农业劳动话题的研究都将重点放在农民在乡村经济体系中扮演的角色。关于奥斯曼帝国历史研究中涉及农民的一般性论述，参见Suraiya Faroqhi, "Agriculture and Rural Life in the Ottoman Empire (ca 1500 – 1878) (A Report on Scholarly Literature Published between 1970 and 1985)," *New Perspectives on Turkey* 1 (1987): 3 – 34; Suraiya Faroqhi, "Ottoman Peasants and Rural Life: The Historiography of the Twentieth Century," *Archivum Ottomanicum* 18 (2000): 153 – 82。关于近代早期的奥斯曼帝国农民与劳动力这一话题的更多研究进展，参见Suraiya Faroqhi, "The Peasants of Saideli in the Late Sixteenth Century," *Archivum Ottomanicum* 8 (1983): 215 – 50; Suraiya Faroqhi, "Rural Society in Anatolia and the Balkans during the Sixteenth Century, I," *Turcica* 9 (1977): 161 – 95; Suraiya Faroqhi, "Rural Society in Anatolia and the Balkans during the Sixteenth Century, II," *Turcica* 11 (1979): 103 – 53; İslamoğlu-İnan, *State and Peasant in the Ottoman Empire*。关于针对埃及的专门研究，参见Cuno, *Pasha's Peasants*; ʿAbd al-Raḥīm, *al-Rīf al-Miṣrī*; Maḥārīq, *al-Minūfi yya*。
5. 本章以及下一章内容都表明了这一论断，即动物、人类以及其他自然界成员共同参与并塑造着历史，而无论何时何地，历史学家都应对这一事实予以关注。自从查尔斯·达尔文（Charles Darwin）在19世纪后半叶发表了他的著作，历史学家、自然学家、哲学家、生物学家、生态学家、人类学家以及其他学者都已经普遍接受了历史由人类与动物共同书写的观点。

例如，对宠物史等话题感兴趣的文化史学家们就人类造成的环境影响，以及阶级与家庭历史研究相关话题作出了重要的学术贡献。参见Kathleen Kete, *The Beast in the Boudoir: Petkeeping in Nineteenth-Century Paris*（Berkeley：University of California Press，1994）；Erica Fudge，*Pets*（Stocksfi eld，UK：Acumen，2008）；Katherine C. Grier，*Pets in America: A History*（Chapel Hill：University of North Carolina Press，2006）；Yi-Fu Tuan，*Dominance and Affection: The Making of Pets*（New Haven，CT：Yale University Press，1984）；Donna J. Haraway，*When Species Meet*（Minneapolis：University of Minnesota Press，2008）。 252

政治史学家、思想史学家和环境史学家也从自己的领域出发，试图借助动物史的视角对其他众多的观念谱系进行梳理，例如野蛮、动物性、荒蛮、外来、驯服、人性、道德等观念，以及人与动物所拥有的权利等。参见Harriet Ritvo，*The Animal Estate: The English and Other Creatures in the Victorian Age*（Cambridge，MA：Harvard University Press，1987）；Harriet Ritvo，*The Platypus and the Mermaid and Other Figments of the Classifying Imagination*（Cambridge，MA：Harvard University Press，1997）；Dominick LaCapra，*History and Its Limits: Human, Animal, Violence*（Ithaca，NY：Cornell University Press，2009）；Erica Fudge，*Brutal Reasoning: Animals, Rationality, and Humanity in Early Modern England*（Ithaca，NY：Cornell University Press，2006）；Erica Fudge，*Perceiving Animals: Humans and Beasts in Early Modern English Culture*（New York：St. Martin's Press，2000）；Nancy J. Jacobs，"The Great Bophuthatswana Donkey Massacre：Discourse on the Ass and the Politics of Class and Grass，" *American Historical Review* 106（2001）：485 - 507；Londa Schiebinger，"Why Mammals Are Called Mammals：Gender

Politics in Eighteenth-Century Natural History," *American Historical Review* 98 (1993): 382 - 411; Keith Tester, *Animals and Society: The Humanity of Animal Rights* (London: Routledge, 1991); H. Peter Steeves, ed., *Animal Others: On Ethics, Ontology, and Animal Life* (Albany: State University of New York Press, 1999); Cary Wolfe, *What Is Posthumanism?* (Minneapolis: University of Minnesota Press, 2010); Joyce E. Salisbury, *The Beast Within: Animals in the Middle Ages* (New York: Routledge, 1994); Richard W. Bulliet, *Hunters, Herders, and Hamburgers: The Past and Future of Human-Animal Relationships* (New York: Columbia University Press, 2005); Anita Guerrini, *Experimenting with Humans and Animals: From Galen to Animal Rights* (Baltimore: Johns Hopkins University Press, 2003); Louise E. Robbins, *Elephant Slaves and Pampered Parrots: Exotic Animals in Eighteenth-Century Paris* (Baltimore: Johns Hopkins University Press, 2002); Roel Sterchx, *The Animal and the Daemon in Early China* (Albany: State University of New York Press, 2002)。同时参见下列著作中的相关章节：Gregory M. Pflugfelder and Brett L. Walker, eds., *JAPANimals: History and Culture in Japan's Animal Life* (Ann Arbor: Center for Japanese Studies at the University of Michigan, 2005); Nigel Rothfels, ed., *Representing Animals* (Bloomington: Indiana University Press, 2002); Erica Fudge, ed., *Renaissance Beasts: Of Animals, Humans, and Other Wonderful Creatures* (Urbana: University of Illinois Press, 2004); Angela N. H. Creager and William Chester Jordan, eds., *The Animal/Human Boundary: Historical Perspectives* (Rochester, NY: University of Rochester Press, 2002); Mary J. Henninger-Voss, ed.,
253 *Animals in Human Histories: The Mirror of Nature and Culture* (Rochester, NY: University of Rochester Press, 2002)。

一些环境史学家和农业史学家选择探讨畜牧业、动物迁徙、狩猎活动和物种灭绝对地理环境以及人类社群所产生的影响。参见Brett L. Walker, *The Lost Wolves of Japan* (Seattle: University of Washington Press, 2005);

Elinor G.K. Melville, *A Plague of Sheep: Environmental Consequences of the Conquest of Mexico* (Cambridge: Cambridge University Press, 1997); Alfred W. Crosby, *Ecological Imperialism: The Biological Expansion of Europe, 900 - 1900* (Cambridge: Cambridge University Press, 2004), 171 - 94; Joseph E. Taylor III, *Making Salmon: An Environmental History of the Northwest Fisheries Crisis* (Seattle: University of Washington Press, 1999); Virginia DeJohn Anderson, *Creatures of Empire: How Domestic Animals Transformed Early America* (New York: Oxford University Press, 2004); Andrew C. Isenberg, *The Destruction of the Bison: An Environmental History, 1750 - 1920* (Cambridge: Cambridge University Press, 2000)。

部分史学家们则将注意力转向城市动物园、野生动物园和兽医学院等机构组织。关于城市动物园和野生动物园，参见Nigel Rothfels, *Savages and Beasts: The Birth of the Modern Zoo* (Baltimore: Johns Hopkins University Press, 2002); R.J. Hoage and William A. Deiss, eds., *New Worlds, New Animals: From Menagerie to Zoological Park in the Nineteenth Century* (Baltimore: Johns Hopkins University Press, 1996); Donna Haraway, "Teddy Bear Patriarchy: Taxidermy in the Garden of Eden, New York City, 1908 - 1936," *Social Text* 11 (1984): 20 - 64; Ian Jared Miller, *The Nature of the Beasts: Empire and Exhibition at the Tokyo Imperial Zoo* (Berkeley: University of California Press, 2013); Randy Malamud, *Reading Zoos: Representations of Animals and Captivity* (New York: New York University Press, 1998)。

关于兽医学院，参见Joanna Swabe, *Animals, Disease, and Human Society: Human-Animal Relations and the Rise of Veterinary Medicine* (London: Routledge, 1999); Karen Brown and Daniel Gilfoyle, eds., *Healing the Herds: Disease, Livestock Economies, and the Globalization of Veterinary Medicine* (Athens: Ohio University Press, 2010); Susan D. Jones, *Valuing Animals: Veterinarians and Their Patients in Modern America* (Baltimore:

Johns Hopkins University Press，2002）；Housni Alkhateeb Shehada，*Mamluks and Animals：Veterinary Medicine in Medieval Islam*（Leiden，Netherlands：Brill，2013）。

关于动物在中东众多的伊斯兰传统中的地位，参见Schimmel，*Islam and the Wonders of Creation*；Basheer Ahmad Masri，*Animals in Islam*（Petersfield，UK：Athene Trust，1989）；Masri，*Animal Welfare in Islam*；Foltz，*Animals in Islamic Tradition*。

6. 关于奥斯曼埃及动物资产的一般性论述，参见ʿAbd al-Raḥīm，*al-Rīf al-Miṣrī*，208－10。我们可以将近代早期的尼德兰地区畜牧业情况作为对比，参见Jan de Vries，*The Dutch Rural Economy in the Golden Age，1500－1700*（New Haven，CT：Yale University Press，1974），137－44。
7. DWQ，Maḥkamat Manfalūṭ，1，p. 31，case 59（13 R 1212/4 Oct. 1797）。

254 在下文将提到的案例中，我假定所谈论的动物都是健康且适于劳作的。我们没有看到任何的材料表明情况并非如此。此外，尽管档案资料中处处提到动物资产在乡村社会的普遍性，我们仍然很难判定这些动物的确切价格以及这些价格如何随着时间和地域的改变而波动。鉴于以上原因，我在这一节内容中主要关注的是不同动物之间的**相对**价格。
8. 例如，在下面所引的这份文件中，一位名叫苏莱曼·萨拉姆·杜哈尔（Sulaymān Salām Dūjal）的人临死前所留下的资产中各类动物的相对数量可以印证这一点，参见DWQ，Maḥkamat Isnā，3，p. 23，case 41（8 L 1171/14 June 1758）。可以看出他所拥有的六头水牛是其名下最贵重的资产，此外还有四头奶牛、一头母骆驼，以及一些绵羊。关于体现出水牛昂贵价值的其他例证，参见DWQ，Maḥkamat Manfalūṭ，3，p. 58，case 108（11 M 1266/26 Nov. 1849）；DWQ，Maḥkamat Manfalūṭ，3，p. 74，case 135（n.d.）。
9. DWQ，Maḥkamat Manfalūṭ，3，pp. 5－7，case 5（4 Ca 1228/5 May 1813）.
10. DWQ，Maḥkamat al-Baḥayra，38，p. 49，case 101（11 Za 1233/12 Sept. 1818）.

11. DWQ，Maḥkamat al-Baḥayra，24，pp. 291 – 92，case 526（20 B 1209/10 Feb. 1795）。相较于其他动物，骆驼一直是中东史学家们的研究重点。例如参见Bulliet，*Camel and the Wheel*；Bulliet，*Cotton, Climate, and Camels*；Halil İnalcık，"'Arab' Camel Drivers in Western Anatolia in the Fifteenth Century," *Revue d'Histoire Maghrebine* 10（1983）：256 – 70；İnalcık，"Ottoman State," 1：38 – 39，1：62 – 63；Faroqhi，"Camels，Wagons，and the Ottoman State"；Roger S. Bagnall，"The Camel，the Wagon，and the Donkey in Later Roman Egypt," *Bulletin of the American Society of Papyrologists* 22（1985）：1 – 6。
12. DWQ，Maḥkamat al-Baḥayra，11，pp. 45 – 56，case 97（1 Z 1196/7 Nov. 1782）.
13. DWQ，Maḥkamat al-Baḥayra，23，p. 198，case 357（Evahir L 1208/20 – 30 May 1794）。关于比维特村，参见Ramzī，*al-Qāmūs al-Jughrāfī*，pt. 2，2：268 – 69。
14. 尽管这笔遗产的总价值高达298帕拉，其中有134.61帕拉被用于偿还债务和其他用途。因此，继承者们实际上最后获得的遗产价值只有163.39帕拉。
15. 正如这一例子所示，水牛并不总是遗产清册中价值最高的动物。但这并不妨碍这一论断在**大多数情况下**的正确性，即水牛是人们资产中单价最昂贵的动物品种。
16. 例如参见DWQ，Maḥkamat Rashīd，132，p. 278，case 419（10 Ra 1138/15 Nov. 1725）。在这个例子中，水牛的价格是500帕拉，而马匹的价格则为720帕拉。
17. 例如参见DWQ，Maḥkamat Rashīd，139，pp. 107 – 8，case 172（30 M 1146/12 July 1733）。在这个例子中，一头水牛的价格高达770帕拉，而一匹马的价格仅为210帕拉。
18. 关于将马匹运送至曼费卢特省内马厩的例子，参见DWQ，Maḥkamat 255
Manfalūṭ，1，pp. 207 – 8，case 513（14 B 1098/26 May 1687）。关于马匹在中世纪欧洲与主人社会地位之间的联系，参见Salisbury，*Beast Within*，

28 – 31，35。

19. Al-Damurdāshī Katkhudā ʿAzabān，*Kitāb al-Durra al-Muṣāna*，16。我们可以与近代早期日本的赠鸟风俗作对比，参见F Martha Chaiklin，"Exotic-Bird Collecting in Early-Modern Japan," in *JAPANimals: History and Culture in Japan's Animal Life*，ed. Gregory M. Pflugfelder and Brett L. Walker（Ann Arbor：Center for Japanese Studies，University of Michigan，2005），132 – 39。
20. Stanford J. Shaw，ed. and trans.，*Ottoman Egypt in the Eighteenth Century: The Niẓamname-i Mıṣır of Cezzar Aḥmed Pasha*（Cambridge，MA：Center for Middle Eastern Studies of Harvard University，1964），14 – 15.
21. 关于马匹以外的动物作为礼物的例子，参见al-Jabartī，*ʿAjāʾib alĀthār*（1998），1：407。
22. Shaw，*Niẓamname-i Mıṣır*，41。关于谢赫·胡马姆的更多信息，参见Ibid.，44。关于艾赫里姆村，参见Ramzī，*al-Qāmūs al-Jughrāfī*，pt. 2，4：89 – 90。
23. DWQ，Maḥkamat Rashīd，144，pp. 493 – 95，case 525（25 Ra 1152/ 2 July 1739）.
24. DWQ，Maḥkamat Manfalūṭ，3，p. 111，case 216（n.d.）。关于一头水牛为多人共同拥有的其他案例，参见DWQ，Maḥkamat Manfalūṭ，3，p. 130 or 156，case 318（25 Ra 1264/1 Mar. 1848）；DWQ，Maḥkamat Manfalūṭ，3，p. 136 or 162，case 332（4 Ra 1264/9 Feb. 1848）；DWQ，Maḥkamat Manfalūṭ，3，p. 166，case 340（11 Ra 1264/16 Feb. 1848）；DWQ，Maḥkamat Manfalūṭ，3，p. 166，case 342（13 Ra 1264/18 Feb. 1848）。文中的"红色"很可能是用来形容动物的棕红色皮毛。
25. DWQ，Maḥkamat Manfalūṭ，1，p. 223，case 549（21 B 1098/2 June 1687）.
26. 关于多人共同拥有一头母骆驼的例子，参见DWQ，Maḥkamat Manfalūṭ，3，p. 46，case 93（n.d.）。

27. 我们也可以根据动物皮毛的价格将埃及乡村不同动物的价值进行排序。事实上，在奥斯曼帝国统治时期，皮毛贸易在埃及迅速兴起和繁荣。其中要数水牛皮最为昂贵，其次则是黄牛皮和奶牛皮，而骆驼皮的价格最低。关于奥斯曼埃及的皮毛贸易的更多信息，参见DWQ，Maḥkamat al-Baḥayra，37，p. 203，case 423（29 B 1232/15 June 1817）；DWQ，Maḥkamat al-Baḥayra，37，p. 204，case 426（17 B 1232/3 June 1817）。
28. 根据苏菲教派的传统，奶牛不应当被用作役畜。根据一个传说，一个人某天骑着奶牛走在路上时，他忽然听到这头牛叫喊道："这不是我被创造出来的目的！"参见Schimmel，*Islam and the Wonders of Creation*，48。作者并未注明这个故事的明确出处。
29. 关于17世纪下半叶的开罗所开设的毛驴交易市场，参见Ibrāhīm ibn Abī Bakr al-Ṣawāliḥī al-ʿAwfī al-Ḥanbalī，*Tarājim al-Ṣawāʿiq fī Wāqiʿat al-Ṣanājiq*，ed. ʿAbd al-Raḥīm ʿAbd al-Raḥman ʿAbd al-Raḥīm（Cairo：Institut 256
français d'archéologie orientale，1986），54。
30. DWQ，Maḥkamat Manfalūṭ，1，p. 69，case 144（n.d.）.
31. 关于这些表格的出处，参见DWQ，Maḥkamat Isnā，6，pp. 73－79，case 131（12 L 1172/8 June 1759）。
32. 关于在其他的遗嘱执行案例中，奶牛和其他动物的所有权份额问题，以及不同动物的相对价值，参见 DWQ，Maḥkamat Manfalūṭ，1，pp. 72－73，case 152（8 Ş 1212/25 Jan. 1798）；DWQ，Maḥkamat Manfalūṭ，3，pp. 92－93，case 174（n.d.）；DWQ，Maḥkamat Isnā，6，p. 67，case 113（11 L 1172/7 June 1759）；DWQ，Maḥkamat Isnā，8，pp. 111－12，case 177（23 Ra 1173/13 Nov. 1759）。关于售卖骆驼的例子，参见DWQ，Maḥkamat Manfalūṭ，3，p. 33，case 57（n.d.）。
33. DWQ，Maḥkamat Manfalūṭ，3，pp. 4－5，case 3（4 R 1228/6 Apr. 1813）.
34. DWQ，Maḥkamat Rashīd，154，p. 179，case 197（15 Za 1162/27 Oct. 1749）.
35. DWQ，Maḥkamat Rashīd，148，pp. 67－68，case 86（1 B 1154/11 Sept. 1741）.

36. 关于其他的涉及奴隶与动物交易的案例，以及奴隶和动物的相对价格，参见al-Damurdāshī Katkhudā ʿAzabān，*Kitāb al-Durra al-Muṣāna*，44。
37. 伊斯兰法律中并没有所谓的偿命金（wergeld）制度。根据欧洲中世纪的偿命金制度中所规定的人与动物的价格，历史学家们可以评估人与牲畜在那一时期欧洲的相对价值。例如，西哥特人认为一名贵族的价值相当于五百头当时最昂贵的牲畜，而在法兰克人看来，一匹种马的价值仅相当于人的鼻子或者耳朵的价值的一半。对于勃艮第人而言，哪怕是来自社会最底层的人，其一颗牙齿的价值也抵得过一头血统高贵的猎犬。参见Salisbury，*Beast Within*，36 – 37。
38. 关于利用不同农场动物所产的奶制成的奶制品，以及它们的相对价值，参见al-Jabartī，*ʿAjāʾib al-Āthār*（1998），1：184，1：338 – 39，2：205，3：332，3：469。
39. 这种情况也出现在中世纪的欧洲，作为食物来源的动物价值普遍低于役畜。参见Salisbury，*Beast Within*，34。
40. 下面这个案例能够说明母骆驼在人们眼中的高价值，参见DWQ，Maḥkamat Rashīd，130，pp. 172 – 76，case 245（20 C 1136/16 Mar. 1724）。
41. DWQ，Maḥkamat Isnā，6，pp. 1 – 3，case 1（23 Ca 1172/23 Jan. 1759）。除了这头母骆驼，阿里·阿卜杜·卡迪尔·哈姆达尼还另外拥有三头骆驼、两头奶牛（其中一头的皮毛据说是黄色），以及一头驴（文献中将其描述为黑色）。这些牲畜代表着死者生前重要的投资行为，并构成其遗产的主要部分。
42. 这种情形的出现实际上违背了《古兰经》的教导，《古兰经》认为牛奶的价值在骆驼奶之上，“在牲畜中，对于你们，确有一种教训。我使你们得饮那从牲畜腹内的粪和血之间提出的又纯洁又可口的乳汁”（《古兰经》16 ：66）。关于类似的话语还可参考《古兰经》中的23：21与36：73。关于牛奶与驼奶在伊斯兰传统中的区别，参见Schimmel，*Islam and the Wonders of Creation*，47 – 48。

257 43. 关于阿拉伯语与波斯语历史文献中对于骆驼重要性的记载，参见Schimmel，*Islam and the Wonders of Creation*，46 – 47。

44. 关于18世纪埃及的肉制品种类以及价格，参见O al-Jabartī，*ʿAjāʾib al-Āthār*（1998），1：184，1：338－39，2：198，2：205，2：274－75，3：332，3：469，3：551。有学者就伊斯坦布尔的肉食供应这一话题进行了详尽的探讨，参见Antony Greenwood，"Istanbul's Meat Provisioning：A Study of the *Celepkeşan* System"（PhD diss.，University of Chicago，1988）。

45. Al-Jabartī，*ʿAjāʾib al-Āthār*（1998），1：545，3：300.

46. 这些庆典仪式通常还包括烟火表演、前往城堡的盛大游行、鸣礼炮，以及一场丰盛的晚宴。参见Al-Damurdāshī Katkhudā ʿAzabān，*Kitāb al-Durra al-Muṣāna*，6，9，28，40，57，69，72，75，79－80，84，103，113，114，122－23，132－33，142，159，162，179，199，209，212，224，237，241，248，251，252－54，260。

47. Shaw，*Niẓamname-i Mıṣır*，47－48。奥克是奥斯曼帝国通用的重量单位，1奥克相当于400迪拉姆（dirhem），或者1.282 8千克（2.828 1磅）。参见Hinz，*Islamische Masse und Gewichte*，24.

48. DWQ，Maḥkamat Isnā，3，pp. 15－16，case 29（8 L 1171/14 June 1758）。关于艾斯丰岛，参见Ramzī，*al-Qāmūs al-Jughrāfī*，pt. 2，4：152。

49. 关于为了招待穷人和宴请宾客，将宰杀牲畜作为瓦克夫的部分用途，参见al-Jabartī，*ʿAjāʾib al-Āthār*（1998），1：612。

50. 关于利用岛屿的天然边界来圈养牲畜，参见Anderson，*Creatures of Empire*，160。

51. DWQ，Maḥkamat Rashīd，134，p. 332，case 443（30 B 1140/ 11 Mar. 1728）.

52. Al-Damurdāshī Katkhudā ʿAzabān，*Kitāb al-Durra al-Muṣāna*，123.

53. Ibid.，214；Shaw，*Financial and Administrative Organization*，127；Shaw，*Niẓamname-i Mıṣır*，47。关于此类包税地的另一个示例，参见Shaw，*Financial and Administrative Organization*，135。

54. Shaw，*Financial and Administrative Organization*，130，301.

55. Ibid.；Shaw，*Niẓamname-i Mıṣır*，47n1.

56. Shaw，*Niẓamname-i Mıṣır*，19.

57. Shaw，*Financial and Administrative Organization*，139.

58. 该行业组织在1742—1743年与1760—1761年总共缴纳了1 620帕拉的税收。作为对比，同时期开罗城内沙丁鱼商贩所贡献的税收为1 800帕拉。关于开罗其他组织机构的税收情况，参见Ibid.，119。

59. DWQ，Maḥkamat al-Baḥayra，8，p. 24，case 37（19 S 1176/ 8 Sept. 1762）.

60. Al-Jabartī，*ʿAjāʾib al-Āthār*（1998），1：538－39。关于埃及的甘蔗种植情况，参见Tsugitaka，*State and Rural Society*，211－20。

61. DWQ，Maḍābiṭ al-Daqahliyya，20，pp. 110－11，no case no.（7 C 1188/15 Aug. 1774）。

62. Al-Damurdāshī Katkhudā ʿAzabān，*Kitāb al-Durra al-Muṣāna*，131.

63. DWQ，Maḥkamat al-Manṣūra，3，p. 10，case 31（19 S 1063/19 Jan. 1653）。关于桑杜布村，参见Ramzī，*al-Qāmūs al-Jughrāfī*，pt. 2，1：220。

64. DWQ，Maḥkamat al-Baḥayra，24，p. 56，case 102（1 Ra 1209/26 Sept.
258 1794）。其中两处水车的名字分别为巴布纳尔（Bāb al-Naṣr）和基塔尼亚（al-Kitāniyya）。

65. DWQ，al-Jusūr al-Sulṭāniyya，784，p. 129，no case no.（n.d.）。关于舒巴村，参见Ramzī，*al-Qāmūs al-Jughrāfī*，pt. 2，2：101。

66. 例如参见DWQ，Maḥkamat al-Baḥayra，10，p. 101，case 229（1 Ra 1190/20 Apr. 1776）。

67. DWQ，Maḥkamat Rashīd，132，pp. 200－201，case 311（3 N 1137/16 May 1725）.

68. 例如参见DWQ，Maḥkamat al-Baḥayra，5，p. 314，case 389（10 Ş 1165/22 June 1752）；DWQ，Maḥkamat Rashīd，145，p. 126，case 101（30 Z 1151/9 Apr. 1739）。在后一个所引案例中，人们租用了几头毛驴用来清除一所浴场（ḥammām）因维修过程产生的废弃泥土。租借这些动物的费用

超过了雇佣计量员（qabbānī）的费用，但仍低于总人力成本。因为我们并不知道此次工程所使用畜力与人力的相对数量，所以很难判断一头毛驴的花费与一名工人的工资相比孰多孰少。

69. 诸如此类的例子众多，例如参见DWQ，Maḥkamat Isnā，3，p. 22，case 40（3 L 1171/9 June 1758）；DWQ，Maḥkamat Isnā，6，p. 31，case 42（5 B 1172/5 Mar. 1759）。第一个例子涉及一头母骆驼的继承权纠纷，而第二个例子围绕一头水牛展开。在下面所列出的这个案例中，继承者们为了争夺一头奶牛、一头驴和四头母羊而陷入争端，参见DWQ，Maḥkamat al-Baḥayra，22，pp. 347 - 348，case 733（15 Z 1207/24 July 1793）。该法庭档案中还记载了一起发生在几年后的遗产纠纷，三名兄弟中有一人的妻子去世时遗留下来了四分之一头水牛，为了争夺其所有权，三人不惜大打出手，参见DWQ，Maḥkamat al-Baḥayra，25，p. 17，case 30（26 Z 1211/22 June 1797）。拜哈亚法庭记录的另一起发生于1793年的遗产纠纷中，来自马哈拉特马霍姆村（Maḥallat Marḥūm）的西提塔·宾特·西迪·艾哈迈德·图尔基（Sitīta bint Sīdī Aḥmad Turkī）与她的舅舅（khāluhā）哈吉·尤瑟夫·伊本·哈吉·穆罕默德·乌尔夫（al-Ḥājj Yūsuf ibn al-Ḥājj Muḥammad al-ʿUrf）因为十二头水牛、八头阉牛、一只绵羊和一头骆驼而争执不下。参见DWQ，Maḥkamat al-Baḥayra，23，p. 45，case 87（1 Ra 1208/7 Oct. 1793）。关于马哈拉特马霍姆村，参见Ramzī，*al-Qāmūs al-Jughrāfī*，pt. 2，2：107。

70. DWQ，Maḥkamat Manfalūṭ，1，p. 296，case 738（12 Z 1098/19 Oct. 1687）.

71. DWQ，Maḥkamat al-Baḥayra，26，p. 13，case 24（Evahir M 1212/15 - 25 July 1797）。死者留下来的四分之一头牛犊价值3里亚尔，而她的半头水牛价值38里亚尔，这进一步印证了水牛在奥斯曼埃及乡村具有相比于其他动物高得多的价值。

72. 例如，拜哈亚法庭档案中记录了一次发生于1793年的案件，一位名叫萨利玛·宾特·哈桑·埃米尔（Sālima bint Ḥasan ʿĀmir）的女人将她的前夫穆罕默德·哈利夫（Muḥammad Khalīf）告上了法庭，起因是她认为她理应获得本属于她的四分之一头水牛和1阿德布的小麦。但穆罕默德却宣称，当他与萨利玛离婚时，后者自愿放弃了对这笔资产的所有权，以换取3里亚尔的现金。为了反驳前夫的说法，萨利玛要求穆罕默德提供能够证
259 明交易确实发生的证据（thubūt）。为此穆罕默德向法庭呈递了一份由苏莱曼·拉卡尼（Sulaymān al-Laqqānī）和赛义德·穆斯塔法·厄尔万（al-Sayyid Muṣṭafā ʿUlwān）见证并签署的文件，以及另一份内容不详的法律文书（wathīqa）。在这些证据的加持下，法官认为穆罕默德的说辞更有说服力，最终裁定萨利对前者的指控无效，并命令她放弃争夺这笔资产。参见DWQ，Maḥkamat al-Baḥayra，22，p. 343，case 724（13 Z 1207/22 July 1793）。

73. DWQ，Maḥkamat al-Baḥayra，5，p. 183，case 319（26 Ş 1165/8 July 1752）.
74. 这些贝都因劫匪们不仅劫掠牲畜，还能够训练它们，将动物们熟练地用作坐骑。事实上，这正是他们在战斗中无往而不利的重要原因之一。人们将他们描述为骑着马举着矛的人（*ʿurbān sevārī ve sahib-i mezrāk olup*），参见Shaw，*Nizamname-i Mısır*，26 – 27。
75. 例如参见DWQ，Maḥkamat al-Manṣūra，18，p. 267，no case no.（3 M 1120/26 Mar. 1708）。该文件中记录了伊斯坦布尔的奥斯曼政府向曼苏拉法庭下达的一项指令。这份文件和其余数份奥斯曼政府寄往埃及法庭的敕令都说明了当局对于贝都因人在埃及乡村肆意劫掠的担忧。关于贝都因人在战争期间掠夺牲畜的例子，参见al-Jabartī，*ʿAjāʾib al-Āthār*（1998），1：190，1：543，2：150。
76. 关于其他的贝都因人抢劫牲畜的例子，参见al-Damurdāshī Katkhudā ʿAzabān，*Kitāb al-Durra al-Muṣāna*，7 – 8，41，43 – 44，129。
77. 关于在中世纪时期的欧洲，拥有牲畜如何能够提高其主人的社会地位，参见Salisbury，*Beast Within*，27 – 32。
78. DWQ，Maḥkamat al-Baḥayra，16，p. 232，case 403（27 R 1201/16 Feb. 1787）。关于拉赫曼尼耶村，参见Ramzī，*al-Qāmūs al-Jughrāfī*，pt. 2，2：305。

79. 此处的红色大概率指的是阉牛皮毛的颜色。

80. 关于牲畜如何体现了所有者社会地位的其他例子，参见al-Jabartī，*ʿAjāʾib al-Āthār*（1998），3：272。

81. 这一案例中还存在着诸多尚未得到解答的疑问。例如，为何被告带着偷来的牲畜参加婚礼这件事过了十七日之久，此案才在法庭上接受审理？这是出于庭审程序的一般性要求，还是由于原告需要花费数日的时间筹备案件？后一种说法的可能性似乎不高，因为案件本身并不复杂，而且原告所需的关键性证据以及两名证人的证词，在婚礼的当晚就已经具备呈递给法庭的条件。也许原告在开庭之前与被告进行了交涉，试图不通过法律途径而是私下解决二人的纠纷。关于法律程序以及相关问题的论述，参见Ergene，*Local Court，Provincial Society and Justice*；Peirce，*Morality Tales*。

82. DWQ，Maḥkamat Manfalūṭ，3，p. 62，case 117（n.d.）。关于贾尔达村，参见Ramzī，*al-Qāmūs al-Jughrāfī*，pt. 2，4：46 – 47。

83. 毛驴的绿色很可能指的是其皮毛所呈现出的灰绿色或棕绿色色泽。"khaḍrāʾ"一词通常指代混杂些微绿色的棕色或灰色，例如可以用来描述未经进一步鞣制的革坯、某些种类的日晒砖，以及骆驼皮。参见El-Said Badawi and Martin Hinds，*A Dictionary of Egyptian Arabic*（Beirut：Librairie du Liban，1986），s.v. "*khāʾ*，" "*ḍād*，" "*rāʾ*."。 260

84. 法庭档案中并未提及这两名证人如何得知两头毛驴之间的遗传关系。也许他们目睹了小毛驴的出生过程，也许早在拉什丹的母驴丢失前，他们就已经知道这头毛驴怀孕的事实。母驴的怀孕期一般为十一个月，这也与本案的时间线相吻合。

85. 关于如何确定丢失毛驴所有权的类似案例，参见DWQ，Maḥkamat Manfalūṭ，3，p. 98，case 188（8 R 1266/21 Feb. 1850）；DWQ，Maḥkamat Manfalūṭ，3，pp. 86 – 87，case 161（n.d.）。

86. DWQ，Maḥkamat al-Baḥayra，16，p. 89，case 155（16 L 1200/ 11 Aug. 1786）.

87. DWQ，Maḥkamat al-Baḥayra，23，p. 129，case 241（21 C 1208/ 23 Jan.

1794）。关于桑提斯村，参见Ramzī，*al-Qāmūs al-Jughrāfī*，pt. 2，2：287。

88. 关于扎维耶奈伊姆村，参见Ramzī，*al-Qāmūs al-Jughrāfī*，pt. 2，2：240 – 41。
89. 关于鲁扎法村，参见Ibid.，pt. 2，2：261。
90. 关于饲养役畜的高昂成本，参见Salisbury，*Beast Within*，20。
91. 关于美洲殖民地所出现的类似现象，参见Anderson，*Creatures of Empire*，165 – 66。
92. 关于牲畜的集体看护，参见Ibid.，163。
93. 类似地，在中世纪的欧洲，一头动物哪怕走丢了仍然属于原主人的合法财产。参见Salisbury，*Beast Within*，32。
94. 关于研究近代早期史的学者们对于牲畜相关话题的关注不足，参见Fudge，*Brutal Reasoning*，4 – 5。
95. 一项关于布尔萨、伊斯坦布尔和埃迪尔内的遗产清册研究清晰地阐明了这一观点，参见Halil İnalcık，"Capital Formation in the Ottoman Empire，" *Journal of Economic History* 29（1969）：97 – 140。

第七章

1. John F. Richards，"Toward a Global System of Property Rights in Land，" in *The Environment and World History*，ed. Edmund Burke III and Kenneth Pomeranz（Berkeley：University of California Press，2009），71。关于对这些议题的讨论，还可参见J. Richards，*Unending Frontier*，617 – 22。
2. 关于布伦纳辩论所探讨话题的归纳整理及相关论述，参见T.H. Aston and C.H.E. Philpin，eds.，*The Brenner Debate：Agrarian Class Structure and Economic Development in Pre-industrial Europe*（Cambridge：Cambridge University Press，1985）。其中"大分流"这一话题始于彭慕兰，参见Kenneth Pomeranz，*The Great Divergence：China，Europe，and the*

Making of the Modern World Economy（Princeton，NJ：Princeton University Press，2000）。关于该话题的最新论述，参见 Jean-Laurent Rosenthal and R. Bin Wong，*Before and Beyond Divergence：The Politics of Economic Change in China and Europe*（Cambridge，MA：Harvard University Press，2011）。 261

3. Kasaba，*Ottoman Empire and the World Economy*，23 – 27.
4. 关于这段历史，参见 al-Rāfʿī，*ʿAṣr Muḥammad ʿAlī*；Marsot，*Egypt in the Reign of Muhammad Ali*。关于这一时期出现的教育改革，参见 ʿAbd al-Karīm，*Tārīkh al-Taʿlīm*。
5. Raymond，"La population du Caire"；Panzac，"Alexandrie：évolution d'une ville cosmopolite."
6. 奥斯曼埃及的牲畜以及当地人与牲畜的互动关系并未得到足够的学术关注。关于当代学者对此议题的论述，参见 Michel Tuchscherer，"Some Refl ections on the Place of the Camel in the Economy and Society of Ottoman Egypt，" trans. Suraiya Faroqhi，in *Animals and People in the Ottoman Empire*，ed. Suraiya Faroqhi，171 – 185（Istanbul：Eren，2010）；Catherine Mayeur-Jaouen，"Badawi and His Camel：An Animal as the Attribute of a Muslim Saint in Mamluk and Ottoman Egypt，" trans. Suraiya Faroqhi，in *Animals and People in the Ottoman Empire*，ed. Suraiya Faroqhi，113 – 28（Istanbul：Eren，2010）；Jean-Louis Bacqué-Grammont，Joséphine Lesur-Gebremariam，and Catherine Mayeur-Jaouen，"Quelques aspects de la faune nilotique dans la relation d'Evliyâ Çelebî，voyageur ottoman，" *Journal Asiatique* 296（2008）：331 – 74；Mikhail，*Animal*。

   关于牲畜在中东众多伊斯兰传统中的文化意涵、象征意义与宗教地位的一般性论述，参见 Schimmel，*Islam and the Wonders of Creation*；Benkheira，Mayeur-Jaouen，and Sublet，*L'animal en islam*；Sarra Tlili，*Animals in the Qur'an*（Cambridge：Cambridge University Press，2012）；Masri，*Animals in Islam*；Masri，*Animal Welfare in Islam*；Foltz，*Animals in Islamic Tradition*；Allsen，*Royal Hunt*.

7. Kasaba，*Ottoman Empire and the World Economy*，23 - 27。
8. 关于能源体系（energy regime），有学者给出了如下定义："能量收集（无论是来自太阳或者铀原子）、流通、储存、购买、售卖、使用、废弃以及最终消散的一系列过程。"参见J.R. McNeill，*Something New under the Sun*，297。关于能源与经济关系的更多论述，参见Ibid.，296 - 324。
9. 水能当然也占据着重要的地位。但由于尼罗河的水流不定，以及当时的农民无法有效和便捷地利用并控制河水蕴藏的巨大能量，所以水能在埃及的地位并不及畜力。木材和风能也是潜在的能量获取途径，但是木材的稀缺性使之不适合被用作燃料，而风能除了用于船舶运输，似乎在埃及乡村也没有太大的用武之地。因此，以畜力为主、人力为辅的能量结构才是近代早期奥斯曼埃及的主要能源模式。
10. 关于对这一观点的详细论述，参见Smil，*Energy in World History*；Smil，*Energy in Nature and Society*；Pyne，*World Fire*；Pyne，*Vestal Fire*；Paul Warde，*Ecology，Economy and State Formation in Early Modern Germany*（Cambridge：Cambridge University Press，2006）；Burke，"Big Story"；Mary C. Stiner and Gillian Feeley-Harnik，"Energy and Ecosystems，" in *Deep History：The Architecture of Past and Present*，ed. Andrew Shryock
262 and Daniel Lord Smail，78 - 102（Berkeley：University of California Press，2011）。
11. 参见 Clay McShane，*Down the Asphalt Path：The Automobile and the American City*（New York：Columbia University Press，1994）。
12. 下列研究著作对这一点作出了充分的讨论，参见J. Richards，*Unending Frontier*；Fernand Braudel，*The Wheels of Commerce*，trans. Sian Reynolds，vol. 2 of *Civilization and Capitalism，15th - 18th Century*（London：Collins，1982）；Richard W. Bulliet，"History and Animal Energy in the Arid Zone，" in *Water on Sand：Environmental Histories of the Middle East and North Africa*，ed. Alan Mikhail，51 - 69（New York：Oxford University Press，2013）。
13. 关于将1800年视为能源体系转型分水岭的例子，参见Bruce Podobnik，

"Toward a Sustainable Energy Regime: A Long-Wave Interpretation of Global Energy Shifts," *Technological Forecasting and Social Change* 62 (1999): 155–72; Burke, "Big Story," 35。

14. 当谈及食物蕴含的卡路里被储存在人体和牲畜体内，进而转化为二者工作所需的能量时，我使用了"卡路里发动机"（caloric motor），"卡路里能源"（caloric energy）和"卡路里能量"（caloric power）等表达来指代这种能量贮备。

15. 欧洲的某些地区在18世纪也连续经历了数次动物瘟疫，说明这在近代早期的泛地中海区域是一个普遍现象。关于对当时欧洲动物瘟疫流行情况的论述，参见Karl Appuhn, "Ecologies of Beef: Eighteenth-Century Epizootics and the Environmental History of Early Modern Europe," *Environmental History* 15 (2010): 268–87。

16. BOA, HAT, 29/1361 (13 Ş 1198/1 July 1784)。在本书中，我将奥斯曼土耳其语中的taun（即阿拉伯语中的ṭāʿūn）以及veba（即阿拉伯语中的wabāʾ）均译为瘟疫（plague）。在原始史料文献中，无论是人类还是牲畜所感染的瘟疫均可用这两个词代表。瘟疫一词所涵盖的人类传染病范围很大，除了常见的鼠疫（Yersinia pestis），还包括炭疽病、斑疹伤寒，以及一系列寄生虫病。同样用taun 和veba二词所指代的家畜流行病包括但不限于炭疽、牛瘟、牛肺疫与口蹄疫。更重要的一点是，无论是人类传染病还是家畜流行病，它们的传播条件是相同的，而这也许能够说明为何以前的人们对这两个词的使用并不加以严格的区分。为了与文献中的表达方式保持一致，我在本书中选择了**瘟疫（plague）**一词用以指代各种人类传染病，尽管这样做可能冒着含义混淆、意义不明的风险。必要时，我也会将"瘟疫"用作家畜流行病的指称，但更多情况下我会直接称其为**家畜流行病（epizootic）**。直到这段时期结束几十年之后，兽医学的出现才让动物疫病的分类成为可能。想要辨认和确定奥斯曼土耳其语和阿拉伯语史料中记载的人类传染病的具体种类并非易事，关于这一话题的有效论述，参见S. White, "Rethinking Disease in Ottoman History," 555–58。威尼斯人同样不知道如何有效地对牲畜疫病进行分类，参见Appuhn, "Ecologies

263 of Beef," 270, 279 - 81。关于14世纪暴发的大规模牛瘟，参见Timothy P. Newfield, "A Cattle Panzootic in Early Fourteenth-Century Europe," *Agricultural History Review* 57 (2009): 188; Philip Slavin, "The Great Bovine Pestilence and Its Economic and Environmental Consequences in England and Wales, 1318 - 50," *Economic History Review* 65 (2012): 1240。关于炭疽病在奥斯曼帝国的历史以及它与其他牲畜疫病之间的关系，参见Susan D. Jones, *Death in a Small Package: A Short History of Anthrax* (Baltimore: Johns Hopkins University Press, 2010)。令人震惊的是，学界对兽医学历史发展的关注度严重不足。一些相关的研究著作可参见S. Jones, *Valuing Animals*; K. Brown and Gilfoyle, *Healing the Herds*; Shehada, *Mamluks and Animals*; Swabe, *Animals, Disease, and Human Society*; Louise Hill Curth, *The Care of Brute Beasts: A Social and Cultural Study of Veterinary Medicine in Early Modern England* (Leiden, Netherlands: Brill, 2010); Diana K. Davis, "Brutes, Beasts, and Empire: Veterinary Medicine and Environmental Policy in French North Africa and British India," *Journal of Historical Geography* 34 (2008): 242 - 67。

17. BOA, HAT, 28/1354 (7 Za 1198/22 Sept. 1784); Ismāʿīl ibn Saʿd al-Khashshāb, *Khulāṣat mā Yurād min Akhbār al-Amīr Murād*, ed. and trans. Hamza ʿAbd al-ʿAzīz Badr and Daniel Crecelius (Cairo: al-ʿArabī lil-Nashr wa al-Tawzīʿ, 1992), 24 - 25.
18. BOA, HAT, 28/1354 (7 Za 1198/22 Sept. 1784); al-Jabartī, *ʿAjāʾib al-Āthār* (1994), 2: 139, 2: 156 - 57。食物短缺的问题长期得不到解决最终导致开罗在1785年春天发生了暴动，参见Ibid., 2: 210, 3: 100。
19. Al-Jabartī, *ʿAjāʾib al-Āthār* (1994), 2: 139。关于人类抢食病死驴肉和马肉的另一例子，参见Ibid., 2: 397。干旱、饥荒、疫病流行，导致这些极端生存困境出现的部分原因是1783年和1784年的冰岛拉基火山爆发，这场气候事件在全球范围内引发了震荡，我将在本书第十章详细探讨这段历史。冰岛火山喷发后，埃及随即面对的是十年（1785—1795）

的极寒天气、泛洪水量的不足、农业产量的急剧下滑，以及瘟疫的普遍流行。关于火山喷发的更多细节，参见Oman，Robock，Stenchikov，and Thordarson，“High-Latitude Eruptions Cast Shadow.”。关于对全球历史上火山爆发与气候变化之间关系的探讨，参见William S. Atwell，“Volcanism and Short-Term Climatic Change in East Asian and World History，c. 1200 - 1699，” *Journal of World History* 12（2001）：29 - 98。有学者就气候变迁对奥斯曼帝国历史产生的影响这一话题作了翔实且令人信服的论述，参见S. White，*Climate of Rebellion*。关于气候、瘟疫、食品供给之间的相互联系，以及这些因素对埃及（及其他地区）1791年的人口影响，参见TNA，PC，1/19/24；TNA，FO，24/1，191r - 196v（12 July 1791），197r - 200v（7 Oct. 1791）。

20. Al-Jabartī，*'Ajā'ib al-Āthār*（1994），2：228 - 29。哲拜尔提接着评论道：“其他方面的损失同样难以估量。”

21. Ibid.，2：241，2：229.

22. Ibid.，2：232，2：241.

23. 关于奥斯曼帝国瘟疫史的最新研究著作，参见S. White，“Rethinking Disease in Ottoman History，” 549 - 67。

24. Al-Jabartī，*'Ajā'ib al-Āthār*（1994），2：260，2：263。关于在这场瘟疫中丧命的人类，参见ibid.，2：275，2：280，2：282。 264

25. BOA，Cevdet Dahiliye，1722（Evasıt N 1205/15 - 24 May 1791）；al-Jabartī，*'Ajā'ib al-Āthār*（1994），2：315；al-Khashshāb，*Akhbār al-Amīr Murād*，33 - 34.

26. BOA，HAT，1399/56283（29 Z 1205/29 Aug. 1791）。我们并没有确切的信息能够确定此次瘟疫的具体暴发时间。正文中给出的日期出自BOA。尽管此处列出的死亡人数无疑是夸大的结果，我们仍能看出此次瘟疫的惨烈程度。关于如何解读文献中记载的瘟疫死亡人数，参见本书第九章。关于1791年混乱局面的描述，参见BOA，HAT，1412/57500（29 Z 1205/29 Aug. 1791）。再次强调，这一时间出处为BOA，我们并没有文本的内在证据能够证实其真实性。

27. Ismāʿīl ibn Saʿd al-Khashshāb, *Akhbār Ahl al-Qarn al-Thānī ʿAshar: Tārīkh al-Mamālīk fī al-Qāhira*, ed. ʿAbd al-ʿAzīz Jamāl al-Dīn and ʿImād Abū Ghāzī (Cairo: al-ʿArabī lil-Nashr wa al-Tawzīʿ, 1990), 58。关于这一时期几乎所有的叙事作品都会提到这场瘟疫，而对其他的瘟疫事件避而不谈或一笔带过，由此可见其极端的残酷性和致命性。

28. 英国派驻的数个地区的领事们在1791年间寄出了37封信函，其中讲述了瘟疫造成的惨状，参见TNA，PC，1/19/24。1791年和1792年的英国通信记录中留下了不少关于当时埃及疫情的信息，比如英国驻埃及领事乔治·鲍德温（George Baldwin）寄往伦敦的汇报材料，参见TNA，FO，24/1，183r－185v（4 July 1791），191r－196v（12 July 1791），211r－212v（21 June 1792）。

29. 关于1792年的瘟疫情况，参见BOA，HAT，209/11213（29 Z 1206/18 Aug. 1792）。和前述情形一样，此处的日期出处为BOA，我们并没有能够印证其真实性的文本内在证据。

30. 关于英国方面对于埃及缺乏食物和水资源的担忧，参见Consul Baldwin to London，TNA，FO，24/1，197r－200v（7 Oct. 1791）。

31. Al-Jabartī, *ʿAjāʾib al-Āthār* (1994), 2: 374。关于乡村在当时遭受的虫害，参见Ibid., 2: 397。

32. BOA，HAT，209/11213（29 Z 1206/18 Aug. 1792）。和前述情形一样，此处的日期出处为BOA，此外我们并没有能够印证其真实性的文本内在证据。

33. Al-Jabartī, *ʿAjāʾib al-Āthār* (1994), 2: 374－75, 2: 397.

34. BOA，HAT，245/13801A（3 Za 1213/9 Apr. 1799）；BOA，HAT，240/13451（29 N 1214/24 Feb. 1800）.

35. Al-Jabartī, *ʿAjāʾib al-Āthār* (1994), 3: 149－50. 关于在14世纪早期的英国和威尔士，饲料短缺如何造成了牛营养不良和大量死亡，参见Slavin, "Great Bovine Pestilence," 1244－47。

36. 关于人们试图将因饥饿而濒临死亡的动物趁早卖出的另一案例，参见al-Jabartī, *ʿAjāʾib al-Āthār* (1994), 3: 402。

37. Ibid., 3: 459。例如在1791年的秋天，食物和饲料如此稀缺以至于粮食的价格翻了三倍，参见TNA, FO, 24/1, 197r - 200v (7 Oct. 1791)。

38. Al-Jabartī, *'Ajā'ib al-Āthār* (1994), 3: 158. 265

39. 'Abd Allāh Sharqāwī, *Tuḥfat al-Nāẓirīn fī man Waliya Miṣr min al-Mulūk wa al-Salāṭīn*, ed. Riḥāb 'Abd al-Ḥamīd al-Qārī (Cairo: Maktabat Madbūlī, 1996), 124 - 25。关于粮食垄断如何导致饥荒和死亡的其他例子，参见al-Jabartī, *'Ajā'ib al-Āthār* (1994), 3: 402。

40. BOA, HAT, 86/3520 (29 N 1216/3 Feb. 1802).

41. Al-Jabartī, *'Ajā'ib al-Āthār* (1994), 3: 480.

42. 这场风暴袭来之时，埃及乡村和开罗城正经受着“数种疾病”(enva-ı emraz) 的折磨，参见BOA, HAT, 88/3601 (1 Za 1218/12 Feb. 1804)。

43. Al-Jabartī, *'Ajā'ib al-Āthār* (1994), 4: 117, 4: 240。鸡蛋大小的冰雹在当时是一种常见的比喻，用以描述冰雹体积的巨大。更极端的情况下，人们还会把冰雹比作“磨石”，参见Ibid., 4: 126。

44. 例如参见ibid., 4: 412。

45. 14世纪初英国和威尔士暴发的大规模牛瘟的相关数据显示，当地花了二十年左右的时间才让牛群规模恢复至疫情前的百分之六十，而损失牛群中有百分之二十的数量一直未能恢复。Slavin, “Great Bovine Pestilence,” 1249 - 54。

46. Al-Jabartī, *'Ajā'ib al-Āthār* (1994), 2: 232.

47. 作为对比，我们可以参照近代早期的威尼斯在牛瘟肆虐期间遭受的畜力损失，参见Appuhn, “Ecologies of Beef,” 279。

48. Al-Jabartī, *'Ajā'ib al-Āthār* (1994), 2: 232.

49. Al-Khashshāb, *Akhbār al-Amīr Murād*, 24 - 26.

50. 关于更为早期的历史上发生的人口锐减的诸多例子，参见Nāṣir Aḥmad Ibrāhīm, *al-Azamāt al-Ijtimā'iyya fī Miṣr fī al-Qarn al-Sābi' 'Ashar* (Cairo: Dār al-Āfāq al-'Arabiyya, 1998); Stuart J. Borsch, *The Black Death in Egypt and England: A Comparative Study* (Austin: University of Texas Press, 2005); Borsch, “Environment and Population”;

Butzer, *Early Hydraulic Civilization*; Dols, *Black Death in the Middle East*; Michael W. Dols, "The General Mortality of the Black Death in the Mamluk Empire," in *The Islamic Middle East, 700 - 1900: Studies in Social and Economic History*, ed. Abraham L. Udovitch, 397 - 428 (Princeton, NJ: Darwin Press, 1981); William F. Tucker, "Natural Disasters and the Peasantry in Mamlūk Egypt," *Journal of the Economic and Social History of the Orient* 24 (1981): 215 - 24。

51. Crecelius, *Roots of Modern Egypt.*

52. Ibid., 79 - 91, 159 - 68.

53. Hathaway, *Politics of Households*; Hathaway, *Tale of Two Factions*; Shaw, "Landholding and Land-Tax Revenues"; Holt, *Egypt and the Fertile Crescent*, 85 - 101。关于奥斯曼帝国的地方豪绅在18世纪末扮演的角色，近来有学者提出了新的研究思路，参见Ali Yaycıoğlu, "Provincial Power-Holders and the Empire in the Late Ottoman World: Confl ict or Partnership?," in *The Ottoman World*, ed. Christine Woodhead, 436 - 52 (New York: Routledge, 2012)。

266 54. Cuno, "Commercial Relations between Town and Village"; A. Richards, "Primitive Accumulation in Egypt."

55. 理査德·W.布利特（Richard W. Bulliet）将人类与牲畜的互动历史分为四个阶段：人类将自己与其他动物相区分、前驯化时期、驯化期、后驯化期。关于他对这四个历史阶段以及不同阶段之间如何过渡的论述，参见Bulliet, *Hunters, Herders, and Hamburgers*。尽管我在此处所讨论的经济转型似乎与布利特关于人类对动物的驯化历史的研究范式不谋而合，值得注意的是布列特刻意指出不应将他的分析思路强行与现代化进程联系在一起。参见Ibid., 36 - 37。

56. 这是18世纪末的埃及与14世纪上半叶的北欧之间的主要区别。正如威廉·切斯特·乔丹（William Chester Jordan）指出的那样，尽管欧洲于1315年至1322年期间所遭遇的饥荒也许潜在提升了人们的营养标准，这**并没有**像奥斯曼帝国晚期的埃及那样，对社会与经济关系产生本质性的、持久的影响。参见William Chester Jordan, *The Great Famine: Northern Europe in the Early Fourteenth Century*（Princeton, NJ: Princeton University Press, 1996）。菲利普·斯莱文（Philip Slavin）近来试图通过牛瘟流行的历史将大饥荒和黑死病放置在一起进行考察。参见Slavin, “Great Bovine Pestilence.”。同时参见Newfield, “Cattle Panzootic in Early Fourteenth-Century Europe.”。

57. Bruce McGowan, “Peasants and Pastoralists,” in *An Economic and Social History of the Ottoman Empire*, 2 vols., ed. Halil İnalcık with Donald Quataert（Cambridge: Cambridge University Press, 1994）, 2: 692.

58. 关于18世纪末出现的这一情形，雷萨特·卡萨巴（Reşat Kasaba）写道，奥斯曼帝国的农民们“从原本受到国家保护的，享有自由和安全的自耕农，成了为人所雇的佃农，甚至负债累累的租户或身无分文的工资劳动者，而后两种身份更为常见”。参见Kasaba, *Ottoman Empire and the World Economy*, 26。

59. Al-Jabartī, *ʿAjāʾib al-Āthār*（1994）, 2: 241。

60. Cuno, *Pasha's Peasants*; A. Richards, “Primitive Accumulation in Egypt.”

61. Kasaba, *Ottoman Empire and the World Economy*, 23–27.

62. Mikhail, *Nature and Empire*, 170–200.

63. 关于铁路在埃及的兴起，参见Omar Abdel-Aziz Omar, “Anglo-Egyptian Relations and the Construction of the Alexandria-Cairo-Suez Railway（1833–1858）”（DPhil thesis, University of London, 1966）。如果美国历史能起到什么参照作用，我们可以推测铁路的出现实际上在最初阶段增加了人们对马匹的需求——不管是出于轨道的建设目的，还是用于人流与货物的运输。参见Ann Norton Greene, *Horses at Work: Harnessing Power in Industrial America*（Cambridge, MA: Harvard University Press, 2008）, 43–45, 75–82。

64. 在16世纪晚期英国的某些区域，因圈地运动而出现的土地合并集中同样可视为乡村商业发展进程的一部分。但在英国，有大量证据表明牲畜数量， 267

尤其是绵羊，随着土地资源的集中化与商业化反而大幅增长。参见John Martin，“Sheep and Enclosure in Sixteenth-Century Northamptonshire,” *Agricultural History Review* 36（1988）：39 – 54。

65. Cuno，*Pasha's Peasants*，27 – 32，44 – 47.
66. 参见Kasaba，*Ottoman Empire and the World Economy*；A. Richards，“Primitive Accumulation in Egypt”；Shaw，“Landholding and Land-Tax Revenues”；Shaw，*Financial and Administrative Organization*，12 – 97；ʿAbd al-Raḥīm，*al-Rīf al-Miṣrī*，83 – 143；Gabriel Baer，*A History of Landownership in Modern Egypt，1800 – 1950*（London：Oxford University Press，1962）。
67. Crecelius，*Roots of Modern Egypt.*
68. Marsot，*Egypt in the Reign of Muhammad Ali*，14 – 19；Fahmy，*Mehmed Ali*，23 – 24.
69. 在19世纪早期，很多人的资产中已经不再出现牲畜的身影了。当然，牲畜作为资产形式的地位下降并不意味着它的完全缺席，但可以肯定的是，在1780年至1820年之间的奥斯曼帝国乡村社会，在各阶层人士的遗产清册中，动物资产的重要性已经大不如前。关于土地资产在19世纪初期的重要地位，参见Cuno，*Pasha's Peasants*，103 – 17。
70. 关于将使用权作为日常实践，尽管并不合法的所有权形式，参见Ibid.，74 – 84；Gabriel Baer，“The Dissolution of the Egyptian Village Community,” *Die Welt des Islams* 6（1959）：59。
71. 这种土地征收行为在奥斯曼帝国被称为“müsadere”。关于近代早期所出现的这一现象的相关论述，参见 Rifaʿat ʿAli Abou-El-Haj，*Formation of the Modern State：The Ottoman Empire，Sixteenth to Eighteenth Centuries*，2nd ed.（Syracuse，NY：Syracuse University Press，2005），48 – 49。
72. Cuno，*Pasha's Peasants*，33 – 47.
73. 埃及乡村大型庄园经济的出现进一步缩减了牧场面积，从而加剧了牲畜数量不足的局面。随着埃米尔、贝伊和其他社会上层人士争相抢夺土地及各类资源，可饲养牲畜的牧场愈发减少，由此使得主要城镇周围原本庞大的畜群规模变得难以维系。参见Al-Jabartī，*ʿAjāʾib al-Āthār*（1994），3：477－78，4：380。

74. 关于奥斯曼埃及劳动力和自然资源管理模式如何逐渐开始看重工作的周期性和资本再生产能力，参见Mikhail，*Nature and Empire*。关于美国和欧洲出现的类似现象，参见 Jennifer Karns Alexander，*The Mantra of Efficiency：From Waterwheel to Social Control*（Baltimore：Johns Hopkins University Press，2008）。同时参见Scott，*Seeing Like a State*。

75. 关于17和18世纪强制劳动现象的一般性论述，参见Sulaymān，"al-Sukhra fī Miṣr fī al-Qarnayn al-Sābiʿ ʿAshar wa al-Thāmin ʿAshar."。

76. 正如第四章所示，善于描写乡村生活的17世纪讽刺作家尤素福·希尔比尼曾就近代早期的强制劳动现象提供了深入的观察，同时还注意到牲畜在乡村社群中不可或缺的地位。他写道："强制劳动只出现在包税人的免税赐地（即包税人享有绝对管辖权的土地）所在的村庄里……包税人将耕牛、木材、犁具和其他所需物品集中到免税赐地后，会准备专门的饲养场地和贮存木材，并派专人进行管理……此外，他还会委托人手负责动物的饲养工作并做好收支记录……在某些村庄，参与强制劳动的人数由户数决定，因此需要派人时他们会说：'这户人家需要指派一个人，那户人家需要两个人。'分配给每户的人数则参照以往的惯例。"参见Al-Shirbīnī，*Hazz al-Quḥūf*，2：328－29。在诸如此类的案例中，人们在工作中使用到的役畜通常属于监工的包税人的资产，参见Ibid.，2：13，2：49，2：79，2：333。 268

77. 此即免税赐地，通常见于三角洲和中埃及区域。10%这一数据出自18世纪末的文献记录。参见Cuno，*Pasha's Peasants*，36－37。

78. 关于此现象，希尔比尼曾写过如下诗行："村中之人被拉去强制劳动之日/乌姆·瓦提夫将我藏于烤炉之中"，参见Al-Shirbīnī，*Hazz al-Quḥūf*，2：327。关于对这首诗的相关讨论，参见Ibid.，2：327－31。

79. 关于这些词语的定义，参见*Lisān al-ʿArab*，s.v."*ʿawana*，""*sakhara*"；Lane，*Arabic-English Lexicon*，s.v."*ʿawana*，""*sakhara*."。

80. Mikhail，*Nature and Empire*，170－200.

81. Al-Jabartī，*'Ajā'ib al-Āthār*（1994），4：289。关于对这段重要引文的论述，参见Cuno，*Pasha's Peasants*，5－6，37。

82. Rivlin，*Agricultural Policy*，248.

83. Cuno，*Pasha's Peasants*，115.

84. Rivlin，*Agricultural Policy*，247.

85. 穆罕默德·阿里政府实施的大型河道工程包括但不限于：三角洲中心区域的法劳尼亚工程（al-Fara'ūniyya）；三角洲的希宾运河工程；盖勒尤卜的扎法拉纳（al-Za'farāniyya）工程以及夏卡维亚（Sharqāwiyya）工程；代盖赫利耶的布希亚（al-Būhiyya）工程；东部副省的瓦迪运河（al-Wādī）工程；明亚的费申（al-Fashn）工程；基纳省的舒胡尼亚（al-Shunhūriyya）工程。关于此类河道工程的更多细节，参见Rivlin，*Agricultural Policy*，213－41；al-Rāf'ī，*'Aṣr Muḥammad 'Alī*，487－95。

86. 例如，本书未能涉及的一个话题是，这一时期牲畜经济地位的改变如何促使强制劳动对农业社会传统家庭结构产生巨大冲击。当国家出于基础建设需要将男性强制带离家庭和故土，女性及其他家庭成员便取代了乡村劳动经济体系中男性原本占据的位置。关于这一观点的具体论述，参见Judith E. Tucker，*Women in Nineteenth-Century Egypt*（Cambridge：Cambridge University Press，1985），29。关于近现代法国的女性在乡村劳动力结构中的关键地位，参见Chandra Mukerji，*Impossible Engineering: Technology and Territoriality on the Canal du Midi*（Princeton，NJ：Princeton University Press，2009）。

87. Rivlin，*Agricultural Policy*，243－45。

269 88. 将强制劳动力召集起来属于乡村领导人的责任，关于体现这一点的更多案例，参见Baer，"Dissolution of the Egyptian Village Community，" 63－64，66－68。

89. 根据M. A. 利南·德·贝勒丰（M.A. Linant de Bellefonds）的统计，在1820年至1831年之间，每年都有大约6.7万人被送往河道工程负责修筑运河，另有40万人负责河道的清理工作。参见Cuno，*Pasha's Peasants*，122。

90. 关于开罗的人口情况，参见Panzac，“Alexandrie：évolution d’une ville cosmopolite，” 147。关于整个埃及的人口情况，参见Panzac，*La peste*，271；Raymond，“La population du Caire.”。
91. 例如马赫穆迪亚运河重建项目就出现了这种情况。参见Marsot，*Egypt in the Reign of Muhammad Ali*，151。
92. Rivlin，*Agricultural Policy*，227 – 28.
93. Ibid.，231.
94. Marsot，*Egypt in the Reign of Muhammad Ali*，132.
95. Rivlin，*Agricultural Policy*，232。关于强制劳动与穆罕默德·阿里所采取的征兵措施之间的紧密联系，参见Khaled Fahmy，“The Era of Muhammad ʿAli Pasha，1805 – 1848，” in *Modern Egypt，from 1517 to the End of the Twentieth Century*，vol. 2 of *The Cambridge History of Egypt*，ed. M.W. Daly（Cambridge：Cambridge University Press，1998），163，166。
96. Marsot，*Egypt in the Reign of Muhammad Ali*，150.
97. 2 al-Maʿiyya al-Saniyya（1 Ramaḍān 1251/20 Dec. 1835），引自Marsot，*Egypt in the Reign of Muhammad Ali*，150 – 151。
98. 1 al-Maʿiyya al-Saniyya（1 Shaʿbān 1253/30 Oct. 1837）以及2 al-Maʿiyya al-Saniyya（23 Rabīʿ al-Awwal 1251/18 July 1835），二者都引自Marsot，*Egypt in the Reign of Muhammad Ali*，151。
99. 关于对这一建设项目的讨论和分析，参见Mikhail，*Nature and Empire*，242 – 296。
100. Rivlin，*Agricultural Policy*，219 – 20，353n15。“360 000”这一数据出处为Linant de Bellefonds，*Mémoires sur les principaux travaux d’utilité publiqué*，351。马尔索（Marsot）在书中写道，25万名农民被带到河道上工作，不过他并未表明这一数据的明确出处。参见Marsot，*Egypt in the Reign of Muhammad Ali*，151。
101. Al-Jabartī，*ʿAjāʾib al-Āthār*（1994），4：408.
102. 城市街道上产生的垃圾大多被直接倒入开罗的主河道哈利吉河中。由于长期作为城内生活垃圾的容纳处，大量的淤泥、泥沙和废弃物沉积在河道底部，这无疑加剧了河道淤积问题。参见Ibid。

103. 关于对这一死亡人数的论述，参见Mikhail，*Nature and Empire*，281 - 82，289 - 90。

104. Al-Jabartī，*'Ajā'ib al-Āthār*（1994），4：427。关于哲拜尔提对马赫穆迪亚运河项目在1819年8月施工情况的记述，参见本书88页（页边码）。

105. 关于这一历史进程在全球范围内的具体显现，参见J. Richards，"Toward a Global System of Property Rights in Land，" 54 - 78。

106. 有学者就这一点作出了富有见地的分析，参见Bulliet，"History and Animal Energy in the Arid Zone"；Bulliet，"Camel and the Watermill."。

270

第八章

1. 关于奥斯曼帝国与马穆鲁克王朝的战争，以及埃及被奥斯曼人征服的历史，参见Andrew C. Hess，"The Ottoman Conquest of Egypt（1517）and the Beginning of the Sixteenth-Century World War，" *International Journal of Middle East Studies* 4（1973）：55 - 76；Emire Cihan Muslu，"Ottoman-Mamluk Relations：Diplomacy and Perceptions"（PhD diss.，Harvard University，2007）；Jean-Louis Bacqué-Grammont and Anne Kroell，*Mamlouks，ottomans et portugais en Mer Rouge：L'affaire de Djedda en 1517*（Cairo：Institut français d'archéologie orientale，1988）；Michel M. Mazzaoui，"Global Policies of Sultan Selim，1512 - 1520，" in *Essays on Islamic Civilization：Presented to Niyazi Berkes*，ed. Donald P. Little，224 - 43（Leiden，Netherlands：Brill，1976）；Winter，*Egyptian Society*，1 - 17。

2. 关于奥斯曼帝国在埃及的统治，参见Winter，*Egyptian Society*；Shaw，*Financial and Administrative Organization*；Aḥmad，*al-Idāra fī Miṣr*；Aḥmad，*al-Mujtama'al-Miṣrī*；Aḥmad，*Tārīkh wa Mu'arrikhī Miṣr*；Muḥammad，*al-Wujūd al-'Uthmānī fī Miṣr*；Muḥammad，*al-Wujūd al-*

'Uthmānī al-Mamlūkī; Raymond, *Artisans et commerçants*。

3. 本章的内容不可避免地将涉及大量奥斯曼帝国的物质文化与商品史相关的文献资料。咖啡、郁金香、丝绸、香皂以及衣物是奥斯曼史学家们经常探讨的几类商品。所列出来的商品种类尽管不多，但我们仍能从中发现学者们在谈论奥斯曼帝国的物质文化时，关注点通常放在城镇精英阶层使用和消费的奢侈品。本章将采取一种不同的研究路径，将视线转向那些常见于乡村社会，并直接服务于社会运行和发展目的的必需品，而非出于彰显身份和地位等目的而出现的消费品。关于奥斯曼帝国物质文化的开创性研究著作，例如参见Donald Quataert, ed., *Consumption Studies and the History of the Ottoman Empire, 1550 - 1922: An Introduction*（Albany: State University of New York Press, 2000）; Suraiya Faroqhi, *Towns and Townsmen in Ottoman Anatolia: Trade, Crafts, and Food Production in an Urban Setting, 1520 - 1650*（Cambridge: Cambridge University Press, 1984）; Dana Sajdi, ed., *Ottoman Tulips, Ottoman Coffee: Leisure and Lifestyle in the Eighteenth Century*（London: I.B. Tauris, 2007）; Amy Singer, ed., *Starting with Food: Culinary Approaches to Ottoman History*（Princeton, NJ: Markus Wiener Publishers, 2011）; Suraiya Faroqhi and Christoph K. Neumann, eds., *Ottoman Costumes: From Textile to Identity*（Istanbul: Eren, 2004）; James Grehan, *Everyday Life & Consumer Culture in 18th-Century Damascus*（Seattle: University of Washington Press, 2007）。
4. 关于奥斯曼人在红海和印度洋历史的一般性论述，参见Salih Özbaran, *Ottoman Expansion towards the Indian Ocean in the 16th Century*（Istanbul: Bilgi University Press, 2009）; Salih Özbaran, *The Ottoman Response to European Expansion: Studies on Ottoman-Portuguese Relations in the Indian Ocean and Ottoman Administration in the Arab Lands during the Sixteenth Century*（Istanbul: Isis Press, 1994）; Salih Özbaran, "A Turkish Report on the Red Sea and the Portuguese in the Indian Ocean（1525），" *Arabian Studies* 4（1978）: 81 - 88; Salih Özbaran, "Ottoman Naval Power in the

271 Indian Ocean in the 16th Century," in *The Kapudan Pasha, His Office and His Domain: Halcyon Days in Crete IV*, ed. Elizabeth Zachariadou, 109 - 17 (Rethymnon: Crete University Press, 2002); Giancarlo Casale, *The Ottoman Age of Exploration* (New York: Oxford University Press, 2010); Giancarlo Casale, "The Ottoman Administration of the Spice Trade in the Sixteenth-Century Red Sea and Persian Gulf," *Journal of the Economic and Social History of the Orient* 49 (2006): 170 - 98; Bacqué-Grammont and Kroell, *Mamlouks, ottomans et portugais*; Anthony Reid, "Sixteenth-Century Turkish Influence in Western Indonesia," *Journal of South East Asian History* 10 (1969): 395 - 414; Michel Tuchscherer, "La flotte impériale de Suez de 1694 à 1719," *Turcica* 29 (1997): 47 - 69。

5. 关于奥斯曼帝国组建海军时所面临的木材问题，参见Brummett, Ottoman Seapower and Levantine Diplomacy, 96, 115 - 16, 144, 174; İdris Bostan, Osmanlı Bahriye Teşkilâtı: XVII. Yüzyılda Tersâne-i Âmire (Ankara: Türk Tarih Kurumu Basımevi, 1992), 102 - 18; Casale, Ottoman Age of Exploration, 201 - 2; Colin H. Imber, "The Navy of Süleiman the Magnificent," Archivum Ottomanicum 6 (1980): 211 - 82; Murat Çizakça, "Ottomans and the Mediterranean: An Analysis of the Ottoman Shipbuilding Industry as Reflected by the Arsenal Registers of Istanbul, 1529 - 1650," in Le genti del Mare Mediterraneo, vol. 2, ed. Rosalba Ragosta, 773 - 89 (Naples: Lucio Pironti, 1981); Svat Soucek, "Certain Types of Ships in Ottoman-Turkish Terminology," Turcica 7 (1975): 233 - 49。类似的困境同样出现在近代早期的威尼斯，参见Karl Appuhn, A Forest on the Sea: Environmental Expertise in Renaissance Venice (Baltimore: Johns Hopkins University Press, 2009)。

6. 关于埃及丰富的农业资源与木材短缺之间的矛盾，参见Mikhail, *Nature and Empire*, 82 - 169。

7. 尽管奥斯曼帝国在征服埃及后才遭遇到当地缺少木材这个难题，但实际上自古以来的埃及当权者一直关心着这一问题。参见Roger S. Bagnall,

Egypt in Late Antiquity（Princeton，NJ：Princeton University Press，1993），41；Meiggs，*Trees and Timber*，57－68；John Perlin，*A Forest Journey: The Story of Wood and Civilization*（Woodstock，VT：Countryman Press，2005），131－34；Thirgood，*Man and the Mediterranean Forest*，87－94。

8. 关于奥斯曼帝国统治时期埃及与汉志之间的互动历史，参见Suraiya Faroqhi，"Trade Controls，Provisioning Policies，and Donations：The Egypt-Hijaz Connection during the Second Half of the Sixteenth Century，" in *Süleyman the Second and His Time*，ed. Halil İnalcık and Cemal Kafadar，131－43（Istanbul：Isis Press，1993）；Suraiya Faroqhi，"Red Sea Trade and Communications as Observed by Evliya Çelebi（1671－72），" *New Perspectives on Turkey* 5－6（1991）：87－105；Suraiya Faroqhi，"Coffee and Spices：Official Ottoman Reactions to Egyptian Trade in the Later Sixteenth Century，" *Wiener Zeitschrift für die Kunde des Morgenlandes* 76（1986）：87－93；Michel Tuchscherer，"Commerce et production du café en Mer Rouge au XVI_e siècle，" in *Le commerce du café avant l'ère des plantations coloniales：Espaces，réseaux，sociétés（XV_e－XIX_e siècle）*，ed. Michel Tuchscherer，69－90（Cairo：Institut français d'archéologie orientale，2001）；ʿAbd al-Muʿṭī，*al-ʿAlāqāt al-Miṣriyya al-Ḥijāziyya*；Colin Heywood，"A Red Sea Shipping Register of the 1670s for the Supply 272
of Foodstuffs from Egyptian *Wakf* Sources to Mecca and Medina（Turkish Documents from the Archive of ʿAbdurrahman 'ʿAbdi' Pasha of Buda，I），" *Anatolia Moderna* 6（1996）：111－74。

9. Özbaran，*Ottoman Expansion*，77－80；Brummett，*Ottoman Seapower and Levantine Diplomacy*，96，115－16，144，174；Casale，*Ottoman Age of Exploration*，201－2。关于奥斯曼帝国在地中海的造船事业，参见Çizakça，"Ottomans and the Mediterranean."。

10. 关于奥斯曼人在阿拉伯半岛与波斯湾部分区域开展的活动，参见Salih Özbaran，"Bahrain in 1559：A Narrative of Turco-Portuguese Conflict in the Gulf，" Osmanlı AraŞtırmaları 3（1982）：91－104；Salih Özbaran，

Yemen'den Basra'ya Sınırdaki Osmanlı (Istanbul: Kitap Yayınevi, 2004); Salih Özbaran, "The Ottoman Turks and the Portuguese in the Persian Gulf, 1534 - 1581," *Journal of Asian History* 6 (1972): 45 - 88; Jan E. Mandaville, "The Ottoman Province of Al-Hasâ in the Sixteenth and Seventeenth Centuries," *Journal of the American Oriental Society* 90 (1970): 486 - 513; *Casale*, *Ottoman Age of Exploration*, 63 - 65; Patricia Risso, "Cross-Cultural Perceptions of Piracy: Maritime Violence in the Western Indian Ocean and Persian Gulf Region during a Long Eighteenth Century," *Journal of World History* 12 (2001): 293 - 319; Patricia Risso, "Muslim Identity in Maritime Trade: General Observations and Some Evidence from the 18th Century Persian Gulf / Indian Ocean Region," *International Journal of Middle East Studies* 21 (1989): 381 - 92。

11. ʿAbd al-Muʿṭī, *al-ʿAlāqāt al-Miṣriyya al-Ḥijāziyya.*
12. Suraiya Faroqhi, *Pilgrims and Sultans: The Hajj under the Ottomans* (London: I.B. Tauris, 1994) .
13. 尽管我们目前并没有能够证明近代早期的朝圣活动导致瘟疫扩散的直接证据，19世纪末发生的数起霍乱都与朝觐有联系。我们可以推论类似的情况同样发生在近代早期。关于19世纪晚期的瘟疫暴发，参见Kuhnke, *Lives at Risk*, 95, 107 - 108; J.R. McNeill, *Something New under the Sun*, 196。
14. 关于奥斯曼帝国对埃及朝圣活动的赞助，参见Mikhail, *Nature and Empire*, 113 - 22。
15. 例如参见BOA, MM, 3: 210 (Evail Ş 1133/27 May - 5 June 1721); BOA, HAT, 29/1358 (29 Z 1197/24 Nov. 1783); BOA, HAT, 28/1354 (7 Za 1198/22 Sept. 1784); BOA, HAT, 26/1256 (10 Za 1200/3 Sept. 1786)。此处的日期出处为BOA，此外我们并没有能够印证其真实性的文本内在证据。TSMA, E. 3218 (n.d.); TSMA, E. 5657 (13 Ra 1204/1 Dec. 1789); TSMA, E. 664/40 (n.d.); TSMA, E. 5225/12 (Evahir S 1194/27 Feb. - 7

Mar. 1780）；TSMA，E. 664/51（n.d.）；TSMA，E. 2229/3（n.d.）.

16. 关于伊斯坦布尔从埃及获取粮食这一话题，参见Mikhail，*Nature and Empire*，103－13。

17. 关于奥斯曼埃及的水资源管理历史，参见Ibid.，38－81。

18. BOA，İbnülemin Umur-i Nafi a，94（Evasıt Ra 1121/21－30 May 1709）；BOA，MM，1：116（Evail R 1122/30 May－8 June 1710）；BOA，MM，1：167（Evasıt S 1123/31 Mar.－9 Apr. 1711）.

19. Shaw，*Financial and Administrative Organization*，269－70。17世纪晚期十分出名和资产丰厚的一处瓦克夫就位于法尤姆周边，并且很可能受到后者的行政管辖。该瓦克夫包括由哈桑·阿迦·比利菲亚（Ḥasan Aghā Bilīfyā）控制的九个位于贝尼苏韦夫的村庄，此人是圭馁掠洋（Gönüllüyan）军团的一名法里卡派（faqari）贵族和指挥官。参见Hathaway，"Role of the Kızlar Ağası"；Hathaway，*Politics of Households*，157－160；Hathaway，"Egypt in the Seventeenth Century，" 50。 273

20. 关于15世纪商品交易模式的转变，参见Hanna，*Urban History of Būlāq*，7－32。

21. 一艘奥斯曼帝国商船曾于红海遇难，有学者从所运货物、载货量、船体结构等方面对这艘船进行了考察，参见Cheryl Ward，"The Sadana Island Shipwreck：An Eighteenth-Century AD Merchantman off the Red Sea Coast of Egypt，" *World Archaeology* 32（2001）：368－82；Cheryl Ward，"The Sadana Island Shipwreck：A Mideighteenth-Century Treasure Trove，" in *A Historical Archaeology of the Ottoman Empire：Breaking New Ground*，ed. Uzi Baram and Lynda Carroll，185－202（New York：Kluwer Academic / Plenum，2000）；Cheryl Ward and Uzi Baram，"Global Markets，Local Practice：Ottoman-Period Clay Pipes and Smoking Paraphernalia from the Red Sea Shipwreck at Sadana Island，Egypt，" *International Journal of Historical Archaeology* 10（2006）：135－58。

22. 我所讲述的关于木材运输的故事基于罗塞塔的法庭档案，参见DWQ，Maḥkamat Rashīd，132，p. 88，case 140（17 Ş 1137/30 Apr. 1725）；

DWQ，Maḥkamat Rashīd，132，pp. 200 – 201，case 311（3 N 1137/16 May 1725）；DWQ，Maḥkamat Rashīd，132，p. 199，case 308（16 Ş 1137/29 Apr. 1725）；DWQ，Maḥkamat Rashīd，132，p. 199，case 309（17 Ş 1137/30 Apr. 1725）。所有这些文档都使用奥斯曼土耳其语书写。罗塞塔属于阿拉伯语地区，但却选择以奥斯曼土耳其语来记录当局下达的指令，这不仅显示出这项工程由国家主导的事实，还表明法院机构作为帝国的代理者负责管理各项国家事务。

23. 早期历史上，人们为了在苏伊士造船曾多次尝试将安纳托利亚的木材运至埃及，这更突显出该商品的战略地位。例如在1510年，为了保障苏伊士造船业的木材供应，十一艘大型帆船被派遣从埃及的杜姆亚特港口出发，前往位于地中海东北角安纳托利亚的阿亚什港口。当时还保持独立地位的罗德岛的领袖们担心此举是奥斯曼帝国和马穆鲁克针对罗德岛的一次密谋袭击，因此下令攻击并摧毁了船队。参见Brummett，*Ottoman Seapower and Levantine Diplomacy*，115 – 16。关于安纳托利亚木材运往红海用于造船的其他例子，参见Ibid.，174。

24. 关于历史上中东地区的森林覆盖和分布图，参见Cordova，*Millennial Landscape Change in Jordan*，3 – 4。

25. 奥斯曼帝国的林业史并未得到学者们的太多关注。关于该话题的一些最新讨论，参见Dursun，"Forest and the State"；S. White，*Climate of Rebellion*，16 – 17，28 – 31，72，278，289；Mikhail，*Nature and Empire*，124 – 69。关于土耳其林业史的一般性论述，参见Yücel Çağlar，Türkiye Ormanları ve Ormancılık（Istanbul：İletişim Yayınları，1992）。关于奥斯曼帝国林业史的文献集，参见Çevre ve Orman Bakanlığı，Osmanlı Ormancılığı ile İlgili Belgeler，3 vols.（Ankara：Çevre ve Orman Bakanlığı，1999 – 2003）；Halil Kutluk，ed.，Türkiye Ormancılığı ile İlgili Tarihi Vesikalar，893 – 1339（1487 – 1923）（Istanbul：Osmanbey Matbaası，1948）。

274

26. 关于木材被送至伊斯坦布尔的帝国造船厂后被用于建造船只的过程，参见Bostan，*Tersâne-i Âmire*，102 – 18。

27. 关于木材监管员这一职位，参见Çevre ve Orman Bakanlığı，*Osmanlı*

Ormancılığı, 1：94 – 95。关于木材行业协会在近代早期的地中海世界扮演的角色，参见J. Donald Hughes，*The Mediterranean：An Environmental History*（Santa Barbara，CA：ABC-CLIO，2005），97 – 99。

28. 关于组织工人们在安纳托利亚森林进行伐木工作的案例，参见Çevre ve Orman Bakanlığı，Osmanlı Ormancılığı，1：8 – 9，1：46 – 47，1：48 – 49，1：56 – 57，1：60 – 61。
29. 关于伐木业相关职位的更多信息，参见Ibid.，1：XIII。
30. 关于利用黑海南部海岸上锡诺普镇附近的森林资源来修复埃及船队的例子，参见BOA，Cevdet Bahriye，1413（Evasıt R 1120/30 June – 9 July 1708 and 20 Za 1124/19 Dec. 1712）。
31. 罗德岛在这一历史时期承担着木材输送中枢的功能，参见BOA，Cevdet Nafia，302（23 Za 1216/28 Mar. 1802）。
32. 关于奥斯曼帝国采取的森林管理措施的一般性论述，参见Çevre ve Orman Bakanlığı，*Osmanlı Ormancılığı*，1：XI – XVI。关于具体的条例措施内容，参见Ibid.，1：2 – 3，1：6 – 7，1：18 – 19，1：22 – 23，1：24 – 25，1：26 – 27，1：38 – 39，1：104 – 5，1：106 – 7，1：110 – 11，1：114 – 15，1：120 – 21，1：124 – 25，1：150 – 51，1：172 – 73，2：2 – 3，2：42 – 43，2：46 – 47，2：48 – 49，3：4 – 5，3：6 – 7，3：8 – 9，3：16 – 17，3：18 – 19。
33. 关于近代早期的日本、德国和西班牙如何实现森林资源的可持续利用，参见Conrad Totman，*The Green Archipelago：Forestry in Preindustrial Japan*（Berkeley：University of California Press，1989）；Conrad Totman，*The Lumber Industry in Early Modern Japan*（Honolulu：University of Hawai'i Press，1995）；Warde，*Ecology，Economy and State Formation*；John Thomas Wing，"Roots of Empire：State Formation and the Politics of Timber Access in Early Modern Spain，1556 – 1759"（PhD diss.，University of Minnesota，2009）；John T. Wing，"Keeping Spain Afl oat：State Forestry and Imperial Defense in the Sixteenth Century，" *Environmental History* 17（2012）：116 – 45。

34. DWQ, Maḥkamat Rashīd, 132, p. 88, case 140 (17 Ş 1137/30 Apr. 1725); DWQ, Maḥkamat Rashīd, 132, pp. 200 – 201, case 311 (3 N 1137/16 May 1725); DWQ, Maḥkamat Rashīd, 132, p. 199, case 308
275 (16 Ş 1137/ 29 Apr. 1725); DWQ, Maḥkamat Rashīd, 132, p. 199, case 309 (17 Ş 1137/ 30 Apr. 1725) .
35. DWQ, Maḥkamat Rashīd, 132, p. 88, case 140 (17 Ş 1137/ 30 Apr. 1725); DWQ, Maḥkamat Rashīd, 132, p. 199, case 309 (17 Ş 1137/ 30 Apr. 1725) .
36. Bostan, "Ottoman Base in Eastern Mediterranean"; Reimer, "Ottoman Alexandria."
37. Panzac, "International and Domestic Maritime Trade."
38. 关于奥斯曼埃及的庞大贸易网络，参见Raymond，*Artisans et commerçants*。
39. DWQ, Maḥkamat Rashīd, 132, p. 88, case 140 (17 Ş 1137/30 Apr. 1725); DWQ, Maḥkamat Rashīd, 132, pp. 200 – 201, case 311 (3 N 1137/16 May 1725) .
40. 关于地中海地区的私掠者和海盗，以及奥斯曼帝国为了对抗他们所作出的尝试，参见Brummett，*Ottoman Seapower and Levantine Diplomacy*, 94 – 102, 135 – 36; İdris Bostan, *Kürekli ve Yelkenli Osmanlı Gemileri* (Istanbul: Bilge, 2005), 372, 376; Molly Greene, *Catholic Pirates and Greek Merchants: A Maritime History of the Mediterranean* (Princeton, NJ: Princeton University Press, 2010); Molly Greene, "The Ottomans in the Mediterranean," in *The Early Modern Ottomans: Remapping the Empire*, ed. Virginia H. Aksan and Daniel Goffman (Cambridge: Cambridge University Press, 2007), 113 – 16。在一次埃及的粮食运输船前往伊斯坦布尔的途中，船队经过罗德岛周围时遭遇了海盗的袭击，参见TSMA, E. 7008/12 (n.d.)。
41. Bostan, "Ottoman Base in Eastern Mediterranean," 76 – 77.
42. DWQ, Maḥkamat Rashīd, 132, p. 88, case 140 (17 Ş 1137/ 30 Apr. 1725) .

43. 奥斯曼帝国曾提出数版苏伊士运河建设计划，最终都未能实现。关于这个话题的论述，参见Casale，*Ottoman Age of Exploration*，135 - 37，159 - 70，201 - 2；Colin Imber，*The Ottoman Empire，1300 - 1650：The Structure of Power*（New York：Palgrave Macmillan，2002），62；Mustafa Bilge，“Suez Canal in the Ottoman Sources，” in *Proceedings of the International Conference on Egypt during the Ottoman Era：26 - 30 November 2007，Cairo，Egypt*，ed. Research Centre for Islamic History，Art and Culture，89 - 113（Istanbul：IRCICA，2010）。
44. 在埃及的历史上，数任政府都将这样一条水道的缺失视为需要解决问题。关于建造运河的相关尝试，参见Hairy and Sennoune，“Géographie historique du canal d’Alexandrie”；Ṭūsūn，*Tārīkh Khalīj al-Iskandariyya*；Mikhail，*Nature and Empire*，242 - 90。
45. DWQ，Maḥkamat Rashīd，132，p. 88，case 140（17 Ş 1137/ 30 Apr. 1725）；DWQ，Maḥkamat Rashīd，132，pp. 200 - 201，case 311（3 N 1137/16 May 1725）。关于cerîm，参见，Bostan，*Osmanlı Gemileri*，253 - 59。关于帝国雇佣这一类型的船队的案例，参见BOA，Cevdet Bahriye，208（14 Ra 1204/2 Dec. 1789）。
46. DWQ，Maḥkamat Rashīd，132，p. 88，case 140（17 Ş 1137/30 Apr. 1725）.
47. 关于尼罗河沉积物如何使得流入大海的河水更为湍急，参见Frihy et al.，“Patterns of Nearshore Sediment Transport”；Smith and Abdel-Kader，“Coastal Erosion”；Elsayed et al.，“Accretion and Erosion Patterns.”。
48. DWQ，Maḥkamat Rashīd，132，p. 88，case 140（17 Ş 1137/30 Apr. 1725）；DWQ，Maḥkamat Rashīd，132，pp. 200 - 201，case 311（3 N 1137/16 May 1725）。关于奥斯曼帝国统治时期的布拉克，参见Hanna，*Urban History of Būlāq*。 276
49. DWQ，Maḥkamat Rashīd，132，pp. 200 - 201，case 311（3 N 1137/16 May 1725）.
50. 关于骆驼如何被使用于中东地区的交通运输，参见Bulliet，*Camel and the Wheel*。

51. DWQ，Maḥkamat Rashīd，132，pp. 200 – 201，case 311（3 N 1137/16 May 1725）。这个例子中使用的货币单位是帕拉，根据斯坦福·J. 肖（Stanford J. Shaw）的说法，“在马穆鲁克时期和奥斯曼帝国时期，埃及所通用的一种银币在民间被叫作nıṣf fiḍḍe，而官方称之为para”。参见Shaw，*Financial and Administrative Organization*，65n169。
52. Shaw，*Financial and Administrative Organization*，264 – 67.
53. 关于骆驼在奥斯曼帝国的运输业和军事行动中发挥的重要作用，参见İnalcık，“‘Arab’ Camel Drivers”；İnalcık，“Ottoman State，” 1：38 – 39，1：62 – 63；Faroqhi，“Camels，Wagons，and the Ottoman State.”。例如在1399年，“雷霆”巴耶济德（Bayezid the Thunderbolt，r. 1389 – 1402）在征服安塔利亚地区后从当地抢走了一万头骆驼作为战利品。参见İnalcık，“‘Arab’ Camel Drivers，” 265。
54. Quataert，*Ottoman Empire*，119.
55. 在1810年苏伊士建造船舰期间，木材的运输路径与此处的例子类似，参见al-Jabartī，*ʿAjāʾib al-Āthār*（1994），4：146。
56. 开启苏伊士运河工程之所以显得如此迫切，是因为当局并没有其他选择。
57. Şevket Pamuk，*A Monetary History of the Ottoman Empire*（Cambridge：Cambridge University Press，2000）；Şevket Pamuk，“Prices in the Ottoman Empire，1469 – 1914，” *International Journal of Middle East Studies* 36（2004）：451 – 68.
58. 我当然无意暗示奥斯曼帝国对境内所有经济活动都进行干预。很显然，奥斯曼帝国境内的大多数经济行为并不涉及政府的直接参与。但此处所讨论的造船项目是一个特例，政府确实在其中处于中心地位，所以这为我们理解奥斯曼帝国经济史的某些侧面提供了重要的例子。关于16世纪奥斯曼帝国采取的一种选择性的贸易保护主义，参见Brummett，*Ottoman Seapower and Levantine Diplomacy*，181 – 82。
59. 关于18世纪的奥斯曼帝国在埃及和其他省份的行政管理上显示出的软弱倾向，参见ʿAbd al-Raḥīm，*al-Rīf al-Miṣrī*；Albert Hourani，“Ottoman Reforms and the Politics of Notables，” in *The Beginnings of Modernization*

in the Middle East: The Nineteenth Century, ed. William R. Polk and Richard L. Chambers, 41 - 68 (Chicago: University of Chicago Press, 1968); Abdul-Karim Rafeq, "ʿAbd al-Ghani al-Nabulsi: Religious Tolerance and 'Arabness' in Ottoman Damascus," in *Transformed Landscapes: Essays on Palestine and the Middle East in Honor of Walid Khalidi*, ed. Camille Mansour and Leila Fawaz, 1 - 17 (Cairo: American University in Cairo Press, 2009)。关于学者对这一文献的最新论述，参见Suraiya Faroqhi, "Coping with the Central State, Coping with Local Power: Ottoman Regions and Notables from the Sixteenth to the Early Nineteenth Century," in *The Ottomans and the Balkans: A Discussion of Historiography*, ed. Fikret Adanır and Suraiya Faroqhi, 351 - 81 (Leiden, Netherlands: Brill, 2002)。关于18世纪奥斯曼帝国的军队情况以及物资供给问题，参见Aksan, *Ottoman Wars*, 83 - 179。 277

60. William Cronon, *Nature's Metropolis: Chicago and the Great West* (New York: Norton, 1991), 149。加粗部分系原文。
61. Mikhail, *Nature and Empire*, 128 - 136.

第九章

1. Panzac, *La peste*, 29 - 57, 381 - 407; Ibrāhīm, *al-Azamāt al-Ijtimāʿiyya fī Miṣr*; Raymond, "Les Grandes épidémies de peste au Caire"; W. Tucker, "Natural Disasters and the Peasantry."
2. 参见Dols, *Black Death in the Middle East*, 23 - 25, 109 - 21; Michael W. Dols, "Ibn al-Wardī's *Risālah al-Nabaʾ ʿan al-Wabaʾ*, a Translation of a Major Source for the History of the Black Death in the Middle East," in *Near Eastern Numismatics, Iconography, Epigraphy and History: Studies in Honor of George C. Miles*, ed. Dickran K. Kouymjian (Beirut: American University of Beirut, 1974), 444 - 45; Jacqueline Sublet, "La peste

prise aux rêts de la jurisprudence：Le Traité d'Ibn Ḥağar al-ʿAsqalānī sur la peste," *Studia Islamica* 33（1971）：141－49。

3. Dols，"Second Plague，" 169，176。根据大卫·诺伊施塔特（David Neustadt）的说法，在1416年至1514年期间，埃及平均每隔七年就会遭受一次瘟疫的侵袭。参见Neustadt（Ayalon），"Plague and Its Effects upon the Mamlûk Army，" 68。又参见Dols，*Black Death in the Middle East*，223－24；Panzac，*La peste*，197－207。

4. 我们几乎可以断言，在谈论瘟疫时，无论是人为划定的埃及政治地理边界，抑或是将1517年视为历史分水岭的观点，都具有很强的误导性。

5. 关于中东瘟疫史的相关著作，例如参见Dols，"General Mortality of the Black Death"；Dols，*Black Death in the Middle East*；Dols，"Ibn al-Wardī's *Risālah al-Nabaʾ*"；Michael W. Dols，"al-Manbijī's 'Report of the Plague'：A Treatise on the Plague of 764－765/1362－1364 in the Middle East，" in *The Black Death：The Impact of the Fourteenth-Century Plague*，ed. Daniel Williman，65－75，Papers of the Eleventh Annual Conference of the Center for Medieval and Early Renaissance Studies（Binghamton，NY：Center for Medieval and Early Renaissance Studies，1982）；Neustadt（Ayalon），"Plague and Its Effects upon the Mamlûk Army"；Borsch，*Black*
278 *Death in Egypt and England*；Justin K. Stearns，*Infectious Ideas：Contagion in Premodern Islamic and Christian Thought in the Western Mediterranean*（Baltimore：Johns Hopkins University Press，2011）。关于早期历史上的瘟疫流行，参见Lawrence I. Conrad，"The Plague in the Early Medieval Near East"（PhD diss.，Princeton University，1981）；Lawrence I. Conrad，"The Biblical Tradition for the Plague of the Philistines，" *Journal of the American Oriental Society* 104（1984）：281－87；Dols，"Plague in Early Islamic History"；Josiah C. Russell，"That Earlier Plague，" *Demography* 5（1968）：174－84。关于瘟疫史相关的原始文献的批判性阅读，参见Lawrence I. Conrad，"Arabic Plague Chronologies and Treatises：Social and Historical Factors in the Formation of a Literary Genre，" *Studia Islamica* 54（1981）：

51 - 93。这些著作中的参考文献信息说明了中东瘟疫史的相关文献资料（无论是一手还是二手）称得上是浩如烟海。

6. Dols, "Second Plague," 164 - 65.
7. 一项关于奥斯曼帝国瘟疫史的最新研究综述中使用到了这些资料，参见S. White, "Rethinking Disease in Ottoman History."。

   例如，伊斯兰法庭档案为中东瘟疫史的研究工作提供了极大的便利。伊斯兰法庭的一大职能是处理死者的遗产。因此，地方法庭文件中通常留存着许多遗产清册（tarikāt）。通过分析遗产清册的数量在疫情暴发前后的变化，我们能够大致了解某一地区的瘟疫死亡率。由于这些文献并没有记载瘟疫中死去的确切人数，所以得出来的数字并非严谨的科学论证结果。就目前来看，我们并无法确定法庭档案中记录的死亡人数在整个地区的总死亡人口中占比是多少。

   不少学者基于这些档案史料（其中不少是早期材料的复本或归集）进行瘟疫史研究，可参见下列著作的参考书目信息：Ibrāhīm, *al-Azamāt al-Ijtimā'iyya fī Miṣr*, 316 - 20; Dols, *Black Death in the Middle East*, 320 - 39; Mohammed Melhaoui, *Peste, contagion et martyre: Histoire du fléau en Occident musulman médiéval*（Paris: Publisud, 2005），20 - 57。下面这本著作收录了一些中世纪时期原文为阿拉伯语的瘟疫记载译文，参见John Aberth, *The Black Death: The Great Mortality of 1348 - 1350, a Brief History with Documents*（New York: Palgrave Macmillan, 2005）。
8. 关于这一时期的埃及瘟疫研究，参见Ibrāhīm, *al-Azamāt al-Ijtimā'iyya fī Miṣr*; Raymond, "Les Grandes épidémies de peste au Caire," 203 - 10; Raymond, *Artisans et commerçants*; Max Meyerhof, "La peste en égypte à la fi n du XVIII siècle et le Mèdecin Enrico di Wolmar," *La Revue Médicale d'égypte* 1（1913）: 1 - 13。关于17和18世纪的阿拉伯语编年史中涉及这一时期瘟疫暴发的记载，例如参见al-Khashshāb, *Akhbār Ahl al-Qarn al-Thānī 'Ashar*; al-Khashshāb, *Akhbār al-Amīr Murād*; al-Damurdāshī Katkhudā 'Azabān, *Kitāb al-Durra al-Muṣāna*; Muṣṭafā ibn al-Ḥājj Ibrāhīm Tābi' al-Marḥūm Ḥasan Aghā 'Azabān al-Damardāshī, *Tārīkh Waqā'i' Miṣr* 279

al-Qāhira al-Maḥrūsa Kinānat Allah fī Arḍihi, ed. Ṣalāḥ Aḥmad Harīdī ʿAlī, 2nd ed.（Cairo：Dār al-Kutub wa al-Wathāʾiq al-Qawmiyya，2002）；al-ʿAwfī al-Ḥanbalī，*Tarājim al-Ṣawāʿiq*；al-Jabartī，*ʿAjāʾib al-Āthār*（1994）；Muḥammad ibn Abī al-Surūr al-Bakrī，*al-Nuzha al-Zahiyya fī Dhikr Wulāt Miṣr wa al-Qāhira al-Muʿizziyya*，ed. ʿAbd al-Rāziq ʿAbd al-Rāziq ʿĪsā（Cairo：al-ʿArabī lil-Nashr wa al-Tawzīʿ，1998）；Aḥmad Shalabī ibn ʿAbd al-Ghanī，*Awḍaḥ al-Ishārāt fī man Tawallā Miṣr al-Qāhira min al-Wuzarāʾ wa al-Bāshāt*，ed. ʿAbd al-Raḥīm ʿAbd al-Raḥman ʿAbd al-Raḥīm（Cairo：Maktabat al-Khānjī，1978）。

9. 关于地震的故事，参见ʿAbd al-Raḥman ibn Ḥasan al-Jabartī，*ʿAjāʾib al-Āthār fī al-Tarājim wa al-Akhbār*，ed. Ḥasan Muḥammad Jawhar，ʿAbd al-Fattāḥ al-Saranjāwī，ʿUmar al-Dasūqī，and al-Sayyid Ibrāhīm Sālim，7 vols.（Cairo：Lajnat al-Bayān al-ʿArabī，1958－67），4：132。
10. 关于地震的有关讨论及其对马穆鲁克埃及民众产生的心理影响，参见W. Tucker，"Natural Disasters and the Peasantry，" 219－20，222－23。
11. Al-Jabartī，*ʿAjāʾib al-Āthār*（1958－67），4：132。诗句原文为："*wa kam dhā bi-Miṣr min al-muḍḥikāt / wa lakinahu ḍiḥkun ka-al-bukkāʾ*."。
12. Al-Khashshāb，*Akhbār Ahl al-Qarn al-Thānī ʿAshar*，58.
13. Al-Khashshāb，*Akhbār al-Amīr Murād*，40.
14. 根据美国传教士约翰·安特斯的说法："人们在土耳其，尤其是在埃及观察到，70岁及以上的人民并没有太高的感染风险，年岁很高的人则几乎不会感染。平日里身体最强健的人反而最容易在疾病面前倒下。"参见Antes，*Observations*，47。约翰·安特斯，1740年出生于宾夕法尼亚州的弗雷德里克，他是第一位抵达埃及的美国传教士。他从1771年1月13日至1782年1月27日期间一直住在埃及，并亲身经历了三次瘟疫暴发。由于安特斯是18世纪末埃及为数不多的外国居民之一，而且还留下了许多有关瘟疫的详细记录，所以他的文字可作为埃及史书的有力补充材料。
15. Al-Jabartī，*ʿAjāʾib al-Āthār*（1958－67），4：132.
16. Ibid.，4：133；al-Khashshāb，*Akhbār al-Amīr Murād*，40；al-Khashshāb，

Akhbār Ahl al-Qarn al-Thānī ʻAshar, 58.

17. BOA, Cevdet Dahiliye, 1722（Evasıt N 1205/15 – 24 May 1791）.
18. 阿迦是埃及七大军团各自首领的称号。这里指的可能是穆斯塔菲赞军团（the Mustahfızan military bloc）的头目，他在开罗所担任的职位类似于警察局长。关于阿迦这一头衔的更多信息，参见Shaw, *Nizamname-i Mısır*, 10 – 11; Aḥmad, *al-Idāra fī Miṣr*, 176 – 77, 229 – 32。
19. 关于瓦利，参见Aḥmad, *al-Idāra fī Miṣr*, 233 – 35.
20. Al-Jabartī, *ʻAjāʼib al-Āthār*（1958 – 67）, 4: 133.
21. Al-Khashshāb, *Akhbār Ahl al-Qarn al-Thānī ʻAshar*, 58.
22. Al-Jabartī, *ʻAjāʼib al-Āthār*（1958 – 67）, 4: 138。图拉村坐落于艾特赫菲省开罗老城以南的尼罗河东岸上。关于图拉村，参见Ramzī, *al-Qāmūs al-Jughrāfī*, pt. 2, 3: 15 – 16。
23. Al-Khashshāb, *Akhbār al-Amīr Murād*, 40.
24. Al-Jabartī, *ʻAjāʼib al-Āthār*（1958 – 67）, 4: 133. 280
25. Ibid.
26. Ibid., 4: 140.
27. Ibid.
28. BOA, Cevdet Dahiliye, 1722（Evasıt N 1205/15 – 24 May 1791）.
29. 因为这些瘟疫高发地区地理面积巨大，人口稀疏，又拥有数量庞大的啮齿动物，所以完全消灭瘟疫几乎是不可能的事。参见Dols, "Second Plague," 178; Conrad, "Plague in the Early Medieval Near East," 6 – 7。
30. Dols, "Plague in Early Islamic History," 381; Raymond, "Les Grandes épidémies de peste au Caire," 208 – 9。关于人口迁徙、货物运输与瘟疫传播之间关系的一般性论述，参见W. McNeill, *Plagues and Peoples*; Abu-Lughod, *Before European Hegemony*。
31. Antes, *Observations*, 39.
32. Raymond, "Les Grandes épidémies de peste au Caire," 208 – 9; Dols, "Second Plague," 179 – 80。多尔斯（Dols）在下列著作的基础上列出了从苏丹和中非传至埃及和北非的瘟疫种类。参见Sticker, *Abhandlungen*

aus der Seuchengeschichte und Seuchenlehre。关于苏丹的瘟疫史，参见 Walz，*Trade between Egypt and Bilād as-Sūdān*，200 – 201。

33. Raymond，"Les Grandes épidémies de peste au Caire，" 208 – 9.
34. 一个流行病学上的事实是，埃及本土往往不是瘟疫的起源地。参见 Dols，"Second Plague，" 183；Dols，*Black Death in the Middle East*，35。
35. Kuhnke，*Lives at Risk*，70；J. Worth Estes and LaVerne Kuhnke，"French Observations of Disease and Drug Use in Late Eighteenth-Century Cairo，" *Journal of the History of Medicine and Allied Sciences* 39（1984）：123。当然有人对于这一点持有不同见解。约翰·安特斯写道："我认为无论如何埃及都不是瘟疫的摇篮。" 参见 Antes，*Observations*，41。同时参见 Ibid.，36 – 37。伊本·瓦尔迪认为瘟疫始于"黑暗弥漫之地"，多尔斯［他引用的是阿尔弗雷德·冯·克雷默（Alfred von Kremer）的观点］将这个地方解读为"亚洲北部"。参见 Dols，"Ibn al-Wardī's *Risālah al-Naba'*，" 448。他接着追溯了疫病的传播轨迹。参见 Ibid.，448 – 53。关于这一观点的更多论述，参见 Borsch，*Black Death in Egypt and England*，4 – 5；Dols，*Black Death in the Middle East*，35 – 42。
36. Al-Jabartī，*'Ajā'ib al-Āthār*（1958 – 67），4：322.
37. 用多尔斯的话说："我们无法明确知晓的是从15世纪晚期到18世纪晚期，中东所暴发的大型瘟疫的惨烈程度……因此，我们无法参照更为早期的历史经验，来推论疫病对人口造成的影响。" 参见 Dols，"Second Plague，" 176 – 77。
38. 关于黑死病对埃及人口造成影响的相关数据及讨论，参见 Dols，*Black*
281 *Death in the Middle East*，143 – 235；Dols，"General Mortality of the Black Death"；Borsch，*Black Death in Egypt and England*，40 – 54。关于19世纪瘟疫对埃及人口造成的影响，参见 Panzac，*La peste*，231 – 78，339 – 80；Kuhnke，*Lives at Risk*，84 – 86。关于对疫情期间死亡人数的讨论，参见 Conrad，"Plague in the Early Medieval Near East，" 415 – 447。
39. 我们可以将每天1 000到2 000人的死亡人数与其他数据进行对比，例如在法国占领埃及的1798年到1801年之间，根据法国医生的记录，当时平均每个月因疫情丧生的人数约为500到800人，而在记载的29个月份中，只有4个月的死亡人数超过了1 000人。参见Panzac，*La peste*，346。

40. 关于马穆鲁克编年史中记载的死亡人数的真实性讨论，参见Neustadt（Ayalon），“Plague and Its Effects upon the Mamlûk Army，”68 – 71。

41. Raymond，“Les Grandes épidémies de peste au Caire，”209 – 10.

42. Panzac，*La peste*，361。安德烈·雷蒙（André Raymond）写道，当法国军队于1798年抵达埃及时，开罗的人口数为26万人。参见Raymond，“La population du Caire.”关于17、18和19世纪时，米兰、阿勒颇、伊兹密尔、马赛以及其他城市的瘟疫死亡人数统计，参见Panzac，*La peste*，353 – 62；Panzac，*Quarantaines et lazarets*，12。

43. Al-Jabartī，*ʿAjāʾib al-Āthār*（1958 – 67），4：129 – 30。

44. Ibid.，4：129.

45. Ibid.，4：130。关于开罗城内的朝觐者汇集点，参见Antes，*Observations*，69。

46. 为了解1790年的雨势情况，我们可以对比安特斯对于开罗1771年洪灾的相关描述。“当我还在埃及旅居时，也就是在1771年11月，曾出现过一场持续五夜的大暴雨，其间风雨交加，电闪雷鸣，尽管白天雨势有所减缓……一些房屋被大雨冲毁，甚至好几个人因此丧命。”参见 Antes，*Observations*，99。

47. Al-Jabartī，*ʿAjāʾib al-Āthār*（1958 – 67），4：130.

48. 关于埃及在马穆鲁克王朝时期所遭受的暴雨及其危害，参见W. Tucker，“Natural Disasters and the Peasantry，”216 – 17。

49. 关于这一点安特斯写道：“有时河流上涨的速度如此之快，以至于农民们先前的付出全都付诸东流，所有的作物都被摧毁了。”参见Antes，*Observations*，72。

50. 例如在638年或639年，瘟疫席卷了叙利亚，带走了至少2.5万名士兵和无数平民的生命。值得注意的是，在这场瘟疫暴发之前人们已经经历了长时间的饥荒，这使得当地人口的身体素质下降，更容易被病毒感染，而这正是1791年埃及出现的情景。参见Dols，“Plague in Early Islamic History，”

376。同时参见W. Tucker，“Natural Disasters and the Peasantry，” 217 – 19。

51. 关于老鼠的物理特征和生活习性等，参见下列这本研究斑疹伤寒症的经典著作：Hans Zinsser，*Rats，Lice and History，Being a Study in Biography，*
282 *Which，after Twelve Preliminary Chapters Indispensable for the Preparation of the Lay Reader，Deals with the Life History of Typhus Fever*（London：George Routledge and Sons，1935），197 – 204。

52. Conrad，“Plague in the Early Medieval Near East，” 35.

53. Antes，*Observations*，69.

54. 在研究叙利亚638年或639年的瘟疫暴发时，多尔斯就人类与老鼠在空间中邻近关系作出类似的论断，参见Dols，“Plague in Early Islamic History，” 376。

55. 关于瘟疫流行病学，病理学和病原学的更多信息，参见Conrad，“Plague in the Early Medieval Near East，” 4 – 38；Dols，*Black Death in the Middle East*，68 – 83；Borsch，*Black Death in Egypt and England*，2 – 8。关于这方面的最新作品，参见Hugo Kupferschmidt，*Die Epidemiologie der Pest：Der Konzeptwandel in der Erforschung der Infektionsketten seit der Entdeckung des Pesterregers im Jahre 1894*（Aarau，Switzerland：Sauerländer，1993）；Graham Twigg，*The Black Death：A Biological Reappraisal*（London：Batsford，1984）。Robert Pollitzer，*Plague*（Geneva，Switzerland：World Health Organization，1954）；L. Fabian Hirst，*The Conquest of Plague：A Study of the Evolution of Epidemiology*（Oxford：Clarendon Press，1953）。

56. 病毒存在于被感染啮齿动物的血液中，而这些动物被跳蚤叮咬后，后者体内的血液便会携带病原体。当鼠疫流行引起大量疫鼠死亡时，跳蚤便会主动寻找新的宿主。通常情况下，尤其是当老鼠和人类的生存空间重合的时候，人类便会成为新的宿主。

57. 当病原体侵入人体后，会在血液系统里快速繁殖。人体的淋巴腺负责过滤血液中的病原体，而病毒在淋巴腺的大量积累使得脖子或腹股沟出现淋巴结炎，这些都是流行性淋巴腺鼠疫的典型症状。当病原体进入肺部而非淋巴腺时，就会发展为具有高传染性的肺鼠疫。而败血型鼠疫最为凶险，主要破坏的是患者的血液系统，而且起病极为迅速，病人在数小时内就有可能发病身亡。关于败血型鼠疫，参见Twigg，*Biological Reappraisal*，19；Hirst，*Conquest of Plague*，29；Pollitzer，*Plague*，439 – 40。其他的鼠疫类型还包括扁桃体鼠疫和天花样鼠疫。关于对于不同鼠疫类型的论述，参见Dols，*Black Death in the Middle East*，73 – 74；Borsch，*Black Death in Egypt and England*，4；Hirst，*Conquest of Plague*，30。

58. Al-Jabartī，*'Ajā'ib al-Āthār*（1958 – 67），4：133.
59. Ibid.，4：140.
60. Antes，*Observations*，42.
61. Ibid.，47.
62. Ibid.
63. Ibid.，42。阿拉伯医生和瘟疫的记述者们使用了许多词语来描述鼠疫造成的淋巴肿大，其中包括"黄瓜""杏仁""脓疱""谷粒""水泡"。关于当时人们使用的瘟疫所致淋巴炎的相关表达，参见Dols，*Black Death in the Middle East*，75，77 – 79，316 – 19。
64. Dols，"Second Plague，" 176 – 77，182 – 89；Kuhnke，*Lives at Risk*，72。多尔斯甚至断言在15世纪下半叶的中东大部分地区，肺炎型鼠疫就已经消失了。参见Dols，"Second Plague，" 182。 283
65. 拉弗恩·昆科（LaVerne Kuhnke）将此次艾斯尤特出现的肺炎型鼠疫特例解释为，19世纪晚期的埃及和英国试图在埃及南部扩建灌溉工程的结果，从而导致老鼠和跳蚤的长期滋生。参见Kuhnke，*Lives at Risk*，72 – 73，200 – 201n16。但正如我在文中提到的，有证据表明早在19世纪末到来之前，艾斯尤特就已经存在肺炎型鼠疫了。
66. Al-Jabartī，*'Ajā'ib al-Āthār*（1958 – 67），5：241 – 42。
67. Ibid.，5：241。关于此次瘟疫的记述同时参见Panzac，*La peste*，284。
68. Dols，*Black Death in the Middle East*，60n92.
69. 昆科在讨论艾斯尤特的瘟疫时认同这一观点。参见Kuhnke，*Lives at Risk*，73。

70. Al-Jabartī，*'Ajā'ib al-Āthār*（1958 - 67），4：141 - 42.

71. 关于这条河道，安特斯写道："残留的河水污秽不堪，周围的居民日日夜夜将生活垃圾倾倒其中，这导致一年内的数个月里，这条河都弥散着令人难以忍受的臭气，哪怕是屋里的金银财宝也会在毒气的作用下褪色。"参见Antes，*Observations*，38。

72. 关于在法蒂玛王朝时期的开罗，这些节日和庆典具有的重大意义与具体内容，参见Paula Sanders，*Ritual, Politics, and the City in Fatimid Cairo*（Albany：State University of New York Press，1994），99 - 119。

73. 关于在马穆鲁克王朝时期的埃及，饥荒与瘟疫暴发之间的关系，参见W. Tucker，"Natural Disasters and the Peasantry，" 217 - 19。同时参见Elisabeth Carpentier，"Autour de la Peste Noire：Famines et épidémies dans l'histoire du XIV$_e$ siècle，" *Annales* 17（1962）：1062 - 92。

74. Al-Jabartī，*'Ajā'ib al-Āthār*（1958 - 67），4：197.

75. Ibid.，4：141 - 42.

76. Ibid.，4：199.

77. Ibid.

78. 阿拉伯语文献中关于瘟疫的记载鲜少谈论瘟疫暴发与啮齿动物种群数量之间的关系，关于这一现象的论述，参见Dols，"al-Manbijī's 'Report of the Plague，'" 71。

79. 关于生活在埃及乡村的啮齿动物，参见Antes，*Observations*，85 - 86。

80. 有学者提出过一个与之类似的概念，叫作"埃及的经济地理学"（economic geography of Egypt）。参见Ira M. Lapidus，"The Grain Economy of Mamluk Egypt，" *Journal of the Economic and Social History of the Orient* 12（1969）：13。

81. 关于表明粮食短缺和价格上涨之间关系的另一案例，参见Dols，"al-Manbijī's 'Report of the Plague，'" 71。

82. 关于这个故事的具体细节，参见al-Khashshāb，*Akhbār al-Amīr Murād*，33 - 34。

284 83. Dols，*Black Death in the Middle East*，154 - 69。关于马穆鲁克王朝时

期疫情期间的人口流动，参见Neustadt（Ayalon），“Plague and Its Effects upon the Mamlûk Army，” 72。

84. Lapidus，“Grain Economy，” 8n2。同时参见Borsch，*Black Death in Egypt and England*，50。关于马穆鲁克王朝时期的埃及的粮食获取、政治与经济，参见Boaz Shoshan，“Grain Riots and the ‘Moral Economy’：Cairo，1350 - 1517，” *Journal of Interdisciplinary History* 10（1980）：459 - 78。

85. Dols，*Black Death in the Middle East*，163；W. Tucker，“Natural Disasters and the Peasantry，” 222 - 24；Borsch，*Black Death in Egypt and England*，49 - 50。

86. Al-Jabartī，*ʿAjāʾib al-Āthār*（1958 - 67），4：188.

87. Ibid.，4：192.

88. Dols，“Ibn al-Wardī's *Risālah al-Nabaʾ*，” 450 - 51.

89. Ibid.，454.

90. Al-Jabartī，*ʿAjāʾib al-Āthār*（1958 - 67），5：242.

91. Ibrāhīm，*al-Azamāt al-Ijtimāʿiyya fī Miṣr*，72 - 75；Dols，“Second Plague，” 181.

92. Antes，*Observations*，94。关于埃及的风的一般性论述，参见Ibid.，93 - 99。

93. Al-Damurdāshī Katkhudā ʿAzabān，*Kitāb al-Durra al-Muṣāna*，29。作者接着写道，在疫情期间，每天早上醒来都能听到关于死亡的消息。和其他瘟疫流行时期类似，洗尸工供不应求，而且由于尸体数量的巨大，掘墓工人通常需要工作到深夜。

94. 关于中东地区瘟疫流行的周期性和季节性，参见Panzac，*La peste*，195 - 227；Conrad，“Plague in the Early Medieval Near East，” 323 - 27；Kuhnke，*Lives at Risk*，72 - 78。关于这些话题的一般性论述，参见Hirst，*Conquest of Plague*，254 - 82。

95. Panzac，*La peste*，223.

96. Kuhnke，*Lives at Risk*，201n18.

97. Antes，*Observations*，39.

98. Conrad，"Plague in the Early Medieval Near East，" 326.

99. Panzac，*La peste*，225；Dols，"Second Plague，" 181.

100. 关于埃及的气候，安特斯如此写道："世界上还没有哪一个国家的气候像埃及一样规律……一年内的最低与最高气温（或者更准确地说是夏季的日常温度）之间的差距不会超过30华氏度。"参见Antes，*Observations*，89，91。

101. Ibid.，44.

102. 安特斯观察到高温能够抑制瘟疫蔓延，并以此为依据反驳瘟疫是热病的观点，因为按照后者的观点，高温应当加速瘟疫的流行，而非相反。参见Ibid.，44 – 45。

103. Ibid.，43，67.

285 104. 昆科在书中提到6月26日是圣约翰节，同时也代表着埃及"瘟疫结束之时"。关于埃及人和欧洲人在这一日的庆祝活动，参见Kuhnke，*Lives at Risk*，73。

第十章

1. 这条火山裂缝被称为拉基火山口群（Lakagígar），或者拉基火山口（the Craters of Laki）。在这次火山喷发中，沿着拉基山裂缝的好几处火山口都同时发生了熔岩喷发。为了表达的方便，我将火山裂缝简称为"拉基"或者"火山"，但读者应当记住这指代的是火山群，而非单座火山。

2. 阿曼（Oman）、罗伯克（Robock）、斯坚奇科夫（Stenchikov）和索达森（Thordarson）借用气候模拟模型，对拉基火山喷发和尼罗河泛洪之间的联系提出了某种科学假说，但他们并未考察阿拉伯和奥斯曼帝国史料文献中关于火山喷发对埃及产生何种影响的记载。参见Oman，Robock，Stenchikov，and Thordarson，"High-Latitude Eruptions Cast Shadow."。

3. 气候变迁史无疑是一个极其庞杂且处于不断发展中的学科领域。代表著作包括Parker，*Global Crisis*；Le Roy Ladurie，*Times of Feast，Times of Famine*；William F. Ruddiman，*Plows，Plagues，and Petroleum：How Humans Took Control of Climate*（Princeton，NJ：Princeton University Press，2005）；John L. Brooke，*Climate Change and the Course of Global History：A Rough Journey*（Cambridge：Cambridge University Press，2014）；Fagan，*Long Summer*；Linden，*Winds of Change*。关于该研究领域的最新发展情况，参见Mark Carey，Philip Garone，Adrian Howkins，Georgina H. Endfi eld，Lawrence Culver，Sam White，Sherry Johnson，and James Rodger Fleming，"Forum：Climate Change and Environmental History，" *Environmental History*（2014）：281 - 364；Morgan Kelly，Cormac ó Gráda，Sam White，Ulf Büntgen，Lena Hellmann，and Jan de Vries，"The Little Ice Age：Climate and History Reconsidered，" *Journal of Interdisciplinary History* 44（2014）：301 - 77。关于中东气候变迁的相关研究，参见S. White，*Climate of Rebellion*；Bulliet，*Cotton，Climate，and Camels*；Murphey，"Decline of North Africa"；Ellenblum，*Collapse of the Eastern Mediterranean*；Griswold，"Climatic Change：A Possible Factor in the Social Unrest of Seventeenth Century Anatolia"；Issar and Zohar，*Climate Change*。

4. 参见Paolo Squatriti，"The Floods of 589 and Climate Change at the Beginning of the Middle Ages：An Italian Microhistory，" *Speculum* 85（2010）：799 - 826。
5. 关于相关的气候学研究数据，参见Oman，Robock，Stenchikov，and Thordarson，"High-Latitude Eruptions Cast Shadow."。
6. 关于全球气候变化史的最新研究进展，参见Parker's *Global Crisis* on the Little Ice Age and Brooke's *Climate Change and the Course of Global History*。
7. 我能找到的与该话题最相关的研究是一本关于1627年巴巴里海盗入侵冰岛的著作，参见Bernard Lewis，"Corsairs in Iceland，" *Revue de l'Occident musulman et de la Méditerranée* 15（1973）：139 - 44。

8. Karen Oslund, *Iceland Imagined: Nature, Culture, and Storytelling in the North Atlantic*（Seattle: University of Washington Press, 2011）, 35 – 36.
9. Jón Steingrímsson, *Fires of the Earth: The Laki Eruption, 1783 – 1784*, trans. Keneva Kunz（Reykjavík: University of Iceland Press and Nordic Volcanological Institute, 1998）, 25.

286

10. 在过去的一万年内，岩浆喷发量最大的一次火山喷发也是发生在冰岛——943年的卡特拉（Katla）火山爆发。参见Guerún Larsen, "Katla: Tephrochronology and Eruption History," *Developments in Quaternary Sciences* 13（2010）: 23 – 49。同时参见Steingrímsson, *Fires of the Earth*, 5; Thorvaldur Thordarson and Stephen Self, "Atmospheric and Environmental Effects of the 1783 – 1784 Laki Eruption: A Review and Reassessment," *Journal of Geophysical Research* 108（2003）: 3。
11. 关于冰岛人口减少的情况，参见Thordarson and Self, "Atmospheric and Environmental Effects of Laki," 13。
12. 关于与火山活动相关的思想史及文化史研究，参见Haraldur Sigurdsson, *Melting the Earth: The History of Ideas on Volcanic Eruptions*（New York: Oxford University Press, 1999）。
13. 关于冰岛的地理学和冰川学研究，参见Judith K. Maizels and Chris Caseldine, eds., *Environmental Change in Iceland: Past and Present*（Dordrecht, Netherlands: Kluwer Academic Publishers, 1991）; C. Caseldine, A. Russell, J. Hareardóttir, and ó. Knudsen, eds., *Iceland—Modern Processes and Past Environments*（Amsterdam: Elsevier, 2005）; Thor Thordarson and Armann Hoskuldsson, *Iceland*（Harpenden, UK: Terra, 2002）。
14. 读者可以参照更多例子进行对比，参见Sigurdsson, *Melting the Earth*; Larsen, "Katla"; Thordarson and Self, "Atmospheric and Environmental Effects of Laki," 3; Oslund, *Iceland Imagined*, 34。
15. Steingrímsson, *Fires of the Earth*, 15; Oslund, *Iceland Imagined*, 44.
16. Thordarson and Self, "Atmospheric and Environmental Effects of Laki," 3.

17. Ibid., 5.

18. Ibid., 3.

19. Steingrímsson, *Fires of the Earth*, 35.

20. Ibid., 36.

21. Ibid., 45.

22. Ibid., 47.

23. Ibid., 58.

24. Ibid., 59, 63.

25. Ibid., 65.

26. Ibid., 65 - 70.

27. Thordarson and Self, "Atmospheric and Environmental Effects of Laki," 3.

28. 关于冰岛本地人、国外科学家、民族主义者、丹麦政府人士、自然主义者、旅行家等社会各界人士如何看待拉基火山及其喷发活动，参见 Oslund, *Iceland Imagined*, 34 - 60。

29. Charles A. Wood, "Climatic Effects of the 1783 Laki Eruption," in *The Year without a Summer? World Climate in 1816*, ed. C.R. Harington (Ottawa: Canadian Museum of Nature, 1992), 60.

30. Steingrímsson, *Fires of the Earth*, 68.

31. Ibid., 70.

32. E.L. Jackson, "The Laki Eruption of 1783: Impacts on Population and 287
Settlement in Iceland," *Geography* 67 (1982): 44.

33. Steingrímsson, *Fires of the Earth*, 76.

34. Ibid., 77 - 78.

35. Ibid., 84.

36. Thordarson and Self, "Atmospheric and Environmental Effects of Laki," 13.

37. Oslund, *Iceland Imagined*, 36.

38. Jackson, "Impacts on Population and Settlement in Iceland," 47。有学者认为此次死亡人数实际上"超过10 000"，参见Oslund, *Iceland Imagined*,

36。关于火山所形成的干雾与疾病之间的联系，参见Richard B. Stothers, "Volcanic Dry Fogs, Climate Cooling, and Plague Pandemics in Europe and the Middle East," *Climate Change* 42 (1999): 713 - 23; John Grattan, Roland Rabartin, Stephen Self, and Thorvaldur Thordarson, "Volcanic Air Pollution and Mortality in France, 1783 - 1784," *C. R. Geoscience* 337 (2005): 641 - 651。

39. D.S. Stevenson, C.E. Johnson, E.J. Highwood, V. Gauci, W.J. Collins, and R.G. Derwent, "Atmospheric Impact of the 1783 - 1784 Laki Eruption: Part I, Chemistry Modelling," *Atmospheric Chemistry and Physics Discussions* 3 (2003): 551 - 596.

40. Thordarson and Self, "Atmospheric and Environmental Effects of Laki," 1.

41. Ibid., 6 - 7。关于相关的科学研究证据，参见Luke Oman, Alan Robock, Georgiy L. Stenchikov, Thorvaldur Thordarson, Dorothy Koch, Drew T. Shindell, and Chaochao Gao, "Modeling the Distribution of the Volcanic Aerosol Cloud from the 1783 - 1784 Laki Eruption," *Journal of Geophysical Research* 111 (2006): D12209。关于富兰克林对火山雾的观察，参见Wood, "Climatic Effects of the 1783 Laki Eruption."。

42. Thordarson and Self, "Atmospheric and Environmental Effects of Laki," 8.

43. Ibid., 20 - 22.

44. 关于意大利境内火山以及干雾现象的一般性论述，参见D. Camuffo and S. Enzi, "Chronology of 'Dry Fogs' in Italy, 1374 - 1891," *Theoretical and Applied Climatology* 50 (1994): 31 - 33。

45. Thordarson and Self, "Atmospheric and Environmental Effects of Laki," 8; Gordon C. Jacoby, Karen W. Workman, and Rosanne D. D'Arrigo, "Laki Eruption of 1783, Tree Rings, and Disaster for Northwest Alaska Inuit," *Quaternary Science Reviews* 18 (1999): 1365 - 71; Rosanne D. D'Arrigo and Gordon C. Jacoby, "Northern North American Tree-Ring Evidence for Regional Temperature Changes after Major Volcanic Events," *Climate Change* 41 (1999): 1 - 15.

46. Thordarson and Self, "Atmospheric and Environmental Effects of Laki," 14.

47. 关于火山活动与气候变迁之间关系的历史演变，参见Atwell, "Volcanism and Short-Term Climatic Change"; Michael McCormick, Paul Edward Dutton, and Paul A. Mayewski, "Volcanoes and the Climate Forcing of Carolingian Europe, A.D. 750 - 950," *Speculum* 82 (2007): 865 - 95; 288
Alan Robock, "Volcanic Eruptions and Climate," *Reviews of Geophysics* 38 (2000): 191 - 219; Drew T. Shindell and Gavin A. Schmidt, "Dynamic Winter Climate Response to Large Tropical Volcanic Eruptions since 1600," *Journal of Geophysical Research* 109 (2004): D05104; Luke Oman, Alan Robock, Georgiy Stenchikov, Gavin A. Schmidt, and Reto Ruedy, "Climatic Response to High-Latitude Volcanic Eruptions," *Journal of Geophysical Research* 110 (2005): D13103; H.H. Lamb, "Volcanic Dust in the Atmosphere; with a Chronology and Assessment of Its Meteorological Significance," *Philosophical Transactions of the Royal Society of London. Series A, Mathematical and Physical Sciences* 266 (1970): 425 - 533。关于全球范围内的火山喷发对奥斯曼帝国造成的气候影响，参见S. White, *Climate of Rebellion*, 133 - 37, 142, 181 - 82, 212, 220。

48. Thordarson and Self, "Atmospheric and Environmental Effects of Laki," 1.

49. 关于高纬度火山喷发造成的特定气候效应，参见Oman, Robock, Stenchikov, Schmidt, and Ruedy, "Climatic Response to High-Latitude Volcanic Eruptions."。

50. Thordarson and Self, "Atmospheric and Environmental Effects of Laki," 6; E.J. Highwood and D.S. Stevenson, "Atmospheric Impact of the 1783 - 1784 Laki Eruption: Part II, Climatic Effect of Sulphate Aerosol," *Atmospheric Chemistry and Physics* 3 (2003): 1177 - 89。

51. 例如在1783年7月，欧洲西南部、西部和西北部地区的气候异常温暖，参见Thordarson and Self, "Atmospheric and Environmental Effects of Laki,"

15。

52. Ibid.，19.

53. Ibid.，16。有少部分人认为那个冬天的极低气温不是由拉基火山喷发所致，而是由于北大西洋涛动处于负位相（negative North Atlantic oscillation，缩写为NAO）以及厄尔尼诺-南方涛动现象（El Niño southern oscillation，简称为ENSO）的影响。参见Rosanne D'Arrigo，Richard Seager，Jason E. Smerdon，Allegra N. LeGrande，and Edward R. Cook，"The Anomalous Winter of 1783 - 1784：Was the Laki Eruption or an Analog of the 2009 - 2010 Winter to Blame?，" *Geophysical Research Letters* 38（2011）：L05706。关于厄尔尼诺-南方涛动现象和尼罗河之间的联系，参见Luc Ortlieb，"Historical Chronology of ENSO and the Nile Flood Record，" in *Past Climate Variability through Europe and Africa*，ed. Richard W. Battarbee，Françoise Gasse，and Catherine E. Stickley，257 - 78（Dordrecht，Netherlands：Springer，2004）。

54. Thordarson and Self，"Atmospheric and Environmental Effects of Laki，" 16.

55. Ibid.，15.

56. Ibid.，16.

57. Ibid.，15.

58. 日本在1783年夏季的情况较为复杂，因为位于日本中部的浅间山（Asama volcano）在同一时期也发生了喷发。关于浅间山喷发的具体信息，参见Maya Yasui and Takehiro Koyaguchi，"Sequence and Eruptive Style of the 1783 Eruption of Asama Volcano，Central Japan：A Case Study of an
289 Andesitic Explosive Eruption Generating Fountain Fed Lava Flow，Pumice Fall，Scoria Flow and Forming a Cone，" *Bulletin of Volcanology* 66（2004）：243 - 62。有学者认为拉基火山造成的气候影响远超于浅间山，关于这个观点的论述参见G.A. Zielinski，R.J. Fiacco，P.A. Mayewski，L.D. Meeker，S. Whitlow，M.S. Twickler，M.S. Germani，K. Endo，and M. Yasui，"Climatic Impact of the A.D. 1783 Asama（Japan）Eruption

Was Minimal: Evidence from the GISP2 Ice Core," *Geophysical Research Letters* 21(1994): 2365 - 68。

59. Thordarson and Self, "Atmospheric and Environmental Effects of Laki," 22.
60. Jacoby, Workman, and D'Arrigo, "Laki, Tree Rings, and Disaster for Northwest Alaska Inuit."
61. Thordarson and Self, "Atmospheric and Environmental Effects of Laki," 19.
62. Ibid.
63. Oman, Robock, Stenchikov, Schmidt, and Ruedy, "Climatic Response to High-Latitude Volcanic Eruptions," 1.
64. 关于印度洋季风和尼罗河的关系，参见Pierre Camberlin, "Rainfall Anomalies in the Source Region of the Nile and Their Connection with the Indian Summer Monsoon," *Journal of Climate* 10(1997): 1380 - 92; Marie Revel, E. Ducassou, F.E. Grousset, S.M. Bernasconi, S. Migeon, S. Revillon, J. Mascle, A. Murat, S. Zaragosi, and D. Bosch, "100, 000 Years of African Monsoon Variability Recorded in Sediments of the Nile Margin," *Quaternary Science Reviews* 29(2010): 1342 - 62; Barbara Bell, "The Oldest Records of the Nile Floods," *Geographical Journal* 136(1970): 569 - 73。
65. Oman, Robock, Stenchikov, and Thordarson, "High-Latitude Eruptions Cast Shadow."
66. Oman, Robock, Stenchikov, Schmidt, and Ruedy, "Climatic Response to High-Latitude Volcanic Eruptions," 3.
67. H.G. Lyons, "On the Nile Flood and Its Variation," *Geographical Journal* 26(1905): 406.
68. 关于这段历史时期的一般性论述，参见Crecelius, "Egypt in the Eighteenth Century," 82 - 86。
69. 关于这一现象在帝国境内的大规模出现，参见Yaycıoğlu, "Provincial

Power-Holders and the Empire"；Engin D. Akarli，"Provincial Power Magnates in Ottoman Bilad al-Sham and Egypt，1740 – 1840，" in *La vie sociale dans les Provinces Arabes à l'époque Ottoman*，vol. 3，ed. Abdeljelil Temimi，41 – 56（Zaghwān，Tunisia：Markaz al-Dirāsāt wa al-Buḥūth al-ʿUthmāniyya wa al-Mūrīskiyya wa al-Tawthīq wa al-Maʿlūmāt，1988）。

70. Crecelius，*Roots of Modern Egypt.*

71. Ibid.，79 – 91，159 – 68.

72. 关于奥斯曼帝国在18世纪末期所经历的动荡，参见Aksan，*Ottoman Statesman*，100 – 205；Aksan，*Ottoman Wars*；Tezcan，*Second Ottoman Empire*；Kasaba，*Ottoman Empire and the World Economy*。

73. 关于1784年的瘟疫，参见BOA，HAT，29/1361（13 Ş 1198/1 July 1784）；BOA，HAT，28/1354（7 Za 1198/22 Sept. 1784）。关于1785年的瘟疫，参见al-Khashshāb，*Akhbār al-Amīr Murād*，24 – 25；al-Jabartī，*ʿAjāʾib al-Āthār*（1994），2：157。关于1786年的瘟疫，参见Ibid.，2：228 – 229，2：232，2：241。关于1788年的瘟疫，参见Ibid.，2：260，2：263，2：275，2：280，2：282。关于1791年的瘟疫，参见BOA，Cevdet Dahiliye，1722（Evasıt N 1205/15 – 24 May 1791）；al-Jabartī，*ʿAjāʾib al-*
290 *Āthār*（1994），2：315；al-Khashshāb，*Akhbār al-Amīr Murād*，33 – 34；al-Khashshāb，*Akhbār Ahl al-Qarn al-Thānī ʿAshar*，58。关于1792年的瘟疫，参见BOA，HAT，209/11213（29 Z 1206/18 Aug. 1792）。此处的日期出处为BOA，此外我们并没有能够印证其真实性的文本内在证据。关于与英国的通信往来中涉及1791年和1792年埃及疫情的部分，参见英国驻埃及领事乔治·鲍德温寄往伦敦的汇报材料：TNA，FO，24/1，183r – 185v（4 July 1791），191r – 196v（12 July 1791），211r – 212v（21 June 1792）。关于1799年的瘟疫，参见 BOA，HAT，245/13801A（3 Za 1213/9 Apr. 1799）。

74. Lyons，"On the Nile Flood，" 406，412.

75. Al-Jabartī，*ʿAjāʾib al-Āthār*（1994），2：123。关于1783年的饥荒情况，同

时参见Constantin-François Volney，*Travels through Egypt and Syria, in the Years 1783, 1784, and 1785. Containing the Present Natural and Political State of Those Countries, Their Productions, Arts, Manufactures, and Commerce; with Observations on the Manners, Customs, and Government of the Turks and Arabs*，trans. from the French，2 vols.（New York：Evert Duyckinck，1798），1：101。

76. BOA，HAT，28/1354（7 Za 1198/22 Sept. 1784）.
77. Al Jabartī，*ʿAjāʾib al-Āthār*（1994），2：138.
78. Shaw，*Financial and Administrative Organization*，355 – 57.
79. Al-Jabartī，*ʿAjāʾib al-Āthār*（1994），2：138.
80. Ibid.，2：139 – 40.
81. Volney，*Travels through Egypt and Syria*，1：122.
82. Al-Jabartī，*ʿAjāʾib al-Āthār*（1994），2：155.
83. Volney，*Travels through Egypt and Syria*，1：123.
84. Ibid.，1：122.
85. Ibid.，1：121.
86. BOA，HAT，29/1361（13 Ş 1198/1 July 1784）；BOA，HAT，28/1354（7 Za 1198/22 Sept. 1784）.
87. Al-Khashshāb，*Akhbār al-Amīr Murād*，24 – 25；al-Jabartī，*ʿAjāʾib al-Āthār*（1994），2：157.
88. Volney，*Travels through Egypt and Syria*，1：122.
89. 奥斯曼帝国曾在早些年间经历过一场政治危机，其部分原因也是气候变化带来的影响。关于这段时期的详细信息，参见S. White，*Climate of Rebellion*。
90. Al-Jabartī，*ʿAjāʾib al-Āthār*（1994），2：133.
91. 关于这些掠夺行为的记述，参见Ibid.，2：123，2：133 – 34，2：140，2：173，2：175，2：178，2：189；al-Khashshāb，*Akhbār al-Amīr Murād*，25。
92. Al-Jabartī，*ʿAjāʾib al-Āthār*（1994），2：138 – 39。

93. Crecelius, "Egypt in the Eighteenth Century," 82 - 86.

94. 类似的政治现象也发生在冰岛。拉基火山喷发造成的生态环境压力为埃及地方精英对抗奥斯曼帝国提供了契机，而当时的冰岛民众也将火山活动造成的灾难视为丹麦王国统治无能的标志，借机制定了一系列火山灾难应对措施，并增强了地方自主权。无论是埃及的精英阶级还是冰岛民众，他们都认为当权政府未能治理好环境、社会与经济危机，所以他们有权依靠自己的力量去承担起这些职能。和埃及出现的反奥斯曼帝国言论一样，对丹麦王权的批判将成为19世纪上半叶冰岛民族主义运动的一部分。参见Oslund, *Iceland Imagined*, 45 - 48。

291

95. 这份汇报文档的译文发表于Shaw, *Niẓamname-i Mıṣır*。

96. 关于18世纪下半叶发生的俄土战争，参见Aksan, *Ottoman Statesman*, 100 - 205; Aksan, *Ottoman Wars*。

97. 相关的历史学讨论，参见Gran, *Islamic Roots of Capitalism*; Fahmy, *All the Pasha's Men*, 1 - 37; Fahmy, *Mehmed Ali*, 112 - 27; Toledano, "Mehmet Ali PaŞa or Muhammad Ali Basha?"; Mikhail, "Unleashing the Beast," 319 - 21。

结　论

1. 正如威廉·克罗农所言，所谓“经济”，其运作不仅与政治活动、社会变化和帝国统治息息相关，它本身更是“生态系统的子集”。参见Cronon, *Changes in the Land*, xv - xvi。

2. 显而易见的是，无论是在埃及还是帝国的其他区域，奥斯曼帝国的统治都不是决定历史走向的唯一，甚至绝对性因素。这一点适用于所有类型的政体，不管是古代或现代，帝国主义或非帝国主义。我们从史料记载中可以看出，在奥斯曼帝国统治下的埃及历史上的诸多阶段中，并未出现过多帝国的身影，帝国法律或机构产生的影响也微乎其微。例如，17世纪的希尔比尼描写埃及乡村的讽刺作品“*Hazz al-Quḥūf*”（英文译名为*Brains*

Confounded，意为《困惑的大脑》，译者注）中甚少提及奥斯曼帝国政权如何影响了埃及的乡村社会。

3. 例如参见Beshara Doumani，*Rediscovering Palestine: Merchants and Peasants in Jabal Nablus, 1700 - 1900*（Berkeley：University of California Press，1995）；Amy Singer，*Palestinian Peasants and Ottoman Officials: Rural Administration around Sixteenth-Century Jerusalem*（Cambridge：Cambridge University Press，1994）；Peirce，*Morality Tales*；Dror Ze'evi，*An Ottoman Century: The District of Jerusalem in the 1600s*（Albany：State University of New York Press，1996）。
4. Timothy Mitchell，"Are Environmental Imaginaries Culturally Constructed?，" in *Environmental Imaginaries of the Middle East and North Africa*，ed. Diana K. Davis and Edmund Burke III（Athens：Ohio University Press，2011），266.

参考文献

293

原始档案资料

Başbakanlık Osmanlı Arşivi, *Istanbul*

Cevdet Bahriye

208, 1413, 5701

Cevdet Dahiliye

1722

Cevdet Nafia

120, 302, 458, 644, 2570

Hatt-ı Hümayun

26/1256, 28/1354, 29/1358,

29/1361, 86/3520, 88/3601,

130/5404, 131/5411, 209/11213,

240/13451, 245/13801A,

342/19546, 593/29055,

656/32064, 795/36893,

1399/56283, 1412/57500

İbnülemin Umur-i Nafia

94

Mühimme-i Mısır

1，3，4，5，6，8，9

*Dār al-Wathā*ʾiq al-Qawmiyya，Cairo

al-Jusūr al-Sulṭāniyya

784，785，786，787，788

Maḍābiṭ al-Daqahliyya

19，20，34

Maḥkamat Asyūṭ

1，2，4，5，8

Maḥkamat al-Baḥayra

5，7，8，10，11，14，16，21，22，23，24，

294 25，26，37，38

Maḥkamat Isnā

3，6，8

Maḥkamat Manfalūṭ

1，2，3

Maḥkamat al-Manṣūra

1，2，3，4，7，9，12，14，15，16，17，18，19，22，24，51

Maḥkamat Rashīd

122，123，124，125，130，132，134，139，142，144，145，146，148，151，154，157

al-Rūznāma，Daftar Irtifāʿ al-Miyāh bi-Baḥr Sayyidnā Yūsuf lihi al-Ṣalāh wa al-Salām ʿan al-Qabḍa al-Yūsufiyya Tābiʿ Wilāyat al-Fayyūm

Raqam al-Ḥifẓ al-Nauʿī 1，ʿAyn 59，Makhzin Turkī 1，Musalsal 4557

The National Archives of the United Kingdom, *Kew*

Foreign Office

24/1

Privy Council

1/19/24

Topkapı Sarayı Müzesi Arşivi, *Istanbul*

Evrak

664/4, 664/40, 664/51, 664/52, 664/55, 664/63, 664/64, 664/66, 2229/3, 2444/107, 3218, 3522, 4675/2, 5207/49, 5207/57, 5207/58, 5207/62, 5225/12, 5657, 7008/12, 7016/95

已出版一手资料

ʿAbd al-Raḥīm, ʿAbd al-Raḥīm ʿAbd al-Raḥman. *Wathāʾiq al-Maḥākim al-Sharʿiyya al-Miṣriyya ʿan al-Jāliya al-Maghāribiyya ibbāna al-ʿAṣr al-ʿUthmānī*. Edited and introduced by ʿAbd al-Jalīl al-Tamīmī. Zaghwān, Tunisia: Markaz al-Dirāsāt wa al-Buḥūth al-ʿUthmāniyya wa al-Mūrīskiyya wa al-Tawthīq wa al-Maʿlūmāt, 1992.

Antes, John. *Observations on the Manners and Customs of the Egyptians, the Overflowing of the Nile and Its Effects; with Remarks on the Plague and Other Subjects. Written during a Residence of Twelve Years in Cairo and Its Vicinity*. London: printed for J. Stockdale, 1800.

al-ʿAwfī al-Ḥanbalī, Ibrāhīm ibn Abī Bakr al-Ṣawāliḥī. *Tarājim al-Ṣawāʿiq fī Wāqiʿat al-Ṣanājiq*. Edited by ʿAbd al-Raḥīm ʿAbd al-Raḥman ʿAbd al-Raḥīm. Cairo: Institut français d'archéologie orientale, 1986.

Barkan, Ömer Lûtfi . *Kanunlar*. Vol. 1 of *XV ve XVIinci asırlarda Osmanlı*

İmparatorluğunda Ziraî? Ekonominin Hukukî? ve Malî? Esasları. İstanbul Üniversitesi Yayınlarından 256. Istanbul：Bürhaneddin Matbaası，1943.

295 Commission des sciences et arts d'Egypte. *Description de l'Égypte, ou, recueil de observations et des recherches qui ont été faites en Égypte pendant l'éxpédition de l'armée française, publié par les ordres de Sa Majesté l'empereur Napoléon le Grand*. 9 vols. in 3 pts. Paris：Imprimerie impériale，1809 - 28.

al-Damardāshī，Muṣṭafā ibn al-Ḥājj Ibrāhīm Tābiʿ al-Marḥūm Ḥasan Aghā ʿAzabān. *Tārīkh Waqāʾiʿ Miṣr al-Qāhira al-Maḥrūsa Kinānat Allah fī Arḍihi*. Edited by Ṣalāḥ Aḥmad Harīdī ʿAlī. 2nd ed. Cairo：Dār al-Kutub wa al-Wathāʾiq al-Qawmiyya，2002.

al-Damurdāshī Katkhudā ʿAzabān，Aḥmad. *Kitāb al-Durra al-Muṣāna fī Akhbār al-Kināna*. Edited by ʿAbd al-Raḥīm ʿAbd al-Raḥman ʿAbd al-Raḥīm. Cairo：Institut français d'archéologie orientale，1989.

Herodotus. *The History*. Translated by David Grene. Chicago：University of Chicago Press，1987.

Heywood，Colin. "A Red Sea Shipping Register of the 1670s for the Supply of Foodstuffs from Egyptian *Wakf* Sources to Mecca and Medina（Turkish Documents from the Archive of ʿAbdurrahman 'ʿAbdi' Pasha of Buda，I）." *Anatolia Moderna* 6（1996）：111 - 74.

Ibn ʿAbd al-Ghanī，Aḥmad Shalabī. *Awḍaḥ al-Ishārāt fī man Tawallā Miṣr al-Qāhira min al-Wuzarāʾ wa al-Bāshāt*. Edited by ʿAbd al-Raḥīm ʿAbd al-Raḥman ʿAbd al-Raḥīm. Cairo：Maktabat al-Khānjī，1978.

Ibn Abī al-Surūr al-Bakrī，Muḥammad. *al-Nuzha al-Zahiyya fī Dhikr Wulāt Miṣr wa al-Qāhira al-Muʿizziyya*. Edited by ʿAbd al-Rāziq ʿAbd al-Rāziq ʿĪsā. Cairo：al-ʿArabī lil-Nashr wa al-Tawzīʿ，1998.

al-Jabartī，ʿAbd al-Raḥman ibn Ḥasan. *ʿAbd al-Raḥman al-Jabartī's History of Egypt：ʿAjāʾib al-Āthār fī al-Tarājim wa al-Akhbār*. Edited by Thomas Philipp and Moshe Perlmann. 4 vols. Stuttgart：Franz Steiner Verlag，1994.

———. *ʿAjāʾib al-Āthār fī al-Tarājim wa al-Akhbār*. Edited by Ḥasan Muḥammad Jawhar, ʿAbd al-Fattāḥ al-Saranjāwī, ʿUmar al-Dasūqī, and al-Sayyid Ibrāhīm Sālim. 7 vols. Cairo: Lajnat al-Bayān al-ʿArabī, 1958 - 67.

———. *ʿAjāʾib al-Āthār fī al-Tarājim wa al-Akhbār*. Edited by ʿAbd al-Raḥīm ʿAbd al-Raḥman ʿAbd al-Raḥīm. 4 vols. Cairo: Maṭbaʿat Dār al-Kutub al-Miṣriyya, 1998.

al-Jirjāwī, Muḥammad ibn Muḥammad Ḥāmid al-Marāghī. *Tārīkh Wilāyat al-Ṣaʿīd fī al-ʿAṣrayn al-Mamlūkī wa al-ʿUthmānī: al-Musammā bi-"Nūr al-ʿUyūn fī Dhikr Jirjā min ʿAhd Thalāthat Qurūn."* Edited by Aḥmad Ḥusayn al-Namakī. Cairo: Maktabat al-Nahḍa al-Miṣriyya, 1998.

al-Khashshāb, Ismāʿīl ibn Saʿd. *Akhbār Ahl al-Qarn al-Thānī ʿAshar: Tārīkh al-Mamālīk fī al-Qāhira*. Edited by ʿAbd al-ʿAzīz Jamāl al-Dīn and ʿImād Abū Ghāzī. Cairo: al-ʿArabī lil-Nashr wa al-Tawzīʿ, 1990.

———. *Khulāṣat mā Yurād min Akhbār al-Amīr Murād*. Edited and translated by Hamza ʿAbd al-ʿAzīz Badr and Daniel Crecelius. Cairo: al-ʿArabī lil-Nashr wa al-Tawzīʿ, 1992.

Kutluk, Halil, ed. *Türkiye Ormancılığı ile İlgili Tarihi Vesikalar, 893 - 1339 (1487 - 1923)*. Istanbul: Osmanbey Matbaası, 1948.

al-Maqrīzī, Aḥmad ibn ʿAlī. *al-Mawāʿiẓ wa al-Iʿtibār bi-Dhikr al-Khiṭaṭ wa al-Āthār*. 2 vols. Būlāq, Egypt: Dār al-Ṭibāʿa al-Miṣriyya, 1853.

Mutawallī, Aḥmad Fuʾād, trans. and intro. *Qānūn Nāmah Miṣr, alladhī* 296
Aṣdarahu al-Sulṭān al-Qānūnī li-Ḥukm Miṣr. Cairo: Maktabat al-Anjlū al-Miṣriyya, 1986.

Norden, Frederik Ludvig. *Voyage d'Égypte et de Nubie, par Frederic Louis Norden, ouvrage enrichi de cartes & de figures dessinées sur les lieux, par l'auteur même*. 2 vols. Copenhagen: Imprimerie de la Maison Royale, 1755.

al-Ṣafadī al-Shāfiʿī, Abū ʿUthmān al-Nābulusī. *Tārīkh al-Fayyūm wa Bilādihi.*

Cairo：al-Maṭbaʿa al-Ahliyya，1898.

———. *Tārīkh al-Fayyūm wa Bilādihi*. Beirut：Dār al-Jīl，1974.

Sāmī，Amīn. *Taqwīm al-Nīl*. 5 vols. in 3 pts. Cairo：Dār al-Kutub wa al-Wathāʾiq al-Qawmiyya，2003.

Sharqāwī，ʿAbd Allāh. *Tuḥfat al-Nāẓirīn fī man Waliya Miṣr min al-Mulūk wa al-Salāṭīn*. Edited by Riḥāb ʿAbd al-Ḥamīd al-Qārī. Cairo：Maktabat Madbūlī，1996.

Shaw，Stanford J. *The Budget of Ottoman Egypt，1005 - 1006/1596 - 1597*. The Hague：Mouton，1968.

———，ed. and trans. *Ottoman Egypt in the Eighteenth Century：The Niẓâmnâme-i Mıṣır of Cezzâr Aḥmed Pasha*. Cambridge，MA：Center for Middle Eastern Studies of Harvard University，1964.

al-Shirbīnī，Yūsuf ibn Muḥammad. *Kitāb Hazz al-Quḥūf bi-Sharḥ Qaṣīd Abī Shādūf*. Edited and translated by Humphrey Davies. 2 vols. Leuven，Belgium：Peeters，2005 - 7.

Steingrímsson，Jón. *Fires of the Earth：The Laki Eruption，1783 - 1784*. Translated by Keneva Kunz. Reykjavík：University of Iceland Press and Nordic Volcanological Institute，1998.

al-Suyūṭī，Jalāl al-Dīn. *Kawkab al-Rauḍa*. Edited by Muḥammad al-Shashtāwī. Cairo：Dār al-Āfāq al-ʿArabiyya，2002.

Tietze，Andreas. *Muṣṭafā ʿĀlī's Description of Cairo of 1599：Text，Transliteration，Translation，Notes*. Vienna：Verlag der Österreichischen Akademie der Wissenschaften，1975.

Volney，Constantin-François. *Travels through Egypt and Syria，in the Years 1783，1784，and 1785. Containing the Present Natural and Political State of Those Countries，Their Productions，Arts，Manufactures，and Commerce；with Observations on the Manners，Customs，and Government of the Turks and Arabs*. Translated from the French. 2 vols. New York：Evert Duyckinck，1798.

Warner, Nicholas. *The True Description of Cairo: A Sixteenth-Century Venetian View*. 3 vols. Oxford: Arcadian Library in association with Oxford University Press, 2006.

二手资料

Abbas, Raouf, and Assem El-Dessouky. *The Large Landowning Class and the Peasantry in Egypt, 1837 - 1952*. Translated by Amer Mohsen with Mona Zikri. Edited by Peter Gran. Syracuse, NY: Syracuse University Press, 2011.

ʿAbd al-Fattāḥ, Muḥammad Ḥusām al-Dīn Ismāʿīl, and Suhayr Ṣāliḥ. "A Wikāla of Sulṭān Mu'ayyid: Wikālat 'Ūda Pasha." *Annales Islamologiques* 28(1994): 71 - 96.

ʿAbd al-Karīm, Aḥmad ʿIzzat. *Tārīkh al-Taʿlīm fī ʿAṣr Muḥammad ʿAlī*. Cairo: 297
Maktabat al-Nahḍa al-Miṣriyya, 1938.

ʿAbd al-Mutajallī, Naṣra. "al-Muqāwama bil-Tasaḥḥub fī Rīf Miṣr al-ʿUthmāniyya." In *al-Rafḍ wa al-Iḥtijāj fī al-Mujtamaʿal-Miṣrī fī al-ʿAṣr al-ʿUthmānī*, edited by Nāṣir Ibrāhīm and Raʾūf ʿAbbās, 127 - 36. Cairo: Markaz al-Buḥūth wa al-Dirāsāt al-Ijtimāʿiyya, 2004.

ʿAbd al-Mutajallī Ibrāhīm ʿAlī, Nāṣira. "al-Daqahliyya fī al-ʿAṣr al-ʿUthmānī." MA thesis, ʿAyn Shams University, 2005.

ʿAbd al-Muʿṭī, Ḥusām Muḥammad. *al-ʿAlāqāt al-Miṣriyya al-Ḥijāziyya fī al-Qarn al-Thāmin ʿAshar*. Cairo: al-Hayʾa al-Miṣriyya al-ʿĀmma lil-Kitāb, 1999.

———. "al-Buyūt al-Tijāriyya al-Maghribiyya fī Miṣr fī al-ʿAṣr al-ʿUthmānī." PhD diss., Mansura University, 2002.

———. "Riwāq al-Maghāriba fī al-Jāmiʿ al-Azhar fī al-ʿAṣr al-ʿUthmānī." *al-Rūznāma: al-Ḥauliyya al-Miṣriyya lil-Wathāʾiq* 3(2005): 165 - 204.

ʿAbd al-Raḥīm, ʿAbd al-Raḥīm ʿAbd al-Raḥman. *al-Rīf al-Miṣrī fī al-Qarn al-Thāmin ʿAshar*. Cairo: Maktabat Madbūlī, 1986.

Aberth, John. *The Black Death: The Great Mortality of 1348 – 1350, a Brief History with Documents*. New York: Palgrave Macmillan, 2005.

Abou-El-Haj, Rifaʿat ʿAli. *Formation of the Modern State: The Ottoman Empire, Sixteenth to Eighteenth Centuries*. 2nd ed. Syracuse, NY: Syracuse University Press, 2005.

Abu-Lughod, Janet L. *Before European Hegemony: The World System A.D. 1250 – 1350*. New York: Oxford University Press, 1989.

Adams, Robert McC. *Land behind Baghdad: A History of Settlement on the Diyala Plains*. Chicago: University of Chicago Press, 1965.

Adas, Michael. "From Avoidance to Confrontation: Peasant Protest in Precolonial and Colonial Southeast Asia." *Comparative Studies in Society and History* 23 (1981): 217 – 47.

Ágoston, Gábor. *Guns for the Sultan: Military Power and the Weapons Industry in the Ottoman Empire*. Cambridge: Cambridge University Press, 2005.

Aḥmad, Laylā ʿAbd al-Laṭīf. *al-Idāra fī Miṣr fī al-ʿAṣr al-ʿUthmānī*. Cairo: Maṭbaʿat Jāmiʿat ʿAyn Shams, 1978.

———. *al-Mujtamaʿ al-Miṣrī fī al-ʿAṣr al-ʿUthmānī*. Cairo: Dār al-Kitāb al-Jāmiʿī, 1987.

———. *al-Ṣaʿīd fī ʿAhd Shaykh al-ʿArab Hammām*. Cairo: al-Hayʾa al-Miṣriyya al-ʿAmma lil-Kitāb, 1987.

———. *Tārīkh wa Muʾarrikhī Miṣr wa al-Shām ibbāna al-ʿAṣr al-ʿUthmānī*. Cairo: Maktabat al-Khānjī, 1980.

Akarli, Engin D. "Provincial Power Magnates in Ottoman Bilad al-Sham and Egypt, 1740 – 1840." In *La vie sociale dans les Provinces Arabes à l'époque Ottoman*, vol. 3, edited by Abdeljelil Temimi, 41 – 56. Zaghwān, Tunisia: Markaz al-Dirāsāt wa al-Buḥūth al-ʿUthmāniyya wa al-Mūrīskiyya wa al-Tawthīq wa al-Maʿlūmāt, 1988.

Aksan, Virginia H. *An Ottoman Statesman in War and Peace: Ahmed Resmi Efendi, 1700 - 1783*. Leiden, Netherlands: Brill, 1995.

———. *Ottoman Wars, 1700 - 1870: An Empire Besieged*. Harlow, UK: 298
Routledge, 2007.

Alam, Muzaffar, and Sanjay Subrahmanyam. *Indo-Persian Travels in the Age of Discoveries, 1400 - 1800*. Cambridge: Cambridge University Press, 2007.

Albert, Jeff, Magnus Bernhardsson, and Roger Kenna, eds. *Transformations of Middle Eastern Natural Environments: Legacies and Lessons*. Bulletin Series, no. 103. New Haven, CT: Yale School of Forestry and Environmental Sciences, 1998.

Alexander, Jennifer Karns. *The Mantra of Efficiency: From Waterwheel to Social Control*. Baltimore: Johns Hopkins University Press, 2008.

ʿAlī, Ṣalāḥ Aḥmad Harīdī. "al-Ḥayāh al-Iqtiṣādiyya wa al-Ijtimāʿiyya fī Madīnat Rashid fī al-ʿAṣr al-ʿUthmānī, Dirāsa Wathāʾiqiyya." *Egyptian Historical Review* 30 - 31 (1983 - 84): 327 - 78.

Allsen, Thomas T. *The Royal Hunt in Eurasian History*. Philadelphia: University of Pennsylvania Press, 2006.

Ambraseys, Nicholas. *Earthquakes in the Eastern Mediterranean and Middle East: A Multidisciplinary Study of Seismicity up to 1900*. Cambridge: Cambridge University Press, 2009.

Ambraseys, N.N., and C.F. Finkel. *The Seismicity of Turkey and Adjacent Areas: A Historical Review, 1500 - 1800*. Istanbul: Eren, 1995.

Ambraseys, N.N., and C.P. Melville. *A History of Persian Earthquakes*. Cambridge: Cambridge University Press, 1982.

Ambraseys, N.N., C.P. Melville, and R.D. Adams. *The Seismicity of Egypt, Arabia and the Red Sea: A Historical Review*. Cambridge: Cambridge University Press, 1994.

Amer, M.H., and N.A. de Ridder, eds. *Land Drainage in Egypt*. Cairo:

Drainage Research Institute, 1989.

Anderson, Virginia DeJohn. *Creatures of Empire: How Domestic Animals Transformed Early America*. New York: Oxford University Press, 2004.

Appadurai, Arjun. "Wells in Western India: Irrigation and Cooperation in an Agricultural Society." *Expedition* 26 (1984): 3 - 14.

Appuhn, Karl. "Ecologies of Beef: Eighteenth-Century Epizootics and the Environmental History of Early Modern Europe." *Environmental History* 15 (2010): 268 - 87.

———. *A Forest on the Sea: Environmental Expertise in Renaissance Venice*. Baltimore: Johns Hopkins University Press, 2009.

Arnold, David. *Colonizing the Body: State Medicine and Epidemic Disease in Nineteenth-Century India*. Berkeley: University of California Press, 1993.

Asmar, Basel N. "The Science and Politics of the Dead Sea: Red Sea Canal or Pipeline." *Journal of Environment and Development* 12 (2003): 325 - 39.

Aston, T.H., and C.H.E. Philpin, eds. *The Brenner Debate: Agrarian Class Structure and Economic Development in Pre-industrial Europe*. Cambridge: Cambridge University Press, 1985.

Atwell, William S. "Volcanism and Short-Term Climatic Change in East Asian and World History, c. 1200 - 1699." *Journal of World History* 12 (2001): 29 - 98.

299 Ayalon, Yaron. *Natural Disasters in the Ottoman Empire: Plague, Famine, and Other Misfortunes*. Cambridge: Cambridge University Press, 2015.

ʿAzabāwī, ʿAbd Allah Muḥammad. "al-ʿAlāqāt al-ʿUthmāniyya-al-Maghribiyya fī ʿAhd Kullin min Maulāya Muḥammad (1757 - 1790) wa Ibnihi Yazīd (1790 - 1792)." *Egyptian Historical Review* 30 - 31 (1983 - 84): 379 - 413.

Bacqué-Grammont, Jean-Louis, and Anne Kroell. *Mamlouks, ottomans et portugais en Mer Rouge: L'affaire de Djedda en 1517*. Cairo: Institut français d'archéologie orientale, 1988.

Bacqué-Grammont, Jean-Louis, Joséphine Lesur-Gebremariam, and Catherine Mayeur-Jaouen. "Quelques aspects de la faune nilotique dans la relation d'Evliyâ Çelebî, voyageur ottoman." *Journal Asiatique* 296 (2008): 331 - 74.

Badawi, El-Said, and Martin Hinds. *A Dictionary of Egyptian Arabic*. Beirut: Librairie du Liban, 1986.

Baer, Gabriel. "The Dissolution of the Egyptian Village Community." *Die Welt des Islams* 6 (1959): 56 - 70.

———. *A History of Landownership in Modern Egypt, 1800 - 1950*. London: Oxford University Press, 1962.

Bagis, Ali Ihsan. "Turkey's Hydropolitics of the Euphrates-Tigris Basin." *International Journal of Water Resources Development* 13 (1997): 567 - 82.

Bagnall, Roger S. "The Camel, the Wagon, and the Donkey in Later Roman Egypt." *Bulletin of the American Society of Papyrologists* 22 (1985): 1 - 6.

———. *Egypt in Late Antiquity*. Princeton, NJ: Princeton University Press, 1993.

Baldwin, James Edward. "Islamic Law in an Ottoman Context: Resolving Disputes in Late Seventeenth and Early Eighteenth-Century Cairo." PhD diss., New York University, 2010.

Barkan, Ömer Lütfi . *Süleymaniye Cami ve İmareti İnşaatı (1550 - 1557)* . 2 vols. Ankara: Türk Tarih Kurumu, 1972 - 79.

Barkey, Karen. *Bandits and Bureaucrats: The Ottoman Route to State Centralization*. Ithaca, NY: Cornell University Press, 1994.

———. *Empire of Difference: The Ottomans in Comparative Perspective*. Cambridge: Cambridge University Press, 2008.

Beaumont, Peter. "Water Resource Development in Iran." *Geographical Journal* 140 (1974): 418 - 31.

Behrens-Abouseif, Doris. *Egypt's Adjustment to Ottoman Rule: Institutions, Waqf, and Architecture in Cairo, 16th and 17th Centuries*. Leiden, Netherlands: Brill, 1994.

Beinin, Joel. *Workers and Peasants in the Modern Middle East*. Cambridge: Cambridge University Press, 2001.

Beinin, Joel, and Zachary Lockman. *Workers on the Nile: Nationalism, Communism, Islam, and the Egyptian Working Class, 1882 - 1954*. Princeton, NJ: Princeton University Press, 1987.

Bell, Barbara. "The Oldest Records of the Nile Floods." *Geographical Journal* 136 (1970): 569 - 73.

Benkheira, Mohamed Hocine, Catherine Mayeur-Jaouen, and Jacqueline Sublet. *L'animal en islam*. Paris: Indes savantes, 2005.

Bernasconi, Maria Pia, Daniel Jean Stanley, and Italo Di Geronimo. "Mollus-
300 can Faunas and Paleobathymetry of Holocene Sequences in the Northeastern Nile Delta, Egypt." *Marine Geology* 99 (1991): 29 - 43.

Bilge, Mustafa. "Suez Canal in the Ottoman Sources." In *Proceedings of the International Conference on Egypt during the Ottoman Era: 26 - 30 November 2007, Cairo, Egypt*, edited by Research Centre for Islamic History, Art and Culture, 89 - 113. Istanbul: IRCICA, 2010.

Binder, Leonard. *In a Moment of Enthusiasm: Political Power and the Second Stratum in Egypt*. Chicago: University of Chicago Press, 1978.

Bishop, Elizabeth. "Talking Shop: Egyptian Engineers and Soviet Specialists at the Aswan High Dam." PhD diss., University of Chicago, 1997.

Boak, A.E.R. "Irrigation and Population in Faiyum, the Garden of Egypt." *Geographical Review* 16 (1926): 353 - 64.

Borsch, Stuart J. *The Black Death in Egypt and England: A Comparative Study*. Austin: University of Texas Press, 2005.

———. "Environment and Population: The Collapse of Large Irrigation Systems Reconsidered." *Comparative Studies in Society and History* 46 (2004):

451 - 68.

Bostan, İdris. *Kürekli ve Yelkenli Osmanlı Gemileri*. Istanbul: Bilge, 2005.

———. *Osmanlı Bahriye Teşkilâtı: XVII. Yüzyılda Tersâne-i Âmire*. Ankara: Türk Tarih Kurumu Basımevi, 1992.

———. "An Ottoman Base in Eastern Mediterranean: Alexandria of Egypt in the 18th Century." In *Proceedings of the International Conference on Egypt during the Ottoman Era: 26 - 30 November 2007, Cairo, Egypt*, edited by Research Centre for Islamic History, Art and Culture, 63 - 77. Istanbul: IRCICA, 2010.

Braudel, Fernand. *The Wheels of Commerce*. Translated by Sian Reynolds. Vol. 2 of *Civilization and Capitalism, 15th - 18th Century*. London: Collins, 1982.

Brice, William C., ed. *The Environmental History of the Near and Middle East since the Last Ice Age*. London: Academic Press, 1978.

Brooke, John L. *Climate Change and the Course of Global History: A Rough Journey*. Cambridge: Cambridge University Press, 2014.

Brookfield, Michael. "The Desertification of the Egyptian Sahara during the Holocene (the Last 10, 000 Years) and Its Influence on the Rise of Egyptian Civilization." In *Landscapes and Societies: Selected Cases*, edited by I. Peter Martini and Ward Chesworth, 91 - 108. Dordrecht, Netherlands: Springer, 2010.

Brown, Karen, and Daniel Gilfoyle, eds. *Healing the Herds: Disease, Livestock Economies, and the Globalization of Veterinary Medicine*. Athens: Ohio University Press, 2010.

Brown, Nathan J. *Peasant Politics in Modern Egypt: The Struggle against the State*. New Haven, CT: Yale University Press, 1990.

Brummett, Palmira. *Ottoman Seapower and Levantine Diplomacy in the Age of Discovery*. Albany: State University of New York Press, 1994.

Bulliet, Richard W. "The Camel and the Watermill." *International Journal of*

Middle East Studies 42 (2010): 666 - 68.

301 ———. *The Camel and the Wheel*. New York: Columbia University Press, 1990.

———. *Cotton, Climate, and Camels in Early Islamic Iran: A Moment in World History*. New York: Columbia University Press, 2009.

———. "History and Animal Energy in the Arid Zone." In *Water on Sand: Environmental Histories of the Middle East and North Africa*, edited by Alan Mikhail, 51 - 69. New York: Oxford University Press, 2013.

———. *Hunters, Herders, and Hamburgers: The Past and Future of Human-Animal Relationships*. New York: Columbia University Press, 2005.

Bulmuş, Birsen. *Plague, Quarantines and Geopolitics in the Ottoman Empire*. Edinburgh: Edinburgh University Press, 2012.

Burke, Edmund, III. "The Big Story: Human History, Energy Regimes, and the Environment." In *The Environment and World History*, edited by Edmund Burke III and Kenneth Pomeranz, 33 - 53. Berkeley: University of California Press, 2009.

———. "The Transformation of the Middle Eastern Environment, 1500 B.C.E. - 2000 C.E." In *The Environment and World History*, edited by Edmund Burke III and Kenneth Pomeranz, 81 - 117. Berkeley: University of California Press, 2009.

Butzer, Karl W. *Early Hydraulic Civilization in Egypt: A Study in Cultural Ecology*. Chicago: University of Chicago Press, 1976.

Çağlar, Yücel. *Türkiye Ormanları ve Ormancılık*. Istanbul: İletişim Yayınları, 1992.

Camberlin, Pierre. "Rainfall Anomalies in the Source Region of the Nile and Their Connection with the Indian Summer Monsoon." *Journal of Climate* 10 (1997): 1380 - 92.

Campopiano, Michele. "Rural Communities, Land Clearance and Water Management in the Po Valley in the Central and Late Middle Ages." *Journal of Medieval History* 39 (2013): 377 - 93.

Camuffo, D., and S. Enzi. "Chronology of 'Dry Fogs' in Italy, 1374 - 1891." *Theoretical and Applied Climatology* 50 (1994): 31 - 33.

Carey, Mark, Philip Garone, Adrian Howkins, Georgina H. Endfield, Lawrence Culver, Sam White, Sherry Johnson, and James Rodger Fleming. "Forum: Climate Change and Environmental History." *Environmental History* (2014): 281 - 364.

Çarkoğlu, Ali, and Mine Eder. "Development *alla Turca*: The Southeastern Anatolia Development Project (GAP) ." In *Environmentalism in Turkey: Between Democracy and Development?*, edited by Fikret Adaman and Murat Arsel, 167 - 84. Aldershot, UK: Ashgate, 2005.

———. "Domestic Concerns and the Water Conflict over the Euphrates-Tigris River Basin." *Middle Eastern Studies* 37 (2001): 41 - 71.

Carpentier, Elisabeth. "Autour de la Peste Noire: Famines et épidémies dans l'histoire du XIVe siècle." *Annales* 17 (1962): 1062 - 92.

Casale, Giancarlo. "The Ottoman Administration of the Spice Trade in the Sixteenth-Century Red Sea and Persian Gulf." *Journal of the Economic and Social History of the Orient* 49 (2006): 170 - 98.

———. *The Ottoman Age of Exploration*. New York: Oxford University Press, 302
2010.

Casalilla, Bartolomé Yun. *Las redes del imperio: Élites sociales en la articulación de la Monarquía Hispánica, 1492 - 1714*. Madrid: Marcial Pons; Seville: Universidad Pablo de Olavide, 2009.

Caseldine, C., A. Russell, J. Harðardóttir, and Ó. Knudsen, eds. *Iceland—Modern Processes and Past Environments*. Amsterdam: Elsevier, 2005.

Caton-Thompson, Gertrude, and E.W. Gardner. "Recent Work on the Problem of Lake Moeris." *Geographical Journal* 73 (1929): 20 - 58.

Çevre ve Orman Bakanlığı. *Osmanlı Ormancılığı ile İlgili Belgeler*. 3 vols. Ankara: Çevre ve Orman Bakanlığı, 1999 - 2003.

Chaiklin, Martha. "Exotic-Bird Collecting in Early-Modern Japan." In *JAPANimals: History and Culture in Japan's Animal Life*, edited by Gregory M. Pflugfelder and Brett L. Walker, 125 - 61. Ann Arbor: Center for Japanese Studies at the University of Michigan, 2005.

Christensen, Peter. *The Decline of Iranshahr: Irrigation and Environments in the History of the Middle East, 500 B.C. to A.D. 1500*. Copenhagen: Museum Tusculanum Press, 1993.

Çizakça, Murat. "Ottomans and the Mediterranean: An Analysis of the Ottoman Shipbuilding Industry as Reflected by the Arsenal Registers of Istanbul, 1529 - 1650." In *Le genti del Mare Mediterraneo*, vol. 2, edited by Rosalba Ragosta, 773 - 89. Naples: Lucio Pironti, 1981.

Clapp, Gordon R. "Iran: A TVA for the Khuzestan Region." *Middle East Journal* 11 (1957): 1 - 11.

Clarence-Smith, William Gervase, and Steven Topik, eds. *The Global Coffee Economy in Africa, Asia, and Latin America, 1500 - 1989*. Cambridge: Cambridge University Press, 2003.

Cohen, Ammon. *The Guilds of Ottoman Jerusalem*. Leiden, Netherlands: Brill, 2001.

Collins, Robert O. *The Nile*. New Haven, CT: Yale University Press, 2002.

Conrad, Lawrence I. "Arabic Plague Chronologies and Treatises: Social and Historical Factors in the Formation of a Literary Genre." *Studia Islamica* 54 (1981): 51 - 93.

———. "The Biblical Tradition for the Plague of the Philistines." *Journal of the American Oriental Society* 104 (1984): 281 - 87.

———. "The Plague in the Early Medieval Near East." PhD diss., Princeton University, 1981.

Cooper, David E., and Simon P. James. *Buddhism, Virtue and Environment*. Aldershot, UK: Ashgate, 2005.

Cordova, Carlos E. *Millennial Landscape Change in Jordan: Geoarchaeology and Cultural Ecology*. Tucson: University of Arizona Press, 2007.

Creager, Angela N.H., and William Chester Jordan, eds. *The Animal/Human Boundary: Historical Perspectives*. Rochester, NY: University of Rochester Press, 2002.

Crecelius, Daniel. "Egypt in the Eighteenth Century." In *Modern Egypt, from 1517 to the End of the Twentieth Century*. Vol. 2 of *The Cambridge History of Egypt*, edited by M.W. Daly, 59 – 86. Cambridge: Cambridge 303
University Press, 1998.

———. "The Importance of Qusayr in the Late Eighteenth Century." *Journal of the American Research Center in Egypt* 24 (1987): 53 – 60.

———. *The Roots of Modern Egypt: A Study of the Regimes of ʿAli Bey al-Kabir and Muhammad Bey Abu al-Dhahab, 1760 – 1775*. Minneapolis: Bibliotheca Islamica, 1981.

Crecelius, Daniel, and Hamza ʿAbd al-ʿAziz Badr. "French Ships and Their Cargoes Sailing between Damiette and Ottoman Ports, 1777 – 1781." *Journal of the Economic and Social History of the Orient* 37 (1994): 251 – 86.

Cronon, William. *Changes in the Land: Indians, Colonists, and the Ecology of New England*. 1st rev. ed. New York: Hill and Wang, 2003.

———. *Nature's Metropolis: Chicago and the Great West*. New York: Norton, 1991.

———. "The Trouble with Wilderness; or, Getting Back to the Wrong Nature." *Environmental History* 1 (1996): 7 – 28.

Crosby, Alfred W. *Ecological Imperialism: The Biological Expansion of Europe, 900 – 1900*. Cambridge: Cambridge University Press, 2004.

Cuno, Kenneth M. "Commercial Relations between Town and Village in Eighteenth and Early Nineteenth-Century Egypt." *Annales Islamologiques* 24 (1988): 111 – 35.

———. *The Pasha's Peasants: Land, Society, and Economy in Lower Egypt,*

1740 - 1858. Cambridge: Cambridge University Press, 1992.

Curth, Louise Hill. *The Care of Brute Beasts: A Social and Cultural Study of Veterinary Medicine in Early Modern England*. Leiden, Netherlands: Brill, 2010.

D'Arrigo, Rosanne D., and Gordon C. Jacoby. "Northern North American Tree-Ring Evidence for Regional Temperature Changes after Major Volcanic Events." *Climate Change* 41 (1999): 1 - 15.

D'Arrigo, Rosanne, Richard Seager, Jason E. Smerdon, Allegra N. LeGrande, and Edward R. Cook. "The Anomalous Winter of 1783 - 1784: Was the Laki Eruption or an Analog of the 2009 - 2010 Winter to Blame?" *Geophysical Research Letters* 38 (2011): L05706.

Davis, Diana K. "Brutes, Beasts, and Empire: Veterinary Medicine and Environmental Policy in French North Africa and British India." *Journal of Historical Geography* 34 (2008): 242 - 67.

———. "Potential Forests: Degradation Narratives, Science, and Environmental Policy in Protectorate Morocco, 1912 - 1956." *Environmental History* 10 (2005): 211 - 38.

———. "Power, Knowledge, and Environmental History in the Middle East and North Africa." *International Journal of Middle East Studies* 42 (2010): 657 - 59.

———. *Resurrecting the Granary of Rome: Environmental History and French Colonial Expansion in North Africa*. Athens: Ohio University Press, 2007.

Davis, Diana K., and Edmund Burke III, eds. *Environmental Imaginaries of the Middle East and North Africa*. Athens: Ohio University Press, 2011.

304 Davis, Mike. *Late Victorian Holocausts: El Niño Famines and the Making of the Third World*. London: Verso, 2001.

Decker, Michael. "Plants and Progress: Rethinking the Islamic Agricultural Revolution." *Journal of World History* 20 (2009): 187 - 206.

Delaporte, François. *Disease and Civilization: The Cholera in Paris, 1832.*

Translated by Arthur Goldhammer. Cambridge: Massachusetts Institute of Technology Press, 1986.

Denevan, William M. "The Pristine Myth: The Landscape of the Americas in 1492." *Annals of the Association of American Geographers* 82 (1992): 369 - 85.

Derr, Jennifer Leslee. "Cultivating the State: Cash Crop Agriculture, Irrigation, and the Geography of Authority in Colonial Southern Egypt, 1868 - 1931." PhD diss., Stanford University, 2009.

de Vries, Jan. *The Dutch Rural Economy in the Golden Age, 1500 - 1700*. New Haven, CT: Yale University Press, 1974.

Dewald, Jonathan, Geoffrey Parker, Michael Marmé, and J.B. Shank. "*AHR* Forum: The General Crisis of the Seventeenth Century Revisited." *American Historical Review* 113 (2008): 1029 - 99.

Dols, Michael W. *The Black Death in the Middle East*. Princeton, NJ: Princeton University Press, 1977.

———. "The General Mortality of the Black Death in the Mamluk Empire." In *The Islamic Middle East, 700 - 1900: Studies in Social and Economic History*, edited by Abraham L. Udovitch, 397 - 428. Princeton, NJ: Darwin Press, 1981.

———. "Ibn al-Wardī's *Risālah al-Naba' 'an al-Waba'*, a Translation of a Major Source for the History of the Black Death in the Middle East." In *Near Eastern Numismatics, Iconography, Epigraphy and History: Studies in Honor of George C. Miles*, edited by Dickran K. Kouymjian, 443 - 55. Beirut: American University of Beirut, 1974.

———. "al-Manbijī's 'Report of the Plague': A Treatise on the Plague of 764 - 765/1362 - 1364 in the Middle East." In *The Black Death: The Impact of the Fourteenth-Century Plague*, edited by Daniel Williman, 65 - 75.

Papers of the Eleventh Annual Conference of the Center for Medieval and

Early Renaissance Studies. Binghamton, NY: Center for Medieval and Early Renaissance Studies, 1982.

———. "Plague in Early Islamic History." *Journal of the American Oriental Society* 94 (1974): 371 - 83.

———. "The Second Plague Pandemic and Its Recurrences in the Middle East: 1347 - 1894." *Journal of the Economic and Social History of the Orient* 22 (1979): 162 - 89.

Dominik, Janusz, and Daniel Jean Stanley. "Boron, Beryllium and Sulfur in Holocene Sediments and Peats of the Nile Delta, Egypt: Their Use as Indicators of Salinity and Climate." *Chemical Geology* 104 (1993): 203 - 16.

Doumani, Beshara. *Rediscovering Palestine: Merchants and Peasants in Jabal Nablus, 1700 - 1900*. Berkeley: University of California Press, 1995.

305 Dursun, Selçuk. "Forest and the State: History of Forestry and Forest Administration in the Ottoman Empire." PhD diss., Sabancı University, 2007.

Eaton, Richard M. "Islamic History as Global History." In *Islamic and European Expansion: The Forging of a Global Order*, edited by Michael Adas, 1 - 36. Philadelphia: Temple University Press, 1993.

Ellenblum, Ronnie. *The Collapse of the Eastern Mediterranean: Climate Change and the Decline of the East, 950 - 1072*. Cambridge: Cambridge University Press, 2012.

Elmusa, Sharif S., ed. *Culture and the Natural Environment: Ancient and Modern Middle Eastern Texts*. Vol. 26, no. 1, *Cairo Papers in Social Science*. Cairo: American University in Cairo Press, 2003.

Elsayed, Mohamed A.K., Nazeih A. Younan, Alfy M. Fanos, and Khalid H. Baghdady. "Accretion and Erosion Patterns along Rosetta Promontory, Nile Delta Coast." *Journal of Coastal Research* 21 (2005): 412 - 20.

Elvin, Mark. *The Retreat of the Elephants: An Environmental History of China*.

New Haven, CT: Yale University Press, 2004.

Elvin, Mark, and Liu Ts'ui-Jung, eds. *Sediments of Time: Environment and Society in Chinese History*. Cambridge: Cambridge University Press, 1998.

Ergene, Boğaç A. *Local Court, Provincial Society and Justice in the Ottoman Empire: Legal Practice and Dispute Resolution in Çankırı and Kastamonu (1652 - 1744)*. Leiden, Netherlands: Brill, 2003.

Erler, Mehmet Yavuz. *Osmanlı Devleti'nde Kuraklık ve Kıtlık Olayları, 1800 - 1880*. Istanbul: Libra Kitap, 2010.

Erlich, Haggai. *The Cross and the River: Ethiopia, Egypt, and the Nile*. Boulder, CO: Lynne Rienner, 2002.

Erlich, Haggai, and Israel Gershoni, eds. *The Nile: Histories, Cultures, Myths*. Boulder, CO: Lynne Rienner, 2000.

Estes, J. Worth, and LaVerne Kuhnke. "French Observations of Disease and Drug Use in Late Eighteenth-Century Cairo." *Journal of the History of Medicine and Allied Sciences* 39 (1984): 121 - 52.

Evans, J.A.S. "Herodotus and the Problem of the 'Lake of Moeris.'" *Classical World* 56 (1963): 275 - 77.

Evans, Richard J. *Death in Hamburg: Society and Politics in the Cholera Years, 1830 - 1910*. New York: Oxford University Press, 1987.

Fagan, Brian. *The Long Summer: How Climate Changed Civilization*. New York: Basic Books, 2004.

Fahim, Hussein M. *Dams, People and Development: The Aswan High Dam Case*. New York: Pergamon Press, 1981.

Fahmy, Khaled. *All the Pasha's Men: Mehmed Ali, His Army and the Making of Modern Egypt*. Cambridge: Cambridge University Press, 1997.

———. "The Era of Muhammad ʿAli Pasha, 1805 - 1848." In *Modern Egypt, from 1517 to the End of the Twentieth Century*. Vol. 2 of *The Cambridge History of Egypt*, edited by M.W. Daly, 139 - 79. Cambridge: Cambridge

University Press, 1998.

———. *al-Jasad wa al-Ḥadātha: al-Ṭibb wa al-Qānūn fī Miṣr al-Ḥadītha*. 306 Translated by Sharīf Yūnis. Cairo: Dār al-Kutub wa al-Wathā'iq al-Qawmiyya, 2004.

———. *Mehmed Ali: From Ottoman Governor to Ruler of Egypt*. Oxford: Oneworld Publications, 2009.

Farnie, D.A. *East and West of Suez: The Suez Canal in History, 1854 - 1956*. Oxford: Clarendon Press, 1969.

Faroqhi, Suraiya. "Agriculture and Rural Life in the Ottoman Empire (ca 1500 - 1878) (A Report on Scholarly Literature Published between 1970 and 1985)." *New Perspectives on Turkey* 1 (1987): 3 - 34.

———, ed. *Animals and People in the Ottoman Empire*. Istanbul: Eren, 2010.

———. *Artisans of Empire: Crafts and Craftspeople under the Ottomans*. London: I.B. Tauris, 2009.

———. "Camels, Wagons, and the Ottoman State in the Sixteenth and Seventeenth Centuries." *International Journal of Middle East Studies* 14 (1982): 523 - 39.

———. "Coffee and Spices: Official Ottoman Reactions to Egyptian Trade in the Later Sixteenth Century." *Wiener Zeitschrift für die Kunde des Morgenlandes* 76 (1986): 87 - 93.

———. "Coping with the Central State, Coping with Local Power: Ottoman Regions and Notables from the Sixteenth to the Early Nineteenth Century." In *The Ottomans and the Balkans: A Discussion of Historiography*, edited by Fikret Adanır and Suraiya Faroqhi, 351 - 81. Leiden, Netherlands: Brill, 2002.

———. "Ottoman Peasants and Rural Life: The Historiography of the Twentieth Century." *Archivum Ottomanicum* 18 (2000): 153 - 82.

———. "The Peasants of Saideli in the Late Sixteenth Century." *Archivum Ottomanicum* 8 (1983): 215 - 50.

———. *Pilgrims and Sultans: The Hajj under the Ottomans*. London: I.B. Tauris, 1994.

———. "Red Sea Trade and Communications as Observed by Evliya Çelebi (1671 - 72)." *New Perspectives on Turkey* 5 - 6 (1991): 87 - 105.

———. "Rural Society in Anatolia and the Balkans during the Sixteenth Century, I." *Turcica* 9 (1977): 161 - 95.

———. "Rural Society in Anatolia and the Balkans during the Sixteenth Century, II." *Turcica* 11 (1979): 103 - 53.

———. *Towns and Townsmen in Ottoman Anatolia: Trade, Crafts, and Food Production in an Urban Setting, 1520 - 1650*. Cambridge: Cambridge University Press, 1984.

———. "Trade Controls, Provisioning Policies, and Donations: The Egypt-Hijaz Connection during the Second Half of the Sixteenth Century." In *Süleymân the Second and His Time*, edited by Halil İnalcık and Cemal Kafadar, 131 - 43. Istanbul: Isis Press, 1993.

Faroqhi, Suraiya, and Randi Deguilhem, eds. *Crafts and Craftsmen of the Middle East: Fashioning the Individual in the Muslim Mediterranean*. London: I.B. Tauris, 2005.

Faroqhi, Suraiya, and Christoph K. Neumann, eds. *Ottoman Costumes: From Textile to Identity*. Istanbul: Eren, 2004.

Foltz, Richard C. *Animals in Islamic Tradition and Muslim Cultures*. Oxford: 307
Oneworld, 2006.

———, ed. *Environmentalism in the Muslim World*. New York: Nova Science Publishers, 2005.

———. "Is There an Islamic Environmentalism?" *Environmental Ethics* 22 (2000): 63 - 72.

Foltz, Richard C., Frederick M. Denny, and Azizan Baharuddin, eds. *Islam and Ecology: A Bestowed Trust*. Cambridge, MA: Harvard University Press, 2003.

Fournier, Patrick, and Sandrine Lavaud, eds. *Eaux et conflits dans l'Europe médiévale et moderne*. Toulouse: Presses universitaires du Mirail, 2012.

Frihy, Omran E., Alfy M. Fanos, Ahmed A. Khafagy, and Paul D. Komar. "Patterns of Nearshore Sediment Transport along the Nile Delta, Egypt." *Coastal Engineering* 15 (1991): 409 - 29.

Fudge, Erica. *Brutal Reasoning: Animals, Rationality, and Humanity in Early Modern England*. Ithaca, NY: Cornell University Press, 2006.

———. *Perceiving Animals: Humans and Beasts in Early Modern English Culture*. New York: St. Martin's Press, 2000.

———. *Pets*. Stocksfi eld, UK: Acumen, 2008.

———, ed. *Renaissance Beasts: Of Animals, Humans, and Other Wonderful Creatures*. Urbana: University of Illinois Press, 2004.

Gadgil, Madhav, and Ramachandra Guha. *This Fissured Land: An Ecological History of India*. Berkeley: University of California Press, 1993.

Geertz, Clifford. "The Wet and the Dry: Traditional Irrigation in Bali and Morocco." *Human Ecology* 1 (1972): 23 - 39.

Glacken, Clarence J. *Traces on the Rhodian Shore: Nature and Culture in Western Thought from Ancient Times to the End of the Eighteenth Century*. Berkeley: University of California Press, 1967.

Glick, Thomas F. *Irrigation and Hydraulic Technology: Medieval Spain and Its Legacy*. Brookfield, VT: Variorum, 1996.

———. *Irrigation and Society in Medieval Valencia*. Cambridge, MA: Harvard University Press, 1970.

Goldberg, Ellis Jay, ed. *The Social History of Labor in the Middle East*. Boulder, CO: Westview Press, 1996.

———. *Tinker, Tailor, and Textile Worker: Class and Politics in Egypt, 1930 - 1952*. Berkeley: University of California Press, 1986.

Goubert, Jean-Pierre. *The Conquest of Water: The Advent of Health in the Industrial Age*. Translated by Andrew Wilson. Princeton, NJ: Princeton

University Press, 1989.

Gould, Andrew Gordon. "Pashas and Brigands: Ottoman Provincial Reform and Its Impact on the Nomadic Tribes of Southern Anatolia, 1840 - 1885." PhD diss., University of California, Los Angeles, 1973.

Gran, Peter. *Islamic Roots of Capitalism: Egypt, 1760 - 1840*. Austin: University of Texas Press, 1979.

Grattan, John, Roland Rabartin, Stephen Self, and Thorvaldur Thordarson. "Volcanic Air Pollution and Mortality in France, 1783 - 1784." *C. R. Geoscience* 337 (2005): 641 - 51.

Greene, Ann Norton. *Horses at Work: Harnessing Power in Industrial America*. 308
Cambridge, MA: Harvard University Press, 2008.

Greene, Molly. *Catholic Pirates and Greek Merchants: A Maritime History of the Mediterranean*. Princeton, NJ: Princeton University Press, 2010.

———. "The Ottomans in the Mediterranean." In *The Early Modern Ottomans: Remapping the Empire*, edited by Virginia H. Aksan and Daniel Goffman, 104 - 16. Cambridge: Cambridge University Press, 2007.

Greenwood, Antony. "Istanbul's Meat Provisioning: A Study of the *Celepkeşan* System." PhD diss., University of Chicago, 1988.

Grehan, James. *Everyday Life & Consumer Culture in 18th-Century Damascus*. Seattle: University of Washington Press, 2007.

Grier, Katherine C. *Pets in America: A History*. Chapel Hill: University of North Carolina Press, 2006.

Grigsby, Darcy Grimaldo. *Colossal: Engineering the Suez Canal, Statue of Liberty, Eiffel Tower, and Panama Canal: Transcontinental Ambition in France and the United States during the Long Nineteenth Century*. Pittsburgh: Periscope, 2012.

Griswold, William. "Climatic Change: A Possible Factor in the Social Unrest of Seventeenth Century Anatolia." In *Humanist and Scholar: Essays in Honor of Andreas Tietze*, edited by Heath W. Lowry and Donald Quataert,

37 - 57. Istanbul: Isis Press, 1993.

———. *The Great Anatolian Rebellion, 1000 - 1020/1591 - 1611*. Berlin: Klaus Schwarz Verlag, 1983.

Grove, Richard H., Vinita Damodaran, and Satpal Sangwan, eds. *Nature and the Orient: The Environmental History of South and Southeast Asia*. Delhi: Oxford University Press, 1998.

Guerrini, Anita. *Experimenting with Humans and Animals: From Galen to Animal Rights*. Baltimore: Johns Hopkins University Press, 2003.

Guha, Ramachandra, and J. Martinez-Alier. *Varieties of Environmentalism: Essays North and South*. London: Earthscan Publications, 1997.

Guillerme, André E. *The Age of Water: The Urban Environment in the North of France, A.D. 300 - 1800*. College Station: Texas A&M University Press, 1988.

Hairy, Isabelle, and Oueded Sennoune. "Géographie historique du canal d'Alexandrie." *Annales Islamologiques* 40 (2006): 247 - 78.

Haleem, Harfiyah Abdel, ed. *Islam and the Environment*. London: Ta-Ha Publishers, 1998.

Hanioğlu, M. Şükrü. *A Brief History of the Late Ottoman Empire*. Princeton, NJ: Princeton University Press, 2008.

Hanna, Nelly. *Construction Work in Ottoman Cairo (1517 - 1798)*. Cairo: Institut français d'archéologie orientale, 1984.

———. *In Praise of Books: A Cultural History of Cairo's Middle Class, Sixteenth to the Eighteenth Century*. Syracuse, NY: Syracuse University Press, 2003.

———. *Making Big Money in 1600: The Life and Times of Isma'il Abu Taqiyya, Egyptian Merchant*. Syracuse, NY: Syracuse University Press, 1998.

309 ———. *An Urban History of Būlāq in the Mamluk and Ottoman Periods*. Cairo: Institut françis d'archéologie orientale, 1983.

Haraway, Donna. "Teddy Bear Patriarchy: Taxidermy in the Garden of Eden,

New York City, 1908 - 1936." *Social Text* 11 (1984): 20 - 64.

———. *When Species Meet*. Minneapolis: University of Minnesota Press, 2008.

Harris, Leila. "Postcolonialism, Postdevelopment, and Ambivalent Spaces of Difference in Southeastern Turkey." *Geoforum* 39 (2008): 1698 - 1708.

———. "Water and Conflict Geographies of the Southeastern Anatolia Project." *Society and Natural Resources* 15 (2002): 743 - 59.

Hathaway, Jane. "Egypt in the Seventeenth Century." In *Modern Egypt, from 1517 to the End of the Twentieth Century*. Vol. 2 of *The Cambridge History of Egypt*, edited by M.W. Daly, 34 - 58. Cambridge: Cambridge University Press, 1998.

———. *The Politics of Households in Ottoman Egypt: The Rise of the Qazdağlıs*. Cambridge: Cambridge University Press, 1997.

———. "The Role of the Kızlar Ağası in 17th - 18th Century Ottoman Egypt." *Studia Islamica* 75 (1992): 141 - 58.

———. *A Tale of Two Factions: Myth, Memory, and Identity in Ottoman Egypt and Yemen*. Albany: State University of New York Press, 2003.

Hattox, Ralph. *Coffee and Coffeehouses: The Origins of a Social Beverage in the Medieval Near East*. Seattle: University of Washington Press, 1985.

Henninger-Voss, Mary J., ed. *Animals in Human Histories: The Mirror of Nature and Culture*. Rochester, NY: University of Rochester Press, 2002.

Hess, Andrew C. "The Ottoman Conquest of Egypt (1517) and the Beginning of the Sixteenth-Century World War." *International Journal of Middle East Studies* 4 (1973): 55 - 76.

Hewison, R. Neil. *The Fayoum: A Practical Guide*. Cairo: American University in Cairo Press, 1984.

Highwood, E.J., and D.S. Stevenson. "Atmospheric Impact of the 1783 - 1784 Laki Eruption: Part II, Climatic Effect of Sulphate Aerosol." *Atmospheric Chemistry and Physics* 3 (2003): 1177 - 89.

Hinz, Walther. *Islamische Masse und Gewichte umgerechnet ins metrische System*. Leiden, Netherlands: Brill, 1955.

Hirst, L. Fabian. *The Conquest of Plague: A Study of the Evolution of Epidemiology*. Oxford: Clarendon Press, 1953.

Hoage, R.J., and William A. Deiss, eds. *New Worlds, New Animals: From Menagerie to Zoological Park in the Nineteenth Century*. Baltimore: Johns Hopkins University Press, 1996.

Hobsbawm, E.J. "The Crisis of the 17th Century—II." *Past and Present* 6 (1954): 44 - 64.

———. "The General Crisis of the European Economy in the 17th Century." *Past and Present* 5 (1954): 33 - 53.

Holt, P.M. "The Beylicate in Ottoman Egypt during the Seventeenth Century." *Bulletin of the School of Oriental and African Studies* 24 (1961): 214 - 48.

———. *Egypt and the Fertile Crescent, 1516 - 1922: A Political History*. Ithaca, NY: Cornell University Press, 1966.

310 ———. "al-Fayyūm." *Encyclopaedia of Islam*. 2nd ed. Leiden, Netherlands: Brill, 2006.

Hourani, Albert. "Ottoman Reforms and the Politics of Notables." In *The Beginnings of Modernization in the Middle East: The Nineteenth Century*, edited by William R. Polk and Richard L. Chambers, 41 - 68. Chicago: University of Chicago Press, 1968.

Huber, Valeska. *Channelling Mobilities: Migration and Globalisation in the Suez Canal Region and Beyond, 1869 - 1914*. Cambridge: Cambridge University Press, 2013.

Hughes, J. Donald. *The Mediterranean: An Environmental History*. Santa Barbara, CA: ABC-CLIO, 2005.

Husain, Faisal. "In the Bellies of the Marshes: Water and Power in the Countryside of Ottoman Baghdad." *Environmental History* 19 (2014): 638 - 64.

Hütteroth, Wolf-Dieter. “Ecology of the Ottoman Lands.” In *The Later Ottoman Empire, 1603 - 1839*. Vol. 3 of *The Cambridge History of Turkey*, edited by Suraiya N. Faroqhi, 18 - 43. Cambridge: Cambridge University Press, 2006.

Ibrāhīm, Nāṣir Aḥmad. *al-Azamāt al-Ijtimā'iyya fī Miṣr fī al-Qarn al-Sābi' 'Ashar*. Cairo: Dār al-Afāq al-'Arabiyya, 1998.

Imber, Colin. “The Navy of Süleiman the Magnificent.” *Archivum Ottomanicum* 6 (1980): 211 - 82.

———. “The Ottoman Dynastic Myth.” *Turcica* 19 (1987): 7 - 27.

———. *The Ottoman Empire, 1300 - 1650: The Structure of Power*. New York: Palgrave Macmillan, 2002.

İnalcık, Halil. “‘Arab’ Camel Drivers in Western Anatolia in the Fifteenth Century.” *Revue d’Histoire Maghrebine* 10 (1983): 256 - 70.

———. “Capital Formation in the Ottoman Empire.” *Journal of Economic History* 29 (1969): 97 - 140.

———. “Centralization and Decentralization in Ottoman Administration.” In *Studies in Eighteenth Century Islamic History*, edited by Thomas Naff and Roger Owen, 27 - 52. Carbondale: Southern Illinois University Press, 1977.

———. “Mā'. 8. Irrigation in the Ottoman Empire.” *Encyclopaedia of Islam*. 2nd ed. Leiden, Netherlands: Brill, 2006.

———. “The Origins of the Ottoman-Russian Rivalry and the Don-Volga Canal, 1569.” *Les annales de l’Université d’Ankara* 1 (1946 - 47): 47 - 106.

———. *The Ottoman Empire: The Classical Age, 1300 - 1600*. Translated by Norman Itzkowitz and Colin Imber. New York: Praeger Publishers, 1973.

———. “Bursa and the Silk Trade.” In *An Economic and Social History of the Ottoman Empire*, 2 vols., edited by Halil İnalcık with Donald Quataert, 1: 218 - 55. Cambridge: Cambridge University Press, 1994.

———. “Şikâyet Hakkı: *'Arż-i Ḥâl ve 'Arż-i Maḥzar*'lar.” In *Osmanlı'da*

Devlet, Hukuk, Adalet, 49 - 71. Istanbul: Eren Yayıncılık, 2000.

Isenberg, Andrew C. *The Destruction of the Bison: An Environmental History, 1750 - 1920*. Cambridge: Cambridge University Press, 2000.

İslamoğlu-İnan, Huri, ed. *The Ottoman Empire and the World-Economy*. Cambridge: Cambridge University Press, 1987.

———. *State and Peasant in the Ottoman Empire: Agrarian Power Relations*
311 *and Regional Economic Development in Ottoman Anatolia during the Sixteenth Century*. Leiden, Netherlands: Brill, 1994.

Issar, Arie S. *Water Shall Flow from the Rock: Hydrogeology and Climate in the Lands of the Bible*. Berlin: Springer-Verlag, 1990.

Issar, Arie S., and Mattanyah Zohar. *Climate Change—Environment and Civilization in the Middle East*. Berlin: Springer, 2004.

Izzi Dien, Mawil. *The Environmental Dimensions of Islam*. Cambridge: Lutterworth Press, 2000.

———. "Islam and the Environment: Theory and Practice." *Journal of Beliefs and Values* 18 (1997): 47 - 57.

Jackson, E.L. "The Laki Eruption of 1783: Impacts on Population and Settlement in Iceland." *Geography* 67 (1982): 42 - 50.

Jacobs, Nancy J. "The Great Bophuthatswana Donkey Massacre: Discourse on the Ass and the Politics of Class and Grass." *American Historical Review* 106 (2001): 485 - 507.

Jacobsen, Thorkild. *Salinity and Irrigation Agriculture in Antiquity: Diyala Basin Archaeological Report on Essential Results, 1957 - 58*. Bibliotheca Mesopotamica, vol. 14. Malibu, CA: Undena Publications, 1982.

Jacobsen, Thorkild, and Robert M. Adams, "Salt and Silt in Ancient Mesopotamian Agriculture." *Science* 128 (1958): 1251 - 58.

Jacoby, Gordon C., Karen W. Workman, and Rosanne D. D'Arrigo. "Laki Eruption of 1783, Tree Rings, and Disaster for Northwest Alaska Inuit." *Quaternary Science Reviews* 18 (1999): 1365 - 71.

Jirjis, Majdī. “Manhaj al-Dirāsāt al-Wathā'iqiyya wa Wāqi' al-Baḥth fī Miṣr.” *al-Rūznāma: al-Ḥauliyya al-Miṣriyya lil-Wathā'iq* 2 (2004): 237 - 87.

Jones, Susan D. *Death in a Small Package: A Short History of Anthrax*. Baltimore: Johns Hopkins University Press, 2010.

———. *Valuing Animals: Veterinarians and Their Patients in Modern America*. Baltimore: Johns Hopkins University Press, 2002.

Jones, Toby Craig. *Desert Kingdom: How Oil and Water Forged Modern Saudi Arabia*. Cambridge: Harvard University Press, 2010.

Jordan, William Chester. *The Great Famine: Northern Europe in the Early Fourteenth Century*. Princeton, NJ: Princeton University Press, 1996.

Karabell, Zachary. *Parting the Desert: The Creation of the Suez Canal*. New York: Vintage, 2003.

Kasaba, Reşat. *A Moveable Empire: Ottoman Nomads, Migrants, and Refugees*. Seattle: University of Washington Press, 2009.

———. *The Ottoman Empire and the World Economy: The Nineteenth Century*. Albany: State University of New York Press, 1988.

Kashef, Abdel-Aziz I. “Salt-Water Intrusion in the Nile Delta.” *Ground Water* 21 (1983): 160 - 67.

Kassler, P. “The Structural and Geomorphic Evolution of the Persian Gulf.” In *The Persian Gulf: Holocene Carbonate Sedimentation and Diagenesis in a Shallow Epicontinental Sea*, edited by B.H. Purser, 11 - 32. Berlin: Springer-Verlag, 1973.

Keenan, G. “Fayyum Agriculture at the End of the Ayyubid Era: Nabulsi's *Survey*.” In *Agriculture in Egypt: From Pharaonic to Modern Times*, edited by Alan K. Bowman and Eugene Rogan, 287 - 99. Oxford: Oxford 312
University Press for the British Academy, 1999.

Kelly, Morgan, Cormac Ó Gráda, Sam White, Ulf Büntgen, Lena Hellmann, and Jan de Vries. “The Little Ice Age: Climate and History Reconsidered.” *Journal of Interdisciplinary History* 44 (2014): 301 - 77.

Kete，Kathleen. *The Beast in the Boudoir: Petkeeping in Nineteenth-Century Paris*. Berkeley：University of California Press，1994.

Keyder，Çağlar，and Faruk Tabak，eds. *Landholding and Commercial Agriculture in the Middle East*. Albany：State University of New York Press，1991.

Khalid，Fazlun M.，with Joanne O'Brien，eds. *Islam and Ecology*. New York：Cassell，1992.

Khazeni，Arash. *Tribes and Empire on the Margins of Nineteenth-Century Iran*. Seattle：University of Washington Press，2009.

Khoury，Dina Rizk. "The Ottoman Centre versus Provincial Power-Holders：An Analysis of the Historiography." In *The Later Ottoman Empire, 1603 – 1839*. Vol. 3 of *The Cambridge History of Turkey*，edited by Suraiya N. Faroqhi，135 – 56. Cambridge：Cambridge University Press，2006.

———. *State and Provincial Society in the Ottoman Empire: Mosul, 1540 – 1834*. Cambridge：Cambridge University Press，1997.

Kudlick，Catherine J. *Cholera in Post-Revolutionary Paris: A Cultural History*. Berkeley：University of California Press，1996.

Kuhnke，LaVerne. *Lives at Risk: Public Health in Nineteenth-Century Egypt*. Berkeley：University of California Press，1990.

Kupferschmidt，Hugo. *Die Epidemiologie der Pest: Der Konzeptwandel in der Erforschung der Infektionsketten seit der Entdeckung des Pesterregers im Jahre 1894*. Aarau，Switzerland：Sauerländer，1993.

Kurat，A.N. "The Turkish Expedition to Astrakhan and the Problem of the Don-Volga Canal." *Slavonic and East European Review* 40 (1961)：7 – 23.

LaCapra，Dominick. *History and Its Limits: Human, Animal, Violence*. Ithaca，NY：Cornell University Press，2009.

Lamb，H.H. "Volcanic Dust in the Atmosphere；with a Chronology and Assessment of Its Meteorological Significance." *Philosophical Transactions of the Royal Society of London. Series A, Mathematical and Physical*

Sciences 266 (1970): 425 - 533.

Lane, Edward William. *An Arabic-English Lexicon*. 8 vols. Beirut: Librairie du Liban, 1968.

Lapidus, Ira M. "The Grain Economy of Mamluk Egypt." *Journal of the Economic and Social History of the Orient* 12 (1969): 1 - 15.

Larsen, Guðrún. "Katla: Tephrochronology and Eruption History." *Developments in Quaternary Sciences* 13 (2010): 23 - 49.

Lawson, Fred H. "Rural Revolt and Provincial Society in Egypt, 1820 - 1824." *International Journal of Middle East Studies* 13 (1981): 131 - 53.

Le Roy Ladurie, Emmanuel. *Times of Feast, Times of Famine: A History of Climate since the Year 1000*. Translated by Barbara Bray. Garden City, NY: Doubleday, 1971.

Lewis, Bernard. "Corsairs in Iceland." *Revue de l'Occident musulman et de la Méditerranée* 15 (1973): 139 - 44.

Linant de Bellefonds, M.A. *Mémoires sur les principaux travaux d'utilité* 313
publiqué éxécutés en Egypte depuis la plus haute antiquité jusqu'à nos jours: Accompagné d'un atlas renfermant neuf planches grand in-folio imprimées en couleur. Paris: Arthus Bertrand, 1872 - 73.

Linden, Eugene. *The Winds of Change: Climate, Weather, and the Destruction of Civilizations*. New York: Simon and Schuster, 2006.

Lisān al-ʿArab. 4 vols. Beirut: Dār Lisān al-ʿArab, 1970.

Little, Tom. *High Dam at Aswan: The Subjugation of the Nile*. New York: Methuen, 1965.

Lockman, Zachary, ed. *Workers and Working Classes in the Middle East: Struggles, Histories, Historiographies*. Albany: State University of New York Press, 1994.

Low, Michael Christopher. "Empire and the Hajj: Pilgrims, Plagues, and Pan-Islam under British Surveillance, 1865 - 1908." *International Journal of Middle East Studies* 40 (2008): 269 - 90.

Lydon, Ghislaine. *On Trans-Saharan Trails: Islamic Law, Trade Networks, and Cross-Cultural Exchange in Nineteenth-Century Western Africa.* Cambridge: Cambridge University Press, 2009.

———. "Writing Trans-Saharan History: Methods, Sources and Interpretations across the African Divide." *Journal of North African Studies* 10 (2005): 293 - 324.

Lyons, H.G. "On the Nile Flood and Its Variation." *Geographical Journal* 26 (1905): 249 - 72, 395 - 415.

Magnusson, Roberta J. *Water Technology in the Middle Ages: Cities, Monasteries, and Waterworks after the Roman Empire.* Baltimore: Johns Hopkins University Press, 2001.

Maḥārīq, Yāsir ʿAbd al-Minʿam. *al-Minūfiyya fī al-Qarn al-Thāmin ʿAshar.* Cairo: al-Hayʾa al-Miṣriyya al-ʿAmma lil-Kitāb, 2000.

Maizels, Judith K., and Chris Caseldine, eds. *Environmental Change in Iceland: Past and Present.* Dordrecht, Netherlands: Kluwer Academic Publishers, 1991.

Malamud, Randy. *Reading Zoos: Representations of Animals and Captivity.* New York: New York University Press, 1998.

Mandaville, Jan E. "The Ottoman Province of Al-Hasa in the Sixteenth and Seventeenth Centuries." *Journal of the American Oriental Society* 90 (1970): 486 - 513.

Mardin, Şerif. "Center-Periphery Relations: A Key to Turkish Politics." *Daedalus* 102 (1973): 169 - 91.

Marlowe, John. *World Ditch: The Making of the Suez Canal.* New York: Macmillan, 1964.

Marsot, Afaf Lutfi al-Sayyid. *Egypt in the Reign of Muhammad Ali.* Cambridge: Cambridge University Press, 1984.

Martin, John. "Sheep and Enclosure in Sixteenth-Century Northamptonshire." *Agricultural History Review* 36 (1988): 39 - 54.

Masri, Basheer Ahmad. *Animals in Islam*. Petersfield, UK: Athene Trust, 1989.

———. *Animal Welfare in Islam*. Markfield, Leicestershire, UK: Islamic Foundation, 2007.

Mayeur-Jaouen, Catherine. "Badawi and His Camel: An Animal as the Attribute 314
of a Muslim Saint in Mamluk and Ottoman Egypt." Translated by Suraiya Faroqhi. In *Animals and People in the Ottoman Empire*, edited by Suraiya Faroqhi, 113 – 28. Istanbul: Eren, 2010.

Mazzaoui, Michel M. "Global Policies of Sultan Selim, 1512 – 1520." In *Essays on Islamic Civilization: Presented to Niyazi Berkes*, edited by Donald P. Little, 224 – 43. Leiden, Netherlands: Brill, 1976.

McCann, James C. *Maize and Grace: Africa's Encounter with a New World Crop, 1500 – 2000*. Cambridge, MA: Harvard University Press, 2007.

McCarthy, Justin A. "Nineteenth-Century Egyptian Population." *Middle Eastern Studies* 12 (1976): 1 – 39.

McCormick, Michael, Paul Edward Dutton, and Paul A. Mayewski. "Volcanoes and the Climate Forcing of Carolingian Europe, A.D. 750 – 950." *Speculum* 82 (2007): 865 – 95.

McGowan, Bruce. "Peasants and Pastoralists." In *An Economic and Social History of the Ottoman Empire*, 2 vols., edited by Halil İnalcık with Donald Quataert, 2: 680 – 94. Cambridge: Cambridge University Press, 1994.

McNeill, J.R. "The First Hundred Thousand Years." In *The Turning Points of Environmental History*, edited by Frank Uekoetter, 13 – 28. Pittsburgh: University of Pittsburgh Press, 2010.

———. *The Mountains of the Mediterranean World: An Environmental History*. Cambridge: Cambridge University Press, 1992.

———. *Something New under the Sun: An Environmental History of the Twentieth-Century World*. New York: Norton, 2000.

McNeill, William H. *Plagues and Peoples*. Garden City, NY: Anchor Press / Doubleday, 1976.

McShane, Clay. *Down the Asphalt Path: The Automobile and the American City*. New York: Columbia University Press, 1994.

Meiggs, Russell. *Trees and Timber in the Ancient Mediterranean World*. Oxford: Clarendon Press, 1982.

Melhaoui, Mohammed. *Peste, contagion et martyre: Histoire du fléau en Occident musulman medieval*. Paris: Publisud, 2005.

Melville, Elinor G.K. *A Plague of Sheep: Environmental Consequences of the Conquest of Mexico*. Cambridge: Cambridge University Press, 1997.

Meyerhof, Max. "La peste en Égypte à la fin du XVIII siècle et le Mèdecin Enrico di Wolmar." *La Revue Médicale d'Égypte* 1 (1913): 1 - 13.

Michel, Nicolas. "Les Dafātir al-ğusūr, source pour l'histoire du réseau hydraulique de l'Égypte ottomane." *Annales Islamologiques* 29 (1995): 151 - 68.

———. "Migrations de paysans dans le Delta du Nil au début de l'époque ottoman." *Annales Islamologiques* 35 (2001): 241 - 90.

———. "Villages désertés, terres en friche et reconstruction rurale en Égypte au début de l'époque ottoman." *Annales Islamologiques* 36 (2002): 197 - 251.

Mikhail, Alan. "Anatolian Timber and Egyptian Grain: Things That Made the Ottoman Empire." In *Early Modern Things: Objects and Their Histories, 1500 - 1800*, edited by Paula Findlen, 274 - 93. New York: Routledge, 2013.

315 ———. *The Animal in Ottoman Egypt*. New York: Oxford University Press, 2014.

———. "Animals as Property in Early Modern Ottoman Egypt." *Journal of the Economic and Social History of the Orient* 53 (2010): 621 - 52.

———. *Nature and Empire in Ottoman Egypt: An Environmental History*.

Cambridge: Cambridge University Press, 2011.

———. "Tārīkh Dirāsāt al-Tābi' wa Naẓariyyatayn 'an al-Sulṭa." In *Thaqāfat al-Nukhba wa Thaqāfat al-'Āmma fī Miṣr fī al-'Aṣr al-'Uthmānī*, edited by Nāṣir Aḥmad Ibrāhīm, 349 - 60. Cairo: Markaz al-Buḥūth wa al-Dirāsāt al-Ijtimā'iyya, 2008.

———. "Unleashing the Beast: Animals, Energy, and the Economy of Labor in Ottoman Egypt." *American Historical Review* 118 (2013): 317 - 48.

———, ed. *Water on Sand: Environmental Histories of the Middle East and North Africa*. New York: Oxford University Press, 2013.

Miller, Ian Jared. *The Nature of the Beasts: Empire and Exhibition at the Tokyo Imperial Zoo*. Berkeley: University of California Press, 2013.

Mitchell, Timothy. "Are Environmental Imaginaries Culturally Constructed?" In *Environmental Imaginaries of the Middle East and North Africa*, edited by Diana K. Davis and Edmund Burke III, 265 - 73. Athens: Ohio University Press, 2011.

———. "Can the Mosquito Speak?" In *Rule of Experts: Egypt, Techno-Politics, Modernity*, 19 - 53. Berkeley: University of California Press, 2002.

———. "Carbon Democracy." *Economy and Society* 38 (2009): 399 - 432.

———. "Dreamland." In *Rule of Experts: Egypt, Techno-Politics, Modernity*, 272 - 303. Berkeley: University of California Press, 2002.

Muḥammad, 'Irāqī Yūsuf. *al-Wujūd al-'Uthmānī al-Mamlūkī fī Miṣr fī al-Qarn al-Thāmin 'Ashar wa Awā'il al-Qarn al-Tāsi' 'Ashar*. Cairo: Dār al-Ma'ārif, 1985.

———. *al-Wujūd al-'Uthmānī fī Miṣr fī al-Qarnayn al-Sādis 'Ashar wa al-Sābi' 'Ashar (Dirāsa Wathā'iqiyya)*. Cairo: Markaz Kliyūbātrā lil-Kumbiyūtar, 1996.

Mukerji, Chandra. *Impossible Engineering: Technology and Territoriality on the Canal du Midi*. Princeton, NJ: Princeton University Press, 2009.

Murphey, Rhoads. "The Decline of North Africa since the Roman Occupation: Climatic or Human?" *Annals of the Association of American Geographers* 41 (1951): 116 - 32.

———. "The Ottoman Centuries in Iraq: Legacy or Aftermath? A Survey Study of Mesopotamian Hydrology and Ottoman Irrigation Projects." *Journal of Turkish Studies* 11 (1987): 17 - 29.

Muslu, Emire Cihan. "Ottoman-Mamluk Relations: Diplomacy and Perceptions." PhD diss., Harvard University, 2007.

El-Nahal, Galal H. *The Judicial Administration of Ottoman Egypt in the Seventeenth Century*. Minneapolis: Bibliotheca Islamica, 1979.

Najm, Zayn al-ʿĀbidīn Shams al-Dīn. "Tasaḥḥub al-Fallāḥīn fī ʿAṣr Muḥammad ʿAlī, Asbābuhu wa Natāʾijuhu." *Egyptian Historical Review* 36 (1989): 259 - 316.

Neustadt (Ayalon), David. "The Plague and Its Effects upon the Mamlûk
316 Army." *Journal of the Royal Asiatic Society of Great Britain and Ireland* (1946): 67 - 73.

Newfield, Timothy P. "A Cattle Panzootic in Early Fourteenth-Century Europe." *Agricultural History Review* 57 (2009): 155 - 90.

Nijland, H.J., ed. *Drainage along the River Nile*. Egypt: Egyptian Public Authority for Drainage Projects; Netherlands: Directorate-General of Public Works and Water Management, 2000.

Oman, Luke, Alan Robock, Georgiy Stenchikov, Gavin A. Schmidt, and Reto Ruedy. "Climatic Response to High-Latitude Volcanic Eruptions." *Journal of Geophysical Research* 110 (2005): D13103.

Oman, Luke, Alan Robock, Georgiy L. Stenchikov, and Thorvaldur Thordarson. "High-Latitude Eruptions Cast Shadow over the African Monsoon and the Flow of the Nile." *Geophysical Research Letters* 33 (2006): L18711.

Oman, Luke, Alan Robock, Georgiy L. Stenchikov, Thorvaldur Thordarson,

Dorothy Koch, Drew T. Shindell, and Chaochao Gao. "Modeling the Distribution of the Volcanic Aerosol Cloud from the 1783 – 1784 Laki Eruption." *Journal of Geophysical Research* 111 (2006): D12209.

Omar, Omar Abdel-Aziz. "Anglo-Egyptian Relations and the Construction of the Alexandria-Cairo-Suez Railway (1833 – 1858)." DPhil thesis, University of London, 1966.

Ortlieb, Luc. "Historical Chronology of ENSO and the Nile Flood Record." In *Past Climate Variability through Europe and Africa*, edited by Richard W. Battarbee, Françoise Gasse, and Catherine E. Stickley, 257 – 78. Dordrecht, Netherlands: Springer, 2004.

Oslund, Karen. *Iceland Imagined: Nature, Culture, and Storytelling in the North Atlantic*. Seattle: University of Washington Press, 2011.

Özbaran, Salih. "Bahrain in 1559: A Narrative of Turco-Portuguese Conflict in the Gulf." *Osmanlı Araştırmaları* 3 (1982): 91 – 104.

———. *Ottoman Expansion towards the Indian Ocean in the 16th Century*. Istanbul: Bilgi University Press, 2009.

———. "Ottoman Naval Power in the Indian Ocean in the 16th Century." In *The Kapudan Pasha, His Office and His Domain: Halcyon Days in Crete IV*, edited by Elizabeth Zachariadou, 109 – 17. Rethymnon: Crete University Press, 2002.

———. *The Ottoman Response to European Expansion: Studies on Ottoman-Portuguese Relations in the Indian Ocean and Ottoman Administration in the Arab Lands during the Sixteenth Century*. Istanbul: Isis Press, 1994.

———. "The Ottoman Turks and the Portuguese in the Persian Gulf, 1534 – 1581." *Journal of Asian History* 6 (1972): 45 – 88.

———. "A Turkish Report on the Red Sea and the Portuguese in the Indian Ocean (1525)." *Arabian Studies* 4 (1978): 81 – 88.

———. *Yemen'den Basra'ya Sınırdaki Osmanlı*. Istanbul: Kitap Yayınevi, 2004.

Pamuk, Şevket. *A Monetary History of the Ottoman Empire*. Cambridge: Cambridge University Press, 2000.

317 ———. "Prices in the Ottoman Empire, 1469 - 1914." *International Journal of Middle East Studies* 36 (2004): 451 - 68.

Panzac, Daniel. "Alexandrie: Évolution d'une ville cosmopolite au XIXe siècle." In *Population et santé dans l'Empire ottoman (XVIIIe - XXe siècles)*, 141 - 59. Istanbul: Isis, 1996.

———. "Alexandrie: Peste et croissance urbaine (XVIIe - XIXe siècles)." In *Population et santé dans l'Empire ottoman (XVIIIe - XXe siècles)*, 45 - 55. Istanbul: Isis, 1996.

———. *La caravane maritime: Marins européens et marchands ottomans en Méditerranée (1680 - 1830)*. Paris: CNRS éditions, 2004.

———. "International and Domestic Maritime Trade in the Ottoman Empire during the 18th Century." *International Journal of Middle East Studies* 24 (1992): 189 - 206.

———. *La peste dans l'Empire Ottoman, 1700 - 1850*. Leuven, Belgium: Association pour le Développement des Études Turques, 1985.

———. *Quarantaines et lazarets: l'Europe et la peste d'Orient (XVIIe - XXe siècles)*. Aix-en-Provence, France: Édisud, 1986.

Parker, Geoffrey. *Global Crisis: War, Climate Change and Catastrophe in the Seventeenth Century*. New Haven, CT: Yale University Press, 2013.

Pehlivan, Zozan. "Beyond 'The Desert and the Sown': Peasants, Pastoralists, and Climate Crises in Ottoman Diyarbekir, 1840 - 1890." PhD diss., Queen's University, 2016.

Peirce, Leslie. *Morality Tales: Law and Gender in the Ottoman Court of Aintab*. Berkeley: University of California Press, 2003.

Perlin, John. *A Forest Journey: The Story of Wood and Civilization*. Woodstock, VT: Countryman Press, 2005.

Pflugfelder, Gregory M., and Brett L. Walker, eds. *JAPANimals: History and*

Culture in Japan's Animal Life. Ann Arbor: Center for Japanese Studies at the University of Michigan, 2005.

Philliou, Christine M. *Biography of an Empire: Governing Ottomans in an Age of Revolution*. Berkeley: University of California Press, 2011.

Podobnik, Bruce. "Toward a Sustainable Energy Regime: A Long-Wave Interpretation of Global Energy Shifts." *Technological Forecasting and Social Change* 62 (1999): 155 – 72.

Pollitzer, Robert. *Plague*. Geneva, Switzerland: World Health Organization, 1954.

Pomeranz, Kenneth. *The Great Divergence: China, Europe, and the Making of the Modern World Economy*. Princeton, NJ: Princeton University Press, 2000.

Popper, William. *The Cairo Nilometer: Studies in Ibn Taghrî Birdî's Chronicles of Egypt, I*. Berkeley: University of California Press, 1951.

Posusney, Marsha Pripstein. *Labor and the State in Egypt: Workers, Unions, and Economic Restructuring*. New York: Columbia University Press, 1997.

Pyne, Stephen J. *Vestal Fire: An Environmental History, Told through Fire, of Europe and Europe's Encounter with the World*. Seattle: University of Washington Press, 1997.

———. *World Fire: The Culture of Fire on Earth*. Seattle: University of 318
Washington Press, 1997.

al-Qaraḍāwī, Yūsuf. *Ri'āyat al-Bī'ah fī Sharī'at al-Islām*. Cairo: Dār al-Shurūq, 2001.

Quataert, Donald, ed. *Consumption Studies and the History of the Ottoman Empire, 1550 – 1922: An Introduction*. Albany: State University of New York Press, 2000.

———. *The Ottoman Empire, 1700 – 1922*. 2nd ed. Cambridge: Cambridge University Press, 2005.

Rafeq, Abdul-Karim. "'Abd al-Ghani al-Nabulsi: Religious Tolerance and 'Arabness' in Ottoman Damascus." In *Transformed Landscapes: Essays on Palestine and the Middle East in Honor of Walid Khalidi*, edited by Camille Mansour and Leila Fawaz, 1 – 17. Cairo: American University in Cairo Press, 2009.

al-Rāfʿī, ʿAbd al-Raḥman. *ʿAṣr Muḥammad ʿAlī*. Cairo: Dār al-Maʿārif, 1989.

Ramzī, Muḥammad. *al-Qāmūs al-Jughrāfī lil-Bilād al-Miṣriyya min ʿAhd Qudamāʾ al-Miṣriyyīn ilā Sanat 1945*. 6 vols. in 2 pts. Cairo: al-Hayʾa al-Miṣriyya al-ʿĀmma lil-Kitāb, 1994.

Rapoport, Yossef. "Invisible Peasants, Marauding Nomads: Taxation, Tribalism, and Rebellion in Mamluk Egypt." *Mamlūk Studies Review* 8 (2004): 1 – 22.

Raymond, André. *Artisans et commerçants au Caire au XVIIIe siècle*. 2 vols. Damascus: Institut français de Damas, 1973 – 74.

———. "A Divided Sea: The Cairo Coffee Trade in the Red Sea Area during the Seventeenth and Eighteenth Centuries." In *Modernity and Culture: From the Mediterranean to the Indian Ocean*, edited by Leila Tarazi Fawaz and C.A. Bayly, 46 – 57. New York: Columbia University Press, 2002.

———. "Une famille de grands négociants en café au Caire dans la première moitié du XVIIIe siècle: Les Sharāybī." In *Le commerce du café avant l'ère des plantations coloniales: Espaces, réseaux, sociétés (XVe – XIXe siècle)*, edited by Michel Tuchscherer, 111 – 24. Cairo: Institut français d'archéologie orientale, 2001.

———. "Les Grandes Épidémies de peste au Caire aux XVIIe and XVIIIe siècles." *Bulletin d'Études Orientales* 25 (1973): 203 – 10.

———. "La population du Caire et de l'Égypte à l'époque ottomane et sous Muḥammad ʿAlî." In *Mémorial Ömer Lûtfi Barkan*, 169 – 78. Paris: Librairie d'Amérique et d'Orient Adrien Maisonneuve, 1980.

———. "Une 'révolution' au Caire sous les Mamelouks: La crise de 1123/

1711." *Annales Islamologiques* 6 (1966): 95 - 120.

Reid, Anthony. "Sixteenth-Century Turkish Influence in Western Indonesia." *Journal of South East Asian History* 10 (1969): 395 - 414.

Reimer, Michael J. "Ottoman Alexandria: The Paradox of Decline and the Reconfiguration of Power in Eighteenth-Century Arab Provinces." *Journal of the Economic and Social History of the Orient* 37 (1994): 107 - 46.

Revel, Marie, E. Ducassou, F.E. Grousset, S.M. Bernasconi, S Migeon, S. Revillon, J. Mascle, A. Murat, S. Zaragosi, and D. Bosch. "100, 000 Years of African Monsoon Variability Recorded in Sediments of the Nile Margin." *Quaternary Science Reviews* 29 (2010): 1342 - 62.

Reynolds, Nancy Y. "Building the Past: Rockscapes and the Aswan High Dam 319
in Egypt." In *Water on Sand: Environmental Histories of the Middle East and North Africa*, edited by Alan Mikhail, 181 - 205. New York: Oxford University Press, 2013.

Richards, Alan R. "Primitive Accumulation in Egypt, 1798 - 1882." In *The Ottoman Empire and the World-Economy*, edited by Huri İslamoğlu-İnan, 203 - 43. Cambridge: Cambridge University Press, 1987.

Richards, John F. "Toward a Global System of Property Rights in Land." In *The Environment and World History*, edited by Edmund Burke III and Kenneth Pomeranz, 54 - 78. Berkeley: University of California Press, 2009.

———. *The Unending Frontier: An Environmental History of the Early Modern World*. Berkeley: University of California Press, 2003.

Risso, Patricia. "Cross-Cultural Perceptions of Piracy: Maritime Violence in the Western Indian Ocean and Persian Gulf Region during a Long Eighteenth Century." *Journal of World History* 12 (2001): 293 - 319.

———. "Muslim Identity in Maritime Trade: General Observations and Some Evidence from the 18th Century Persian Gulf / Indian Ocean Region." *International Journal of Middle East Studies* 21 (1989): 381 - 92.

Ritvo, Harriet. *The Animal Estate: The English and Other Creatures in the*

Victorian Age. Cambridge, MA: Harvard University Press, 1987.

———. *The Platypus and the Mermaid and Other Figments of the Classifying Imagination*. Cambridge, MA: Harvard University Press, 1997.

Rivlin, Helen Anne B. *The Agricultural Policy of Muḥammad ʿAlī in Egypt*. Cambridge, MA: Harvard University Press, 1961.

Robbins, Louise E. *Elephant Slaves and Pampered Parrots: Exotic Animals in Eighteenth-Century Paris*. Baltimore: Johns Hopkins University Press, 2002.

Robock, Alan. "Volcanic Eruptions and Climate." *Reviews of Geophysics* 38 (2000): 191 - 219.

Rosenberg, Charles E. *The Cholera Years: The United States in 1832, 1849, and 1866*. Chicago: University of Chicago Press, 1987.

Rosenthal, Jean-Laurent, and R. Bin Wong. *Before and Beyond Divergence: The Politics of Economic Change in China and Europe*. Cambridge, MA: Harvard University Press, 2011.

Rothfels, Nigel, ed. *Representing Animals*. Bloomington: Indiana University Press, 2002.

———. *Savages and Beasts: The Birth of the Modern Zoo*. Baltimore: Johns Hopkins University Press, 2002.

el-Rouayheb, Khaled. "Opening the Gate of Verification: The Forgotten Arab-Islamic Florescence of the 17th Century." *International Journal of Middle East Studies* 38 (2006): 263 - 81.

———. "Sunni Muslim Scholars on the Status of Logic, 1500 - 1800." *Islamic Law and Society* 11 (2004): 213 - 32.

———. "Was There a Revival of Logical Studies in Eighteenth-Century Egypt?" *Die Welt des Islams* 45 (2005): 1 - 19.

Ruddiman, William F. *Plows, Plagues, and Petroleum: How Humans Took Control of Climate*. Princeton, NJ: Princeton University Press, 2005.

Russell, Josiah C. "That Earlier Plague." *Demography* 5 (1968): 174 - 84.

Said, Rushdi. *The Geological Evolution of the River Nile*. New York: Springer-Verlag, 1981. 320

———. *The Geology of Egypt*. New York: Elsevier Publishing, 1962.

Sajdi, Dana, ed. *Ottoman Tulips, Ottoman Coffee: Leisure and Lifestyle in the Eighteenth Century*. London: I.B. Tauris, 2007.

Salisbury, Joyce E. *The Beast Within: Animals in the Middle Ages*. New York: Routledge, 1994.

Sanders, Paula. *Ritual, Politics, and the City in Fatimid Cairo*. Albany: State University of New York Press, 1994.

Sardar, Ziauddin, ed. *An Early Crescent: The Future of Knowledge and the Environment in Islam*. London: Mansell, 1989.

Sbeinati, Mohamed Reda, Ryad Darawcheh, and Mikhail Mouty. "The Historical Earthquakes of Syria: An Analysis of Large and Moderate Earthquakes from 1365 B.C. to 1900 A.D." *Annals of Geophysics* 48 (2005): 347 - 435.

Schiebinger, Londa. "Why Mammals Are Called Mammals: Gender Politics in Eighteenth-Century Natural History." *American Historical Review* 98 (1993): 382 - 411.

Schimmel, Annemarie. *Islam and the Wonders of Creation: The Animal Kingdom*. London: al-Furqān Islamic Heritage Foundation, 2003.

Schoenfeld, Stuart, ed. *Palestinian and Israeli Environmental Narratives: Proceedings of a Conference Held in Association with the Middle East Environmental Futures Project*. Toronto: York University, 2005.

Scott, James C. *Seeing Like a State: How Certain Schemes to Improve the Human Condition Have Failed*. New Haven, CT: Yale University Press, 1998.

Sezgin, Fuat, Mazen Amawi, Carl Ehrig-Eggert, and Eckhard Neubauer, eds. *Studies of the Faiyūm Together with* Tārīḫ al-Faiyūm wa-Bilādihī *by Abū 'Uṯmān an-Nābulusī (d. 1261)*. Islamic Geography, vol. 54.

Frankfurt am Main: Institute for the History of Arabic-Islamic Science at the Johann Wolfgang Goethe University, 1992.

Shafei Bey, Ali. "Fayoum Irrigation as Described by Nabulsi in 1245 A.D. with a Description of the Present System of Irrigation and a Note on Lake Moeris." In *Studies of the Faiyūm Together with* Tārīẖ al-Faiyūm wa-Bilādihī *by Abū ʿUṯmān an-Nābulusī (d. 1261)*, edited by Fuat Sezgin, Mazen Amawi, Carl Ehrig-Eggert, and Eckhard Neubauer, 103 - 55. Islamic Geography, vol. 54. Frankfurt am Main: Institute for the History of Arabic-Islamic Science at the Johann Wolfgang Goethe University, 1992.

Shaw, Stanford J. *The Financial and Administrative Organization and Development of Ottoman Egypt, 1517 - 1798*. Princeton, NJ: Princeton University Press, 1962.

———. "Landholding and Land-Tax Revenues in Ottoman Egypt." In *Political and Social Change in Modern Egypt: Historical Studies from the Ottoman Conquest to the United Arab Republic*, edited by P.M. Holt, 91 - 103. London: Oxford University Press, 1968.

———. "The Ottoman Archives as a Source for Egyptian History." *Journal of the American Oriental Society* 83 (1962): 447 - 52.

Shehada, Housni Alkhateeb. *Mamluks and Animals: Veterinary Medicine in Medieval Islam*. Leiden, Netherlands: Brill, 2013.

321 Shibl, Yusuf A. *The Aswan High Dam*. Beirut: Arab Institute for Research and Publishing, 1971.

Shindell, Drew T., and Gavin A. Schmidt. "Dynamic Winter Climate Response to Large Tropical Volcanic Eruptions since 1600." *Journal of Geophysical Research* 109 (2004): D05104.

Shokr, Ahmad. "Watering a Revolution: The Aswan High Dam and the Politics of Expertise in Mid-century Egypt." MA thesis, New York University, May 2008.

Shoshan, Boaz. "Grain Riots and the 'Moral Economy': Cairo, 1350 - 1517." *Journal of Interdisciplinary History* 10 (1980): 459 - 78.

Sigurdsson, Haraldur. *Melting the Earth: The History of Ideas on Volcanic Eruptions*. New York: Oxford University Press, 1999.

Singer, Amy. *Palestinian Peasants and Ottoman Officials: Rural Administration around Sixteenth-Century Jerusalem*. Cambridge: Cambridge University Press, 1994.

———. "Peasant Migration: Law and Practice in Early Ottoman Palestine." *New Perspectives on Turkey* 8 (1992): 49 - 65.

———, ed. *Starting with Food: Culinary Approaches to Ottoman History*. Princeton, NJ: Markus Wiener Publishers, 2011.

Slavin, Philip. "The Great Bovine Pestilence and Its Economic and Environmental Consequences in England and Wales, 1318 - 50." *Economic History Review* 65 (2012): 1239 - 66.

Smil, Vaclav. *Energy in Nature and Society: General Energetics of Complex Systems*. Cambridge: Massachusetts Institute of Technology Press, 2008.

———. *Energy in World History*. Boulder, CO: Westview Press, 1994.

Smith, Scot E., and Adel Abdel-Kader. "Coastal Erosion along the Egyptian Delta." *Journal of Coastal Research* 4 (1988): 245 - 55.

Sood, Gagan D.S. "Pluralism, Hegemony and Custom in Cosmopolitan Islamic Eurasia, ca. 1720 - 90, with Particular Reference to the Mercantile Arena." PhD diss., Yale University, 2008.

Soucek, Svat. "Certain Types of Ships in Ottoman-Turkish Terminology." *Turcica* 7 (1975): 233 - 49.

Sowers, Jeannie L. *Environmental Politics in Egypt: Activists, Experts, and the State*. London: Routledge, 2013.

———. "Remapping the Nation, Critiquing the State: Environmental Narratives and Desert Land Reclamation in Egypt." In *Environmental Imaginaries of the Middle East and North Africa*, edited by Diana K. Davis and Edmund Burke III, 158 - 91. Athens: Ohio University Press, 2011.

Squatriti, Paolo. "The Floods of 589 and Climate Change at the Beginning of the Middle Ages: An Italian Microhistory." *Speculum* 85 (2010): 799 - 826.

———. *Water and Society in Early Medieval Italy, AD 400 - 1000*. Cambridge: Cambridge University Press, 1998.

———, ed. *Working with Water in Medieval Europe: Technology and Resource-Use*. Leiden, Netherlands: Brill, 2000.

Stearns, Justin K. *Infectious Ideas: Contagion in Premodern Islamic and Christian Thought in the Western Mediterranean*. Baltimore: Johns Hopkins University Press, 2011.

322 Steeves, H. Peter, ed. *Animal Others: On Ethics, Ontology, and Animal Life*. Albany: State University of New York Press, 1999.

Sterchx, Roel. *The Animal and the Daemon in Early China*. Albany: State University of New York Press, 2002.

Stevenson, D.S., C.E. Johnson, E.J. Highwood, V. Gauci, W.J. Collins, and R.G. Derwent. "Atmospheric Impact of the 1783 - 1784 Laki Eruption: Part I, Chemistry Modelling." *Atmospheric Chemistry and Physics Discussions* 3 (2003): 551 - 96.

Sticker, Georg. *Abhandlungen aus der Seuchengeschichte und Seuchenlehre*. Giessen, Germany: A. Töpelmann, 1908 - 12.

Stiner, Mary C., and Gillian Feeley-Harnik. "Energy and Ecosystems." In *Deep History: The Architecture of Past and Present*, edited by Andrew Shryock and Daniel Lord Smail, 78 - 102. Berkeley: University of California Press, 2011.

Stothers, Richard B. "Volcanic Dry Fogs, Climate Cooling, and Plague Pandemics in Europe and the Middle East." *Climate Change* 42 (1999): 713 - 23.

Sublet, Jacqueline. "La peste prise aux rêts de la jurisprudence: Le Traité d'Ibn

Ḥağar al-ʿAsqalānī sur la peste." *Studia Islamica* 33 (1971): 141 - 49.

Sufian, Sandra M. *Healing the Land and the Nation: Malaria and the Zionist Project in Palestine, 1920 - 1947*. Chicago: University of Chicago Press, 2007.

Sulaymān, ʿAbd al-Ḥamīd. "al-Sukhra fī Miṣr fī al-Qarnayn al-Sābiʿ ʿAshar wa al-Thāmin ʿAshar, Dirāsa fī al-Asbāb wa al-Natāʾij." In *al-Rafḍ wa al-Iḥtijāj fī al-Mujtamaʿ al-Miṣrī fī al-ʿAṣr al-ʿUthmanī*, edited by Nāṣir Ibrāhīm and Raʾūf ʿAbbās, 89 - 126. Cairo: Markaz al-Buḥūth wa al-Dirāsāt al-Ijtimāʿiyya, 2004.

Swabe, Joanna. *Animals, Disease, and Human Society: Human-Animal Relations and the Rise of Veterinary Medicine*. London: Routledge, 1999.

Tabak, Faruk. *The Waning of the Mediterranean, 1550 - 1870: A Geohistorical Approach*. Baltimore: Johns Hopkins University Press, 2008.

Taylor, Bron R., ed. *The Encyclopedia of Religion and Nature*. 2 vols. London: Thoemmes Continuum, 2005.

Taylor, Joseph E., III. *Making Salmon: An Environmental History of the Northwest Fisheries Crisis*. Seattle: University of Washington Press, 1999.

Tester, Keith. *Animals and Society: The Humanity of Animal Rights*. London: Routledge, 1991.

Tezcan, Baki. *The Second Ottoman Empire: Political and Social Transformation in the Early Modern World*. Cambridge: Cambridge University Press, 2010.

Thirgood, J.V. *Man and the Mediterranean Forest: A History of Resource Depletion*. London: Academic Press, 1981.

Thordarson, Thor, and Armann Hoskuldsson. *Iceland*. Harpenden, UK: Terra, 2002.

Thordarson, Thorvaldur, and Stephen Self. "Atmospheric and Environmental Effects of the 1783 - 1784 Laki Eruption: A Review and Reassessment." *Journal of Geophysical Research* 108 (2003): 1 - 29.

Tlili, Sarra. *Animals in the Qurʾan*. Cambridge: Cambridge University Press, 323

2012.

Toledano, Ehud R. "Mehmet Ali Paşa or Muhammad Ali Basha? An Historiographic Appraisal in the Wake of a Recent Book." *Middle Eastern Studies* 21 (1985): 141 - 59.

Totman, Conrad. *The Green Archipelago: Forestry in Preindustrial Japan*. Berkeley: University of California Press, 1989.

———. *The Lumber Industry in Early Modern Japan*. Honolulu: University of Hawai'i Press, 1995.

Trawick, Paul B. "Successfully Governing the Commons: Principles of Social Organization in an Andean Irrigation System." *Human Ecology* 29 (2001): 1 - 25.

Tsugitaka, Sato. *State and Rural Society in Medieval Islam: Sultans, Muqta's and Fallahun*. Leiden, Netherlands: Brill, 1997.

Tuan, Yi-Fu. *Dominance and Affection: The Making of Pets*. New Haven, CT: Yale University Press, 1984.

Tuchscherer, Michel, ed. *Le commerce du café avant l'ère des plantations coloniales: Espaces, réseaux, sociétés (XVe - XIXe siècle)*. Cairo: Institut français d'archéologie orientale, 2001.

———. "Commerce et production du café en Mer Rouge au XVIe siècle." In *Le commerce du café avant l'ère des plantations coloniales: Espaces, réseaux, sociétés (XVe - XIXe siècle)*, edited by Michel Tuchscherer, 69 - 90. Cairo: Institut français d'archéologie orientale, 2001.

———. "La flotte impériale de Suez de 1694 à 1719." *Turcica* 29 (1997): 47 - 69.

———. "Some Reflections on the Place of the Camel in the Economy and Society of Ottoman Egypt." Translated by Suraiya Faroqhi. In *Animals and People in the Ottoman Empire*, edited by Suraiya Faroqhi, 171 - 85. Istanbul: Eren, 2010.

Tucker, Judith E. *Women in Nineteenth-Century Egypt*. Cambridge: Cambridge

University Press, 1985.

Tucker, William F. "Natural Disasters and the Peasantry in Mamlūk Egypt." *Journal of the Economic and Social History of the Orient* 24 (1981): 215 - 24.

Ṭūsūn, ʿUmar. *Tārīkh Khalīj al-Iskandariyya al-Qadīm wa Turʿat al-Maḥmūdiyya*. Alexandria: Maṭbaʿat al-ʿAdl, 1942.

Tvedt, Terje. *The River Nile in the Age of the British. Political Ecology and the Quest for Economic Power*. London: I.B. Tauris, 2004.

Twigg, Graham. *The Black Death: A Biological Reappraisal*. London: Batsford, 1984.

Uchupi, Elazar, S.A. Swift, and D.A. Ross. "Gas Venting and Late Quaternary Sedimentation in the Persian (Arabian) Gulf." *Marine Geology* 129 (1996): 237 - 69.

ʿUthmān, Nāṣir. "Maḥkamat Rashid ka-Maṣdar li-Dirāsat Tijārat al-Nasīj fī Madīnat al-Iskandariyya fī al-ʿAṣr al-ʿUthmānī." *al-Rūznāma: al-Ḥauliyya al-Miṣriyya lil-Wathāʾiq* 3 (2005): 355 - 85.

Varlık, Nükhet. *Plague and Empire in the Early Modern Mediterranean World: The Ottoman Experience, 1347 - 1600*. Cambridge: Cambridge University 324
Press, 2015.

Wagstaff, J.M. *The Evolution of Middle Eastern Landscapes: An Outline to A.D. 1840*. London: Croon Helm, 1985.

Walker, Brett L. *The Lost Wolves of Japan*. Seattle: University of Washington Press, 2005.

Walz, Terence. *Trade between Egypt and Bilād as-Sūdān, 1700 - 1820*. Cairo: Institut français d'archéologie orientale, 1978.

Ward, Cheryl. "The Sadana Island Shipwreck: An Eighteenth-Century AD Merchantman off the Red Sea Coast of Egypt." *World Archaeology* 32 (2001): 368 - 82.

———. "The Sadana Island Shipwreck: A Mideighteenth-Century Treasure

Trove." In *A Historical Archaeology of the Ottoman Empire: Breaking New Ground*, edited by Uzi Baram and Lynda Carroll, 185 – 202. New York: Kluwer Academic / Plenum, 2000.

Ward, Cheryl, and Uzi Baram. "Global Markets, Local Practice: Ottoman-Period Clay Pipes and Smoking Paraphernalia from the Red Sea Shipwreck at Sadana Island, Egypt." *International Journal of Historical Archaeology* 10 (2006): 135 – 58.

Warde, Paul. *Ecology, Economy and State Formation in Early Modern Germany*. Cambridge: Cambridge University Press, 2006.

Waterbury, John. *Hydropolitics of the Nile Valley*. Syracuse, NY: Syracuse University Press, 1979.

Watson, Andrew. *Agricultural Innovation in the Early Islamic World: The Diffusion of Crops and Farming Techniques, 700 – 1100*. Cambridge: Cambridge University Press, 1983.

White, Gilbert F. "The Environmental Effects of the High Dam at Aswan." *Environment* 30 (1988): 4 – 40.

White, Sam. *The Climate of Rebellion in the Early Modern Ottoman Empire*. Cambridge: Cambridge University Press, 2011.

———. "Rethinking Disease in Ottoman History." *International Journal of Middle East Studies* 42 (2010): 549 – 67.

Willcocks, W., and J.I. Craig. *Egyptian Irrigation*. 2 vols. London: E. & F.N. Spon, 1913.

Wing, John T. "Keeping Spain Afloat: State Forestry and Imperial Defense in the Sixteenth Century." *Environmental History* 17 (2012): 116 – 45.

———. "Roots of Empire: State Formation and the Politics of Timber Access in Early Modern Spain, 1556 – 1759." PhD diss., University of Minnesota, 2009.

Winter, Michael. *Egyptian Society under Ottoman Rule, 1517 – 1798*. London: Routledge, 1992.

Wittfogel, Karl A. "The Hydraulic Civilizations." In *Man's Role in Changing the Face of the Earth*, edited by William L. Thomas Jr., 152 - 64. Chicago: University of Chicago Press, 1956.

———. *Oriental Despotism: A Comparative Study of Total Power*. New Haven, CT: Yale University Press, 1957.

Wolfe, Cary. *What Is Posthumanism?* Minneapolis: University of Minnesota 325
Press, 2010.

Wood, Charles A. "Climatic Effects of the 1783 Laki Eruption." In *The Year without a Summer? World Climate in 1816*, edited by C.R. Harington, 58 - 77. Ottawa: Canadian Museum of Nature, 1992.

Yaffe, Martin D., ed. *Judaism and Environmental Ethics: A Reader*. Lanham, MD: Lexington Books, 2001.

Yasui, Maya, and Takehiro Koyaguchi. "Sequence and Eruptive Style of the 1783 Eruption of Asama Volcano, Central Japan: A Case Study of an Andesitic Explosive Eruption Generating Fountain-Fed Lava Flow, Pumice Fall, Scoria Flow and Forming a Cone." *Bulletin of Volcanology* 66 (2004): 243 - 62.

Yaycıoğlu, Ali. "Provincial Power-Holders and the Empire in the Late Ottoman World: Conflict or Partnership?" In *The Ottoman World*, edited by Christine Woodhead, 436 - 52. New York: Routledge, 2012.

Yi, Eunjeong. *Guild Dynamics in Seventeenth-Century Istanbul: Fluidity and Leverage*. Leiden, Netherlands: Brill, 2004.

Zachariadou, Elizabeth, ed. *Natural Disasters in the Ottoman Empire*. Rethymnon, Greece: Crete University Press, 1999.

Ze'evi, Dror. *An Ottoman Century: The District of Jerusalem in the 1600s*. Albany: State University of New York Press, 1996.

Zielinski, G.A., R.J. Fiacco, P.A. Mayewski, L.D. Meeker, S. Whitlow, M.S. Twickler, M.S. Germani, K. Endo, and M. Yasui. "Climatic Impact of the A.D. 1783 Asama (Japan) Eruption Was Minimal: Evidence from the

GISP2 Ice Core." *Geophysical Research Letters* 21 (1994): 2365 – 68.

Zinsser, Hans. *Rats, Lice and History, Being a Study in Biography, Which, after Twelve Preliminary Chapters Indispensable for the Preparation of the Lay Reader, Deals with the Life History of Typhus Fever*. London: George Routledge and Sons, 1935.

索　引*

* 页码为原著页码，即本书页边码。图表所在页码以斜体字标出。